2024兰州统计年鉴

LANZHOU STATISTICAL YEARBOOK

兰州市统计局　国家统计局兰州调查队　编

中国统计出版社
China Statistics Press

图书在版编目（CIP）数据

兰州统计年鉴. 2024 = Lanzhou Statistical Yearbook 2024 / 兰州市统计局, 国家统计局兰州调查队编. -- 北京 : 中国统计出版社, 2024. 10. -- ISBN 978-7-5230-0467-8

Ⅰ. C832.421-54

中国国家版本馆CIP数据核字第20243SK404号

兰州统计年鉴2024

作　　者 / 兰州市统计局　国家统计局兰州调查队
责任编辑 / 钟钰
装帧设计 / 徐静斌
出版发行 / 中国统计出版社有限公司
地　　址 / 北京市丰台区西三环南路甲6号
邮政编码 / 100073
电　　话 / 邮购（010）63376909　书店（010）68783171
网　　址 / http：//www.zgtjcbs.com
印　　刷 / 兰州科陇印刷有限公司
经　　销 / 新华书店
开　　本 / 890mm × 1240mm　1/16
字　　数 / 440千字
印　　张 / 25.5　彩页 1.25
版　　别 / 2024年10月第1版
版　　次 / 2024年10月第1次印刷
定　　价 / 280.00元

如有印装差错，由本社发行部调换。

《兰州统计年鉴2024》编辑部

编辑说明

《兰州统计年鉴2024》是由兰州市统计局和国家统计局兰州调查队编纂，中国统计出版社出版，面向全国公开发行的大型综合性年刊。本书通过大量翔实可靠的资料，全面系统地记录了兰州市经济社会发展情况，是各级党政部门、企事业单位、科研部门以及国内外各界人士认识兰州、了解兰州必备的、不可缺少的综合性工具书。

《兰州统计年鉴2024》延续以往风格，主要由2023年全国、甘肃省、兰州市国民经济和社会发展统计公报和2023年全市统计资料组成。统计资料的统计范围按兰州市行政辖区内全部经济社会活动计算，内容包含综合、人口、工业能源、交通运输、农业、投资建筑、城市建设、商业和物价、财政和金融、就业和工资、教育和科技文化、卫生和司法、人民生活、市州及全国主要指标等十五单元，反映了2023年兰州市、甘肃省十四个市州、全国各直辖市和重点城市的主要经济指标。

由于统计制度方法改革，有些统计指标的口径、包括范围和计算方法有所变化，使用时请注意。为方便使用，各篇章后附有主要指标解释。所有价值指标为现价；发展（增长）速度按可比价计算。

本年鉴中涉及的历史数据，均以最新出版的年鉴数据为准；由于国家核算制度和调查方法的原因，部分行业区域汇总数与全市数据存在一些误差；部分数据合计数或相对数由于单位取舍不同而产生的计算误差，均未做机械调整。

使用符号说明：年鉴各表中的“空格”表示该项统计指标数据不详或无该项数据；“#”表示其中项。

《兰州统计年鉴2024》的编辑出版，得到市直各部门和有关企事业单位的大力支持，在此表示衷心的感谢！

《兰州统计年鉴2024》编辑部

2024年10月

地区生产总值（亿元）

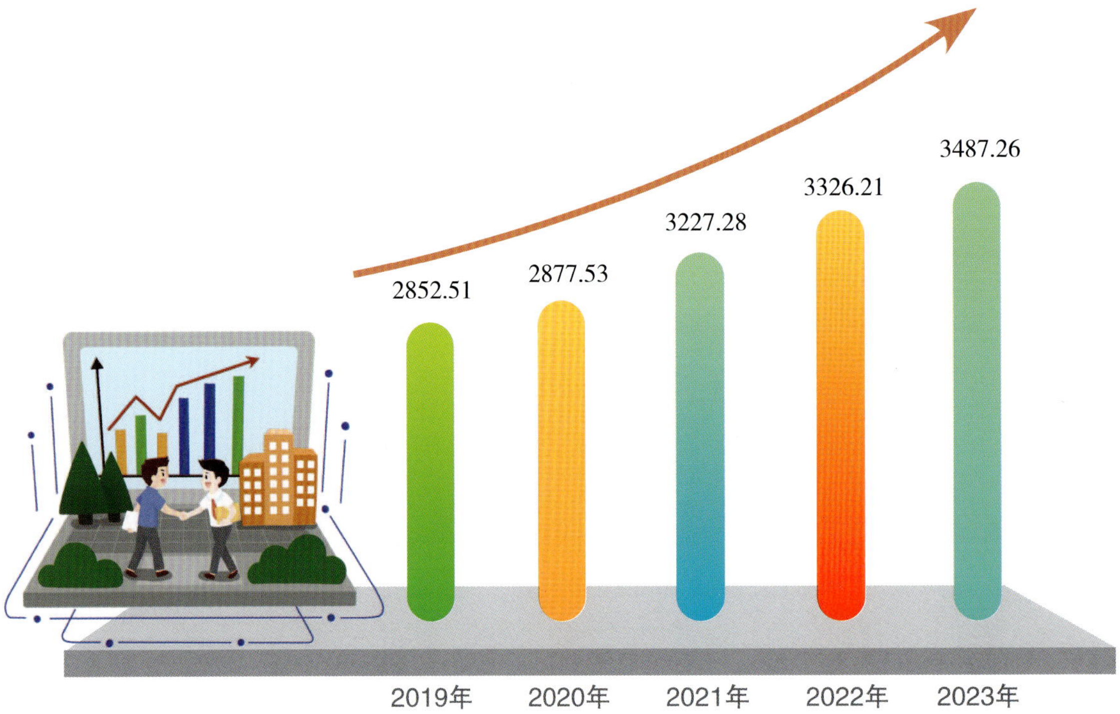

地区生产总值构成（%）

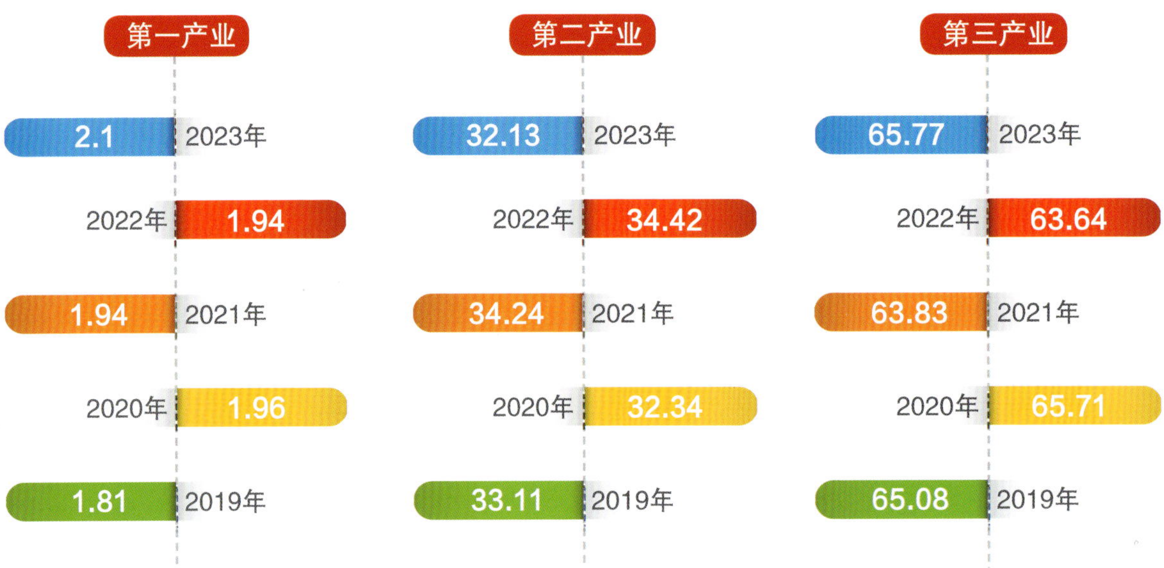

农林牧渔业增加值（亿元）

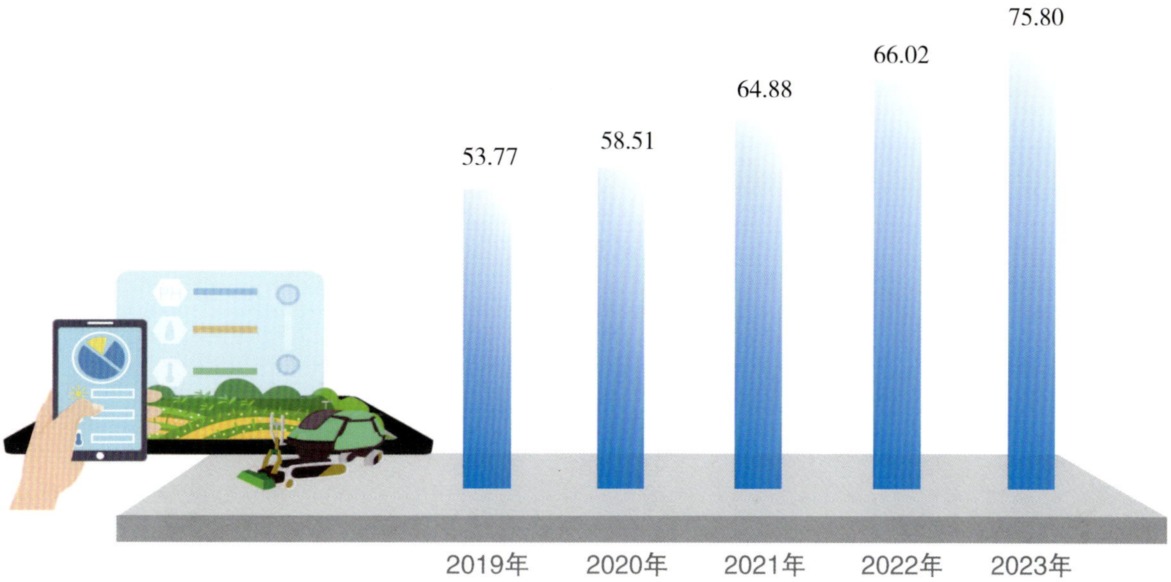

主要农产品产量（万吨）

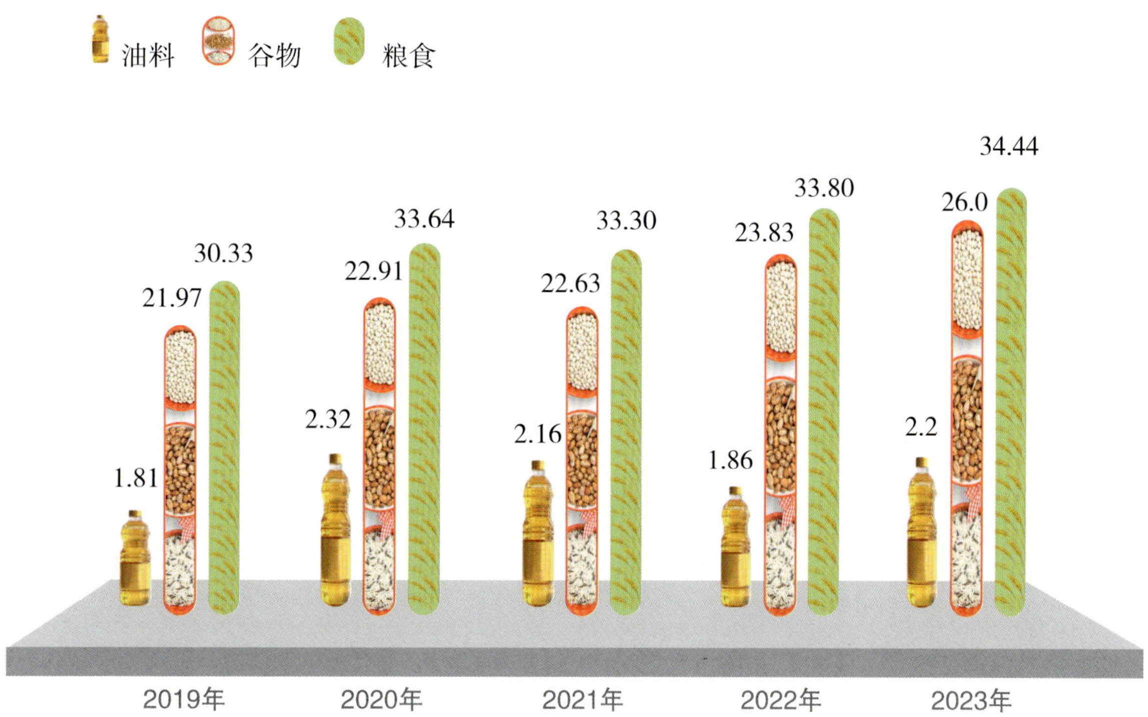

人均GDP（元）

工业增加值（亿元）

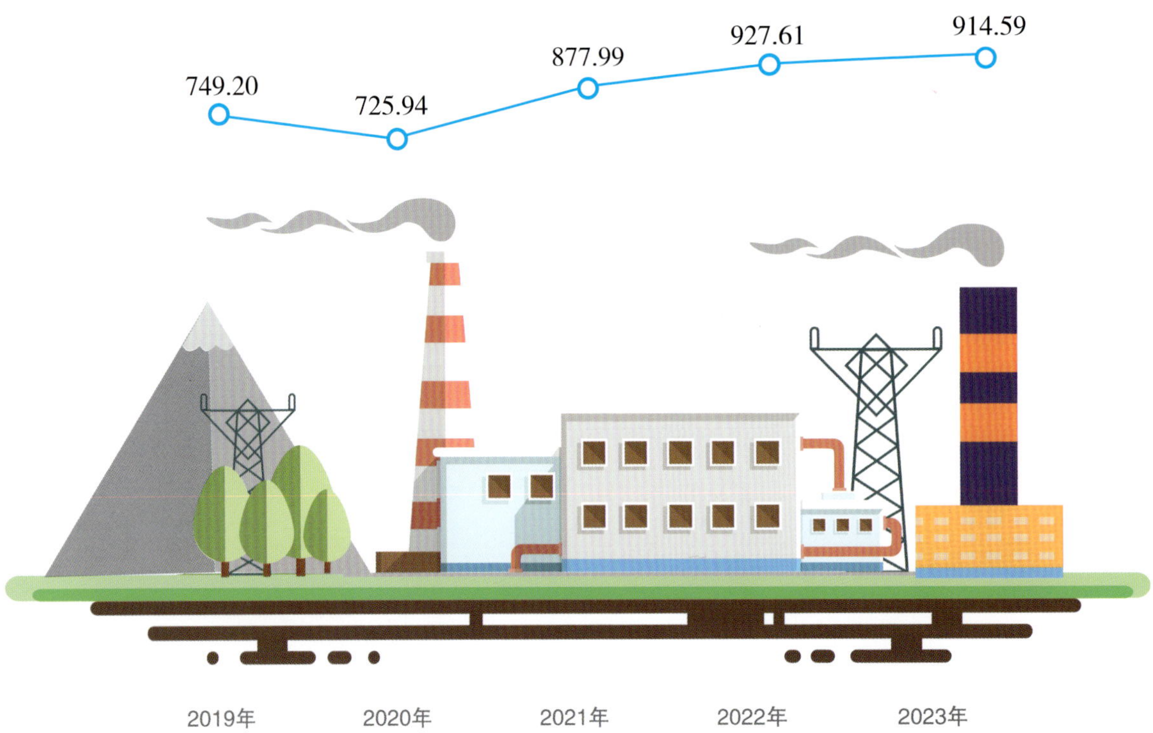

房地产开发投资（亿元）

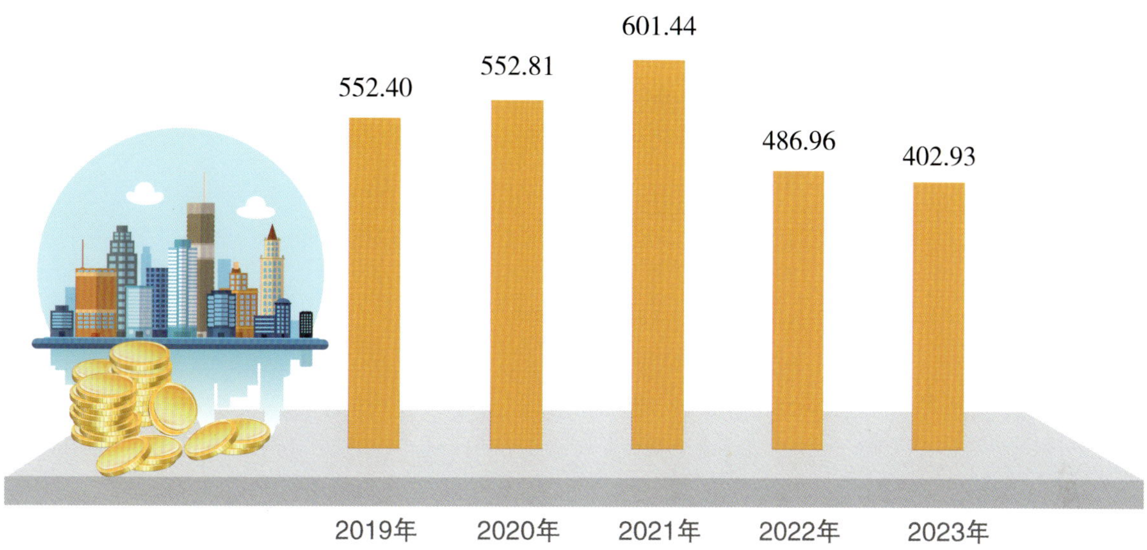

商品房销售面积（万平方米）

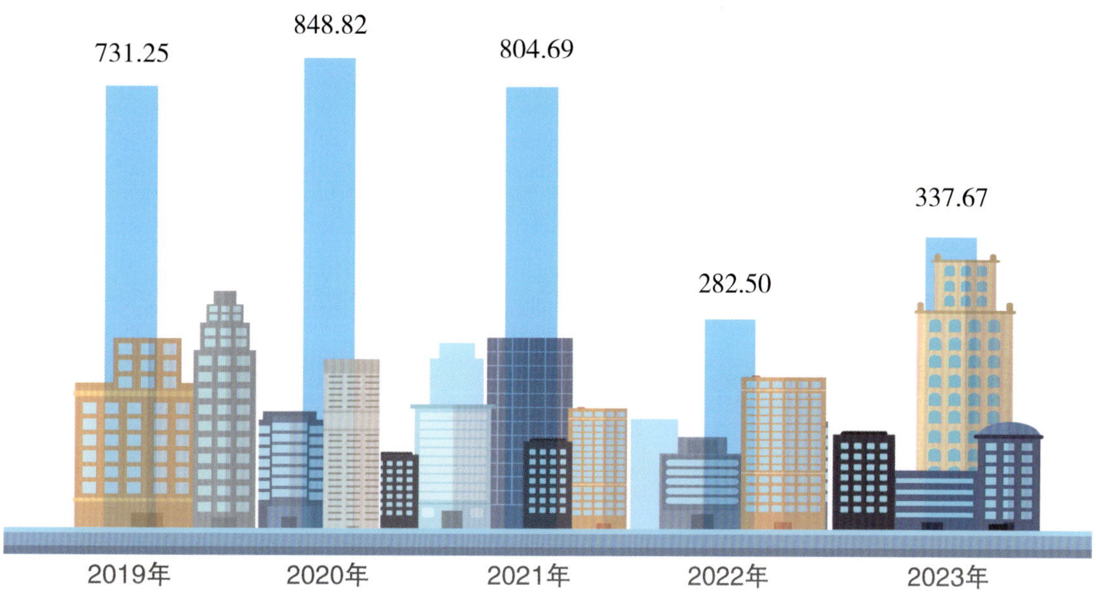

社会消费品零售总额（亿元）

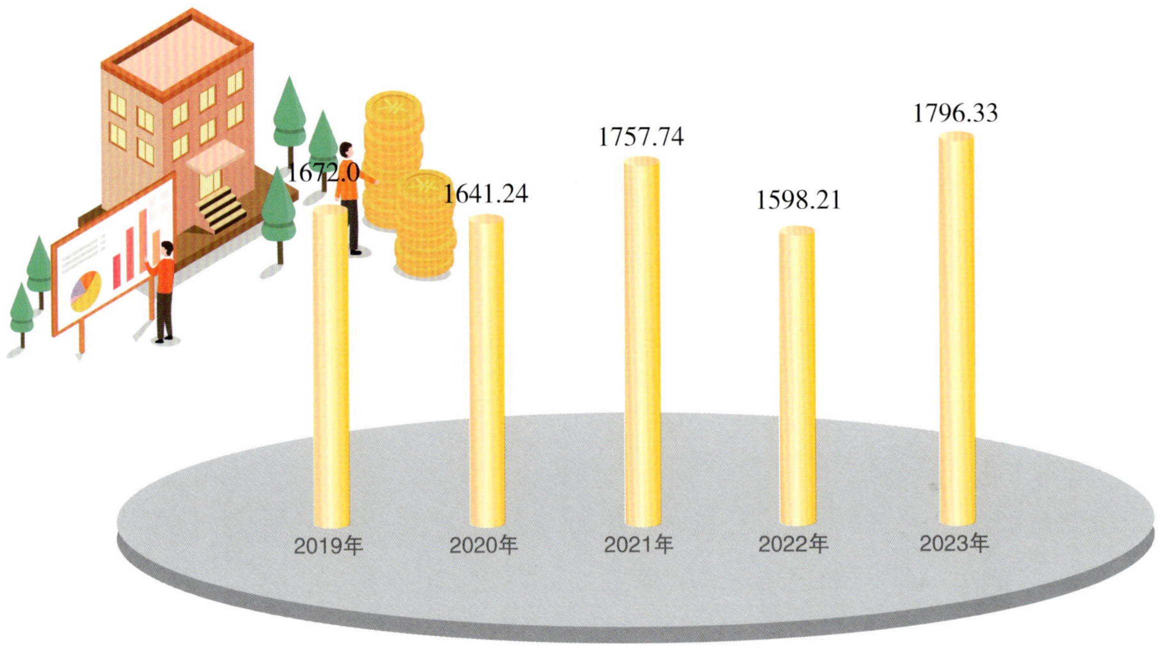

交通运输货运量及客运量

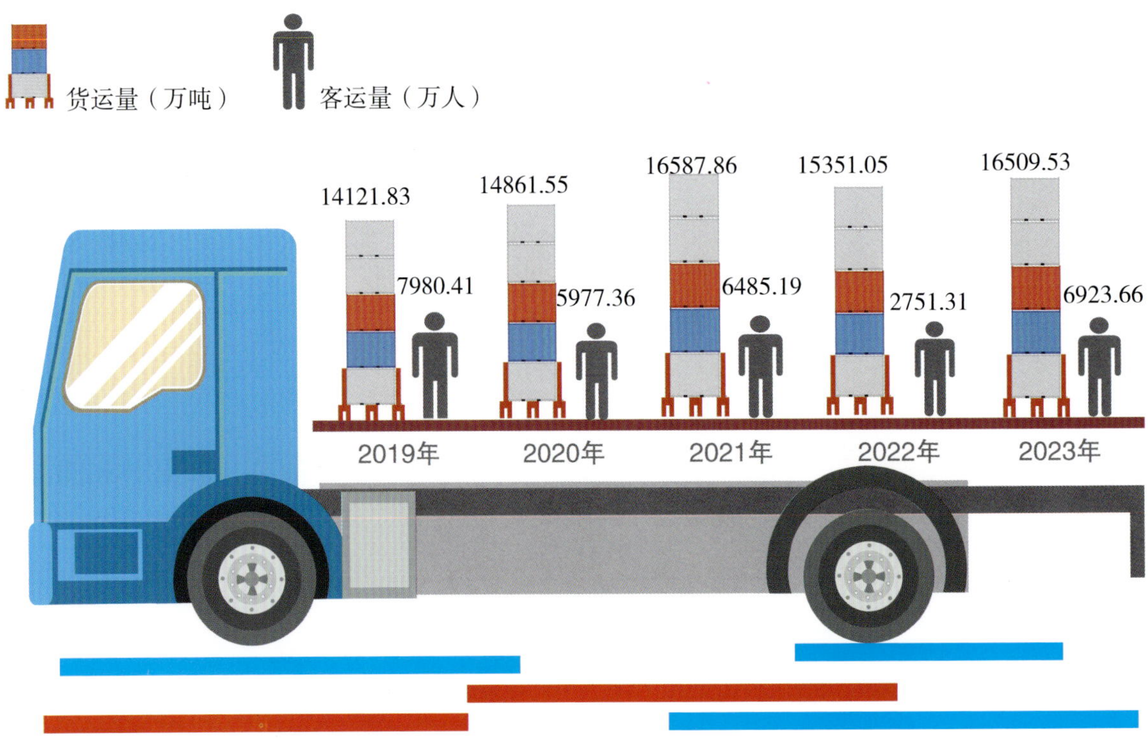

教育发展

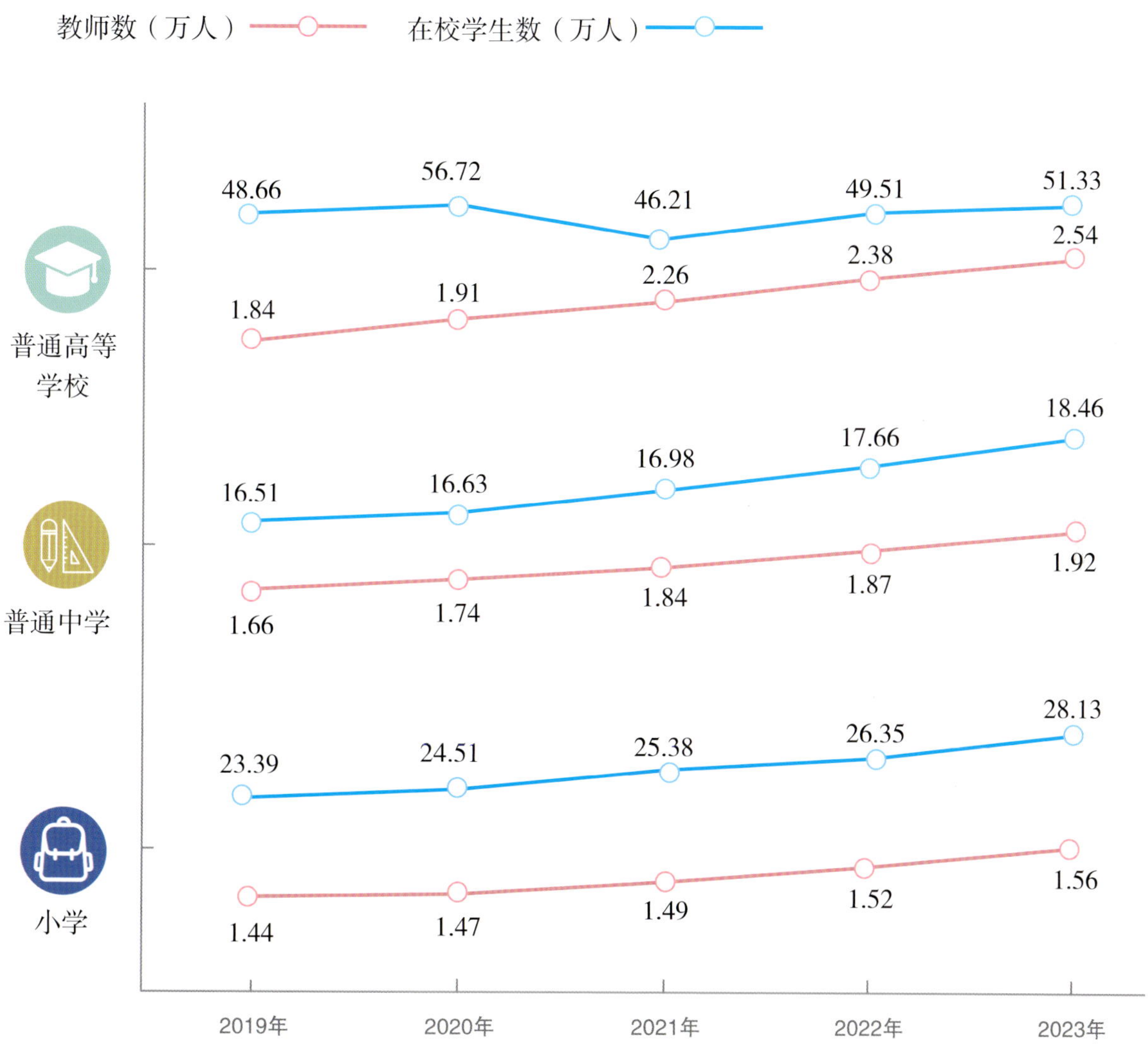

教师数（万人）
在校学生数（万人）
48.66
56.72
46.21
49.51
51.33
1.84
1.91
2.26
2.38
2.54
普通高等学校
16.51
16.63
16.98
17.66
18.46
1.66
1.74
1.84
1.87
1.92
普通中学
23.39
24.51
25.38
26.35
28.13
1.44
1.47
1.49
1.52
1.56
小学
2019年
2020年
2021年
2022年
2023年

医疗卫生

医院、卫生院（个）

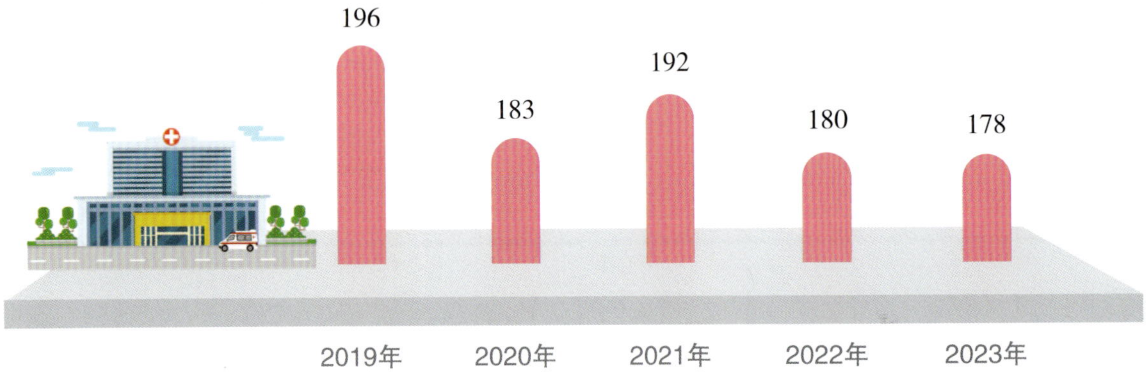

医院、卫生院床位数（张）

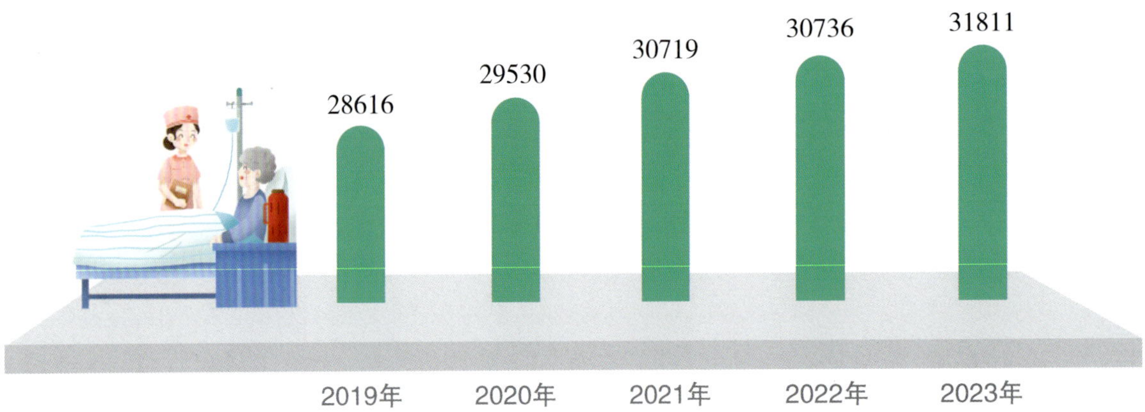

卫生技术人员（人）

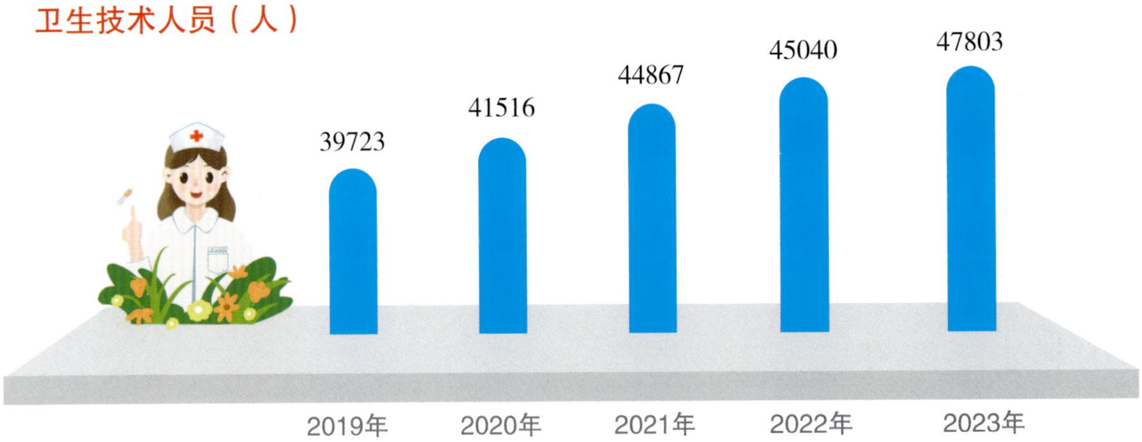

财政收支

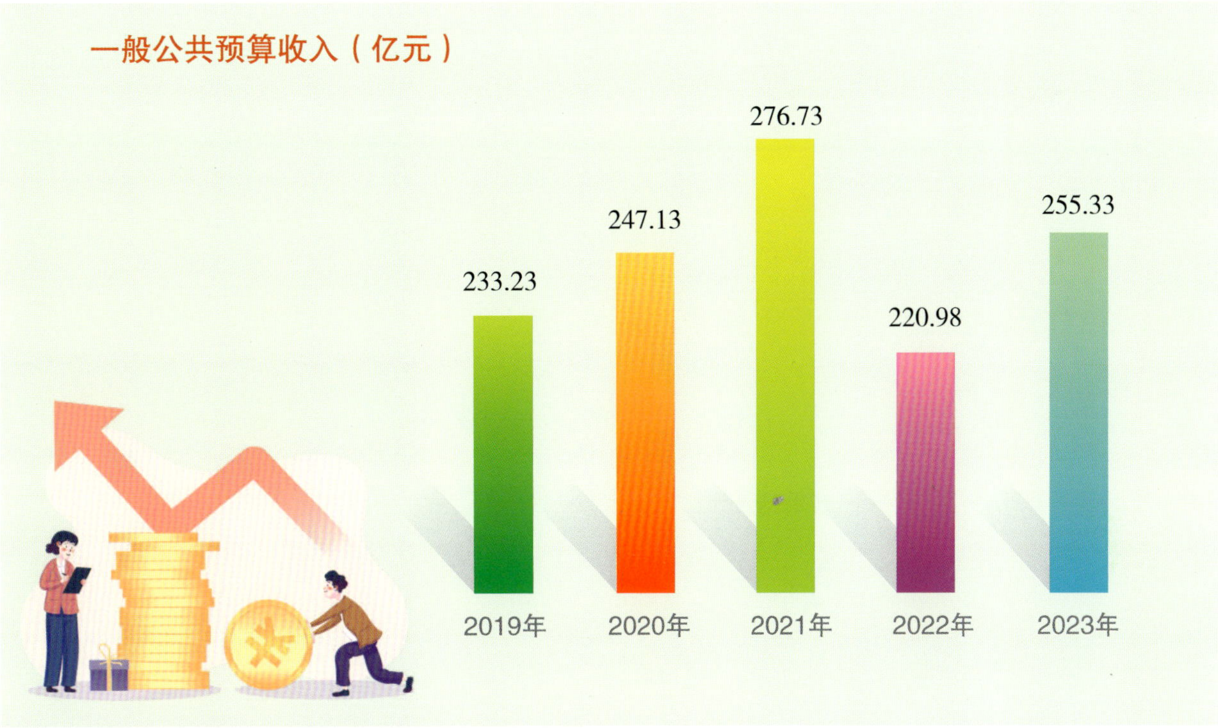
一般公共预算收入（亿元）
233.23
247.13
276.73
220.98
255.33
2019年
2020年
2021年
2022年
2023年

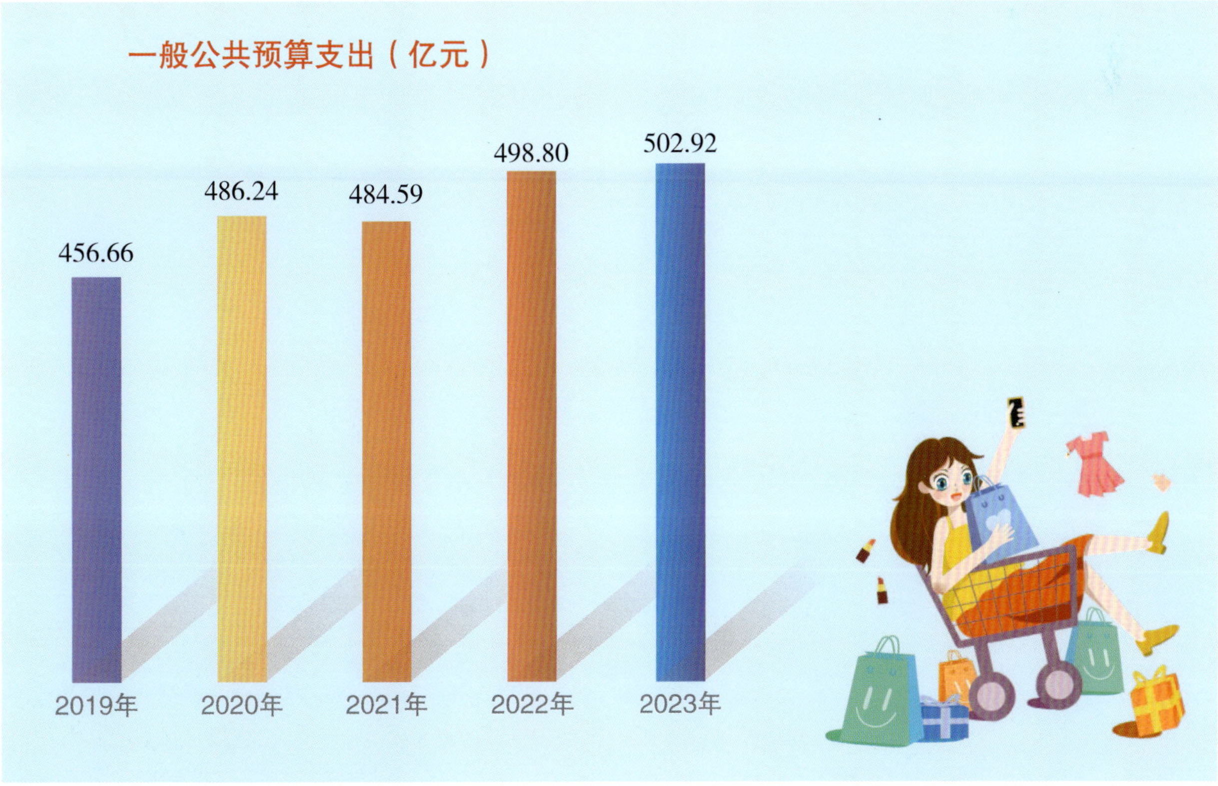
一般公共预算支出（亿元）
456.66
486.24
484.59
498.80
502.92
2019年
2020年
2021年
2022年
2023年

金融机构本外币存贷款（亿元）

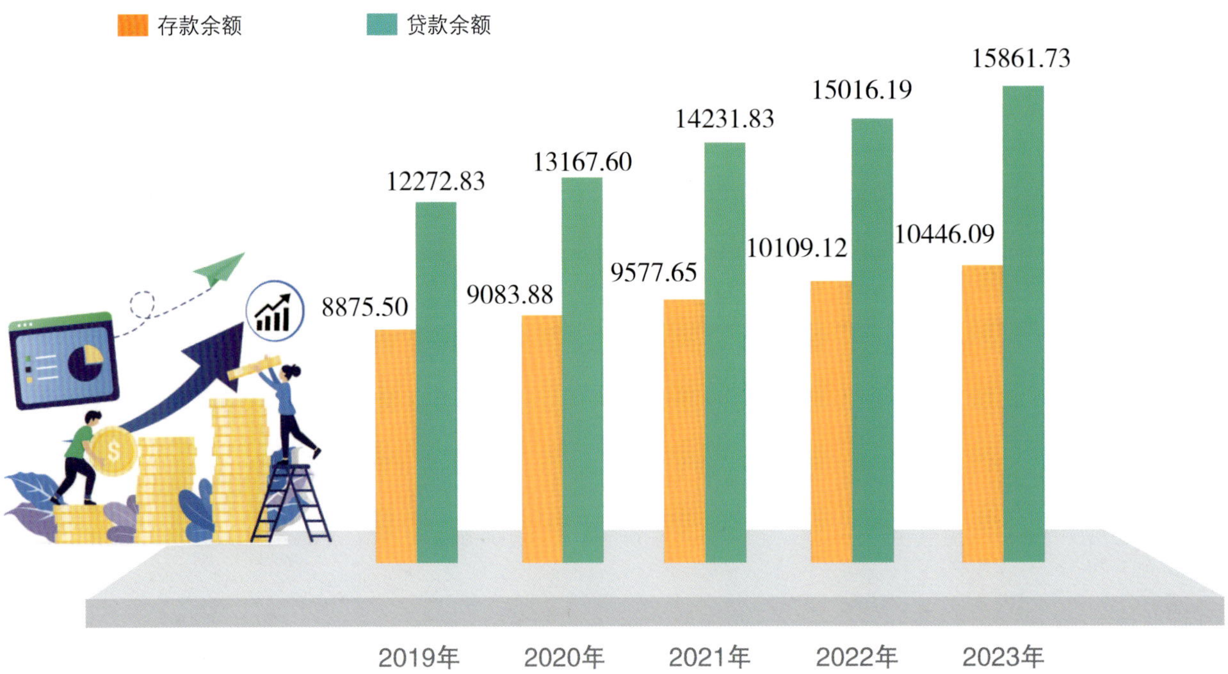

金融机构人民币存贷款（亿元）

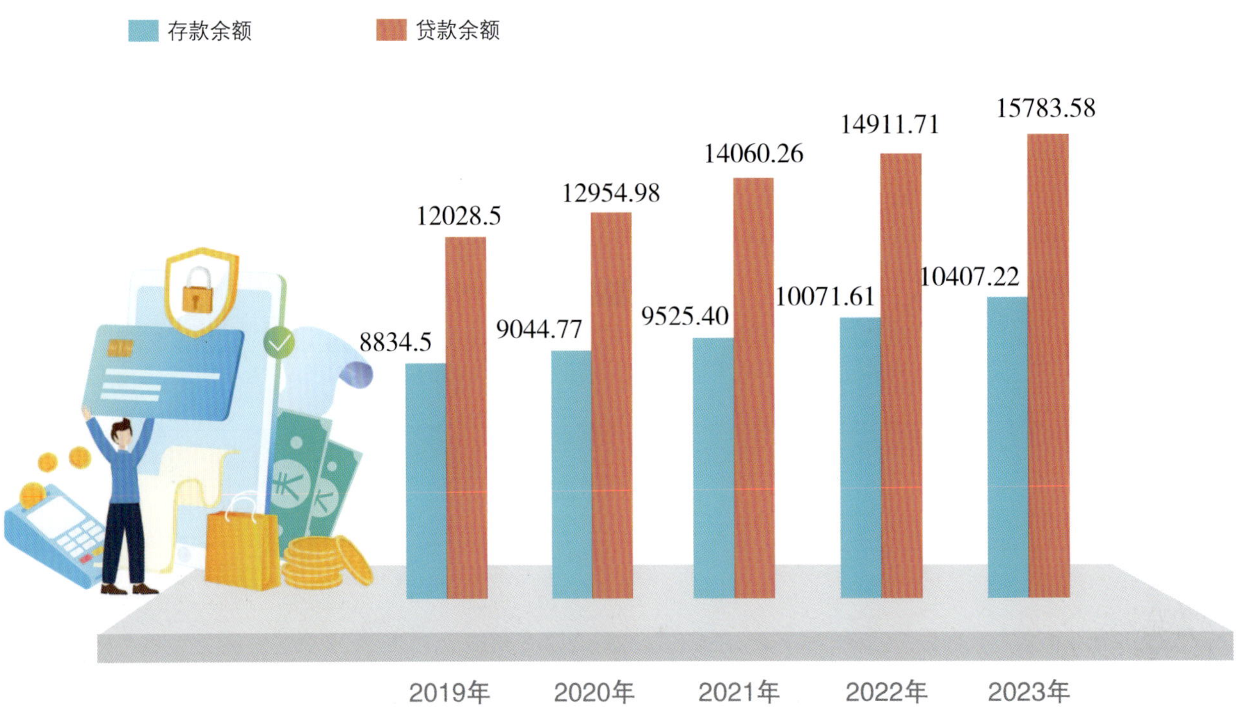

文化产业增加值及占GDP比重

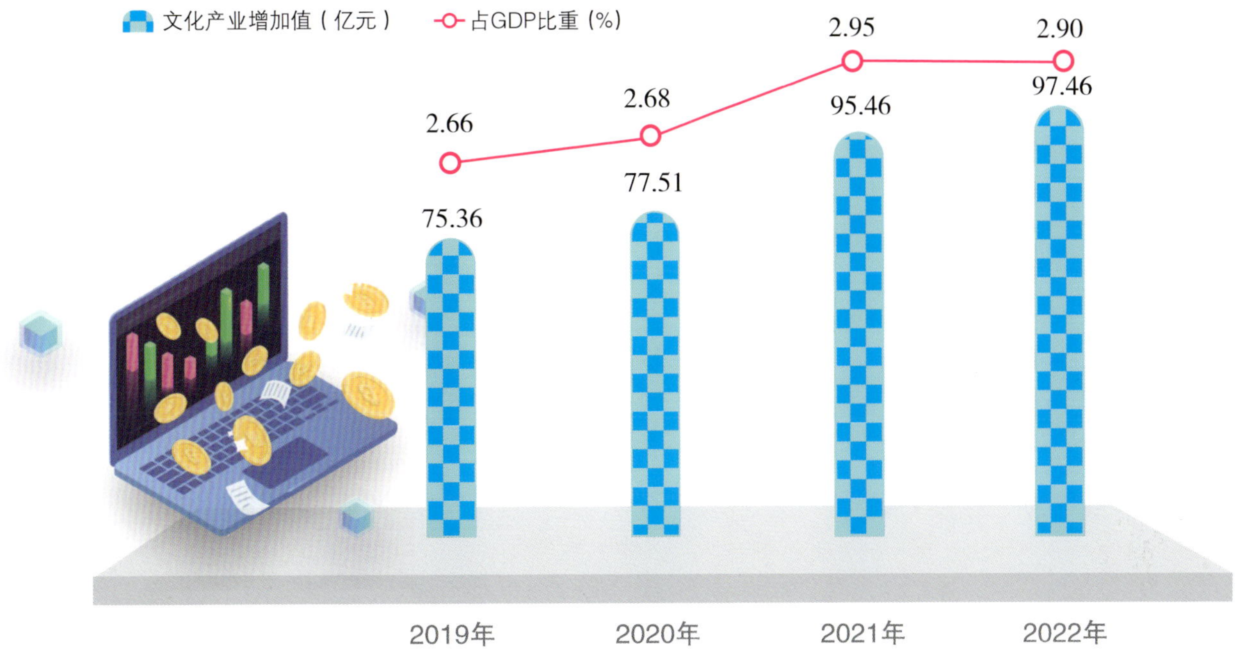

R&D经费内部支出及占GDP比重

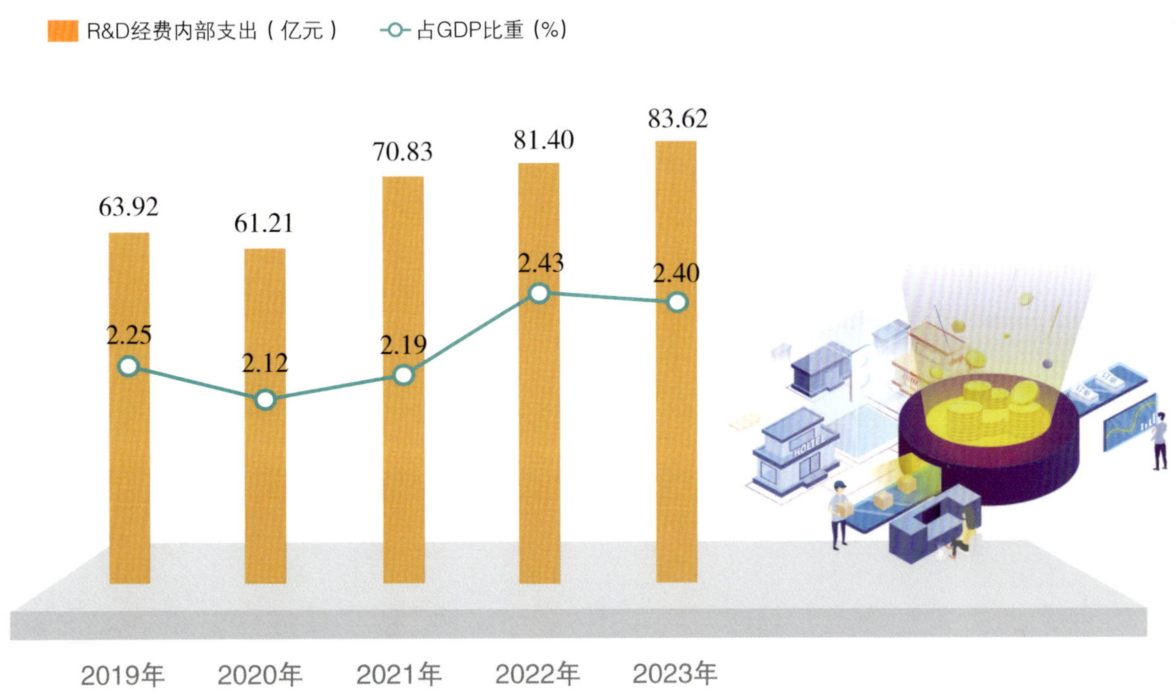

园林绿地面积（公顷）

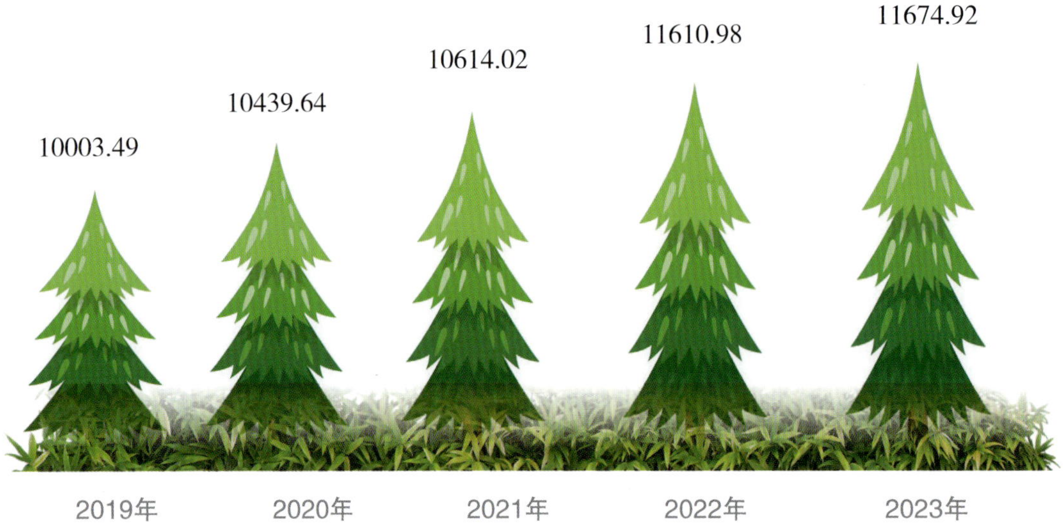

年末常住人口（万人)

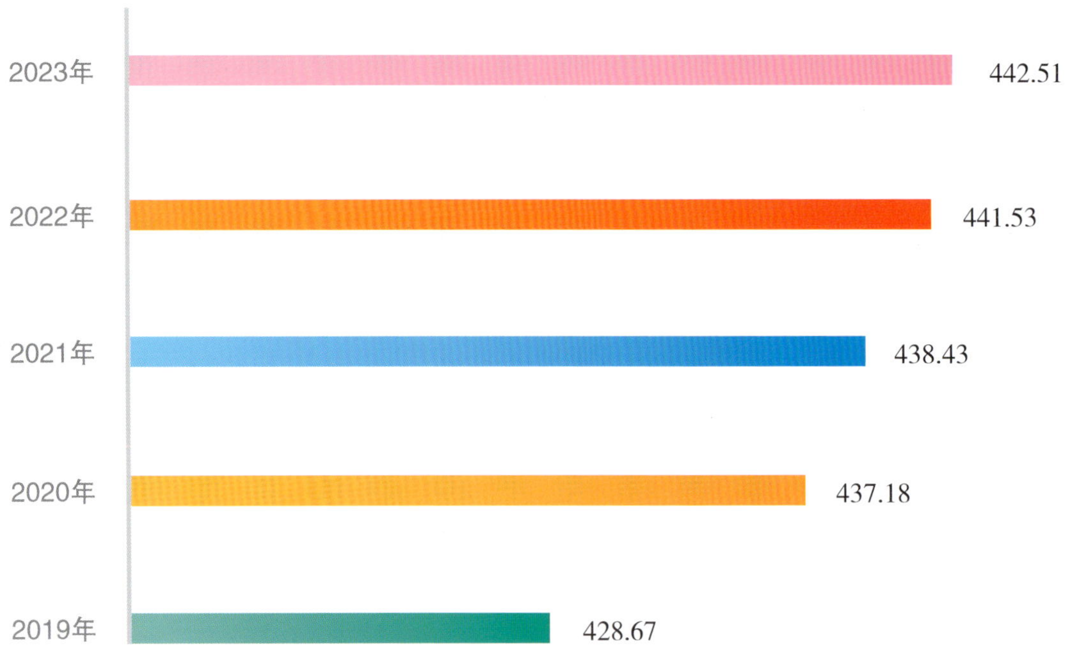

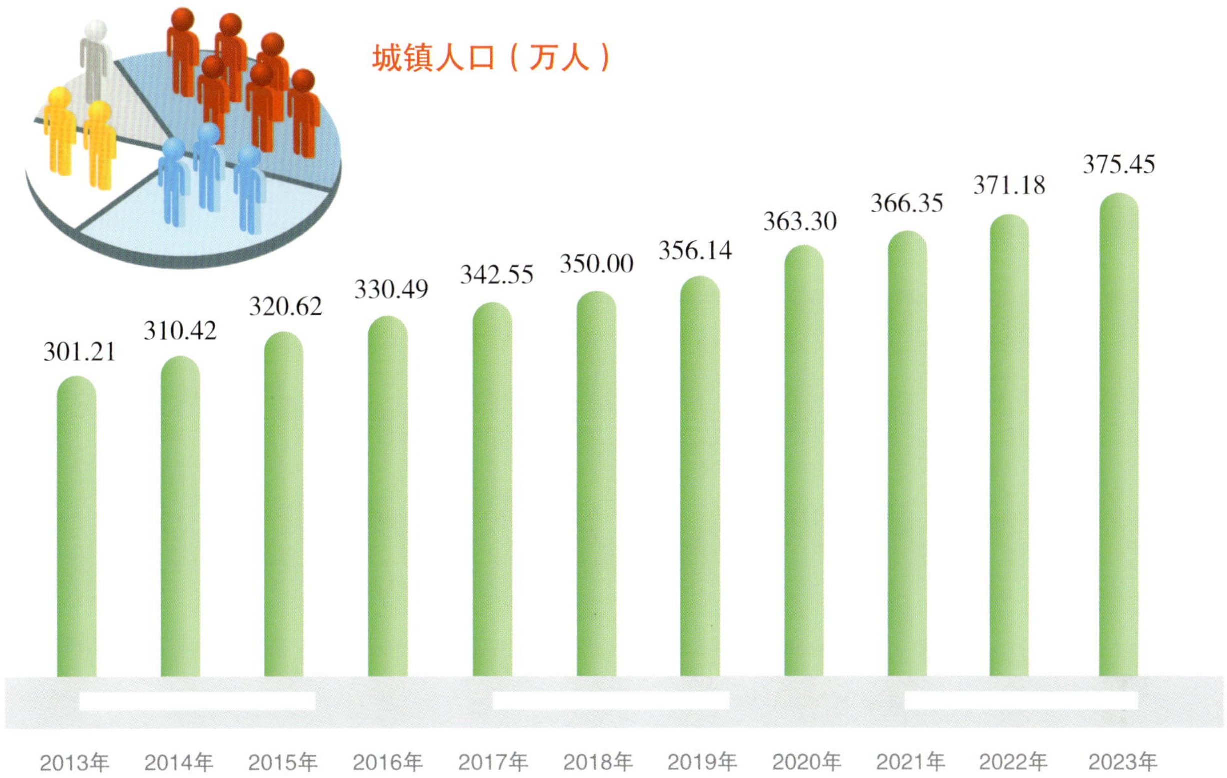
城镇人口（万人）
301.21
310.42
320.62
330.49
342.55
350.00
356.14
363.30
366.35
371.18
375.45
2013年
2014年
2015年
2016年
2017年
2018年
2019年
2020年
2021年
2022年
2023年

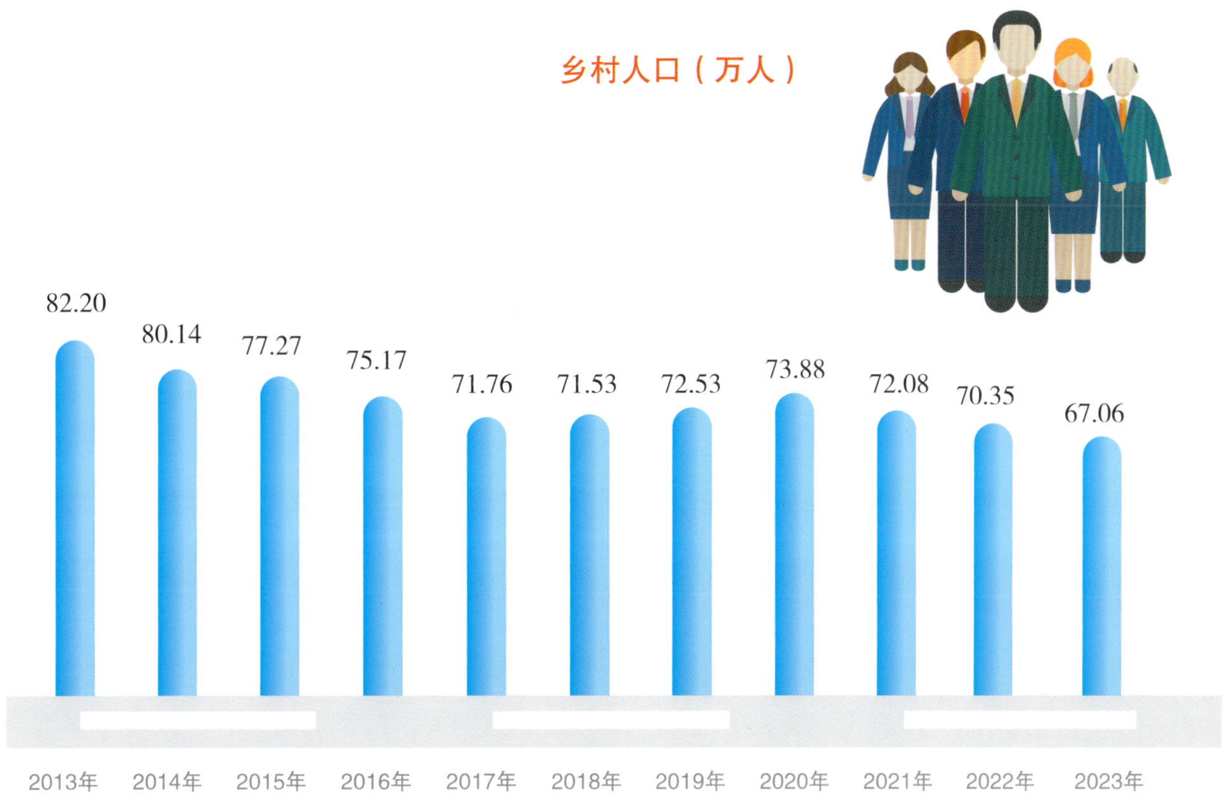
乡村人口（万人）
82.20
80.14
77.27
75.17
71.76
71.53
72.53
73.88
72.08
70.35
67.06
2013年
2014年
2015年
2016年
2017年
2018年
2019年
2020年
2021年
2022年
2023年

城镇非私营单位在岗职工平均工资（元）

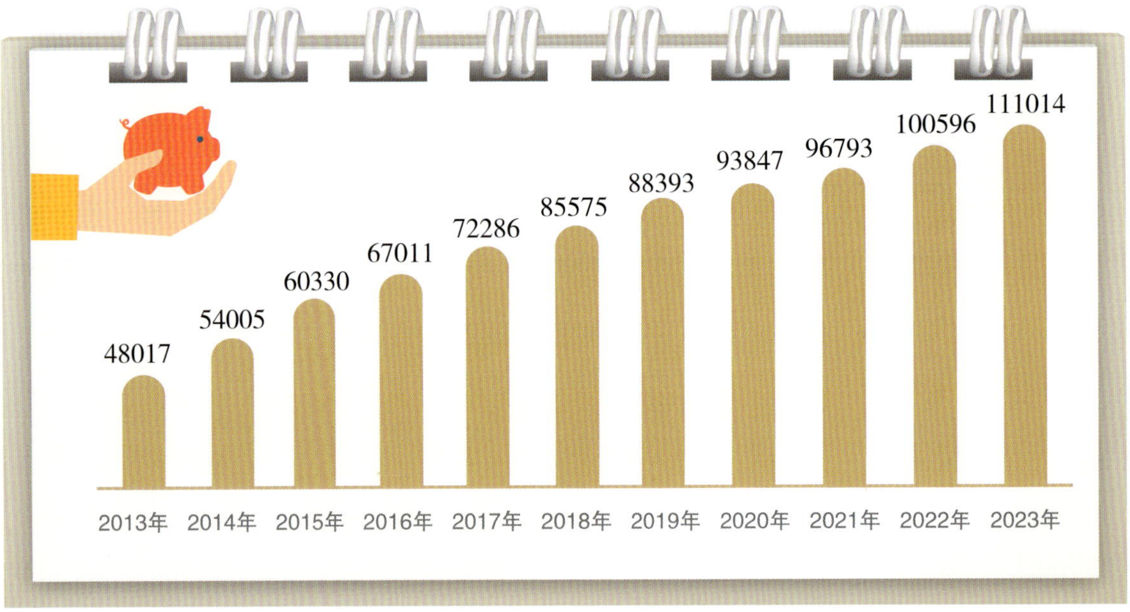

城镇、农村人均现住房建筑面积（平方米）

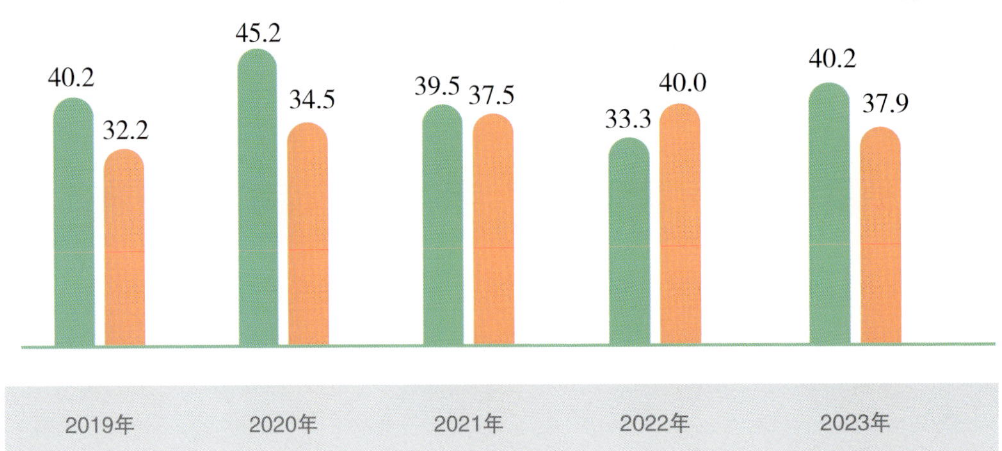

城镇居民人均可支配收入（元）

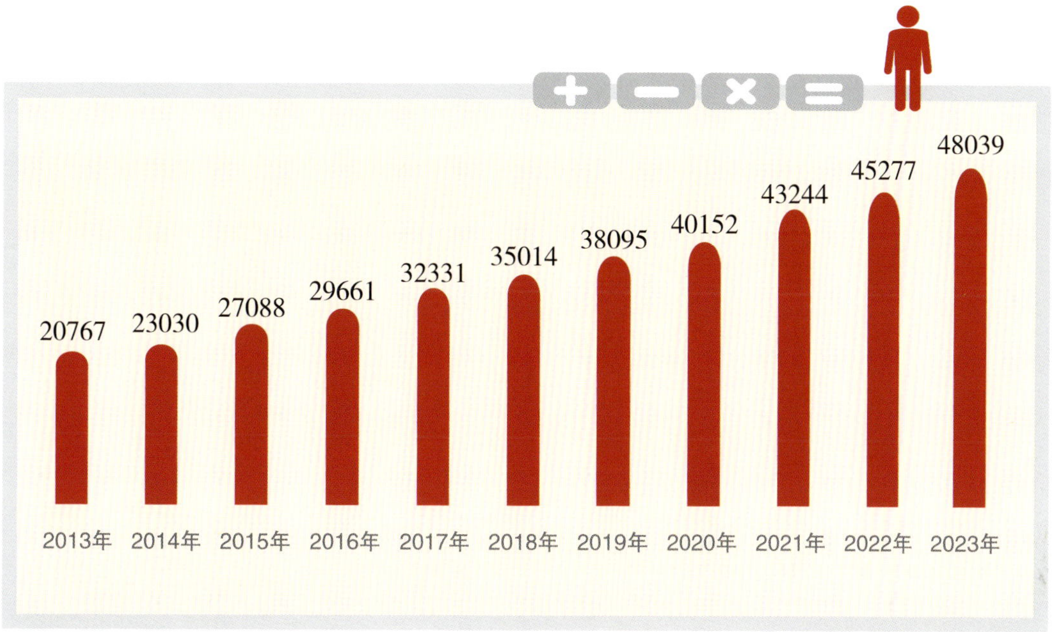

农村居民人均可支配收入（元）

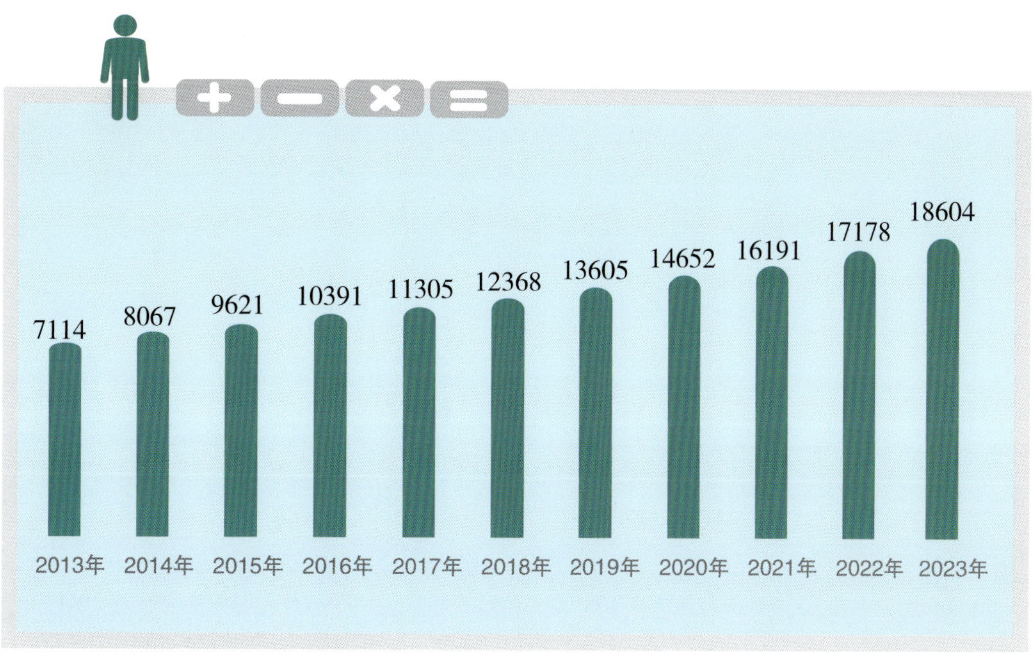

城镇居民人均消费支出（元）

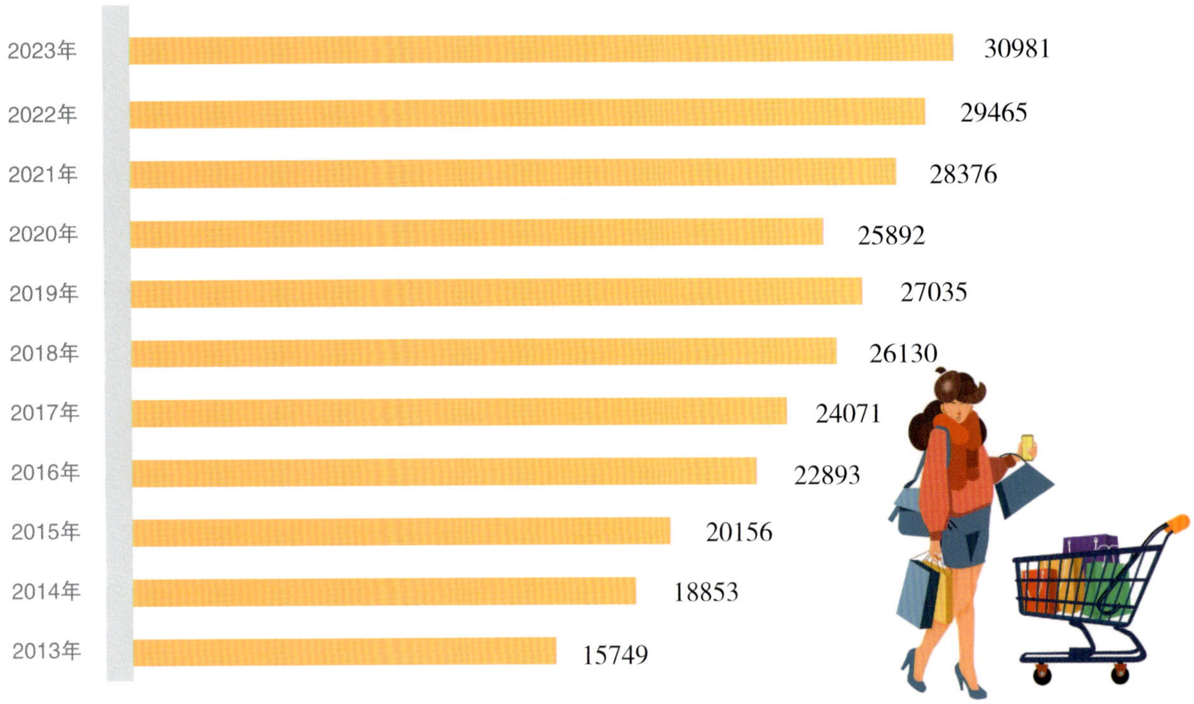

农村居民人均消费支出（元）

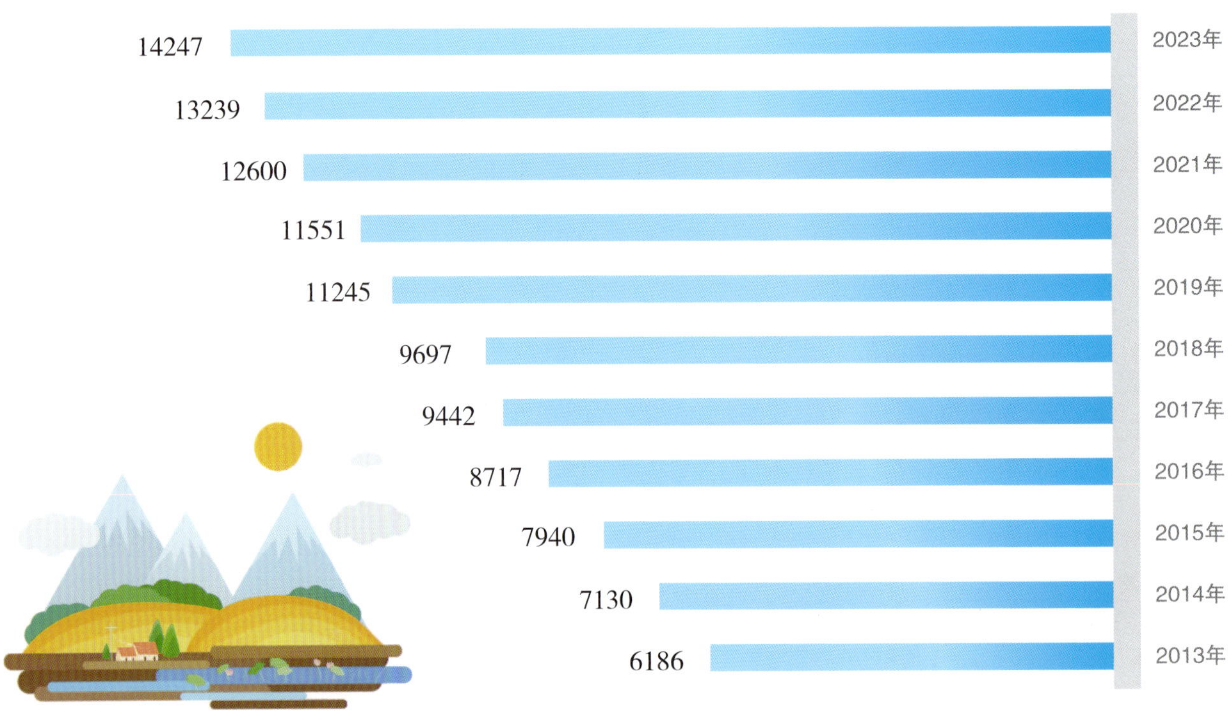

目 录

统计资料

一、综合

二、人口

三、工业、能源

四、交通运输业

五、农业

六、投资、建筑

七、城市建设

八、商业、物价

九、财政、金融

十、劳动、工资

十一、教育、科技文化

十二、卫生、司法

十三、人民生活

十四、市州主要经济指标

十五、全国主要指标

中华人民共和国2023年国民经济和社会发展统计公报[1]

国家统计局

2024年2月29日

2023年是全面贯彻党的二十大精神的开局之年，是三年新冠疫情防控转段后经济恢复发展的一年。面对复杂严峻的国际环境和艰巨繁重的国内改革发展稳定任务，在以习近平同志为核心的党中央坚强领导下，各地区各部门坚持以习近平新时代中国特色社会主义思想为指导，全面贯彻落实党的二十大和二十届二中全会精神，按照党中央、国务院决策部署，坚持稳中求进工作总基调，完整、准确、全面贯彻新发展理念，加快构建新发展格局，着力推动高质量发展，全面深化改革开放，加大宏观调控力度，着力扩大内需、优化结构、提振信心、防范化解风险，国民经济回升向好，高质量发展扎实推进，现代化产业体系建设取得重要进展，科技创新实现新的突破，改革开放向纵深推进，安全发展基础巩固夯实，民生保障有力有效，社会大局和谐稳定，全面建设社会主义现代化国家迈出坚实步伐。

一、综合

初步核算，全年国内生产总值[2]1260582亿元，比上年增长5.2%。其中，第一产业增加值89755亿元，比上年增长4.1%；第二产业增加值482589亿元，增长4.7%；第三产业增加值688238亿元，增长5.8%。第一产业增加值占国内生产总值比重为7.1%，第二产业增加值比重为38.3%，第三产业增加值比重为54.6%。最终消费支出拉动国内生产总值增长4.3个百分点，资本形成总额拉动国内生产总值增长1.5个百分点，货物和服务净出口向下拉动国内生产总值0.6个百分点。分季度看，一季度国内生产总值同比增长4.5%，二季度增长6.3%，三季度增长4.9%，四季度增长5.2%。全年人均国内生产总值89358元，比上年增长5.4%。国民总收入[3]1251297亿元，比上年增长5.6%。全员劳动生产率[4]为161615元/人，比上年提高5.7%。

图1 2019-2023年国内生产总值及其增长速度

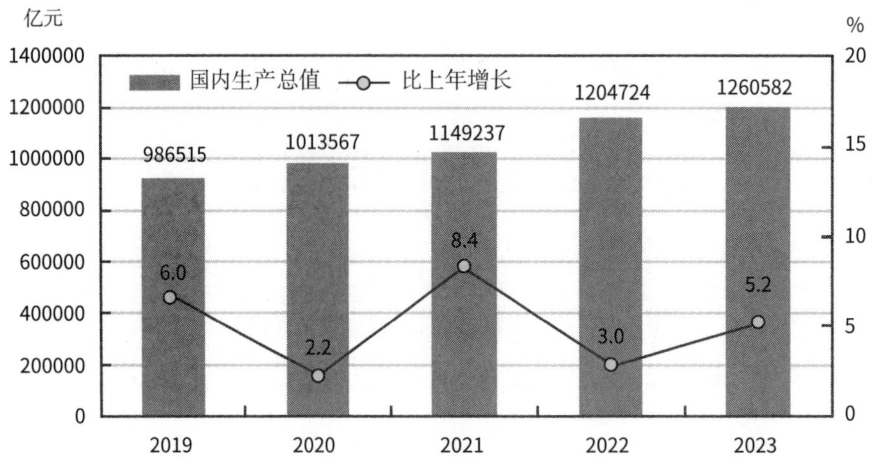

图2 2019-2023年三次产业增加值占国内生产总值比重

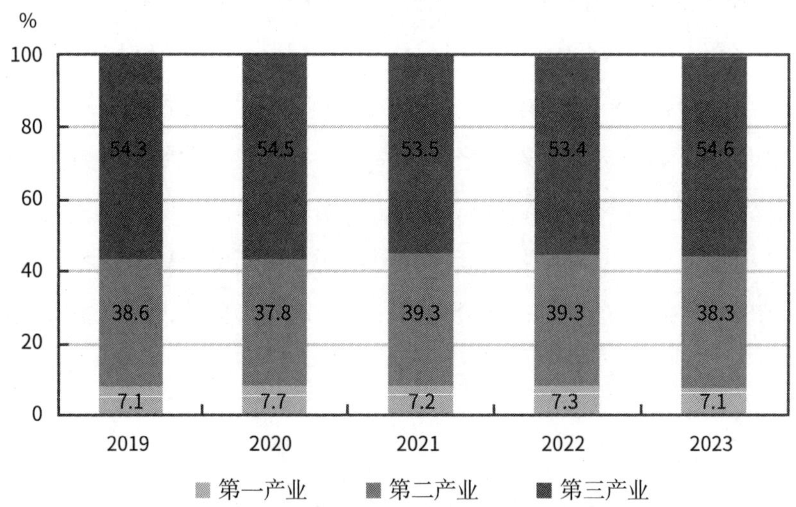

图3 2019-2023年全员劳动生产率

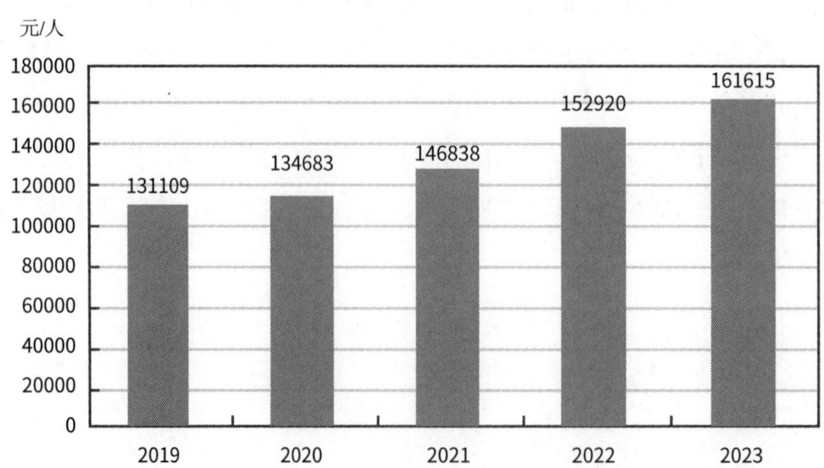

年末全国人口[5]140967万人，比上年末减少208万人，其中城镇常住人口93267万人。全年出生人口902万人，出生率为6.39‰；死亡人口1110万人，死亡率为7.87‰；自然增长率为-1.48‰。

表1　2023年年末人口数及其构成

指标	年末数（万人）	比重（%）
全国人口	140967	100.0
其中：城镇	93267	66.2
乡村	47700	33.8
其中：男性	72032	51.1
女性	68935	48.9
其中：0-15岁（含不满16周岁）[6]	24789	17.6
16-59岁（含不满60周岁）	86481	61.3
60周岁及以上	29697	21.1
其中：65周岁及以上	21676	15.4

年末全国就业人员74041万人，其中城镇就业人员47032万人，占全国就业人员比重为63.5%。全年城镇新增就业[7]1244万人，比上年多增38万人。全年全国城镇调查失业率平均值为5.2%。年末全国城镇调查失业率为5.1%。全国农民工[8]总量29753万人，比上年增长0.6%。其中，外出农民工17658万人，增长2.7%；本地农民工12095万人，下降2.2%。

图4　2019-2023年城镇新增就业人数

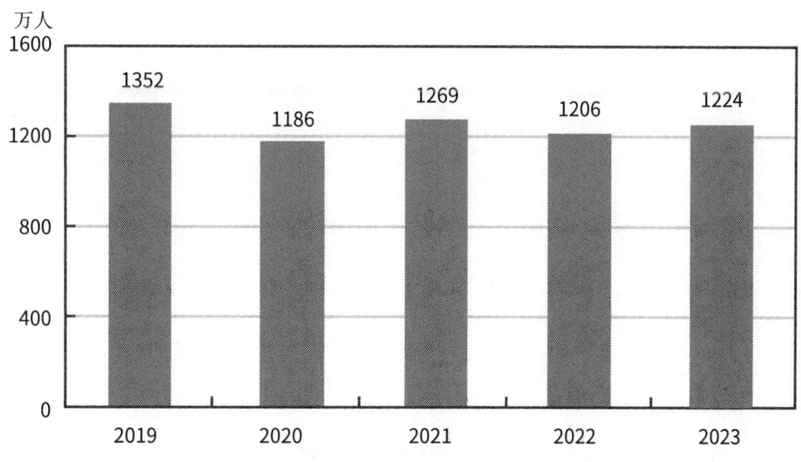

全年居民消费价格比上年上涨0.2%。工业生产者出厂价格下降3.0%。工业生产者购进价格下降3.6%。农产品生产者价格[9]下降2.3%。12月份，70个大中城市中，新建商品住宅销售价格同比上涨的城市个数为20个，持平的为2个，下降的为48个；二手住宅销售价格同比上涨的城市个数为1个，下降的为69个。

图5　2023年居民消费价格月度涨跌幅度

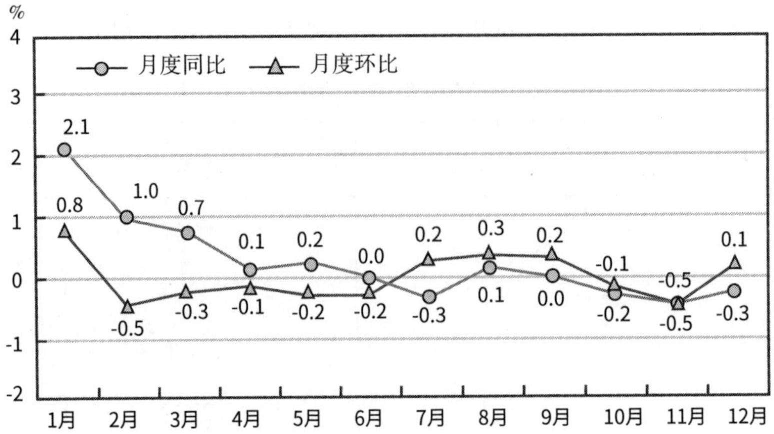

表2　2023年居民消费价格比上年涨跌幅度

单位：%

指标	全国	城市	农村
居民消费价格	0.2	0.3	0.1
其中：食品烟酒	0.3	0.4	0.1
衣　着	1.0	1.1	0.6
居　住[10]	0.0	0.0	0.0
生活用品及服务	0.1	0.1	-0.1
交通通信	-2.3	-2.3	-2.4
教育文化娱乐	2.0	2.1	1.5
医疗保健	1.1	1.1	1.3
其他用品及服务	3.2	3.4	2.5

年末国家外汇储备32380亿美元，比上年末增加1103亿美元。全年人民币平均汇率为1美元兑7.0467元人民币，比上年贬值4.5%。

图6　2019–2023年年末国家外汇储备

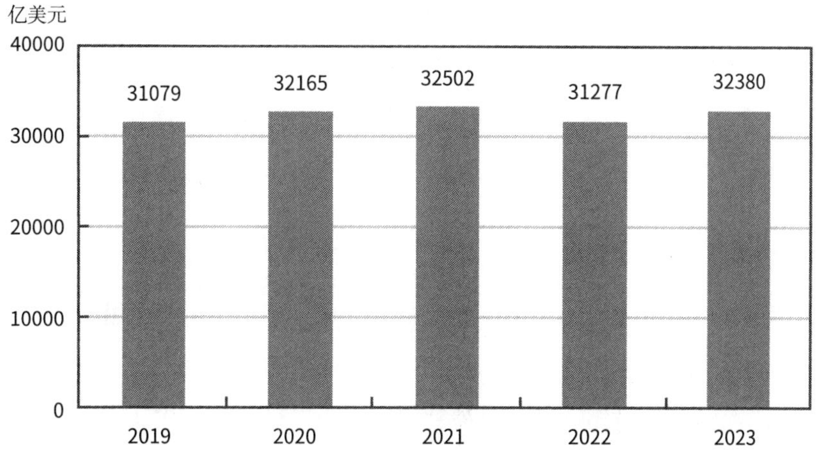

新动能成长壮大。全年规模以上工业[11]中，装备制造业[12]增加值比上年增长6.8%，占规模以上工业增加值比重为33.6%；高技术制造业[13]增加值增长2.7%，占规模以上工业增加值比重为15.7%。新能源汽车产量944.3万辆，比上年增长30.3%；太阳能电池（光伏电池）产量5.4亿千瓦，增长54.0%；服务机器人产量783.3万套，增长23.3%；3D打印设备产量278.9万台，增长36.2%。规模以上服务业[14]中，战略性新兴服务业[15]企业营业收入比上年增长7.7%。高技术产业投资[16]比上年增长10.3%，制造业技术改造投资[17]增长3.8%。电子商务交易额[18]468273亿元，比上年增长9.4%。网上零售额[19]154264亿元，比上年增长11.0%。全年新设经营主体3273万户，日均新设企业2.7万户。

城乡融合和区域协调发展步伐稳健。年末全国常住人口城镇化率为66.16%，比上年末提高0.94个百分点。分区域看[20]，全年东部地区生产总值652084亿元，比上年增长5.4%；中部地区生产总值269898亿元，增长4.9%；西部地区生产总值269325亿元，增长5.5%；东北地区生产总值59624亿元，增长4.8%。全年京津冀地区生产总值104442亿元，比上年增长5.1%；长江经济带地区生产总值584274亿元，增长5.5%；长江三角洲地区生产总值305045亿元，增长5.7%。粤港澳大湾区建设、黄河流域生态保护和高质量发展等区域重大战略深入推进。

图7　2019–2023年年末常住人口城镇化率

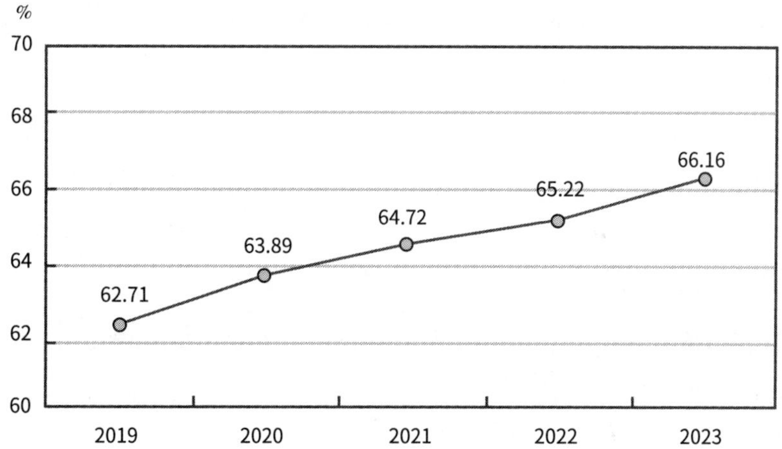

绿色低碳转型深入推进。全年全国万元国内生产总值二氧化碳排放[21]与上年持平。水电、核电、风电、太阳能发电等清洁能源发电量31906亿千瓦时，比上年增长7.8%。在监测的339个地级及以上城市中，空气质量达标的城市占59.9%，未达标的城市占40.1%。3641个国家地表水考核断面中，水质优良（Ⅰ~Ⅲ类）断面比例为89.4%，Ⅳ类断面比例为8.4%，Ⅴ类断面比例为1.5%，劣Ⅴ类断面比例为0.7%。

二、农业

全年粮食种植面积11897万公顷，比上年增加64万公顷。其中，稻谷种植面积2895万公顷，减少50万公顷；小麦种植面积2363万公顷，增加11万公顷；玉米种植面积4422万公顷，增加115万公顷；大豆种植面积1047万公顷，增加23万公顷。棉花种植面积279万公顷，减少21万公顷。油料种植面积1392万公顷，增加78万公顷。糖料种植面积142万公顷，减少3万公顷。

全年粮食产量69541万吨，比上年增加888万吨，增产1.3%。其中，夏粮产量14615万吨，减产0.8%；早稻产量2834万吨，增产0.8%；秋粮产量52092万吨，增产1.9%。谷物产量64143万吨，比上年增产1.3%。其中，稻谷产量20660万吨，减产0.9%；小麦产量13659万吨，减产0.8%；玉米产量28884万吨，增产4.2%。大豆产量2084万吨，增产2.8%。

图8 2019-2023年粮食产量

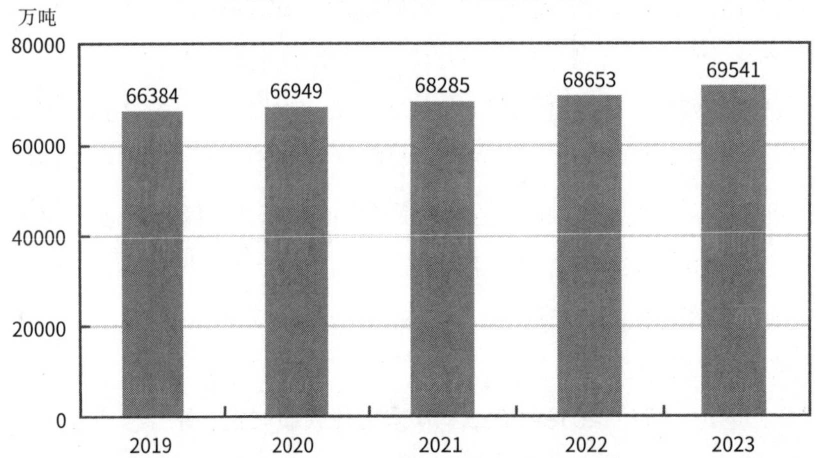

全年棉花产量562万吨，比上年减产6.1%。油料产量3864万吨，增产5.7%。糖料产量11504万吨，增产2.4%。茶叶产量355万吨，增产6.1%。

全年猪牛羊禽肉产量9641万吨，比上年增长4.5%。其中，猪肉产量5794万吨，增长4.6%；牛肉产量753万吨，增长4.8%；羊肉产量531万吨，增长1.3%；禽肉产量2563万吨，增长4.9%。禽蛋产量3563万吨，增长3.1%。牛奶产量4197万吨，增长6.7%。年末生猪存栏43422万头，比上年末下降4.1%；全年生猪出栏72662万头，比上年增长3.8%。

全年水产品总产量7100万吨，比上年增长3.4%。其中，养殖产量5812万吨，增长4.4%；捕捞产量1288万吨，下降1.0%。

全年木材产量11944万立方米，比上年下降2.0%。

全年新建和改造提升高标准农田面积574万公顷，新增高效节水灌溉面积164万公顷。

三、工业和建筑业

全年全部工业增加值399103亿元，比上年增长4.2%。规模以上工业增加值增长4.6%。在规模以上工业中，分经济类型看，国有控股企业增加值增长5.0%；股份制企业增长5.3%，外商及港澳台商投资企业增长1.4%；私营企业增长3.1%。分门类看，采矿业增长2.3%，制造业增长5.0%，电力、热力、燃气及水生产和供应业增长4.3%。

图9　2019-2023年全部工业增加值及其增长速度

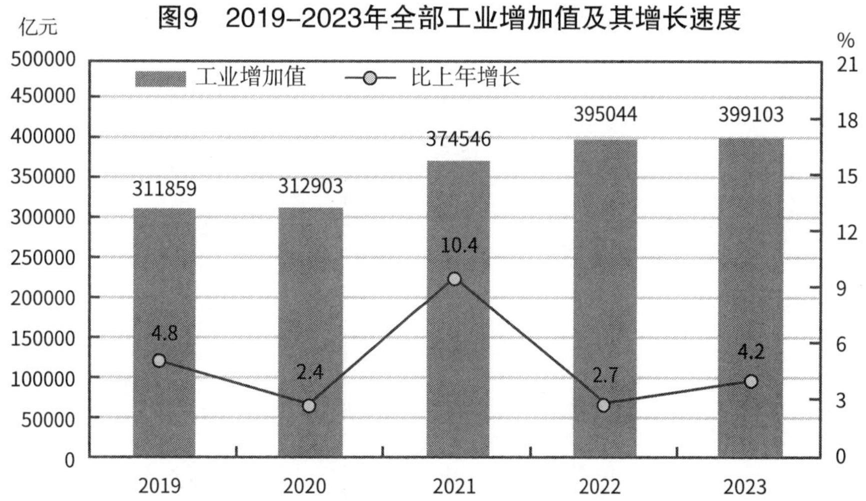

全年规模以上工业中，农副食品加工业增加值比上年增长0.2%，纺织业下降0.6%，化学原料和化学制品制造业增长9.6%，非金属矿物制品业下降0.5%，黑色金属冶炼和压延加工业增长7.1%，通用设备制造业增长2.0%，专用设备制造业增长3.6%，汽车制造业增长13.0%，电气机械和器材制造业增长12.9%，计算机、通信和其他电子设备制造业增长3.4%，电力、热力生产和供应业增长4.3%。

表3　2023年主要工业产品产量及其增长速度[22]

产品名称	单位	产量	比上年增长（%）
纱	万吨	2234.2	-2.2
布	亿米	294.9	-4.8
化学纤维	万吨	7127.0	10.3
成品糖	万吨	1270.6	-13.2
卷烟	亿支	24427.5	0.4
彩色电视机	万台	19339.6	-1.3
家用电冰箱	万台	9632.3	14.5
房间空气调节器	万台	24487.0	13.5
粗钢	万吨	101908.1	0.0
钢材[23]	万吨	136268.2	5.2

续表

产品名称	单位	产量	比上年增长（%）
十种有色金属	万吨	7469.8	7.1
其中：精炼铜（电解铜）	万吨	1298.8	13.5
原铝（电解铝）	万吨	4159.4	3.7
水泥	亿吨	20.2	–0.7
硫酸（折100%）	万吨	9580.0	3.4
烧碱（折100%）	万吨	4101.4	3.5
乙烯	万吨	3189.9	6.0
化肥（折100%）	万吨	5713.6	5.0
发电机组（发电设备）	万千瓦	23442.7	28.5
汽车	万辆	3011.3	9.3
其中：新能源汽车	万辆	944.3	30.3
大中型拖拉机	万台	38.0	–7.2
集成电路	亿块	3514.4	6.9
程控交换机	万线	507.0	–42.6
移动通信手持机	万台	156642.2	6.9
微型计算机设备	万台	33056.9	–17.4
工业机器人	万套	43.0	–2.2
太阳能工业用超白玻璃	万平方米	159264.8	58.6
充电桩	万个	287.8	36.9

全年规模以上工业企业利润76858亿元，比上年下降2.3%。分经济类型看，国有控股企业利润22623亿元，比上年下降3.4%；股份制企业56773亿元，下降1.2%，外商及港澳台商投资企业17975亿元，下降6.7%；私营企业23438亿元，增长2.0%。分门类看，采矿业利润12392亿元，比上年下降19.7%；制造业57644亿元，下降2.0%；电力、热力、燃气及水生产和供应业6822亿元，增长54.7%。规模以上工业企业每百元营业收入中的成本为84.76元，比上年增加0.04元；营业收入利润率为5.76%，下降0.20个百分点。年末规模以上工业企业资产负债率为57.1%，比上年末下降0.1个百分点。全年规模以上工业产能利用率[24]为75.1%。

全年建筑业增加值83383亿元，比上年增长5.5%。全国具有资质等级的总承包和专业承包建筑业企业利润8369亿元，比上年下降1.2%，其中国有控股企业3922亿元，增长8.4%。

初步核算，全年一次能源生产总量48.3亿吨标准煤，比上年增长4.2%。

表4　2023年主要能源产品产量及其增长速度

产品名称	单位	产量	比上年增长（%）
原煤	亿吨	47.1	3.4
原油	万吨	20902.6	2.1
天然气	亿立方米	2324.3	5.6
发电量	亿千瓦时	94564.4	6.9
其中：火电[25]	亿千瓦时	62657.4	6.4
水电	亿千瓦时	12858.5	-4.9
核电	亿千瓦时	4347.2	4.1
风电	亿千瓦时	8858.7	16.2
太阳能发电	亿千瓦时	5841.5	36.7

年末全国发电装机容量291965万千瓦，比上年末增长13.9%。其中[26]，火电装机容量139032万千瓦，增长4.1%；水电装机容量42154万千瓦，增长1.8%；核电装机容量5691万千瓦，增长2.4%；并网风电装机容量44134万千瓦，增长20.7%；并网太阳能发电装机容量60949万千瓦，增长55.2%。

全年建筑业增加值85691亿元，比上年增长7.1%。全国具有资质等级的总承包和专业承包建筑业企业利润8326亿元，比上年增长[27]0.2%，其中国有控股企业4019亿元，增长4.3%。

图10　2019-2023年建筑业增加值及其增长速度

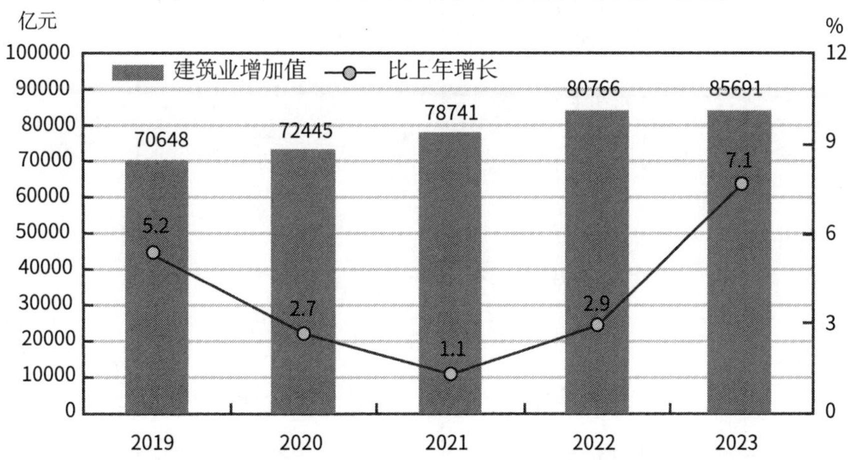

四、服务业

全年批发和零售业增加值123072亿元，比上年增长6.2%；交通运输、仓储和邮政业增加值57820亿元，增长8.0%；住宿和餐饮业增加值21024亿元，增长14.5%；金融业增加值100677亿元，增长6.8%；

房地产业增加值73723亿元，下降1.3%；信息传输、软件和信息技术服务业增加值55194亿元，增长11.9%；租赁和商务服务业增加值44347亿元，增长9.3%。规模以上服务业企业营业收入比上年增长8.3%，利润总额增长26.8%。

图11　2019-2023年服务业增加值及其增长速度

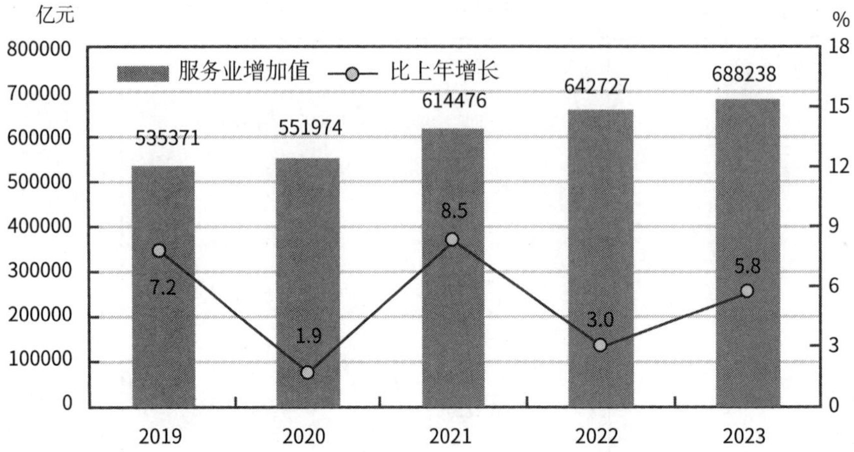

全年货物运输总量[28] 557亿吨，比上年增长8.1%。货物运输周转量247713亿吨公里，增长6.3%。港口完成货物吞吐量170亿吨，比上年增长8.2%，其中外贸货物吞吐量50亿吨，增长9.5%。港口集装箱吞吐量31034万标准箱，增长4.9%。

表5　2023年各种运输方式完成货物运输量及其增长速度

指标	单位	绝对数	比上年增长（%）
货物运输总量	亿吨	556.8	8.1
铁路	亿吨	50.1	1.5
公路	亿吨	403.4	8.7
水路	亿吨	93.7	9.5
民航	万吨	735.4	21.0
管道	亿吨	9.5	7.5
货物运输周转量	亿吨公里	247712.7	6.3
铁路	亿吨公里	36437.6	1.5
公路	亿吨公里	73950.2	6.9
水路	亿吨公里	129951.5	7.4
民航	亿吨公里	283.6	11.6
管道	亿吨公里	7089.8	3.8

全年旅客运输总量93亿人次，比上年增长66.5%。旅客运输周转量28610亿人公里，增长121.4%。

表6　2023年各种运输方式完成旅客运输量及其增长速度

指标	单位	绝对数	比上年增长（%）
旅客运输总量	亿人次	93.0	66.5
铁路	亿人次	38.5	130.4
公路	亿人次	45.7	28.9
水路	亿人次	2.6	121.6
民航	亿人次	6.2	146.1
旅客运输周转量	亿人公里	28609.6	121.4
铁路	亿人公里	14729.4	123.9
公路	亿人公里	3517.6	46.1
水路	亿人公里	53.8	137.9
民航	亿人公里	10308.8	163.4

年末全国民用汽车保有量33618万辆（包括三轮汽车和低速货车706万辆），比上年末增加1714万辆，其中私人汽车保有量29427万辆，增加1553万辆。民用轿车保有量18668万辆，增加928万辆，其中私人轿车保有量17541万辆，增加856万辆。

全年完成邮政行业寄递业务总量[29]1625亿件，比上年增长16.8%。邮政业完成邮政函件业务9.7亿件，包裹业务0.2亿件，快递业务量1320.7亿件，快递业务收入12074亿元。全年完成电信业务总量[30]18327亿元，比上年增长16.8%。年末移动电话基站数[31]1162万个，其中4G基站629万个，5G基站338万个。全国电话用户总数189992万户，其中移动电话用户172660万户。移动电话普及率为122.5部/百人。固定互联网宽带接入用户[32]63631万户，比上年末增加4666万户，其中100M速率及以上的宽带接入用户[33]60136万户，增加4756万户。蜂窝物联网终端用户[34]23.32亿户，增加4.88亿户。互联网上网人数10.92亿人，其中手机上网人数10.91亿人。互联网普及率为77.5%，其中农村地区互联网普及率为66.5%。全年移动互联网用户接入流量3015亿GB，比上年增长15.2%。软件和信息技术服务业[35]完成软件业务收入123258亿元，比上年增长13.4%。

图12　2019–2023年快递业务量及其增长速度

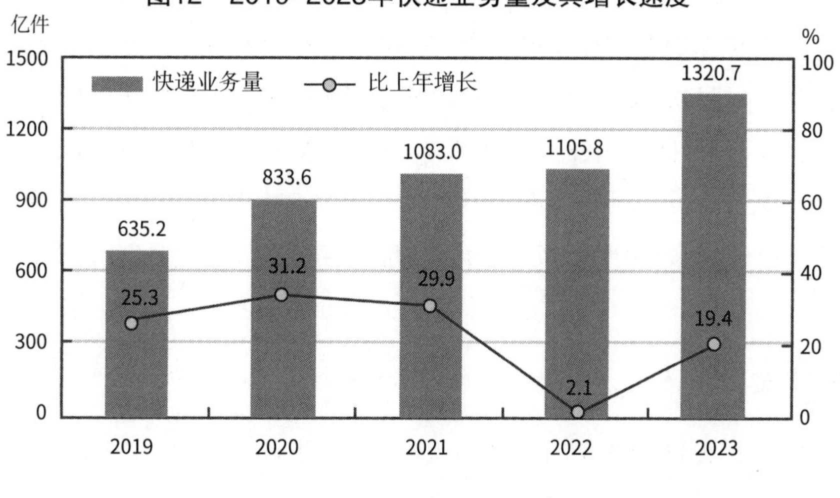

图13　2019-2023年年末固定互联网宽带接入用户数

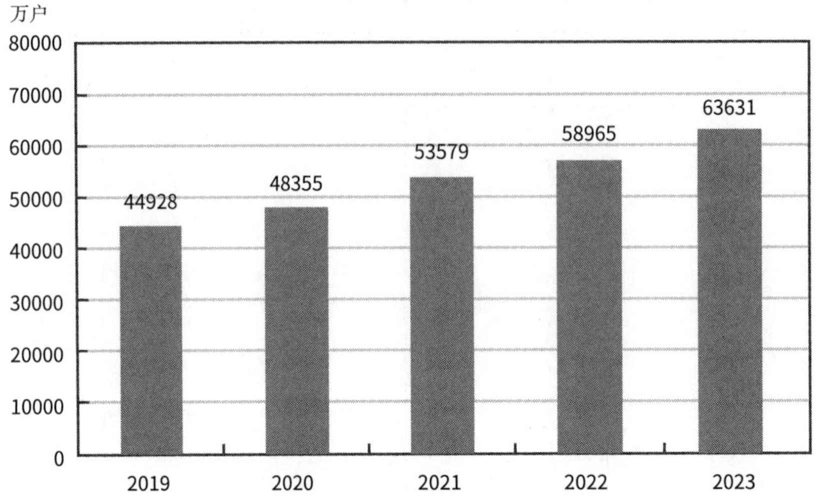

五、国内贸易

全年社会消费品零售总额471495亿元，比上年增长7.2%。按经营地分，城镇消费品零售额407490亿元，增长7.1%；乡村消费品零售额64005亿元，增长8.0%。按消费类型分，商品零售额418605亿元，增长5.8%；餐饮收入52890亿元，增长20.4%。服务零售额[36]比上年增长20.0%。

图14　2019-2023年社会消费品零售总额及其增长速度

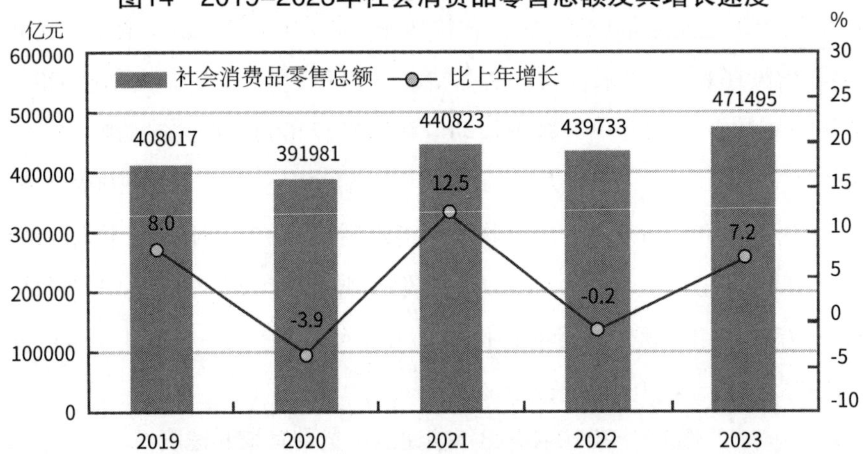

全年限额以上单位商品零售额中，粮油、食品类零售额比上年增长5.2%，饮料类增长3.2%，烟酒类增长10.6%，服装、鞋帽、针纺织品类增长12.9%，化妆品类增长5.1%，金银珠宝类增长13.3%，日用品类增长2.7%，家用电器和音像器材类增长0.5%，中西药品类增长5.1%，文化办公用品类下降6.1%，家具类增长2.8%，通讯器材类增长7.0%，石油及制品类增长6.6%，汽车类增长5.9%，建筑及装潢材料类下降7.8%。

全年实物商品网上零售额130174亿元，按可比口径计算，比上年增长8.4%，占社会消费品零售总额比重为27.6%。

六、固定资产投资

全年全社会固定资产投资509708亿元，比上年增长[37]2.8%。固定资产投资（不含农户）503036

亿元，增长3.0%。在固定资产投资（不含农户）中，分区域看[38]，东部地区投资增长4.4%，中部地区投资增长0.3%，西部地区投资增长0.1%，东北地区投资下降1.8%。

在固定资产投资（不含农户）中，第一产业投资10085亿元，比上年下降0.1%；第二产业投资162136亿元，增长9.0%；第三产业投资330815亿元，增长0.4%。基础设施投资[39]增长5.9%。社会领域投资[40]增长0.5%。民间固定资产投资[41]253544亿元，下降0.4%；其中制造业民间投资增长9.4%，基础设施民间投资增长14.2%。

图15　2023年三次产业投资占固定资产投资（不含农户）比重

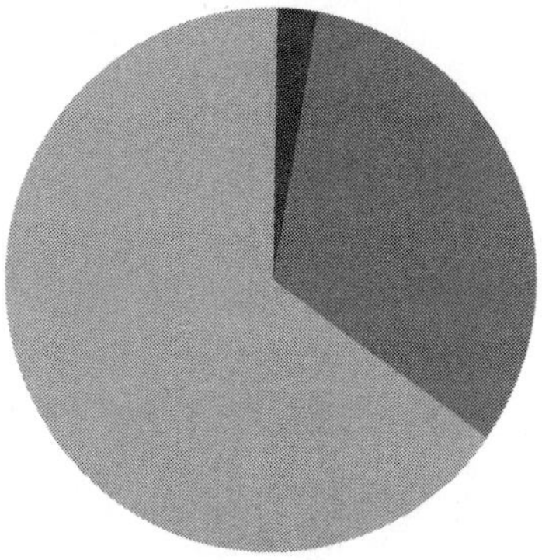

表7　2023年分行业固定资产投资（不含农户）增长速度

行　业	比上年增长（%）	行业	比上年增长（%）
总计	3.0	金融业	−11.9
农、林、牧、渔业	1.2	房地产业[42]	−8.1
采矿业	2.1	租赁和商务服务业	9.9
制造业	6.5	科学研究和技术服务业	18.1
电力、热力、燃气及水生产和供应业	23.0	水利、环境和公共设施管理业	0.1
建筑业	22.5	居民服务、修理和其他服务业	15.8
批发和零售业	−0.4	教育	2.8
交通运输、仓储和邮政业	10.5	卫生和社会工作	−3.8
住宿和餐饮业	8.2	文化、体育和娱乐业	2.6
信息传输、软件和信息技术服务业	13.8	公共管理、社会保障和社会组织	−37.0

表8　2023年固定资产投资新增主要生产与运营能力

指标	单位	绝对数
新增220千伏及以上变电设备	万千伏安	25656
新建铁路投产里程	公里	3637
其中：高速铁路	公里	2776
增、新建铁路复线投产里程	公里	3351
电气化铁路投产里程	公里	4463
新改建高速公路里程	公里	7498
港口万吨级及以上码头泊位新增通过能力	万吨/年	32529
新增民用运输机场	个	5
新增光缆线路长度	万公里	474

全年房地产开发投资110913亿元，比上年下降[43]9.6%。其中住宅投资83820亿元，下降9.3%；办公楼投资4531亿元，下降9.4%；商业营业用房投资8055亿元，下降16.9%。全年新建商品房销售面积[44]111735万平方米。二手房交易网签面积[45]70882万平方米。年末新建商品房待售面积67295万平方米，其中商品住宅待售面积33119万平方米。

表9　2023年房地产开发和销售主要指标及其增长速度

指标	单位	绝对数	比上年增长（%）
房地产开发投资	亿元	110913	–9.6
其中：住宅	亿元	83820	–9.3
房屋施工面积	万平方米	838364	–7.2
其中：住宅	万平方米	589884	–7.7
房屋新开工面积	万平方米	95376	–20.4
其中：住宅	万平方米	69286	–20.9
房屋竣工面积	万平方米	99831	17.0
其中：住宅	万平方米	72433	17.2
新建商品房销售面积	万平方米	111735	–8.5
其中：住宅	万平方米	94796	–8.2
房地产开发企业本年到位资金	亿元	127459	–13.6
其中：国内贷款	亿元	15595	–9.9
个人按揭贷款	亿元	21489	–9.1

全年全国各类棚户区改造开工159万套，基本建成193万套；保障性租赁住房开工建设和筹集213万套（间）。新开工改造城镇老旧小区5.37万个，涉及居民897万户。

七、对外经济

全年货物进出口总额417568亿元，比上年增长0.2%。其中，出口237726亿元，增长0.6%；进口179842亿元，下降0.3%。货物进出口顺差57883亿元，比上年增加1938亿元。对共建“一带一路”[46]国家进出口额194719亿元，比上年增长2.8%。其中，出口107314亿元，增长6.9%；进口87405亿元，下降1.9%。对《区域全面经济伙伴关系协定》（RCEP）其他成员国[47]进出口额125967亿元，比上年下降1.6%。民营企业进出口额223601亿元，比上年增长6.3%，占进出口总额比重为53.5%。

图16　2019-2023年货物进出口总额

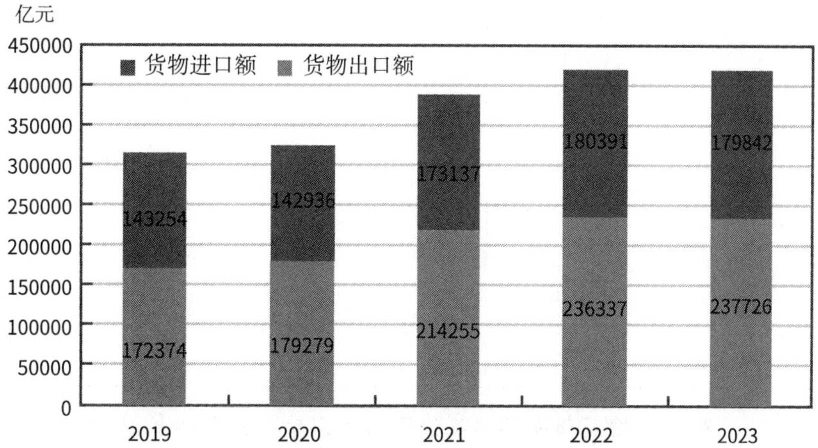

表10　2023年货物进出口总额及其增长速度

指标	金额（亿元）	比上年增长（%）
货物进出口总额	417568	0.2
货物出口额	237726	0.6
其中：一般贸易	153530	2.5
加工贸易	49062	-9.0
其中：机电产品	139196	2.9
高新技术产品	59279	-5.8
货物进口额	179842	-0.3
其中：一般贸易	117042	1.3
加工贸易	27061	-11.3
其中：机电产品	65363	-5.5
高新技术产品	47916	-5.2
货物进出口顺差	57883	3.5

表11 2023年主要商品出口数量、金额及其增长速度

商品名称	单位	数量	比上年增长（%）	金额（亿元）	比上年增长（%）
钢材	万吨	9026	36.2	5929	-3.4
纺织纱线、织物及其制品	—	—	—	9454	-3.1
服装及衣着附件	—	—	—	11206	-2.8
鞋靴	万双	891424	-2.5	3470	-8.0
家具及其零件	—	—	—	4517	0.2
箱包及类似容器	万吨	331	13.5	2512	9.3
玩具	—	—	—	2858	-7.4
塑料制品	—	—	—	7090	1.4
集成电路	亿个	2678	-1.8	9568	-5.0
自动数据处理设备及其零部件	—	—	—	13187	-15.8
手机	万台	80213	-2.0	9797	2.9
集装箱	万个	231	-27.9	581	-39.8
液晶平板显示模组	万个	168929	2.9	1873	3.8
汽车（包括底盘）	万辆	522	57.4	7165	76.8

表12 2023年主要商品进口数量、金额及其增长速度

商品名称	单位	数量	比上年增长（%）	金额（亿元）	比上年增长（%）
大豆	万吨	9941	11.4	4199	4.8
食用植物油	万吨	981	51.4	734	21.1
铁矿砂及其精矿	万吨	117906	6.6	9418	11.2
煤及褐煤	万吨	47442	61.8	3723	30.2
原油	万吨	56399	11.0	23733	-2.6
成品油	万吨	4769	80.3	1965	50.0
天然气	万吨	11997	9.9	4523	-3.4
初级形状的塑料	万吨	2960	-3.2	3182	-14.8
纸浆	万吨	3666	25.7	1665	11.6
钢材	万吨	765	-27.6	891	-21.5
未锻轧铜及铜材	万吨	550	-6.3	3356	-6.9
集成电路	亿个	4796	-10.8	24591	-10.6
汽车（包括底盘）	万辆	80	-8.9	3321	-5.8

表13　2023年对主要国家和地区货物进出口金额、增长速度及其比重

国家和地区	出口额（亿元）	比上年增长（%）	占全部出口比重（%）	进口额（亿元）	比上年增长（%）	占全部进口比重（%）
东盟	36817	0.0	15.5	27309	0.4	15.2
欧盟	35226	-5.3	14.8	19833	4.6	11.0
美国	35198	-8.1	14.8	11528	-1.8	6.4
日本	11076	-3.5	4.7	11309	-7.9	6.3
韩国	10467	-2.2	4.4	11381	-13.9	6.3
中国香港	19333	-1.3	8.1	958	84.3	0.5
中国台湾	4819	-11.1	2.0	14033	-10.5	7.8
俄罗斯	7823	53.9	3.3	9093	18.6	5.1
巴西	4159	1.0	1.7	8625	18.4	4.8
印度	8279	6.5	3.5	1301	12.2	0.7
南非	1661	4.4	0.7	2245	3.7	1.2

全年服务进出口总额65754亿元，比上年增长10.0%。其中，出口26857亿元，下降5.8%；进口38898亿元，增长24.4%。服务进出口逆差12041亿元。

全年外商直接投资新设立企业53766家，比上年增长39.7%。实际使用外商直接投资额11339亿元，下降8.0%，折1633亿美元，下降13.7%。其中，共建“一带一路”国家对华直接投资（含通过部分自由港对华投资）新设立企业13649家，增长82.7%；对华直接投资额1221亿元，下降11.4%，折176亿美元，下降16.7%。高技术产业实际使用外资额4233亿元，下降4.9%，折610亿美元，下降10.8%。

表14　2023年外商直接投资及其增长速度

行业	企业数（家）	比上年增长（%）	实际使用金额（亿元）	比上年增长（%）
总计	53766	39.7	11339	-8.0
其中：农、林、牧、渔业	418	-0.5	51	-36.8
制造业	3624	1.5	3179	-1.8
电力、热力、燃气及水生产和供应业	568	8.6	319	15.6
交通运输、仓储和邮政业	867	44.0	149	-57.2
信息传输、软件和信息技术服务业	3764	23.0	1134	-26.7
批发和零售业	18010	65.3	690	-28.2
房地产业	684	17.7	810	-11.4
租赁和商务服务业	10673	42.8	1819	-15.4
居民服务、修理和其他服务业	726	76.6	34	77.7

全年对外非金融类直接投资额9170亿元，比上年增长16.7%，折1301亿美元，增长11.4%。其中，对共建“一带一路”国家非金融类直接投资额2241亿元，增长28.4%，折318亿美元，增长22.6%。

表15　2023年对外非金融类直接投资额及其增长速度

行业	金额（亿美元）	比上年增长（%）
总计	1301	11.4
其中：农、林、牧、渔业	8	-3.6
采矿业	70	39.0
制造业	279	29.0
电力、热力、燃气及水生产和供应业	31	-12.5
建筑业	67	5.1
批发和零售业	292	38.6
交通运输、仓储和邮政业	65	42.3
信息传输、软件和信息技术服务业	49	-10.9
房地产业	10	-57.4
租赁和商务服务业	337	-13.0

全年对外承包工程完成营业额11339亿元，比上年增长8.8%，折1609亿美元，增长3.8%。其中，对共建“一带一路”国家完成营业额1321亿美元，增长4.8%，占对外承包工程完成营业额比重为82.1%。对外劳务合作派出各类劳务人员35万人。

八、财政金融

全年全国一般公共预算收入216784亿元，比上年增长6.4%；其中税收收入181129亿元，增长8.7%。全国一般公共预算支出274574亿元，比上年增长5.4%。全年新增减税降费及退税缓费超2.2万亿元。

图17 2019-2023年全国一般公共预算收入

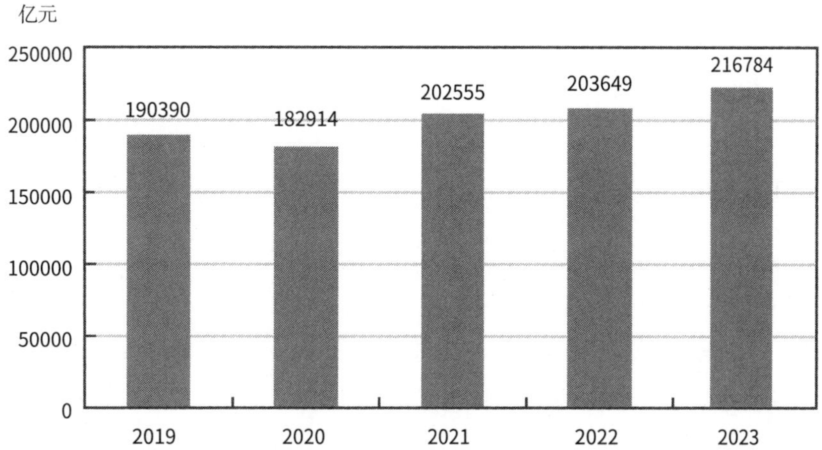

（注：图中2019年至2022年数据为全国一般公共预算收入决算数，2023年为执行数。）

年末广义货币供应量（M2）余额292.3万亿元，比上年末增长9.7%；狭义货币供应量（M1）余额68.1万亿元，增长1.3%；流通中货币（M0）余额11.3万亿元，增长8.3%。

全年社会融资规模增量[48]35.6万亿元，按可比口径计算，比上年多3.4万亿元。年末社会融资规模存量[49]378.1万亿元，按可比口径计算，比上年末增长9.5%，其中对实体经济发放的人民币贷款余额235.5万亿元，增长10.4%。年末全部金融机构本外币各项存款余额289.9万亿元，比年初增加25.4万亿元，其中人民币各项存款余额284.3万亿元，增加25.7万亿元。全部金融机构本外币各项贷款余额242.2万亿元，增加22.2万亿元，其中人民币各项贷款余额237.6万亿元，增加22.7万亿元。人民币普惠小微贷款[50]余额29.4万亿元，增加5.6万亿元。人民币制造业中长期贷款余额12.2万亿元，增加3.1万亿元。

表16 2023年年末全部金融机构本外币存贷款余额及其增长速度

指标	年末数（亿元）	比上年末增长（%）
各项存款	2899132	9.6
其中：境内住户存款	1378765	13.8
其中：人民币	1369895	13.8
境内非金融企业存款	817959	4.9
各项贷款	2422396	10.1
其中：境内短期贷款	623037	10.2
境内中长期贷款	1591965	11.3

年末主要农村金融机构（农村信用社、农村合作银行、农村商业银行）人民币贷款余额293584亿元，比年初增加26363亿元。全部金融机构人民币消费贷款余额579438亿元，增加10992亿元。其中，住户短期消费贷款余额103541亿元，增加5078亿元；住户中长期消费贷款余额475897亿元，增加5914亿元。

全年沪深交易所A股累计筹资[51]10734亿元，比上年减少4375亿元。沪深交易所首次公开发行上市A股236只，筹资3418亿元，比上年减少2286亿元，其中科创板股票67只，筹资1439亿元；沪深交易所A股再融资（包括公开增发、定向增发、配股、优先股、可转债转股）7316亿元，减少2089亿元。北京证券交易所公开发行股票77只，筹资[52]146亿元。全年各类主体通过沪深北交易所发行债券（包括公司债券、资产支持证券、国债、地方政府债券和政策性银行债券）筹资130677亿元，其中沪深交易所共发行上市基础设施领域不动产投资信托基金（REITs）40只，募集资金914亿元。全国中小企业股份转让系统[53]挂牌公司6241家，全年挂牌公司累计股票筹资180亿元。

全年发行公司信用类债券[54]13.8万亿元，比上年增加0.1万亿元。

全年保险公司原保险保费收入[55]51247亿元，比上年增长9.1%。其中，寿险业务原保险保费收入27646亿元，健康险和意外伤害险业务原保险保费收入9993亿元，财产险业务原保险保费收入13607亿元。支付各类赔款及给付18883亿元。其中，寿险业务给付5505亿元，健康险和意外伤害险业务赔款及给付4207亿元，财产险业务赔款9171亿元。

九、居民收入消费和社会保障

全年全国居民人均可支配收入39218元，比上年增长6.3%，扣除价格因素，实际增长6.1%。全国居民人均可支配收入中位数[56]33036元，增长5.3%。按常住地分，城镇居民人均可支配收入51821元，比上年增长5.1%，扣除价格因素，实际增长4.8%。城镇居民人均可支配收入中位数47122元，增长4.4%。农村居民人均可支配收入21691元，比上年增长7.7%，扣除价格因素，实际增长7.6%。农村居民人均可支配收入中位数18748元，增长5.7%。城乡居民人均可支配收入比值为2.39，比上年缩小0.06。按全国居民五等份收入分[57]，低收入组人均可支配收入9215元，中间偏下收入组人均可支配收入20442元，中间收入组人均可支配收入32195元，中间偏上收入组人均可支配收入50220元，高收入组人均可支配收入95055元。全国农民工人均月收入4780元，比上年增长3.6%。脱贫县[58]农村居民人均可支配收入16396元，比上年增长8.5%，扣除价格因素，实际增长8.4%。

全年全国居民人均消费支出26796元，比上年增长9.2%，扣除价格因素，实际增长9.0%。其中，人均服务性消费支出[59]12114元，比上年增长14.4%，占居民人均消费支出比重为45.2%。按常住地分，城镇居民人均消费支出32994元，增长8.6%，扣除价格因素，实际增长8.3%；农村居民人均消费支出18175元，增长9.3%，扣除价格因素，实际增长9.2%。全国居民恩格尔系数为29.8%，其中城镇为28.8%，农村为32.4%。

图18　2019-2023年全国居民人均可支配收入及其增长速度

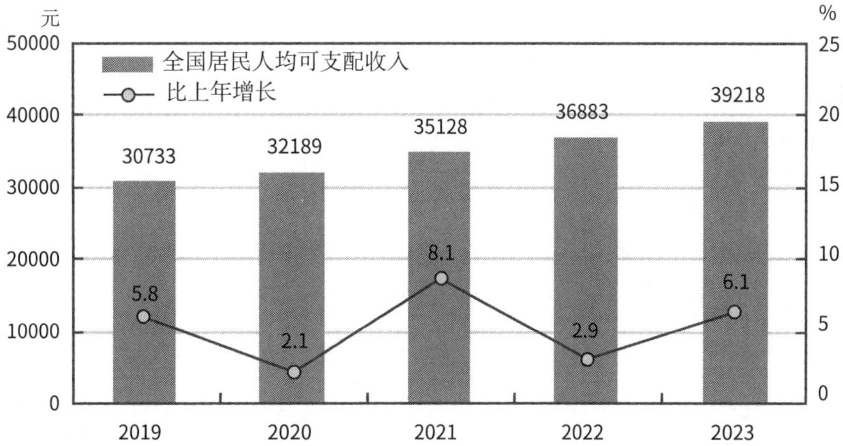

图19　2023年全国居民人均消费支出及其构成

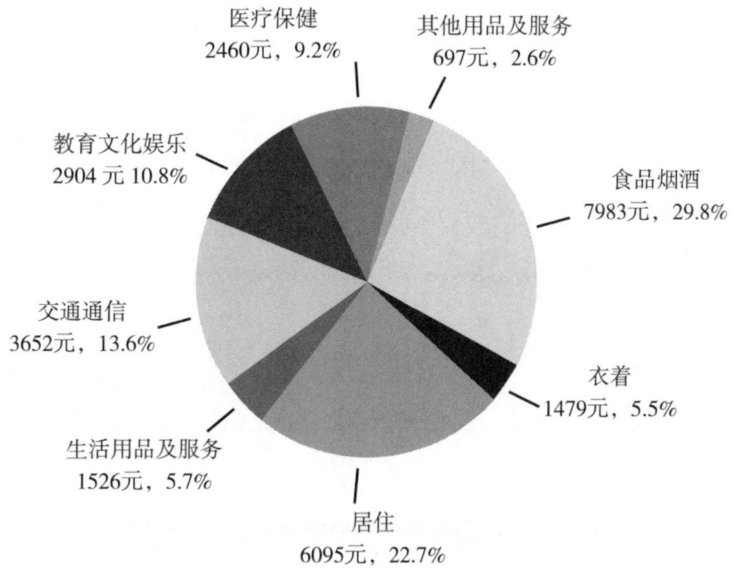

年末全国参加城镇职工基本养老保险人数52121万人，比上年末增加1766万人。参加城乡居民基本养老保险人数54522万人，减少430万人。参加基本医疗保险人数[60]133387万人，其中参加职工基本医疗保险人数37094万人，参加城乡居民基本医疗保险人数96293万人。参加失业保险人数24373万人，增加566万人。领取失业保险金人数352万人。参加工伤保险人数30170万人，增加1054万人。参加生育保险人数24907万人。年末全国共有664万人享受城市最低生活保障，3399万人享受农村最低生活保障，435万人享受农村特困人员[61]救助供养，全年临时救助[62]742万人次。全年领取国家定期抚恤金、定期生活补助金的退役军人和其他优抚对象834万人。

年末全国共有各类提供住宿的民政服务机构4.4万个，其中养老机构4.1万个，儿童福利和救助保护机构971个。民政服务床位[63]846.3万张，其中养老服务床位820.1万张，儿童福利和救助保护机构床位9.8万张。

十、科学技术和教育

全年研究与试验发展（R&D）经费支出33278亿元，比上年增长8.1%，与国内生产总值之比为2.64%，其中基础研究经费2212亿元，比上年增长9.3%，占R&D经费支出比重为6.65%。国家自然科学基金共资助5.25万个项目。截至年末，纳入新序列管理的国家工程研究中心207个，国家企业技术中心1798家。国家科技成果转化引导基金累计设立36只子基金，资金总规模624亿元。国家级科技企业孵化器[64]1606家，国家备案众创空间[65]2376家。全年授予发明专利权92.1万件，比上年增长15.3%。PCT专利申请受理量[66]7.4万件。截至年末，有效发明专利499.1万件，比上年末增长18.5%。每万人口高价值发明专利拥有量[67]11.8件。全年商标注册438.3万件，比上年下降29.0%。全年共签订技术合同95万项，技术合同成交金额61476亿元，比上年增长28.6%。我国公民具备科学素质[68]的比例达到14.14%。

图20　2019-2023年研究与试验发展（R&D）经费支出及其增长速度

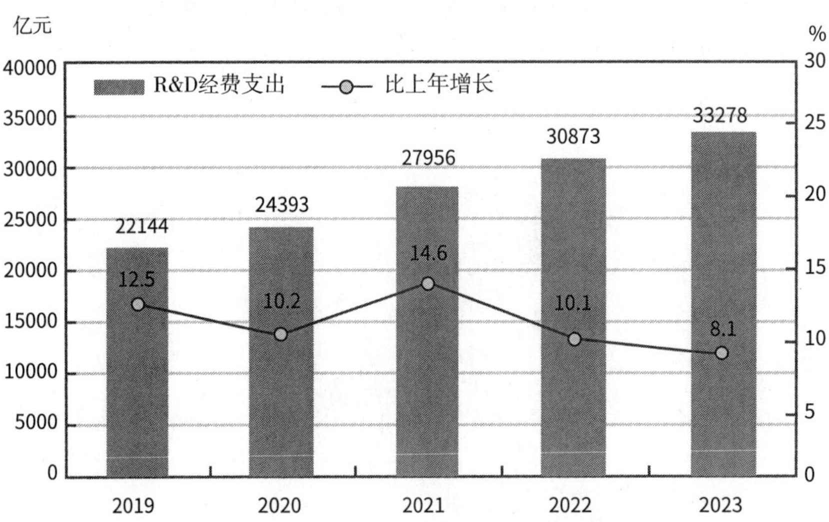

表17　2023年专利授权和有效专利情况

指标	专利数（万件）	比上年增长（%）
发明专利授权	92.1	15.3
其中：境内发明专利授权	81.3	18.0
实用新型专利授权	209.0	-25.5
外观设计专利授权	63.8	-11.5
年末有效发明专利	499.1	18.5
其中：境内有效发明专利	401.5	22.4
年末有效实用新型专利	1212.9	11.9
年末有效外观设计专利	323.4	14.2

全年成功完成66次宇航发射。天舟六号、神舟十六号、神舟十七号任务相继实施，中国空间站进入应用与发展阶段。全球首枚液氧甲烷火箭朱雀二号遥二运载火箭成功发射。量子计算原型机九章三

号成功构建。全超导托卡马克核聚变实验装置实现稳态高约束模式等离子体运行403秒。全球首座第四代核电站高温气冷堆示范工程投入商业运行。全球首台16兆瓦海上风电机组并网发电。C919大型客机正式投入商业运营。首艘国产大型邮轮完成试航。奋斗者号载人潜水器完成极限深潜。

年末全国共有国家质检中心877家。全国现有产品质量、体系和服务认证机构1242个，累计完成对102万家企业的认证。全年制定、修订国家标准2902项，其中新制定1708项。全年制造业产品质量合格率[69]为93.65%。

全年研究生教育招生130.2万人，在学研究生388.3万人，毕业生101.5万人。普通、职业本专科[70]招生1042.2万人，在校生3775.0万人，毕业生1047.0万人。中等职业教育[71]招生616.5万人，在校生1737.9万人，毕业生537.1万人。普通高中招生967.8万人，在校生2803.6万人，毕业生860.4万人。初中招生1754.6万人，在校生5243.7万人，毕业生1623.6万人。普通小学招生1877.9万人，在校生10836.0万人，毕业生1763.5万人。特殊教育招生15.5万人，在校生91.2万人，毕业生17.3万人。学前教育在园幼儿4093.0万人。九年义务教育巩固率为95.7%，高中阶段毛入学率为91.8%。

图21 2019-2023年本专科、中等职业教育及普通高中招生人数

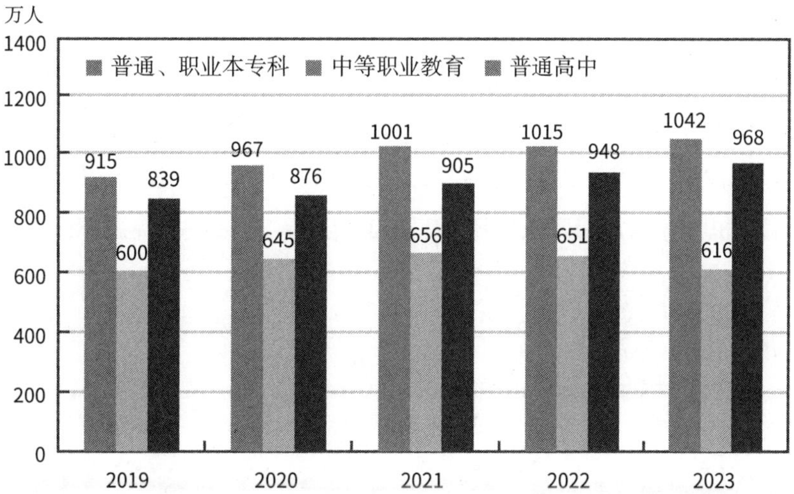

十一、文化旅游、卫生健康和体育

年末全国文化和旅游部门所属艺术表演团体1893个。全国共有公共图书馆3309个，总流通[72]112668万人次；文化馆3508个。有线电视实际用户2.02亿户，其中有线数字电视实际用户1.93亿户。年末广播节目综合人口覆盖率为99.7%，电视节目综合人口覆盖率为99.8%。全年生产电视剧156部4632集，电视动画片93811分钟。生产故事影片792部，科教、纪录、动画和特种影片[73]179部。出版各类报纸258亿份，各类期刊18亿册，图书119亿册（张），人均图书拥有量[74]8.40册（张）。年末全国共有档案馆4154个，已开放各类档案23827万卷（件）。全年全国规模以上文化及相关产业企业营业收入129515亿元，按可比口径计算，比上年增长8.2%。

全年国内出游48.9亿人次，比上年增长93.3%。其中，城镇居民国内出游37.6亿人次，增长94.9%；农村居民国内出游11.3亿人次，增长88.5%。国内游客出游总花费49133亿元，增长140.3%。其中，城镇居民出游花费41781亿元，增长147.5%；农村居民出游花费7353亿元，增长106.4%。入境游客8203万人次，其中外国人1378万人次，香港、澳门和台湾同胞6824万人次。入境游客总花费530亿美元。国内居民出境10096万人次，其中因私出境9684万人次，赴港澳台出境7704万人次。

图22　2019-2023年国内游客人次及其增长速度

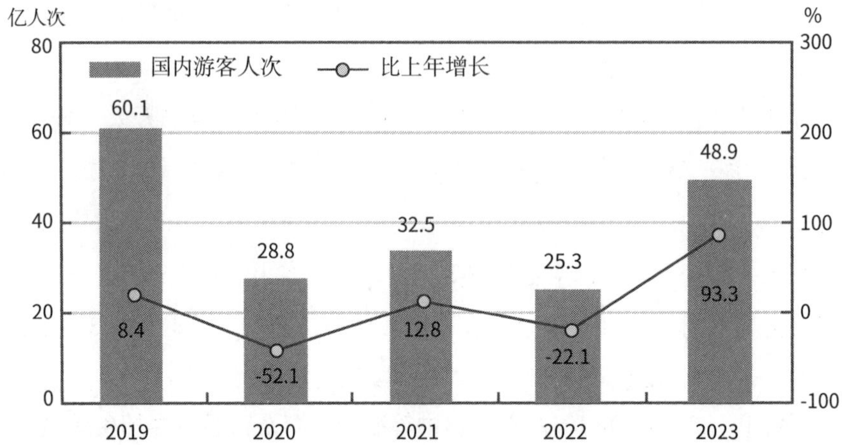

年末全国共有医疗卫生机构107.1万个，其中医院3.9万个，在医院中有公立医院1.2万个，民营医院2.7万个；基层医疗卫生机构101.6万个，其中乡镇卫生院3.4万个，社区卫生服务中心（站）3.7万个，门诊部（所）36.2万个，村卫生室58.3万个；专业公共卫生机构1.2万个，其中疾病预防控制中心3426个，卫生监督所（中心）2791个。卫生技术人员1247万人，其中执业医师和执业助理医师478万人，注册护士563万人。医疗卫生机构床位1020万张，其中医院800万张，乡镇卫生院151万张。全年总诊疗人次[75] 95.6亿人次，出院人次[76] 3.0亿人次。

图23　2019-2023年年末卫生技术人员人数

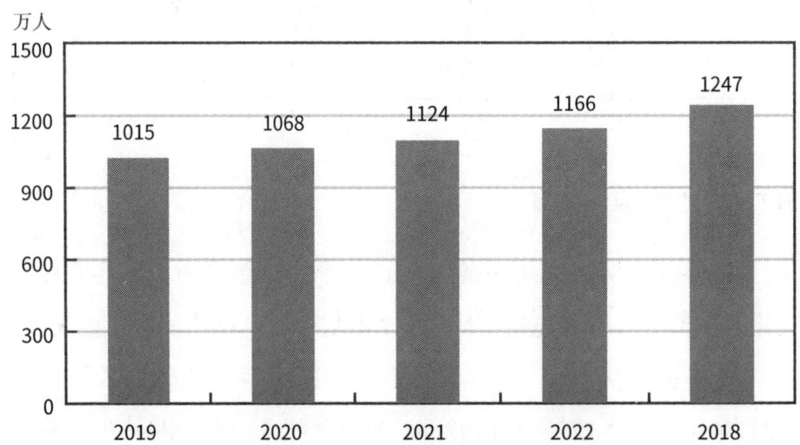

年末全国共有体育场地[77] 459.3万个，体育场地面积[78] 40.7亿平方米，人均体育场地面积2.89平方米。全年我国运动员在32个项目中获得165个世界冠军，共创20项世界纪录。在杭州第19届亚运会上，我国运动员共获得201枚金牌，奖牌总数383枚，第11次蝉联亚运会金牌榜首位。我国残疾人运动员在45项国际赛事中获得231个世界冠军。在杭州第4届亚残运会上，我国运动员共获得214枚金牌，奖牌总数521枚，第4次蝉联亚残运会金牌榜和奖牌榜首位。

十二、资源、环境和应急管理

全年全国国有建设用地供应总量[79]74.9万公顷，比上年下降2.1%。其中，工矿仓储用地17.5万公顷，下降11.9%；房地产用地[80]8.4万公顷，下降23.3%；基础设施用地49.0万公顷，增长7.2%。

全年水资源总量24780亿立方米。总用水量5907亿立方米，比上年下降1.5%。其中，生活用水增长0.5%，工业用水增长0.2%，农业用水下降2.9%，人工生态环境补水增长3.9%。万元国内生产总值用水量[81]50立方米，下降6.4%。万元工业增加值用水量26立方米，下降3.9%。人均用水量419立方米，下降1.4%。

全年完成造林面积400万公顷，其中人工造林面积133万公顷，占全部造林面积的33.4%。种草改良面积[82]438万公顷。截至年末，共有国家公园5个。全年新增水土流失治理面积6.3万平方公里。

初步核算，全年能源消费总量57.2亿吨标准煤，比上年增长5.7%。煤炭消费量增长5.6%，原油消费量增长9.1%，天然气消费量增长7.2%，电力消费量增长6.7%。煤炭消费量占能源消费总量比重为55.3%，比上年下降0.7个百分点；天然气、水电、核电、风电、太阳能发电等清洁能源消费量占能源消费总量比重为26.4%，上升0.4个百分点。重点耗能工业企业单位电石综合能耗下降0.8%，单位合成氨综合能耗上升0.9%，吨钢综合能耗上升1.6%，单位电解铝综合能耗下降0.1%，每千瓦时火力发电标准煤耗下降0.2%。初步测算，扣除原料用能和非化石能源消费量后，全国万元国内生产总值能耗[83]比上年下降0.5%。全国碳排放权交易市场碳排放配额[84]成交量2.12亿吨，成交额144.4亿元。

图24　2019-2023年清洁能源消费量占能源消费总量的比重

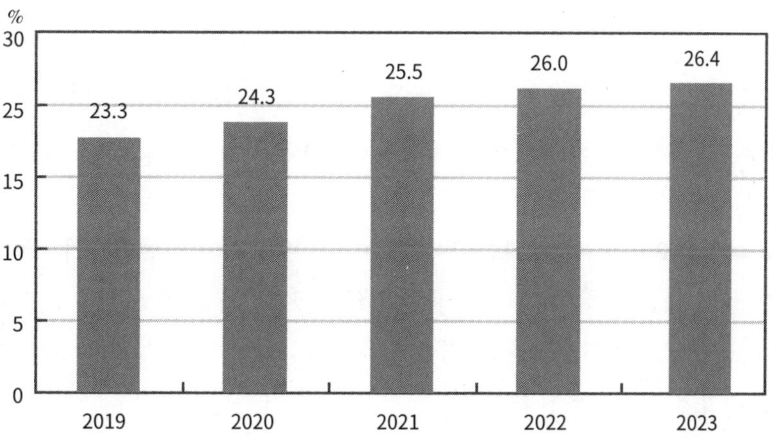

全年近岸海域海水水质[85]达到国家一、二类海水水质标准的面积占85.0%，三类海水占4.5%，四类、劣四类海水占10.5%。

在监测的339个地级及以上城市中，细颗粒物（$PM_{2.5}$）年平均浓度30微克/立方米，比上年上升3.4%。

在开展城市区域声环境昼间监测的326个城市中，全年声环境质量好的城市占5.8%，较好的占69.3%，一般的占23.9%，较差的占0.9%，无差的城市。

全年平均气温为10.71℃，比上年上升0.21℃。共有6个台风登陆。

全年农作物受灾面积1054万公顷，其中绝收98万公顷。因洪涝和地质灾害造成直接经济损失2451

亿元，因干旱灾害造成直接经济损失206亿元，因低温冷冻和雪灾造成直接经济损失49亿元，因海洋灾害造成直接经济损失25亿元。共发生5.0级以上地震11次，造成直接经济损失153亿元。共发生森林火灾328起，受害森林面积约0.4万公顷。

全年各类生产安全事故共死亡21242人，比上年下降[86]4.7%。工矿商贸企业就业人员10万人生产安全事故死亡人数1.244人，比上年上升4.2%；煤矿百万吨死亡人数0.094人，上升23.7%。道路交通事故万车死亡人数1.38人，下降5.5%。

注释：

［1］本公报中数据均为初步统计数。各项统计数据均未包括香港特别行政区、澳门特别行政区和台湾省。部分数据因四舍五入的原因，存在总计与分项合计不等的情况。

［2］国内生产总值、三次产业及相关行业增加值、地区生产总值、人均国内生产总值和国民总收入绝对数按现价计算，增长速度按不变价格计算。

［3］国民总收入，原称国民生产总值，是指一个国家或地区所有常住单位在一定时期内所获得的初次分配收入总额，等于国内生产总值加上来自国外的初次分配收入净额。

［4］全员劳动生产率为国内生产总值（按2020年价格计算）与全部就业人员的比率。

［5］全国人口是指我国大陆31个省、自治区、直辖市和现役军人的人口，不包括居住在31个省、自治区、直辖市的港澳台居民和外籍人员。

［6］2023年年末，0-14岁（含不满15周岁）人口为23063万人，15-59岁（含不满60周岁）人口为88207万人。

［7］城镇新增就业人数是指报告期内城镇累计新就业人员数与自然减员人数之差。

［8］年度农民工数量包括年内在本乡镇以外从业6个月及以上的外出农民工和在本乡镇内从事非农产业6个月及以上的本地农民工。

［9］农产品生产者价格是指农产品生产者第一手出售其产品时的价格。

［10］居住类价格包括租赁房房租、住房保养维修及管理、水电燃料、自有住房服务价格。

［11］由于统计调查制度规定的调查范围变动、统计执法、剔除重复数据等因素，2023年规模以上工业相关指标增速及变化按可比口径计算。

［12］装备制造业包括金属制品业，通用设备制造业，专用设备制造业，汽车制造业，铁路、船舶、航空航天和其他运输设备制造业，电气机械和器材制造业，计算机、通信和其他电子设备制造业，仪器仪表制造业。

［13］高技术制造业包括医药制造业，航空、航天器及设备制造业，电子及通信设备制造业，计算机及办公设备制造业，医疗仪器设备及仪器仪表制造业，信息化学品制造业。

［14］规模以上服务业统计范围包括：年营业收入2000万元及以上的交通运输、仓储和邮政业，信息传输、软件和信息技术服务业，水利、环境和公共设施管理业，卫生行业法人单位；年营业收入1000万元及以上的房地产业（不含房地产开发经营），租赁和商务服务业，科学研究和技术服务业，

教育行业法人单位；以及年营业收入500万元及以上的居民服务、修理和其他服务业，文化、体育和娱乐业，社会工作行业法人单位。2023年规模以上服务业企业财务指标增速按可比口径计算。

[15] 战略性新兴服务业包括新一代信息技术产业、高端装备制造产业、新材料产业、生物产业、新能源汽车产业、新能源产业、节能环保产业和数字创意产业等八大产业中的服务业相关行业，以及新技术与创新创业等相关服务业。

[16] 高技术产业投资包括医药制造、航空航天器及设备制造等六大类高技术制造业投资和信息服务、电子商务服务等九大类高技术服务业投资。

[17] 制造业技术改造投资是指制造业企业采用新技术、新工艺、新设备、新材料对现有设施、工艺条件及生产服务等进行改造提升所完成的投资。

[18] 电子商务交易额是指通过电子商务交易平台（包括企业自建平台和第三方平台）实现的商品和服务交易额，包括对单位和对个人交易额，2023年增速按可比口径计算。

[19] 网上零售额是指通过公共网络交易平台（主要从事实物商品交易的网上平台，包括自建网站和第三方平台）实现的商品和服务零售额，2023年增速按可比口径计算。

[20] 东部地区是指北京、天津、河北、上海、江苏、浙江、福建、山东、广东和海南10省（市）；中部地区是指山西、安徽、江西、河南、湖北和湖南6省；西部地区是指内蒙古、广西、重庆、四川、贵州、云南、西藏、陕西、甘肃、青海、宁夏和新疆12省（区、市）；东北地区是指辽宁、吉林和黑龙江3省。

[21] 万元国内生产总值二氧化碳排放按2020年价格计算。

[22] 见注释 [11]。

[23] 钢材产量数据中含企业之间重复加工钢材。

[24] 产能利用率是指实际产出与生产能力（均以价值量计量）的比率。企业的实际产出是指企业报告期内的工业总产值；企业的生产能力是指报告期内，在劳动力、原材料、燃料、运输等保证供给的情况下，生产设备（机械）保持正常运行，企业可实现并能长期维持的产品产出。

[25] 火电包括燃煤发电量，燃油发电量，燃气发电量，余热、余压、余气发电量，垃圾焚烧发电量，生物质发电量。

[26] 少量发电装机容量（如地热等）公报中未列出。

[27] 建筑业企业利润增速按可比口径计算。报告期数据与上年已公布的同期数据之间存在不可比因素，不能直接相比计算增速。主要原因是：①加强数据质量审核，剔除主营业务不属于建筑业的相关数据。②加强统计执法检查，对发现的问题数据按照相关规定进行了改正。

[28] 货物运输总量及周转量包括铁路、公路、水路、民航和管道五种运输方式完成量，2023年增速按可比口径计算。

[29] 邮政行业寄递业务总量是指企业从事各类邮政普遍服务业务、快递业务的总数量。

[30] 电信业务总量按上年价格计算。

[31] 移动电话基站数是指报告期末为小区服务的无线收发信设备，处理基站与移动台之间的无

线通信，在移动交换机与移动台之间起中继作用，监视无线传输质量的全套设备数。

［32］固定互联网宽带接入用户是指报告期末在电信企业登记注册，通过xDSL、FTTx+LAN、FTTH/O以及其他宽带接入方式和普通专线接入公众互联网的用户。

［33］100M速率及以上的宽带接入用户是指报告期末下行速率大于或等于100Mbit/s的宽带接入用户。

［34］蜂窝物联网终端用户是指报告期末接入移动通信网络并开通物联网业务的用户。物联网终端即连接传感网络层和传输网络层，实现远程采集数据及向网络层发送数据的物联网设备。

［35］软件和信息技术服务业包括软件开发、集成电路设计、信息系统集成和物联网技术服务、运行维护服务、信息处理和存储支持服务、信息技术咨询服务、数字内容服务和其他信息技术服务等行业。2023年软件和信息技术服务业完成软件业务收入增速按可比口径计算。

［36］服务零售额是指企业（产业活动单位、个体户）以交易形式直接提供给个人和其他单位非生产、非经营用的服务价值总和，旨在反映服务提供方以货币形式销售的属于消费的服务价值，包括交通、住宿、餐饮、教育、卫生、体育、娱乐等领域服务活动的零售额。

［37］固定资产投资相关指标增速按可比口径计算。报告期数据与上年已公布的同期数据之间存在不可比因素，不能直接相比计算增速。主要原因是：①改进和完善数据质量审核评估方法，剔除不应纳入报告期完成投资的前期土地费用以及跨地区、跨行业重复统计数据。②加强在建投资项目审核，剔除流动资产、消耗性生物资产等不符合固定资产投资统计范围的项目。③加强统计执法检查，对发现的问题数据按照相关规定进行了改正。

［38］见注释［20］。

［39］基础设施投资包括铁路运输业、道路运输业、水上运输业、航空运输业、管道运输业、多式联运和运输代理业、装卸搬运业、邮政业、电信广播电视和卫星传输服务业、互联网和相关服务业、水利管理业、生态保护和环境治理业、公共设施管理业投资。

［40］社会领域投资包括教育，卫生和社会工作，文化、体育和娱乐业投资。

［41］民间固定资产投资是指具有集体、私营、个人性质的内资企事业单位以及由其控股（包括绝对控股和相对控股）的企业单位建造或购置固定资产的投资。

［42］房地产业投资除房地产开发投资外，还包括建设单位自建房屋以及物业管理、中介服务和其他房地产投资。

［43］房地产开发投资和新建商品房销售等指标增速按可比口径计算。报告期数据与上年已公布的同期数据之间存在不可比因素，不能直接相比计算增速。主要原因是：①加强在建房地产开发项目审核，剔除单纯一级土地开发等非房地产开发项目。②加强商品房销售数据审核，剔除退房和具有抵押性质等非商品房销售数据。③加强统计执法，对发现的问题数据按照相关规定进行了改正。

［44］新建商品房销售面积是指报告期内房地产开发企业出售的新建商品房屋的合同总面积。

［45］二手房交易网签面积是指报告期内城镇二手房网签交易合同总面积。

［46］“一带一路”是指“丝绸之路经济带”和“21世纪海上丝绸之路”。

［47］《区域全面经济伙伴关系协定》（RCEP）其他成员国包括印度尼西亚、马来西亚、菲律

宾、泰国、新加坡、文莱、柬埔寨、老挝、缅甸、越南、日本、韩国、澳大利亚、新西兰。

[48] 社会融资规模增量是指一定时期内实体经济从金融体系获得的资金总额。

[49] 社会融资规模存量是指一定时期末（月末、季末或年末）实体经济从金融体系获得的资金余额。

[50] 普惠小微贷款包括单户授信小于1000万元的小微型企业贷款、个体工商户经营性贷款、小微企业主经营性贷款。

[51] 沪深交易所股票筹资额按上市日统计，筹资额包括了可转债实际转股金额，2022年、2023年可转债实际转股金额分别为934亿元、832亿元。

[52] 北京证券交易所股票筹资额按上市日统计。

[53] 全国中小企业股份转让系统是2012年经国务院批准的全国性证券交易场所。全年全国中小企业股份转让系统挂牌公司累计筹资不含优先股，股票筹资按新增股份挂牌日统计。

[54] 公司信用类债券包括非金融企业债务融资工具、企业债券以及公司债、可转债等。

[55] 原保险保费收入是指保险企业确认的原保险合同保费收入。

[56] 人均可支配收入中位数是指将所有调查户按人均收入水平从低到高（或从高到低）顺序排列，处于最中间位置调查户的人均可支配收入。

[57] 全国居民五等份收入分组是指将所有调查户按人均收入水平从低到高顺序排列，平均分为五个等份，处于最低20%的收入家庭为低收入组，依此类推依次为中间偏下收入组、中间收入组、中间偏上收入组、高收入组。

[58] 脱贫县包括原832个国家扶贫开发工作重点县和集中连片特困地区县，以及新疆阿克苏地区7个市县。

[59] 服务性消费支出是指住户用于各种生活服务的消费支出，包括餐饮服务、衣着鞋类加工服务、居住服务、家庭服务、交通通信服务、教育文化娱乐服务、医疗服务和其他服务。

[60] 2023年基本医疗保险参保人数剔除部分重复参保情况。

[61] 农村特困人员是指无劳动能力，无生活来源，无法定赡养、抚养、扶养义务人或者其法定义务人无履行义务能力的农村老年人、残疾人以及未满16周岁的未成年人。

[62] 临时救助是指国家对遭遇突发事件、意外伤害、重大疾病或其他特殊原因导致基本生活陷入困境，其他社会救助制度暂时无法覆盖或救助之后基本生活暂时仍有严重困难的家庭或个人给予的应急性、过渡性的救助。

[63] 民政服务床位除收养性机构外，还包括救助类机构、社区类机构的床位。

[64] 国家级科技企业孵化器是指符合《科技企业孵化器管理办法》规定的，以促进科技成果转化、培育科技企业和企业家精神为宗旨，提供物理空间、共享设施和专业化服务的科技创业服务机构，且经过科学技术部批准确定的科技企业孵化器。

[65] 国家备案众创空间是指符合《发展众创空间工作指引》规定的新型创新创业服务平台，且按照《国家众创空间备案暂行规定》经科学技术部审核备案的众创空间。

[66] PCT专利申请受理量是指国家知识产权局作为PCT专利申请受理局受理的PCT专利申请数量。PCT（Patent Cooperation Treaty）即专利合作条约，是专利领域的一项国际合作条约。

[67] 每万人口高价值发明专利拥有量是指每万人口本国居民拥有的经国家知识产权局授权的符合下列任一条件的有效发明专利数量：战略性新兴产业的发明专利；在海外有同族专利权的发明专利；维持年限超过10年的发明专利；实现较高质押融资金额的发明专利；获得国家科学技术奖、中国专利奖的发明专利。

[68] 公民具备科学素质是指崇尚科学精神，树立科学思想，掌握基本科学方法，了解必要科技知识，并具有应用其分析判断事物和解决实际问题的能力。公民具备科学素质比例数据是面向18-69岁公民开展抽样调查获得。

[69] 制造业产品质量合格率是指以产品质量检验为手段，按照规定的方法、程序和标准实施质量抽样检测，判定为质量合格的样品数占全部抽样样品数的百分比，统计调查样本覆盖制造业的29个行业。

[70] 普通、职业本专科包括普通本科、职业本科、高职（专科）。

[71] 中等职业教育包括普通中专、成人中专、职业高中和技工学校。

[72] 总流通人次是指本年度内到图书馆场馆接受图书馆服务的总人次，包括借阅书刊、咨询问题以及参加各类读者活动等。

[73] 特种影片是指采用与常规影院放映在技术、设备、节目方面不同的电影展示方式，如巨幕电影、立体特效（4D）电影、动感电影、球幕电影等。

[74] 人均图书拥有量是指在一年内全国平均每人能拥有的当年出版图书册数。

[75] 总诊疗人次是指所有诊疗工作的总人次数，包括门诊、急诊、出诊、预约诊疗、单项健康检查、健康咨询指导（不含健康讲座、核酸检测）人次数。

[76] 出院人次是指报告期内所有住院后出院的人次数，包括医嘱离院、医嘱转其他医疗机构、非医嘱离院、死亡及其他人次数，不含家庭病床撤床人次数。

[77] 体育场地调查对象不包括军队、铁路系统所属体育场地。

[78] 体育场地面积是指体育训练、比赛、健身场地的有效面积。

[79] 国有建设用地供应总量是指报告期内市、县人民政府根据年度土地供应计划依法以出让、划拨、租赁等方式与用地单位或个人签订出让合同或签发划拨决定书、完成交易的国有建设用地总量。

[80] 房地产用地是指商服用地和住宅用地的总和。

[81] 万元国内生产总值用水量、万元工业增加值用水量按2020年价格计算。

[82] 种草改良面积是指通过人工种草、飞播种草、草原改良、围栏封育等措施进行草原生态修复的面积之和。

[83] 万元国内生产总值能耗按2020年价格计算。

[84] 全国碳排放权交易市场碳排放配额是指在全国碳排放权交易市场分配给重点排放单位规定时期内的二氧化碳等温室气体的排放额度。

［85］近岸海域海水水质采用面积法进行评价。

［86］2022年生产安全事故统计数据进行了核实调整，2023年与上年对比按照调整后数据计算。

资料来源：

本公报中城镇新增就业、养老保险、失业保险、工伤保险、中等职业教育中的技工学校数据来自人力资源和社会保障部；外汇储备、汇率数据来自国家外汇管理局；经营主体、质量检验、国家标准制定修订、制造业产品质量合格率数据来自国家市场监督管理总局；环境监测、碳排放权交易数据来自生态环境部；水产品产量、新建和改造提升高标准农田面积、新增高效节水灌溉面积数据来自农业农村部；木材产量、造林面积、种草改良面积、国家公园数据来自国家林业和草原局；水资源总量、用水量、新增水土流失治理面积数据来自水利部；发电装机容量、新增220千伏及以上交流变电设备容量、电力消费量数据来自中国电力企业联合会；港口货物吞吐量、港口集装箱吞吐量、公路运输、水路运输、新改建高速公路里程、港口万吨级及以上码头泊位新增通过能力数据来自交通运输部；铁路运输、新建铁路投产里程、增新建铁路复线投产里程、电气化铁路投产里程数据来自中国国家铁路集团有限公司；民航运输、新增民用运输机场数据来自中国民用航空局；管道运输数据来自中国石油天然气集团有限公司、中国石油化工集团有限公司、中国海洋石油集团有限公司、国家石油天然气管网集团有限公司；民用汽车保有量、道路交通事故数据来自公安部；邮政业务数据来自国家邮政局；通信业、软件业务收入、新增光缆线路长度数据来自工业和信息化部；互联网上网人数、互联网普及率数据来自中国互联网络信息中心；二手房交易网签面积、棚户区改造、保障性租赁住房、城镇老旧小区改造数据来自住房和城乡建设部；货物进出口数据来自海关总署；服务进出口、外商直接投资、对外直接投资、对外承包工程、对外劳务合作数据来自商务部；财政数据来自财政部；新增减税降费及退税缓费数据来自国家税务总局；货币金融、公司信用类债券数据来自中国人民银行；境内交易场所筹资数据来自中国证券监督管理委员会；保险业数据来自国家金融监督管理总局；医疗保险、生育保险数据来自国家医疗保障局；城乡低保、农村特困人员救助供养、临时救助、民政服务数据来自民政部；优抚对象数据来自退役军人事务部；国家自然科学基金资助项目数据来自国家自然科学基金委员会；国家科技成果转化引导基金、国家级科技企业孵化器、国家备案众创空间、技术合同数据来自科学技术部；国家工程研究中心、国家企业技术中心数据来自国家发展和改革委员会；专利、商标数据来自国家知识产权局；公民具备科学素质比例数据来自中国科学技术协会；宇航发射数据来自国家国防科技工业局；教育数据来自教育部；艺术表演团体、公共图书馆、文化馆、旅游数据来自文化和旅游部；电视、广播数据来自国家广播电视总局；电影数据来自国家电影局；报纸、期刊、图书数据来自国家新闻出版署；档案数据来自国家档案局；居民出境数据来自国家移民管理局；医疗卫生数据来自国家卫生健康委员会；卫生监督数据来自国家疾病预防控制局；体育数据来自国家体育总局；残疾人运动员数据来自中国残疾人联合会；国有建设用地供应、海洋灾害造成直接经济损失数据来自自然资源部；平均气温、台风登陆数据来自中国气象局；农作物受灾面积、洪涝和地质灾害造成直接经济损失、干旱灾害造成直接经济损失、低温冷冻和雪灾造成直接经济损失、地震次数、地震灾害造成直接经济损失、森林火灾、受害森林面积、生产安全事故数据来自应急管理部；其他数据均来自国家统计局。

2023年甘肃省国民经济和社会发展统计公报

甘肃省统计局 国家统计局甘肃调查总队

（2024年3月14日）

2023年，在省委、省政府的坚强领导下，全省上下坚持以习近平新时代中国特色社会主义思想为指导，深入贯彻党的二十大精神，坚持稳中求进工作总基调，完整准确全面贯彻新发展理念，深入实施“四强”行动，做深做细“五量”文章，全力以赴抓经济，千方百计促发展，全省经济稳中向好、进中提质，质量效益持续提升，民生保障有力有效，高质量发展扎实推进，中国式现代化甘肃实践迈出坚实步伐。

一、综合

初步核算，全年全省地区生产总值11863.8亿元，比上年增长6.4%。其中，第一产业增加值1641.3亿元，增长5.9%；第二产业增加值4080.8亿元，增长6.5%；第三产业增加值6141.8亿元，增长6.4%。第一产业增加值占地区生产总值比重为13.8%，第二产业增加值比重为34.4%，第三产业增加值比重为51.8%。按常住人口计算，全年人均地区生产总值47867元，比上年增长6.9%。

全年全省十大生态产业增加值3882.96亿元，占全省地区生产总值的32.7%。

年末全省常住人口2465.48万人，比上年末减少26.94万人。其中，城镇人口1368.05万人，占常住人口比重（常住人口城镇化率）为55.49%，比上年末提高1.3个百分点。全年出生人口19.10万人，出生率为7.71‰；死亡人口22.40万人，死亡率为9.04‰；人口自然增长率为-1.33‰。

表1　2023年甘肃省年末人口数及其构成

指 标	年末数（万人）	比重（%）
常住人口	2465.48	100.00
其中：城镇	1368.05	55.49
乡村	1097.43	44.51
其中：男性	1251.48	50.76
女性	1214.00	49.24
其中：0-14岁	453.84	18.41
15-64岁	1675.16	6794
65岁及以上	336.48	13.65

全年城镇新增就业32.01万人，其中失业人员再就业13.90万人。全年输转城乡富余劳动力523.2万人，其中，省外输转230.6万人，省内输转292.6万人。

全年居民消费价格比上年上涨0.5%。农产品生产者价格上涨3.3%。工业生产者出厂价格下降4.1%。工业生产者购进价格下降7.5%。

表2　2023年甘肃省居民消费价格比上年涨跌幅度

单位：%

指标	全省	城市	农村
居民消费价格	0.5	0.5	0.5
其中：食品烟酒	0.3	0.3	0.2
衣着	0.2	0.3	0.0
居住	–0.4	0.8	0.7
生活用品及服务	0.0	0.0	–0.2
交通和通信	0.8	–0.4	–1.8
教育文化和娱乐	1.6	1.6	1.5
医疗保健	3.5	4.0	2.7
其他用品和服务	3.2	3.5	2.1

二、农业

全年全省粮食种植面积271.1万公顷，比上年增加1.1万公顷。其中，小麦种植面积74.0万公顷，增加0.1万公顷；玉米种植面积109.9万公顷，增加2.5万公顷；马铃薯种植面积56.9万公顷，减少0.8万公顷。蔬菜种植面积48.6万公顷，增加3.2万公顷。中药材种植面积31.7万公顷，增加1.8万公顷。果园面积33.1万公顷，减少0.1万公顷。油料种植面积27.8万公顷，增加0.8万公顷。

全年粮食产量1272.9万吨，比上年增产0.6%。其中，夏粮产量343.6万吨，增产0.4%；秋粮产量929.3万吨，增产0.7%。

全年蔬菜产量1822.6万吨，比上年增产5.0%。中药材产量148.9万吨，增产8.3%。园林水果产量616.4万吨，增产7.1%。

全年猪牛羊禽肉产量156.2万吨，比上年增长10.4%。牛奶产量101.8万吨，增长10.8%。年末牛存栏558.9万头，增长5.1%；牛出栏261.4万头，增长5.5%。羊存栏2805.8万只，增长8.1%；羊出栏2558.2万只，增长12.3%。生猪存栏696.0万头，下降0.5%；生猪出栏958.6万头，增长7.0%。

表3　2023年甘肃省主要农产品产量及其增长速度

产品名称	产量（万吨）	比上年增长（%）
粮食	1272.9	0.6
夏粮	343.6	0.4
秋粮	929.3	0.7
#小麦	299.2	0.8
玉米	672.6	1.3

续表

产品名称	产量（万吨）	比上年增长（%）
薯类	222.1	-0.2
油料	63.1	2.9
#油菜籽	37.6	3.1
棉花	4.2	6.5
甜菜	16.9	6.6
烟叶	0.6	9.4
中药材	148.9	8.3
园林水果	616.4	7.1
蔬菜	1822.6	5.0
猪牛羊禽肉	156.2	10.4
#猪肉	72.7	7.1
牛肉	29.8	9.5
羊肉	40.9	12.0
禽肉	12.8	29.7
牛奶	101.8	10.8
禽蛋	23.5	8.6

三、工业和建筑业

全年全省全部工业增加值3389.6亿元，比上年增长6.8%。规模以上工业增加值增长7.6%。在规模以上工业中，分经济类型看，国有及国有控股企业增加值增长7.0%；集体企业下降10.0%，股份制企业增长4.8%，外商及港澳台投资企业增长6.0%；私营企业增长11.6%。分隶属关系看，中央企业增加值增长5.9%，省属企业增长10.2%，省以下地方企业增长8.8%。分轻重工业看，轻工业增加值增长4.0%，重工业增长8.1%。分门类看，采矿业增加值增长4.4%，制造业增长9.4%，电力、热力、燃气及水生产和供应业增长5.9%。

表4　2023年甘肃省规模以上工业分行业增加值增长速度及其比重

行　业	比上年增长（%）	占规模以上工业增加值比重（%）
全　　省	7.6	100.0
煤炭工业	4.1	9.4
电力工业	1.0	10.4
冶金工业	1.5	3.7
有色工业	15.9	18.6
石化工业	6.5	32.6
机械工业	20.7	3.8
电子工业	13.4	2.5

续表

行　业	比上年增长（%）	占规模以上工业增加值比重（%）
食品工业	5.5	8.6
建材工业	2.9	5.1
纺织工业	-13.9	0.2
医药工业	-5.1	2.8
其他工业	42.8	2.4

表5　2023年甘肃省主要工业产品产量及其增长速度

产品名称	单位	产量	比上年增长（%）
原煤	万吨	6019.7	11.2
原油	万吨	1166.4	6.8
天然气	亿立方米	7.5	38.2
原油加工量	万吨	1466.5	0.8
发电量	亿千瓦时	2109.0	7.9
#火力发电量	亿千瓦时	1050.2	-0.1
水力发电量	亿千瓦时	373.5	-0.3
铁矿石原矿	万吨	1231.2	3.0
电石	万吨	72.2	-30.8
水泥	万吨	4125.5	2.8
生铁	万吨	814.7	0.5
粗钢	万吨	1108.9	2.2
钢材	万吨	1179.4	6.5
十种有色金属	万吨	498.8	17.4
#铜	万吨	115.5	23.7
铅	万吨	2.4	16.2
锌	万吨	44.5	0.3
铝	万吨	307.4	16.7

年末全省发电装机容量8963.5万千瓦，比上年末增长32.2%。其中，火电装机容量2524.6万千瓦，增长9.2%；水电装机容量971.8万千瓦，与上年持平；风电装机容量2614.1万千瓦，增长26.1%；太阳能发电装机容量2539.8万千瓦，增长79.2%。

全年规模以上工业企业利润514.0亿元，比上年下降12.5%，其中国有及国有控股企业利润436.6亿元，下降7.1%。分门类看，采矿业利润206.6亿元，比上年下降23.2%；制造业257.0亿元，下降11.1%；电力、热力、燃气及水生产和供应业50.4亿元，增长72.0%。规模以上工业企业每百元营业收入中的成本为85.5元，比上年增加0.2元；营业收入利润率为4.6%，下降0.7个百分点。年末规模以上工业企业资产负债率为58.6%，比上年末提高0.2个百分点。

全年建筑业增加值707.7亿元，比上年增长5.9%。年末具有资质的总承包和专业承包建筑业企业2963个，比上年末增加293个。

四、服务业

全年全省批发和零售业增加值848.1亿元，比上年增长6.6%；交通运输、仓储和邮政业增加值691.4亿元，增长17.7%；住宿和餐饮业增加值190.6亿元，增长21.7%；金融业增加值955.9亿元，增长5.2%；房地产业增加值568.7亿元，增长2.0%；其他服务业增加值2821.1亿元，增长4.3%。全年规模以上服务业企业营业收入比上年增长16.0%，利润总额增长215.9%。

全年货物运输总量79807.6万吨，比上年下降9.4%；货物运输周转量4245.8亿吨公里，增长15.4%。旅客运输总量15938.9万人次，增长96.9%；旅客运输周转量498.4亿人公里，增长125.9%。甘肃省民航机场集团完成旅客吞吐量1872.4万人次，比上年增长152.2%；货邮吞吐量7.9万吨，增长35.6%。年末全省铁路营业里程4860.3公里，与上年持平；公路里程15.8万公里，增长0.6%，其中等级公路15.5万公里，增长1.1%。

表6　2023年甘肃省主要运输方式完成货物、旅客运输量及其增长速度

指标	单位	绝对数	比上年增长（%）
货物运输总量	万吨	79807.6	9.4
#铁路	万吨	9904.6	11.8
公路	万吨	69902.1	9.1
货物运输周转量	亿吨公里	4245.8	15.4
#铁路	亿吨公里	2155.2	8.3
公路	亿吨公里	2090.5	23.7
旅客运输总量	万人次	15938.9	96.9
#铁路	万人次	6200.4	153.7
公路	万人次	9371.0	69.0
旅客运输周转量	亿人公里	498.4	125.9
#铁路	亿人公里	402.3	127.7
公路	亿人公里	66.0	104.7

年末全省民用汽车保有量470.2万辆，比上年末增长7.0%，其中私人汽车保有量406.2万辆，增长7.2%。民用轿车保有量209.8万辆，增长6.4%，其中私人轿车保有量188.6万辆，增长6.6%。

全年完成邮政行业业务总量62.8亿元，比上年增长27.1%。邮政业完成邮政函件业务671.3万件；包裹业务37.0万件；快递业务量2.9亿件，增长49.2%；快递业务收入52.3亿元，增长37.0%。全年完成电信业务总量300.1亿元，增长15.4%。年末移动电话基站数22.4万个，其中4G基站10.7万个，5G基站5.8万个。全省年末电话用户总数3186.1万户，其中移动电话用户2879.4万户，移动电话用户中4G移动电话用户1356.5万户，5G移动电话用户1318.6万户。移动电话普及率115.6部/百人，比上年增加3.8部/百人。固定互联网宽带接入用户1186.7万户，比上年末增加94.1万户。其中，固定互联网光纤宽带接入用户1162.8万户，比上年末增加95.1万户。全年移动互联网用户接入流量52.1亿GB，比上年增长9.0%。年末互联网宽带接入端口1958.6万个，增长11.6%。固定宽带接入用户普及率47.7部/百人。

五、国内贸易和对外经济

全年全省社会消费品零售总额4329.7亿元，比上年增长10.4%。按经营地统计，城镇消费品零售额3544.2亿元，增长10.2%；乡村消费品零售额785.5亿元，增长11.3%。按消费形态统计，商品零售额3831.1亿元，增长9.0%；餐饮收入498.6亿元，增长22.7%。

全年限额以上单位商品零售额中，粮油、食品类零售额比上年增长9.2%，烟酒类增长18.1%，化妆品类增长12.6%，金银珠宝类增长30.6%，日用品类下降2.0%，中西药品类增长6.4%，汽车类增长15.2%，服装、鞋帽、针纺织品类增长33.3%，家用电器和音像器材类下降4.0%，石油及制品类增长13.1%。限额以上批零住餐企业通过公共网络实现零售额增长34.7%。

全年外贸进出口总值491.7亿元，比上年下降13.0%。其中，出口123.8亿元，增长3.8%；进口367.9亿元，下降17.5%。对共建“一带一路”沿线国家进出口366.6亿元，比上年下降2.6%，占同期全省外贸总值的74.6%。其中，出口69.3亿元，增长26.8%；进口297.3亿元，下降7.6%。

全年外商直接投资合同项目34个，实际使用外商直接投资金额13919万美元，比上年增长11.5%。对外承包工程完成营业额45268万美元，增长31.0%。对外承包工程新签合同金额34482万美元，下降40.0%。

六、固定资产投资

全年全省固定资产投资比上年增长5.9%。按三次产业分，第一产业投资下降1.9%；第二产业投资增长30.0%，其中工业投资增长30.1%；第三产业投资下降4.1%。基础设施投资与上年持平。民间固定资产投资下降3.6%。社会领域投资增长6.4%。

全年项目投资比上年增长13.2%。其中，制造业投资增长11.0%，电力、热力、燃气及水生产和供应业投资增长31.3%，交通运输、仓储和邮政业投资持平，水利、环境和公共设施管理业投资下降0.2%。

表7　2023年甘肃省分行业项目投资增长速度及其比重

行　业	比上年增长（%）	占项目投资比重（%）
项目投资	13.2	100.0
农林牧渔业	-1.9	4.4
采矿业	125.8	5.4
制造业	11.0	14.5
电力、热力、燃气及水生产和供应业	31.3	25.3
建筑业	-34.9	0.03
批发和零售业	84.7	1.1
交通运输、仓储和邮政业	0.0	19.8
住宿和餐饮业	56.4	0.4
信息传输、软件和信息技术服务业	36.8	1.6
金融业	42.5	0.03

续表

行　业	比上年增长（%）	占项目投资比重（%）
房地产业	-2.5	6.1
租赁和商务服务业	-23.8	1.0
科学研究和技术服务业	29.4	0.3
水利、环境和公共设施管理业	-0.2	11.5
居民服务和其他服务业	-33.0	0.2
教育	-4.6	3.1
卫生、社会保障和社会福利业	24.8	3.5
文化、体育和娱乐业	-6.4	1.1
公共管理和社会组织	73.4	0.6

全年房地产开发投资比上年下降14.8%，其中住宅投资下降11.4%。房屋施工面积12102.5万平方米，下降1.4%，其中住宅施工面积8874.3万平方米，下降0.9%。在房屋施工面积中，房屋新开工面积1577.9万平方米，下降25.1%，其中住宅新开工面积1210.6万平方米，下降27.1%。房屋竣工面积1241.1万平方米，下降35.2%，其中住宅竣工面积977.0万平方米，下降34.2%。商品房销售面积1496.7万平方米，增长1.8%，其中住宅销售面积1426.8万平方米，增长2.8%。

七、财政金融

全年全省一般公共预算收入1003.5亿元，比上年增长10.6%。其中，税收收入698.5亿元，增长19.9%；非税收入304.9亿元，下降6.1%。从主体税种看，国内增值税322.3亿元，增长55.2%；企业所得税82.3亿元，下降2.8%；个人所得税24.8亿元，增长5.0%。一般公共预算支出4518.5亿元，增长6.1%。其中，民生支出3569.5亿元。

年末全省金融机构本外币各项存款余额26544.1亿元，比上年末增长6.6%，其中人民币各项存款余额26488.3亿元，增长6.7%。金融机构本外币各项贷款余额27489.8亿元，增长8.3%，其中人民币各项贷款余额27407.3亿元，增长8.4%。

表8　2023年甘肃省金融机构本外币各项存贷款余额及其增长速度

指标	年末数（亿元）	比上年末增长（%）
金融机构本外币各项存款余额	26544.1	6.6
#境内存款	26532.9	6.6
#住户存款	17376.7	12.5
非金融企业存款	4253.6	-9.0
机关团体存款	3801.6	2.0
财政性存款	584.1	19.0

续表

指标	年末数（亿元）	比上年末增长（%）
金融机构本外币各项贷款余额	27489.8	8.3
#境内贷款	27416.7	8.3
#住户贷款	7073.9	7.0
企事业单位贷款	20334.8	8.7

年末全省境内上市公司36家，比上年末减少1家。其中，A股上市公司35家，H股上市公司1家。A股上市公司总市值2959.6亿元，比上年增长2.4%。

全年保险公司原保险保费收入534.3亿元，比上年增长8.8%；支付各类赔款及给付213.5亿元，增长35.1%。

表9　2023年甘肃省保险业务情况

指标	绝对数（亿元）	比上年增长（%）
原保险保费收入	534.3	8.8
财产险	150.6	7.9
人身险	383.6	9.2
支付各类赔款及给付	213.5	35.1
财产险	104.7	21.4
人身险	108.8	51.5

八、居民收入消费和社会保障

全年全省居民人均可支配收入25011元，比上年增长7.5%。按常住地分，城镇居民人均可支配收入39833元，增长6.0%；农村居民人均可支配收入13131元，增长7.9%。城乡居民人均可支配收入比值为3.03，比上年缩小0.06。

全年全省居民人均消费支出19013元，比上年增长8.7%。按常住地分，城镇居民人均消费支出27044元，增长7.3%；农村居民人均消费支出12575元，增长9.4%。全省居民恩格尔系数为29.9%，其中城镇为28.8%，农村为31.8%。

表10　2023年甘肃省城乡居民家庭人均收支情况

指标	全体居民		城镇		农村	
	绝对数（元）	比上年增长（%）	绝对数（元）	比上年增长（%）	绝对数（元）	比上年增长（%）
人均可支配收入	25011	7.5	39833	6.0	13131	7.9
工资性收入	14236	9.5	27141	7.6	3893	11.3
经营净收入	4382	2.9	2810	2.6	5642	3.8
财产净收入	1435	4.0	3001	1.7	180	11.7
转移净收入	4958	6.8	6880	3.3	3417	11.3
生活消费支出	19013	8.7	27044	7.3	12575	9.4
食品烟酒	5687	6.0	7793	3.5	3999	8.6
衣着	1222	7.4	1871	6.3	702	7.3
居住	4065	3.7	6039	0.5	2482	8.1
生活用品及服务	1057	5.7	1583	3.9	635	7.1
交通通信	2604	12.1	3740	12.1	1694	10.3
教育文化娱乐	2071	16.6	2937	18.9	1376	11.4
医疗保健	193	17.4	2407	20.0	1481	13.3
其他用品和服务	414	15.4	674	16.8	205	8.8

年末全省参加城镇职工基本养老保险人数532.54万人，比上年末增加14.99万人。参加城乡居民基本养老保险人数1378.98万人，减少7.57万人。参加基本医疗保险人数2510.58万人，减少44.57万人。其中，参加职工基本医疗保险人数396.68万人，参加城乡居民基本医疗保险人数2113.9万人。参加失业保险人数210.05万人，增加7.29万人。年末全省领取失业保险金人数2.25万人。参加工伤保险人数297.44万人，增加10.22万人，其中参加工伤保险的农民工40.82万人，增加2.03万人。参加生育保险人数265.41万人，增加8.51万人。年末全省共有30.9万人享受城市居民最低生活保障，159.1万人享受农村居民最低生活保障，9.9万人享受农村特困人员救助供养。

年末全省共有各类社区服务机构和设施5746个。其中，社区服务指导中心7个，社区服务中心563个，社区服务站4745个，社区专项服务机构和设施431个。共有社区养老服务机构和设施9492个。其中，未登记的特困人员救助供养机构114个，全托服务社区养老服务机构和设施467个，日间照料社区养老服务机构和设施2955个，互助型社区养老设施5854个，其他社区服务机构和设施102个。

九、科学技术

全省共有国家工程技术研究中心5个，国家级企业技术中心20家。全年登记省级科技成果2449项，其中，基础理论1102项，应用技术类成果1288项，软科学59项。专利授权量20903件，比上年下降7.06%，其中发明专利授权量3568件，增长44.34%。有效发明专利15252件，每万人口发明专利拥有量

6.12件。共签订技术合同14148项，增长6.85%；技术合同成交金额468.15亿元，增长38.27%。

十、文化旅游、卫生健康和体育

年末全省广播节目综合人口覆盖率99.48%，比上年末提高0.02个百分点；电视节目综合人口覆盖率99.54%，提高0.02个百分点。

全年共接待国内游客3.88亿人次，比上年增长187.8%；实现国内旅游综合收入2745.8亿元，增长312.9%。接待入境游客13.06万人次。旅游人均花费708元，比上年增加215元。

年末全省共有医疗卫生机构25345个。其中，医院737个，医院中有综合医院357个，中医医院120个，专科医院205个；基层医疗卫生机构24200个，其中，社区卫生服务中心（站）744个，卫生院1351个，村卫生室16272个；专业公共卫生机构383个，其中，疾病预防控制中心105个，妇幼保健院（所、站）99个，卫生监督所（中心）64个，计划生育技术服务机构61个。年末卫生技术人员22.06万人。其中，执业医师和执业助理医师7.8万人，注册护士10.04万人。医疗卫生机构床位20.4万张。其中，医院15.61万张，卫生院3.22万张。全年总诊疗人次12105.81万人次，出院人数589.84万人。

全省共有体育场地92462个，体育场地面积5607万平方米，人均体育场地面积2.25平方米。全年体育获得各类奖牌207枚，其中金牌70枚。

十一、资源、环境和应急管理

全年全省水资源总量217.6亿立方米。人均水资源量883立方米，比上年下降4.7%。年末全省大中型水库蓄水总量51.96亿立方米，比上年末增长8.2%。全年总用水量115.8亿立方米，比上年增长2.6%。其中，生活用水量10.74亿立方米，增长3.9%；工业用水量6.38亿立方米，增长0.8%；农业用水量91.42亿立方米，增长11.1%；生态用水量7.26亿立方米，下降47.8%。人均用水量470立方米，增长3.8%。

全省共有自然保护区56个，其中国家级自然保护区21个。国家地质公园12个，省级地质公园24个。

全年全省规模以上工业能源消费量5633.1万吨标准煤，比上年增长4.0%。六大高耗能行业能源消费量5098.2万吨标准煤，增长4.5%。

省内74个地表水监测断面中，达到或优于Ⅲ类断面比例为95.9%。全年全省14个市州环境空气质量平均优良天数比率为96.2%（剔除沙尘天气影响）。庆阳市、嘉峪关市、武威市和临夏州4个城市声环境质量等级为一级；甘南州、酒泉市、张掖市、白银市、平凉市、金昌市、定西市、天水市和兰州市9个城市声环境质量等级为二级；陇南市声环境质量等级为三级。

全年全省平均气温为9.3℃，比上年下降0.2℃。年日照小时数2422小时，比上年增加100小时。年降水量387.2毫米，比上年增长25毫米。全省气象雷达观测站点16个，卫星云图接收站点2个。

全省共有地震台站（点）1705个，其中，有人值守的地震监测台站14个，无人值守的地震监测台站（点）1691个。

全年农作物受灾面积43.59万公顷，比上年上升39.56%；农作物成灾面积22.75万公顷，上升

33.48%。全年实际发生地质灾害8起，造成直接经济损失370.32万元，下降95.9%。

全年共发生各类生产安全事故615起，比上年下降13.26%；死亡492人，下降10.71%；受伤414人，下降11.54%；直接经济损失1.23亿元，下降30.67%。亿元地区生产总值生产安全事故死亡人数为0.04人，下降15.69%；工矿商贸企业就业人员10万人生产安全事故死亡人数1.76人，下降27.81%；煤矿百万吨死亡人数0.13人，下降63.42%；十二类营运车辆道路交通事故万车死亡人数8.92人，增长0.14%。

注：

1.本公报各项数据均为初步统计数，正式数据以《甘肃发展年鉴2024》为准。部分数据因四舍五入的原因，存在总计与分项合计不等的情况。

2.地区生产总值、三次产业及相关行业增加值和人均地区生产总值绝对数按现价计算，增长速度按不变价格计算。

3.农产品生产者价格是指农产品生产者直接出售其产品时的价格。

4.主要工业产品产量中原煤、火电发电量包括规模以上和规模以下工业企业产量，发电量包括火电、水电、风电、太阳能发电量，2023年产量增速按可比口径计算。

5.规模以上工业企业财务指标增速及变化按可比口径计算。

6.规模以上服务业统计范围包括：辖区内年营业收入2000万元及以上交通运输、仓储和邮政业，信息传输、软件和信息技术服务业，水利、环境和公共设施管理业三个门类和卫生行业大类法人单位；辖区内年营业收入1000万元及以上租赁和商务服务业，科学研究和技术服务业，教育三个门类，以及物业管理、房地产中介服务、房地产租赁经营和其他房地产业四个行业小类法人单位；辖区内年营业收入500万元及以上居民服务、修理和其他服务业，文化、体育和娱乐业两个门类，以及社会工作行业大类法人单位。

7.邮政业务总量按2020年不变价格计算。

8.电信业务总量按上年不变价格计算。

9.“一带一路”是指“丝绸之路经济带”和“21世纪海上丝绸之路”。

10.基础设施投资包括交通运输、邮政业，电信、广播电视和卫星传输服务业，互联网和相关服务业，水利、环境和公共设施管理业投资（其中不含土地管理业）。

11.民间固定资产投资是指具有集体、私营、个人性质的内资企事业单位以及由其控股（包括绝对控股和相对控股）的企业单位建造或购置固定资产的投资。

12.原保险保费收入是指保险企业确认的原保险合同保费收入。

13.社会保障数据为快报数，最终数据以决算数为准。

14.体育场地统计范围不包括军队、铁路系统所属体育场地，数据为截至2023年年底。

15.卫生健康数据为初步数据，最终数据以省卫生健康委公布的《2023年甘肃省卫生健康事业发展统计公报》数据为准。

16.水资源和用水量数据均为初步测算数，最终数据以省水利厅发布的水资源公报为准。

17.工矿商贸企业就业人员10万人生产安全事故死亡人数数据是以《甘肃发展年鉴2023》中全省二、三产业就业人数计算。

18.资料来源：本公报中城镇新增就业人员、社会保障数据来自甘肃省人力资源和社会保障厅；发电装机容量数据来自甘肃省电力公司；财政数据来自甘肃省财政厅；进出口数据来自兰州海关；利用外资数据来自甘肃省商务厅；交通运输数据来自甘肃省交通运输厅、甘肃省公安厅交警总队、中国铁路兰州局集团有限公司、甘肃省民航机场集团、东航甘肃分公司；邮政数据来自甘肃省邮政管理局；通信数据来自甘肃省通信管理局；旅游数据来自甘肃省文化和旅游厅；金融数据来自中国人民银行甘肃省分行；保险数据来自国家金融监督管理总局甘肃监管局；证券数据来自中国证监会甘肃监管局；医疗保险、生育保险数据来自甘肃省医疗保障局；城乡低保、农村特困人员救助供养、社会服务数据来自甘肃省民政厅；除国家级企业技术中心数据外，其他科技数据来自甘肃省科技厅；专利数据来自甘肃省市场监督管理局（知识产权局）；广播、电视数据来自甘肃省广播电视局；卫生数据来自甘肃省卫生健康委员会；体育数据来自甘肃省体育局；用水量数据来自甘肃省水利厅；安全生产数据来自甘肃省应急管理厅；自然保护区、地质公园数据来自甘肃省林业和草原局；环境监测数据来自甘肃省生态环境厅；地质灾害数据来自甘肃省自然资源厅；气象数据来自甘肃省气象局；地震数据来自甘肃省地震局；煤矿百万吨死亡人数来自国家矿山安全监察局甘肃局；十二类营运车辆数量来自甘肃省公安厅交通管理局。

2023年兰州市国民经济和社会发展统计公报

兰州市统计局 国家统计局兰州调查队

（2024年3月26日）

2023年是全面贯彻党的二十大精神的开局之年，是三年新冠疫情防控转段后经济恢复发展的一年。在市委、市政府的坚强领导下，全市上下坚持以习近平新时代中国特色社会主义思想为指导，全面贯彻党的二十大和二十届二中全会精神，认真落实习近平总书记对甘肃、兰州重要讲话重要指示批示精神，完整、准确、全面贯彻新发展理念，积极融入和服务新发展格局，以落实"1139"工作部署为总抓手，以推进强省会行动为总牵引，实干当先、奋勇争先，全市经济发展保持平稳增长、产业结构加快转型升级、民生福祉日益增进改善，兰州高质量发展和现代化建设取得积极成效，新时代美丽兰州建设迈出坚实步伐。

一、综合

初步核算，全年全市地区生产总值3487.3亿元，比上年增长4.4%。其中，第一产业增加值73.1亿元，增长5.0 %；第二产业增加值1120.6亿元，增长0.4%；第三产业增加值2293.6亿元，增长6.2%。三次产业结构比为2.1：32.1：65.8。按常住人口计算，人均地区生产总值78894元，比上年增长3.9%。

年末全市常住人口442.51万人，比上年末增加 0.98万人。其中，城镇人口375.45万人，占常住人口比重（常住人口城镇化率）为84.85%，比上年末提高 0.78 个百分点。全年出生人口2.63万人，出生率为5.96‰；死亡人口2.78万人，死亡率为6.29 ‰；人口自然增长率为-0.33 ‰。年末全市户籍人口为338.88万人，比上年末增加1.9万人。其中，城镇人口250.92万人，乡村人口87.96万人。

表1　2023年兰州市年末人口数及其构成

指标	年末数（万人）	比重（%）
全市常住人口	442.51	100.0
其中：城镇	375.45	84.85
乡村	67.06	15.15
其中：男性	227.38	51.38
女性	215.13	48.62
其中：0-14岁	59.19	13.38
15-64岁	312.82	70.69
65岁及以上	70.5	15.93

年末全市城镇就业人员78万人。全年城镇新增就业8.2万人，其中失业人员再就业3万人。全年输转城乡富余劳动力23.1万人，创劳务收入77.5亿元。

全年居民消费价格累计上涨0.6%。其中，食品烟酒上涨0.4%，衣着上涨0.6%，居住下降0.7%，生活用品及服务上涨0.2%，交通通信上涨0.3%，教育文化和娱乐上涨2.7%，医疗保健上涨2.0%，其他用品和服务上涨4.0%。

表2 2023年兰州市居民消费价格

类别	累计指数（%）
居民消费价格总指数	100.6
服务项目价格指数	101.0
食品	100.5
其中：粮食	104.5
食用油	101.5
畜肉类	92.1
禽肉类	104.7
蛋类	100.3
水产品	95.2
鲜菜	94.5
糖果糕点	104.2
干鲜瓜果类	106.9
奶类	98.6
在外餐饮	99.8

二、农业

全年全市粮食作物播种面积132.2万亩，比上年增加0.06万亩，增长0.04%。油料种植面积14.2万亩，增加0.4万亩。蔬菜种植面积97万亩，增加2.3万亩。中药材种植面积14.9万亩，减少2.1万亩。果园面积12.1万亩，减少0.83万亩。

全年粮食产量34.4万吨，比上年增产1.9%。其中，夏粮产量11.5万吨，减产0.2%；秋粮产量23万吨，增产3%。

全年蔬菜产量223.7万吨，比上年增产4%。园林水果产量12.7万吨，增产12.7%。中药材产量3.4万吨，减产21.3%。

全年牛奶产量8.7万吨，下降6.1%。年末大牲畜存栏6.1万头，下降7.6%，其中，牛存栏5.7万头，增长4.5%。羊存栏81.7万只，增长5.8%；生猪存栏49.5万头，下降4.9%。牛出栏1.3万头，增长6.1%；羊出栏53.7万只，增长12.6%；生猪出栏58.9万头，增长8.7%。

表3　2023年兰州市主要农产品产量及其增长速度

产品名称	单位	产量	比上年增长（%）
粮食	万吨	34.4	1.9
#夏粮	万吨	11.5	-0.2
秋粮	万吨	23.0	3.0
#小麦	万吨	8.6	8.7
玉米	万吨	16.8	11.2
油料	万吨	2.2	17.4
#油菜籽	万吨	0.5	31.0
中药材	万吨	3.4	21.3
园林水果	万吨	12.7	12.7
蔬菜	万吨	223.7	4.0
#设施蔬菜	万吨	11.6	11.5
肉类	万吨		
#猪肉	万吨	4.5	8.8
牛肉	万吨	0.1	8.3
羊肉	万吨	0.9	12.3
禽肉	万吨	0.3	7.3
牛奶	万吨	8.7	-6.1
水产品	万吨	0.07	4.7
年末大牲畜存栏数	万头	6.1	-7.6
#牛存栏	万头	5.7	4.5
羊存栏	万只	81.7	5.8
猪存栏	万头	49.5	-4.9
牛出栏	万头	1.3	6.1
羊出栏	万只	53.7	12.6
猪出栏	万头	58.9	8.7

三、工业和建筑业

全年全市工业增加值914.6亿元，比上年增长2.1%。规模以上工业增加值增长0.2%。在规模以上工业中，分经济类型看，国有控股企业增加值下降0.9%，集体企业增加值增长1.2%，股份制企业增加值下降0.7%，外商及港澳台投资企业增加值下降5.1%。分隶属关系看，中央企业增加值下降0.2%，地方企业增加值增长1.1%。分轻重工业看，轻工业增加值下降1.5%，重工业增加值增长0.7%。分门类看，采矿业增加值下降7.8%，制造业增加值下降2.1%，电力、热力、燃气及水生产和供应业增加值增长24.1%。

表4　2023年兰州市规模以上工业分行业增加值增长速度

行业	比上年增长（%）
全　　市	0.2
煤炭工业	-8.1
电力工业	5.4
冶金工业	7.2
有色工业	12.2
石化工业	-6.3
机械工业	3.3
电子工业	9.5
食品工业	3.9
建材工业	-1.8
纺织工业	-14.5
医药工业	-14.4
其他工业	110.6

表5　2023年兰州市主要工业产品产量及其增长速度

产品名称	单位	产量	比上年增长（%）
卷烟	万箱	54.3	6.0
原煤	万吨	532.2	-1.6
原油	万吨	0.7	-73.5
原油加工量	万吨	869.2	-8.2
发电量	亿千瓦时	181.0	6.3
#火力发电量	亿千瓦时	152.4	6.8
水力发电量	亿千瓦时	25.5	-3.5
水泥	万吨	832.3	2.7
生铁	万吨	229.5	46.7
粗钢	万吨	479.2	28.5
钢材	万吨	519.5	16.6
原铝	万吨	95.8	34.1
乙烯	万吨	60.8	-13.8
平板玻璃	万重量箱	471.2	-4.4

年末全市发电装机容量700万千瓦，比上年末增长8.2%。其中火电装机容量、水电装机容量分别为397.5万千瓦、213.9万千瓦，增速均与上年持平；并网太阳能发电装机容量88.6万千瓦，增长148.9%。

全年规模以上工业企业利润总额56.4亿元，比上年下降39.7%。其中国有控股企业利润总额51.3亿元。规模以上工业企业每百元营业收入中的成本为83.4元。年末规模以上工业企业资产负债率为

61.4%。每百元营业收入中的费用为6.1元，产成品存货周转天数为7.5天。

全年建筑业增加值211.1亿元，比上年下降4.9%。年末具有资质等级的总承包和专业承包建筑业企业523个，比上年末增加83个。

四、服务业

全年全市批发和零售业增加值284.7亿元，比上年增长2.6%；交通运输、仓储和邮政业增加值374.0亿元，增长17.7%；住宿和餐饮业增加值49.2亿元，增长24.5%；金融业增加值443.1亿元，增长4.3%；房地产业增加值210.8亿元，增长3.7%；其他服务业增加值924.0亿元，增长3.7%。全年规模以上服务业企业营业收入1365.1亿元，比上年增长18.3%。

全年货物运输总量16502万吨，比上年增长7.5%；货物运输周转量788.5亿吨公里，比上年增长110.2%；旅客运输总量5359.9万人次，增长148.5%；旅客运输周转量21.2亿人公里，增长70.6%。兰州中川国际机场完成旅客吞吐量1563.7万人次，比上年增长163.2%；货邮吞吐量7.5万吨，增长35.6%。年末全市公路里程1万公里，增长0.04%；其中等级公路1万公里，增长1.5%。

表6　2023年兰州市主要运输方式完成货物、旅客运输量及其增长速度

指标	单位	绝对数	比上年增长（%）
货运量	万吨	16502.0	7.5
#铁路	万吨	670.7	-18.9
公路	万吨	15831.4	9.0
货物周转量	亿吨公里	788.5	110.2
#铁路	亿吨公里	324.6	—
公路	亿吨公里	463.9	23.7
客运量	万人次	5359.9	148.5
#铁路	万人次	2847.3	172.4
公路	万人次	2512.7	126.0
旅客周转量	亿人公里	21.2	70.6
#铁路	亿人公里	—	—
公路	亿人公里	21.2	70.6

年末全市民用汽车保有量131.6万辆，比上年末增长6%，其中私人汽车保有量90.4万辆，增长8.2%。民用轿车保有量53.4万辆，增长5.3%，其中私人轿车保有量45.7万辆，增长5.7%。

全年邮政业完成邮政函件业务463.5万件；包裹业务10.3万件；快递业务量11772.2万件，增长45.2%；快递业务收入21.2亿元，增长43.3%。全年完成电信业务总量92.7亿元，增长11.4%。年末移动电话基站数4.72万个，其中4G基站2.8万个，5G基站1.6万个。全市年末电话用户690.5万户，其中移动电话用户629.8万户，4G移动电话用户280.9万户，5G移动电话用户303.6万户。固定互联网宽带接入用户269万户，比上年末增加17万户。其中，固定互联网光纤宽带接入用户275.4万户，比上年末增加26.4万

户。全年移动互联网用户接入流量11.1亿GB。年末互联网宽带接入端口410.3万个，下降7.7%。

五、国内贸易和对外经济

全年全市社会消费品零售总额1796.3亿元，比上年增长12.4%。按经营地统计，城镇消费品零售额1574.9亿元，增长12.1%；乡村消费品零售额221.4亿元，增长14.8%。按消费形态统计，商品零售额1634.6亿元，增长11.2%；餐饮收入额161.7亿元，增长26.5%。

全年全市限额以上单位商品零售额中，石油及制品类零售额增长41.6%；汽车类零售额增长22.6%；粮油、食品类零售额下降2.7%；服装鞋帽、针纺织品类零售额增长42.8%；中西药类零售额增长3.0%；家用电器和音像器材类零售额下降27.1%；金银珠宝类零售额增长26.6%。限额以上批零住餐企业通过公共网络实现零售额增长21.8%。

全年全市外贸进出口总额117.4亿元，比上年下降22.3%。其中，出口47.3亿元，下降18.8%；进口70.2亿元，下降24.6%。

全年外商直接投资合同项目19个，实际利用外资额10316万美元，比上年增长248.9%。对外承包工程完成营业额37819万美元，增长5.6%。对外承包工程新签合同金额34481万美元，下降40.3%。

六、固定资产投资

全年全市固定资产投资比上年下降7.4%。按三次产业分，第一产业投资增长26.0%；第二产业投资下降0.4%，其中工业投资下降0.7%；第三产业投资下降9.6%。基础设施投资下降7.3%。民间固定资产投资下降8.5%。高技术产业投资增长 9.7%。社会领域投资增长17.1%。

全年项目投资比上年下降1.9%。其中，制造业投资下降19.6%，电力、热力、燃气及水生产和供应业投资增长65.4%，交通运输、仓储和邮政业投资下降19.8%，房地产业投资下降16.8%，水利、环境和公共设施管理业投资增长26.5%。

表7　2023年兰州市分行业项目投资增长速度

行业	比上年增长（%）	占项目投资比重（%）
项目投资	-1.9	100.0
农林牧渔业	26.0	2.2
采矿业	12.0	1.5
制造业	-19.6	19.3
电力、热力、燃气及水的生产和供应业	65.4	10.9
建筑业	684.4	0.1
批发和零售业	22.9	0.5
交通运输、仓储和邮政业	-19.8	24.5
住宿和餐饮业	135.4	0.5

续表

行业	比上年增长（%）	占项目投资比重（%）
信息传输、软件和信息技术服务业	22.8	6.7
金融业	–23.4	0.04
房地产业	–16.8	7.8
租赁和商务服务业	–52.7	1.1
科学研究和技术服务业	22.4	1.2
水利、环境和公共设施管理业	26.5	11.5
居民服务和其他服务业	479.1	0.2
教育	17.4	4.6
卫生、社会保障和社会福利业	29.4	5.1
文化、体育和娱乐业	–20.0	1.1
公共管理和社会组织	222.1	0.9

全年房地产开发投资比上年下降17.3%，其中住宅投资下降9.5%。房屋施工面积4415.3万平方米，下降9.2%，其中住宅施工面积2986.8万平方米，下降10.3%。在房屋施工面积中,房屋新开工面积208.0万平方米，下降52.5%，其中住宅新开工面积152.6万平方米，下降56.1%。房屋竣工面积395.5万平方米，下降18.0%，其中住宅竣工面积283.8万平方米，下降22.9%。商品房销售面积337.7万平方米，增长19.5%，其中住宅销售面积317.1万平方米，增长22.1%。

七、财政金融

全年全市一般公共预算收入255.3亿元，比上年增长15.6%。其中，税收收入197.5亿元，增长25.4%；非税收入57.8亿元，下降8.9%。从主体税种看，增值税80.4亿元，增长109.5%；企业所得税16.5亿元，下降9.2%；个人所得税6.6亿元，增长8.2%。一般公共预算支出502.9亿元，增长0.8%。其中，民生支出410.5亿元，增长2.2%。

年末全市金融机构本外币各项存款余额10446.1亿元，比上年末增长3.3%，其中人民币各项存款余额10407.2亿元，比上年末增长3.3%。金融机构本外币各项贷款余额15861.7亿元，比上年末增长5.6%，其中人民币各项贷款余额15783.6亿元，比上年末增长5.9%。

表8　2023年兰州市金融机构本外币存贷款余额及其增长速度

指标	年末数（亿元）	比上年末增长（%）
金融机构各项存款余额	10446.1	3.3
住户存款	5153.6	12.2
非金融企业存款	2566.2	–9.2
金融机构各项贷款余额	15861.7	5.6
住户贷款	2577.8	4.7
企（事）业单位贷款	13191.0	5.8

年末全市境内上市公司20家。股票总市值1104.0亿元，下降15.7%。全年发行、配售股票筹集资金163.5亿元。

全年保险公司原保险保费收入165.8亿元，比上年增长14.5%；支付各类赔款及给付74.5亿元，增长39.9%。

表9　2023年兰州市保险业务情况

指标	绝对数（亿元）	比上年增长（%）
原保险保费收入	165.8	14.5
财产险收入	44.5	3.3
人身险收入	121.4	19.1
支付各类赔款及给付	74.5	39.9
财产险	33.4	16.2
人身险	41.1	67.7

八、居民收入消费和社会保障

全年城镇居民人均可支配收入48039元，比上年增长6.1%；农村居民人均可支配收入18604元，比上年增长8.3%。城乡居民人均可支配收入比为2.58，比上年缩小0.05。

全年城镇居民人均消费支出30981元，比上年增长5.1%，恩格尔系数为30.6%；农村居民人均消费支出14247元，比上年增长7.6%，恩格尔系数为32.5%。

表10 2023年兰州市城乡居民家庭人均收支情况

指标	城镇		农村	
	绝对数（元）	比上年增长（%）	绝对数（元）	比上年增长（%）
可支配收入	48039	6.1	18604	8.3
工资性收入	27818	7.0	9669	7.3
经营净收入	1746	8.8	5865	10.8
财产净收入	5529	4.5	389	5.1
转移净收入	12947	4.5	2680	7.1
生活消费支出	30981	5.1	14247	7.6
食品烟酒	9490	3.3	4629	6.4
衣着	1973	4.9	861	7.1
居住	7860	1.0	2849	8.0
生活用品及服务	2095	9.6	691	12.3
交通通信	3301	8.1	1874	8.0
教育文化娱乐	3449	10.6	1718	7.4
医疗保健	2129	11.2	1332	9.6
其他用品和服务	683	9.9	293	3.5

年末全市参加城镇职工基本养老保险人数119.8万人，比上年末增加18.5万人。参加城乡居民基本养老保险人数76.6万人，减少0.1万人。参加基本医疗保险人数342.1万人，增加4.2万人。其中，参加职工基本医疗保险人数139.5万人，参加城乡居民基本医疗保险人数202.6万人。参加失业保险人数75.1万人，增加1.8万人。年末全市领取失业保险金人数 9658人。参加工伤保险人数82.8万人，增加1.2万人，其中参加工伤保险的农民工9.7万人，增加0.3万人。参加生育保险人数88.9万人，增加3.8万人。年末全市共有2.5万人享受城镇居民最低生活保障，3.6万人享受农村居民最低生活保障，0.4万人享受农村特困人员救助供养。

年末全市共有各类社区服务机构和设施542个。其中，社区服务指导中心8个，社区服务中心110个，社区服务站424个。共有社区养老照料机构和设施781个。其中，全托服务社区养老服务机构和设施61个，日间照料社区养老服务机构和设施210个，互助型社区养老设施510个。

九、科学技术和教育

全市共有国家工程技术研究中心3个，国家级企业技术中心10 家。全年登记市级科技成果106项，其中，基础理论62项，应用技术类成果37项，软科学7项。专利授权量9742件，下降3.7%，其中发明专利授权2683件，增长29.0%。有效发明专利10889件，每万人口发明专利拥有量19.44件。共签订技术合同6228项，下降18.5%；技术合同成交金额113.33亿元，增长12.7%。

全年中等职业教育招生0.99万人，在校生2.69万人，毕业生0.68万人。普通高中招生2.55万人，在校生7.06万人，毕业生2.09万人。普通初中招生3.99万人，在校生11.4万人，毕业生3.6万人。普通小学招生5.58万人，在校生28.13万人，毕业生4.26万人。特殊教育招生265人，在校生1759人。幼儿园在园幼儿12.65万人。学龄儿童入学率为100%，九年义务教育巩固率为100.1%，高中阶段入学率为99.6%。

表11　2023年兰州市各类教育招生和在校生情况

指标	招生数（万人）	比上年增长（%）	在校生数（万人）	比上年增长（%）	毕业生数（万人）	比上年增长（%）
中等职业教育	0.99	–19.51	2.69	–17.99	0.68	–26.88
普通高中	2.55	3.24	7.06	5.37	2.09	–2.79
普通初中	3.99	5.28	11.4	4.01	3.6	1.69
普通小学	5.58	18.98	28.13	6.76	4.26	7.30

十、文化旅游、卫生健康和体育

年末广播综合人口覆盖率100%；电视综合人口覆盖率100%。

全年接待国内游客0.9亿人次，比上年增长197.3%；国内旅游收入649.4亿元，增长337.9%。接待入境游客3.6万人次，增长1095.5%。其中，接待外国游客2.0万人次，接待港澳台同胞1.6万人次。旅游人均花费647.4元，比上年增加69.8元。

年末全市共有医疗卫生机构2279个，其中，医院117个，卫生院61个，妇幼保健院（所、站）10个，专科疾病防治院（所、站）2个，社区卫生服务中心（站）258个，诊所、卫生所、医务室982个。卫生技术人员4.78万人，其中，执业医师和执业助理医师1.7万人，注册护士2.36万人。疾病预防控制中心（防疫站） 11个，疾病预防控制中心（防疫站）卫生技术人员822人；卫生监督所（中心）9个，卫生监督所（中心）卫生技术人员236人。乡镇卫生院59个，乡镇卫生院卫生技术人员0.13万人。医疗卫生机构拥有床位数3.61万张，其中医院3.09万张、卫生院拥有床位0.09万张。全年总诊疗人次2540.36万人次，出院人数112.29万人。

年末全市共有体育场地11651个，体育场地面积987.7万平方米，人均体育场地面积2.61平方米。全年体育获得各类奖牌11枚，其中金牌2枚。

十一、资源、环境和应急管理

全年全市总用水量10.42亿立方米。其中，生活用水量2.6亿立方米，增长5.3%；工业用水量1.35亿立方米，下降8.2%；农业用水量5.15亿立方米，增长4.3%；生态用水量1.32亿立方米，下降35.0%。人均用水量235.5立方米，下降4.7%。

全年全市规模以上工业综合能源消费量1469.8万吨标准煤，比上年增长0.6%。六大高耗能行业能源消费量1414.1万吨标准煤，增长1.3%。

全年全市空气质量优良天数比率为77.3%，比上年降低5.2个百分点。

市区全年平均气温为11.6℃，比上年偏低0.4℃。年日照2190.7小时，比上年偏少47.5小时。年降水量255.9毫米，比上年减少4.4毫米。全市气象雷达观测站点2个。

全市地震台站（点）83个。全年未发生5.0级以上的地震。

全年农作物受灾面积57.3万亩，比上年下降27.5%；农作物成灾面积43.6万亩，下降29%。全年发生各类地质灾害7起。

全年共发生各类生产安全事故141起，比上年下降4.1%。死亡103人，下降3.7%；受伤96人，下降7.7%。直接经济损失3847.9万元，下降12.5%。煤矿百万吨死亡人数4人，百万吨死亡率0.776；全市营运车辆道路交通事故万车死亡人数9.9人，增长13.4%。

注：

1.本公报各项数据均为初步统计数，正式数据以《兰州统计年鉴-2024》为准。部分数据因四舍五入的原因，存在着总计与分项合计不等的情况。

2.公报中地区生产总值、各产业增加值和人均地区生产总值绝对数按现价计算，增长速度按不变价格计算。

3.农业生产数据增长速度根据第三次全国农业普查结果修订后的2017年数据为基数计算。

4.主要工业产品产量数据均为规模以上工业产品产量。

5.规模以上工业企业增加值增速及变化按可比口径计算。

6.电信业务总量按上年不变价格计算。

7.基础设施投资包括交通运输、邮政业，电信、广播电视和卫星传输服务业，互联网和相关服务业、水利管理业、生态保护和环境治理业、公共设施管理业。

8.年末电话用户数、移动电话用户数、固定互联网宽带接入用户数、年末互联网宽带接入端口数等指标较之前年份调整统计口径，以省通信管理局提供数据为准。

9.卫生健康数据为2023年报初步数据。

10.资料来源：本公报中物价、粮食产量、畜牧业、人民生活数据来自国家统计局兰州调查队，水产品产量数据来自兰州市农业农村局；城镇新增就业人员、社会保障数据来自兰州市人力资源和社会保障局；财政数据来自兰州市财政局；发电装机容量数据来自甘肃省电力公司兰州供电公司；外贸数据来自兰州市商务局；交通运输数据来自兰州市交通运输委员会、兰州市公安局交警支队、中国铁路兰州局集团有限公司、兰州中川国际机场有限公司；邮政数据来自兰州市邮政管理局；通信数据来自甘肃省通信管理局；艺术表演团体、文化馆、公共图书馆、博物馆和旅游数据、广播、电视数据来自兰州市文化和旅游局；金融数据来自中国人民银行兰州中心支行；保险、证券数据来自兰州市政府金融工作办公室；城乡低保、农村特困人员救助供养、社会服务数据来自兰州市民政局；教育数据来自兰州市教育局；科技数据来自兰州市科技局；专利数据来自兰州市市场监督管理局（知识产权局）；卫生数据来自兰州市卫生健康委员会；体育数据来自兰州市体育局；用水量数据来自兰州市水务局；安全生产数据来自兰州市应急管理局；环境监测数据来自兰州市生态环境局；地质灾害数据来自兰州市自然资源局；气象数据来自兰州市气象局；地震数据来自兰州市地震局。

统计资料

一、综 合

1-1　行政区划

地区	镇数	乡数	街道办事处数	社区数	行政村数
全市	47	14	53	449	731
市区	16	2	53	401	170
城关区			26	162	21
七里河区	5	1	9	82	59
西固区	5	1	7	71	40
安宁区	2		8	64	16
红古区	4		3	22	34
各县	31	12		48	561
永登县	12	3		11	185
皋兰县	8			22	108
榆中县	11	9		15	268

1-2 气象

指标	市区	榆中县	皋兰县	永登县
平均气温（摄氏度）	11.6	8.0	8.4	7.0
冬季	-2.8	-6.1	-7.2	-7.0
春季	13.0	9.4	10.1	7.8
夏季	24.2	19.8	21.6	18.9
秋季	11.4	8.3	8.7	7.4
年降水量（毫米）	255.9	320.6	182.6	246.9
冬季	13.5	16.7	9.7	17.6
春季	47.7	59.9	29.1	40.1
夏季	71.8	127.8	65.7	45.5
秋季	122.6	115.7	78.1	143.3

注：冬季指上年12月至本年2月，春季指本年3月至5月，夏季指本年6月至8月，秋季指本年9月至11月。

1-3 县区所辖街道办事处、乡、镇名称

<table>
<tr><th>地区</th><th colspan="3">街道办事处、镇</th><th colspan="3">乡</th></tr>
<tr><td>城关区</td><td>酒泉路街道
临夏路街道
白银路街道
伏龙坪街道
火车站街道
团结新村街道
铁路西村街道
嘉峪关路街道
高新区街道</td><td>张掖路街道
雁北街道
皋兰路街道
靖远路街道
拱星墩街道
东岗西路街道
渭源路街道
焦家湾街道
雁园街道</td><td>雁南街道
五泉街道
广武门街道
草场街街道
东岗街道
铁路东村街道
盐场路街道
青白石街道</td><td></td><td></td><td></td></tr>
<tr><td>七里河区</td><td>秀川街道
建兰路街道
晏家坪街道
阿干镇
西果园镇</td><td>西园街道
敦煌路街道
龚家湾街道
八里镇
黄峪镇</td><td>西湖街道
西站街道
土门墩街道
彭家坪镇</td><td>魏岭乡</td><td></td><td></td></tr>
<tr><td>西固区</td><td>陈坪街道
西固城街道
四季青街道
河口镇</td><td>先锋路街道
临洮街街道
新城镇
达川镇</td><td>福利路街道
西柳沟街道
东川镇
柳泉镇</td><td>金沟乡</td><td></td><td></td></tr>
<tr><td>安宁区</td><td>培黎街道
十里店街道
刘家堡街道
九合镇</td><td>安宁西路街道
孔家崖街道
安宁堡街道</td><td>沙井驿街道
银滩路街道
忠和镇</td><td></td><td></td><td></td></tr>
<tr><td>红古区</td><td>窑街街道
海石湾镇
平安镇</td><td>矿区街道
红古镇</td><td>华龙街道
花庄镇</td><td></td><td></td><td></td></tr>
<tr><td>永登县</td><td>城关镇
武胜驿镇
苦水镇
树屏镇</td><td>红城镇
河桥镇
大同镇
柳树镇</td><td>中堡镇
连城镇
龙泉寺镇
通远镇</td><td>七山乡</td><td>坪城乡</td><td>民乐乡</td></tr>
<tr><td>皋兰县</td><td>黑石镇
什川镇
秦川镇</td><td>石洞镇
西岔镇
上川镇</td><td>水阜镇
中川镇</td><td></td><td></td><td></td></tr>
<tr><td>榆中县</td><td>城关镇
定远镇
青城镇
新营镇</td><td>夏官营镇
连搭镇
甘草店镇
贡井镇</td><td>和平镇
金崖镇
高崖镇</td><td>小康营乡
马坡乡
哈岘乡</td><td>清水驿乡
韦营乡
上花岔乡</td><td>龙泉乡
中连川乡
园子岔乡</td></tr>
</table>

1-4 各部门机构数

指标	机构数（个）					
	2010年	2015年	2020年	2021年	2022年	2023年
基层组织						
镇政府	34	40	47	47	47	47
乡政府	26	21	14	14	14	14
街道	52	53	53	53	53	53
社区居委会	390	405	433	433	442	424
村民委员会	749	730	730	731	731	676
户籍居民总户数（万户）	100.18	107.65	116.19	117.52	118.5	120.04
规模以上工业企业	**480**	**367**	**346**	**386**	**454**	**508**
国有控股企业	121	87	101	111	124	133
集体企业	49	10	2	2	2	2
建筑施工企业	**329**	**494**	**441**	**437**	**439**	**524**
国有经济	41	22	15	17	24	117
集体经济	34	29	12	12	8	16
其他经济	254	443	414	408	407	391
卫生						
医院、卫生院	163	164	183	192	180	178
卫生防疫站	11	11	10	10	10	11
妇幼保健站、所	10	10	10	10	10	10
教育						
高等院校（含成人教育）	19	25	34	31	31	31
中等职业学校	40	61	44	71	42	41
普通中学	219	198	209	209	215	212
小学	697	523	478	450	421	389
幼儿园	281	464	864	877	841	827
文化事业机构						
图书馆	8	8	8	8	8	8
群众艺术馆	9	9	9	9	9	9

1-5　国民经济和社会发展总量与速度指标

指标	总量指标			年平均增长速度（%）		
	2005年	2010年	2015年	2001-2005年	2006-2010年	2011-2015年
人口						
户籍总人口（万人）	311.74	323.54	321.90	1.41	0.75	-0.10
非农业人口	183.93	202.92	214.17	2.86	1.98	1.09
农业人口	127.81	120.62	107.73	0.48	-1.15	-2.23
男女性别比（以女性为100）		104.20	101.82			
人口自增率（‰）		3.06	5.67			
就业						
从业人员（万人）	150.75	176.48	208.09	0.68	3.20	3.35
单位从业人员	57.06	55.74	71.47	-2.29	-0.47	5.10
在岗职工	52.70	53.14	59.55	-3.10	0.17	2.30
城镇登记失业人数（万人）	1.85	2.37	1.46	-8.97	5.08	
宏观经济						
地区生产总值（亿元）	576.65	1129.59	2102.25	11.2	11.7	11.7
第一产业增加值	21.49	27.23	37.09	4.4	4.7	5.6
第二产业增加值	251.69	537.87	830.48	11.9	13.6	10.5
第三产业增加值	303.47	564.48	1234.68	11.2	10.5	13.1
固定资产投资						
固定资产投资总额（亿元）	259.59	660.69	1803.75	11.05	20.54	31.32
房地产投资	52.57	118.28	339.01	21.29	17.61	23.44
财政						
地区财政收入（亿元）		304.13	593.81			14.81
公共财政预算收入	28.93	72.76	185.19	11.74	20.26	22.32
公共财政预算支出	50.22	146.93	344.00	18.75	23.95	18.56
物价总指数（上年=100）						
商品零售价格指数	98.8	103.9	100.6	-0.62	1.01	2.20
居民消费价格总指数	100.6	103.8	101.3	0.79	0.63	2.50
利用外资						
合同投资总额（亿美元）		0.97	3.66			16.39
合同外资额（亿美元）		0.33	1.38	15.08		
实际使用外资额（亿美元）	2.22	0.20				

1-5 国民经济和社会发展总量与速度指标（续一）

指标	总量指标			年平均增长速度（%）		
	2005年	2010年	2015年	2001-2005年	2006-2010年	2011-2015年
农业						
耕地面积（万亩）	316.85	314.22	308.92	-0.32	-0.17	-0.40
农林牧渔业劳动力（万人）	43.51	40.34	37.00	-0.86	-1.50	-1.66
农林牧渔业增加值（亿元）	22.13	33.79	57.56	4.48	8.83	8.65
主要农产品产量（万吨）						
粮食	32.30	31.84	32.58	-0.70	4.57	2.62
油料	2.39	2.15	1.76	8.63	-1.11	-2.12
甜菜	0.61	0.00	0.00	-25.95	-2.77	
水果	10.58	11.61	14.07	1.15	4.04	4.47
肉类	4.18	3.38	3.67	3.32	-5.56	5.43
猪牛羊肉	3.90	2.97	3.17	3.03	-6.15	2.03
工业						
规模以上工业增加值（亿元）	181.39	372.67	515.00	13.14	15.49	10.80
轻工业	22.18	76.19	168.80	11.83	27.99	12.41
重工业	159.21	296.48	346.20	12.89	13.24	7.91
主要工业产品产量						
呢绒（万米）	558.57	490.40	340.10	0.98	-2.57	-7.06
卷烟（万支）	1525845	2395810	3462000	8.82	9.44	7.64
发电量（亿千瓦时）	125.69	169.27	178.47	18.91	6.13	1.98
原煤（万吨）	510.99	486.03	628.12	-1.30	-1.00	10.77
水泥（万吨）	402.15	548.06	1154.20	8.03	6.39	14.36
建筑业						
建筑业增加值（亿元）	48.02	103.67	176.93	7.3	8.4	10.2
房屋施工面积（万平方米）	1048.74	1842.00	4960.84	10.59	11.92	21.91
房屋竣工面积（万平方米）	428.93	458.00	1468.49	6.28	1.32	26.24
交通运输						
货运量（万吨）	5972.19	8054.29	11801.02	2.94	6.16	7.94
铁路	820.55	1221.15	799.42	0.14	8.28	-8.03
公路	5151.00	6832.00	10996.60	3.43	5.81	9.99
空运	0.64	1.14	5.00	3.84	12.24	14.32
客运量（万人）	2545.68	3802.30	6153.30	5.02	8.35	9.20
铁路	586.77	975.81	1277.30	4.27	10.71	5.53
公路	1896.00	2627.00	4067	5.04	6.74	9.14
空运	62.91	199.49	809.00	13.77	25.96	17.55
邮电通信业						
邮电业务总量（亿元）	24.07	36.05	92.39	4.77	8.41	19.81
国内商业						
社会消费品零售总额（亿元）	256.67	545.11	1152.15	9.91	16.26	14.14
旅游						
国内旅游者（万人次）		887.50	3703.75			35.74
入境旅游者（万人次）		3.20	1.74			
旅游总收入（亿元）		63.50	290.93			39.08
对外经济贸易（亿美元）						
进出口总额	7.16	10.60	50.59	12.13	8.16	36.69
进口额	2.16	1.90	6.00	11.74		25.86
出口额	5.00	8.70	44.59	12.30	11.71	38.66

1-5 国民经济和社会发展总量与速度指标（续二）

指标	总量指标			年平均增长速度（%）		
	2005年	2010年	2015年	2001–2005年	2006–2010年	2011–2015年
金融保险						
金融机构各项存款（亿元）	1421.92	3235.84	7803.12	16.18	17.88	19.25
金融机构各项贷款（亿元）	1089.42	2359.28	6892.02	13.10	16.71	23.91
中外资保险公司保险金额（亿元）	1667.93	12335.43	36309.49	0.82	49.21	24.05
中外资保险公司保费（亿元）	18.17	58.12	87.05	21.36	26.18	11.37
中外资保险公司赔款及给付（亿元）	3.05	11.12	32.20	10.76	29.53	23.49
教育						
在校学生数（万人）	76.40	94.76	99.57	3.89	4.40	0.89
普通高等学校	17.98	22.76	41.64	19.99	4.83	12.84
中等职业学校	3.60	6.22	5.98	1.23	11.56	–0.78
普通中学	22.02	19.89	17.01	5.29	–2.01	–3.08
小学	25.10	21.76	20.80	2.92	–2.82	–0.90
地方财政用于教育支出（万元）	108284	295364	671067	19.87	22.22	17.84
文化						
图书印数（万册）	7521	9260	6650	1.42	4.25	4.80
家庭、生活、环境						
家庭						
家庭总户数（万户）	89.99	100.18	107.65	1.99	2.17	1.45
城镇居民平均每户家庭人口（人）	2.79	2.60		2.21	–1.40	
农村居民平均每户家庭人口（人）	4.23	4.14		0.96	–0.43	
婚姻						
结婚数（万对）	2.03	2.47	2.83	1.22		2.79
离婚数（万对）	0.22	0.50	0.71	6.58	17.84	5.46
居住						
城镇居民人均居住面积（平方米）	16.69	18.46	34.67	6.64	2.04	13.43
农村居民人均居住面积（平方米）	22.32	25.00	32	6.11	2.29	5.06
生活						
城市居民人均可支配收入（元）	8529	14062	27088	7.83	10.52	12.60
农村居民人均纯收入（元）	2713	4587	9621	6.24	11.07	14.58
城乡居民储蓄存款余额（亿元）	581.71	1295.95	2608.54	14.31	17.38	15.02
工资						
单位从业人员劳动报酬总额（亿元）	87.15	171.78	390.64	6.93	14.54	17.86
单位从业人员平均劳动报酬（元）	16609	33340	58967	12.67	14.95	12.08
卫生						
卫生机构数	285	2257	2385	3.41	51.26	
医院、卫生院个数	170	163	164	平	–0.84	0.12
卫生机构床位数	148825	25498	22774	0.91	–29.73	
医院、卫生院床位数	13954	16916	22409	3.47	3.92	5.79
卫生技术人员	18738	24388	30967	2.39	5.41	4.89
医生	7951	10060	12354	2.99	4.82	4.19
市政建设						
全年供水总量（万立方米）	23105	24276	27491.60	6.88	0.99	2.50
道路面积（万平方米）	1805	2162	4294.88	17.77	3.67	14.72
园林绿地面积（公顷）	4977	4441	7742.59	27.97	–2.25	11.76
环境						
工业废水排放量（万吨）		2529.10	4138.48	11.76	–9.42	
工业废气排放量（亿标立方米）		1805.00	3576.57			

1–5 国民经济和社会发展

指标	总量指标			
	2016年	2017年	2018年	2019年
人口				
户籍总人口（万人）	324.23	325.55	328.47	331.92
非农业人口	222.73	226.05	231.25	235.72
农业人口	101.50	99.50	97.22	96.20
男女性别比（以女性为100）	101.47	100.90	100.43	100.06
人口自增率（‰）	7.75	5.37	4.78	6.81
就业				
从业人员（万人）	215.60	224.14	225.25	228.26
单位从业人员	77.25	80.81	78.53	73.66
在岗职工	63.01	65.67	64.19	57.37
城镇登记失业人数（万人）	1.73	1.55	1.79	3.09
宏观经济				
地区生产总值（亿元）	2207.42	2445.08	2660.19	2852.51
第一产业增加值	40.31	42.79	44.29	51.66
第二产业增加值	788.85	885.00	944.28	944.59
第三产业增加值	1378.26	1517.29	1671.62	1856.26
固定资产投资				
固定资产投资总额（亿元）	1990.95	1315.35	—	—
房地产投资	391.15	432.16	586.62	552.40
财政				
地区财政收入（亿元）	606.75	671.65	721.53	679.51
公共财政预算收入	215.48	234.20	253.32	233.23
公共财政预算支出	424.16	429.36	465.64	456.66
物价总指数（上年=100）				
商品零售价格指数	100.7	101.8	101.7	102.0
居民消费价格总指数	100.8	101.5	101.7	102.2
利用外资				
合同投资总额（亿美元）	10.55	3.53	5.89	5.53
实际利用外资额（亿美元）	3.38	1.00	1.80	1.23

总量与速度指标（续三）

2020年	2021年	2022年	2023年	2023年比2022年增长（%）	年平均增长速度（%）2016–2020年
334.00	336.28	336.98	338.88	0.6	0.7
246.13	248.34	248.73	250.92	0.9	2.8
87.87	87.94	88.26	87.96	–0.3	–4.0
99.77	99.58	99.16	98.78		
3.45	3.91	–2.48	0.18		
227.00	227.00				1.8
78.50	79.04	76.61	67.53	–11.9	1.9
61.18	60.38	61.59	62.70	1.8	0.5
2.87	3.13	3.51			14.5
2877.53	3227.28	3326.21	3487.26	4.4	5.7
56.29	62.52	64.55	73.07	5.0	5.7
930.47	1104.94	1144.92	1120.63	0.4	3.7
1890.77	2059.82	2116.74	2293.56	6.2	7.0
—	—	—	—	–7.4	–4.2
552.81	601.44	486.96	402.93	–17.3	10.3
704.15	803.27	661.06	709.90	7.4	3.5
247.13	276.73	220.98	255.33	15.5	6.1
486.24	484.59	498.80	502.92	0.8	7.7
101.4	102.0	103.8	—		1.5
102.0	101.3	102.3	100.6	0.6	1.6
1.22	5.66	1.35	2.70	100.0	
0.63	0.66	0.30	1.03	248.9	

1-5 国民经济和社会发展

指标	总量指标			
	2016年	2017年	2018年	2019年
农业				
农作物播种面积（万亩）	249.90	250.65	238.99	248.59
农林牧渔业劳动力（万人）	36.94	36.16	35.60	33.88
农林牧渔业增加值（亿元）	42.10	44.75	46.28	53.77
主要农产品产量（万吨）				
粮食	30.90	30.04	29.77	30.33
油料	1.79	1.67	1.63	1.81
水果	14.26	14.00	11.73	13.22
肉类	4.32	4.47	4.62	4.30
猪牛羊肉	3.16	3.65	3.81	3.74
工业				
规模以上工业增加值（亿元）	502.00	583.69	614.98	
主要工业产品产量				
呢绒（万米）	414.30	435.00	430.20	430.30
卷烟（万支）	2938458	2824246	2783794	2849710
发电量（亿千瓦时）	147.53	155.32	148.70	144.75
原煤（万吨）	637.63	503.24	503.29	509.17
水泥（万吨）	1130.00	905.91	774.63	1088.99
建筑业				
建筑业增加值（亿元）	179.46	182.19	188.42	197.19
房屋施工面积（万平方米）	4877.02	5031.90	5364.61	5643.83
房屋竣工面积（万平方米）	1317.80	1090.84	1102.36	1029.32
交通运输				
货运量（万吨）	12208.84	12882.39	13518.52	14121.83
铁路	741.90	837.12	869.96	834.09
公路	11461.00	12039.18	12642.41	13280.54
空运	5.94	6.09	6.15	7.20
客运量（万人）	6950.64	7684.69	8328.64	7980.41
铁路	1648.89	2039.42	2550.96	2837.25
公路	4212.75	4363.63	4391.86	3612.86
空运	1089.00	1281.64	1385.82	1530.30
邮电通信业				
电信业务总量（亿元）	136.57	133.81	346.28	526.81
邮政业务总量（亿元）	8.49	9.99	11.64	14.78
国内商业				
社会消费品零售总额（亿元）	1263.35	1358.72	1352.09	1672.00
旅游				
国内旅游者（万人次）	4448.82	5429.18	6718.56	8205.02
入境旅游者（万人次）	2.18	2.22	3.34	5.78
旅游总收入（亿元）	359.50	456.50	594.10	766.50
对外经济贸易（亿元人民币）				
进出口总额	277.05	125.11	133.18	119.41
进口额	56.70	52.23	57.58	47.58
出口额	220.36	72.88	75.60	71.83

总量与速度指标（续四）

2020年	2021年	2022年	2023年	2023年比2022年增长（%）	年平均增长速度（%）2016-2020年
274.03	280.96	290.57	294.20	1.25	1.1
33.72	33.34	32.99	31.93	-3.21	-2.0
58.51	64.88	66.02	75.80	14.81	5.7
					0.0
33.64	33.30	33.80	34.44	1.90	-1.4
2.32	2.16	1.86	2.18	17.20	5.7
13.25	12.96	11.31	12.74	12.64	-1.2
4.52	5.23				1.0
3.97	4.89	5.00	5.47	9.30	4.8
				0.2	3.7
400.10	385.50	458.10	460.10	0.44	3.3
2812976	2757611	2561400	2713920	5.95	-4.1
159.66	168.12	168.98	181.00	6.29	-3.6
515.02	537.57	540.66	532.20	-1.57	0.5
1112.17	1023.81	816.27	832.32	2.74	1.0
206.13	228.47	220.26	211.07	-4.90	1.8
6254.28	7505.74	7247.59	6571.67	-9.3	4.7
880.77	863.85	1005.31	959.02	-4.6	-9.7
14861.55	16587.86	15351.05	16509.53	7.55	4.7
907.10	791.20	826.67	670.65	-18.87	2.3
13947.45	15789.35	14518.83	15831.38	9.04	4.9
7.00	7.31	5.55	7.50	35.56	7.0
5977.36	6485.19	2751.31	6923.66	151.65	-0.6
1977.52	2086.94	1045.10	2847.27	172.44	9.0
2887.14	3181.13	1111.97	2512.65	125.96	-6.6
1112.70	1217.12	594.24	1563.74	163.15	6.6
632.35	86.52	91.38	92.73	11.36	48.9
18.62	17.69	—	28.55	36.75	25.6
1641.24	1757.74	1598.21	1796.33	12.4	6.0
4821.40	6936.10	2926.60	8699.80	197.3	5.4
421.40	593.50	148.30	649.40	337.9	
102.6	141.8	168.8	117.4	-22.3	-19.1
69.9	105.0	103.5	70.2	-24.6	18.5
32.7	36.8	65.3	47.2	-18.8	-34.6

1-5 国民经济和社会发展

指标	总量指标		
	2016年	2017年	2018年
金融保险			
金融机构人民币各项存款（亿元）	8623.11	8513.59	8716.44
金融机构人民币各项贷款（亿元）	8401.56	9643.55	11010.54
中外资保险公司保险金额（亿元）	255548.01	157159.54	
中外资保险公司保费（亿元）	98.92	122.44	136.05
中外资保险公司赔款及给付（亿元）	39.26	42.67	52.97
教育			
在校学生数（万人）	102.62	103.80	108.37
普通高等学校	42.48	44.56	47.40
中等职业学校	4.90	4.10	3.79
普通中学	16.69	16.53	16.51
小学	21.20	21.78	22.60
地方财政用于教育支出（万元）	740910	803250	799798
家庭、生活、环境			
家庭			
家庭总户数（万户）	109.57	110.50	114.81
婚姻			
结婚数（万对）	2.64	2.46	2.47
离婚数（万对）	0.78	0.85	0.95
居住			
城镇居民人均现住房建筑面积（平方米）	36.18	36.42	41.24
农村居民人均现住房建筑面积（平方米）	32.86	33	34.2
生活			
城镇居民人均可支配收入（元）	29661	32331	35014
农村居民人均可支配收入（元）	10391	11305	12368
工资			
单位从业人员劳动报酬总额（亿元）	462.51	524.61	640.46
单位从业人员平均劳动报酬（元）	64551	69555	82480
卫生			
卫生机构数	2408	2464	2211
医院、卫生院个数	172	194	192
卫生机构床位数	26538	29164	30655
医院、卫生院床位数	24031	26589	28009
卫生技术人员	32153	35251	36775
医生	13123	13692	13954
市政建设			
全年供水总量（万立方米）	26441	27178	28463
道路面积（万平方米）	4536.73	4805.11	5611.84
园林绿地面积（公顷）	7852.30	9592.07	10076.76
环境			
工业废水排放量（万吨）	3341.89	3527.75	3780.53
工业废气排放量（亿标立方米）	2566.45	2146.49	2731.78

总量与速度指标（续五）

2019年	2020年	2021年	2022年	2023年	2023年比2022年增长（%）	年平均增长速度（%）2016–2020年
8834.47	9044.77	9525.40	10071.6	10407.2	3.3	3.0
12028.51	12954.98	14060.26	14911.7	15783.6	5.9	13.5
157.70	160.80	147.18	144.75	165.80	14.50	8.3
65.10	74.36	69.60	53.22	74.50	39.9	12.1
110.03	113.93					2.7
48.66	56.72	46.21	49.51	51.33	3.7	6.4
3.50	3.49	3.58	3.28	2.69	–0.2	–10.2
16.51	16.63	16.98	17.66	18.46	4.5	–0.5
23.39	24.51	25.38	26.35	28.13	6.8	3.3
882874	824400	812928	802339	787472	–1.9	4.4
114.61	116.20	117.52	118.50	120.04	1.3	1.2
2.26	1.99	1.88	1.43	2.07	44.6	–6.8
0.97	0.93	0.49	0.45	0.68	50.1	5.6
40.2	45.2	39.5	33.3	40.2	20.8	2.8
32.2	34.5	37.5	40.0	37.9	–5.3	0.6
38095	40152	43244	45277	48039	6.1	8.2
13605	14652	16191	17178	18604	8.3	8.8
609.51	703.89	722.53	749.33	698.42	–6.8	12.5
83542	93847	96793	100596	111014	10.4	9.7
2277	2245	2305	2059	2279	10.7	–1.2
196	183	192	180	178	–1.1	2.2
31409	32160	33428	34920	36070	3.3	7.1
28616	29530	30719	30736	31811	3.5	5.7
39723	41516	44867	45040	47803	6.1	6.0
14337	14883	16036	15725	16958	7.8	3.8
24526	24747	31057.39	30045.95	30451.87	1.4	–3.9
5872.34	5982.48	5985.1	5837.95	6043.35	4.0	–8.6
10003.49	10439.64	10614.02	11610.98	11674.92	0.5	1.2
3260.03	3006.08	2611.15	2625.62	2514.13	–4.2	–6.2
2467.52	2844.93	3055.06	2827.22	3444.94	21.8	–4.5

1-6 地区生产总值

单位：亿元

年份	地区生产总值	第一产业	第二产业	工业	建筑业	第三产业	交通运输仓储及邮政业	批发和零售业	人均GDP（元）（按常住人口计算）
“一五”时期									
1953	1.46	0.20	0.36	0.24	0.12	0.90	0.38	0.32	179
1954	1.76	0.21	0.46	0.32	0.14	1.09	0.39	0.38	202
1955	2.43	0.23	0.85	0.59	0.26	1.35	0.46	0.44	255
1956	3.31	0.24	1.52	0.93	0.59	1.55	0.49	0.51	308
1957	3.72	0.26	1.70	1.06	0.64	1.76	0.50	0.57	313
“二五”时期									
1958	4.99	0.25	2.65	2.01	0.64		0.78	0.58	388
1959	7.69	0.25	5.23	4.39	0.84	2.21	0.86	0.66	548
1960	8.09	0.25	5.88	4.89	0.99	1.96	0.64	0.61	553
1961	4.52	0.25	2.62	2.45	0.17	1.65	0.47	0.47	314
1962	4.32	0.24	2.37	2.24	0.13	1.71	0.43	0.54	314
三年调整期									
1963	5.82	0.29	3.67	3.42	0.25	1.86	0.43	0.63	421
1964	7.94	0.34	5.39	5.07	0.32	2.21	0.48	0.64	544
1965	10.01	0.39	7.09	6.48	0.61	2.53	0.65	0.59	647
“三五”时期									
1966	9.85	0.40	6.91	6.69	0.22	2.54	0.62	0.59	609
1967	11.70	0.41	8.80	8.52	0.28	2.49	0.57	0.57	702
1968	12.92	0.43	10.15	9.82	0.33	2.34	0.50	0.51	759
1969	13.55	0.46	10.68	10.40	0.28	2.41	0.54	0.54	786
1970	14.99	0.52	11.92	11.51	0.41	2.55	0.60	0.59	856
“四五”时期									
1971	16.22	0.53	13.03	12.78	0.25	2.66	0.62	0.60	896
1972	17.96	0.53	14.34	13.89	0.45	3.09	0.67	0.79	958
1973	18.91	0.53	14.91	14.26	0.65	3.47	0.73	0.98	981
1974	20.84	0.66	16.40	15.82	0.58	3.78	0.79	1.11	1063
1975	22.70	0.67	17.89	17.23	0.66	4.14	0.85	1.26	1143
“五五”时期									
1976	22.69	0.69	17.76	17.10	0.66	4.24	0.88	1.32	1130
1977	21.82	0.70	16.78	16.21	0.57	4.34	0.91	1.38	1077
1978	21.80	0.74	16.56	15.85	0.71	4.50	0.94	1.44	1067
1979	24.54	0.78	18.60	17.72	0.88	5.16	0.95	1.63	1180
1980	25.68	0.94	18.80	17.64	1.16	5.94	0.98	1.96	1209
“六五”时期									
1981	24.01	0.80	16.75	15.61	1.14	6.46	10.60	2.27	1116
1982	25.82	0.84	18.09	16.67	1.42	6.89	1.28	2.27	1179
1983	29.49	1.12	20.89	19.25	1.64	7.48	1.51	2.39	1326
1984	35.40	1.40	23.74	21.80	1.94	10.26	1.90	4.00	1579
1985	43.50	1.90	28.16	25.46	2.70	13.44	2.72	5.17	1915
“七五”时期									
1986	50.79	2.20	32.01	28.66	3.35	16.58	3.87	6.18	2198
1987	56.11	2.33	33.95	29.68	4.27	19.83	4.27	7.23	2383
1988	64.30	3.06	36.77	32.15	4.62	24.47	4.74	9.76	2682
1989	73.69	3.80	42.60	38.52	4.08	27.29	5.31	10.03	3015
1990	77.89	4.26	45.05	40.13	4.92	28.58	5.21	10.09	3126

1-6 地区生产总值（续一）

单位：亿元

年份	地区生产总值	第一产业	第二产业	工业	建筑业	第三产业	交通运输仓储及邮政业	批发和零售业	人均GDP（元）（按常住人口计算）
“八五”时期									
1991	85.23	5.01	45.50	40.17	5.33	34.72	5.49	11.20	3364
1992	100.57	5.53	52.52	46.11	6.41	42.52	6.41	13.37	3918
1993	126.72	6.54	73.65	64.64	9.01	46.53	7.55	14.87	4878
1994	172.49	9.57	100.92	87.69	13.23	62.00	9.22	20.75	6548
1995	210.43	11.83	120.85	103.01	17.82	77.75	10.25	26.82	7844
“九五”时期									
1996	225.01	13.72	119.25	96.82	22.43	92.04	12.58	31.98	8228
1997	237.42	14.08	119.36	94.04	25.32	103.98	17.31	35.79	8532
1998	252.55	15.24	121.06	92.09	28.97	116.25	21.11	39.29	8949
1999	267.46	15.61	125.65	94.42	31.23	126.19	23.57	42.21	9360
2000	300.32	15.89	140.71	107.04	33.67	143.72	29.60	45.66	10387
“十五”时期									
2001	341.68	16.89	156.38	116.37	37.01	171.42	37.10	49.27	11638
2002	386.41	17.19	166.87	126.38	40.49	202.34	45.45	41.87	11819
2003	440.85	18.04	188.85	144.62	44.24	233.96	52.03	44.72	13197
2004	508.15	20.00	218.86	171.06	47.81	269.28	47.18	48.24	14931
2005	576.65	21.49	251.69	203.67	48.02	303.47	52.89	53.59	16692
“十一五”时期									
2006	649.42	22.00	293.32	240.21	53.11	334.10	59.18	58.47	18597
2007	746.33	24.25	340.66	281.49	59.17	381.41	69.14	65.66	21196
2008	868.14	24.72	405.36	338.47	66.89	438.06	78.99	74.94	24464
2009	938.85	25.90	438.95	355.02	83.93	474.00	78.92	82.52	26251
2010	1129.59	27.23	537.87	434.21	103.67	564.48	90.27	97.81	31336
“十二五”时期									
2011	1391.66	30.80	669.76	546.40	123.36	691.10	115.65	119.31	38094
2012	1613.16	31.88	761.34	624.14	137.20	819.93	145.23	130.73	43257
2013	1810.24	34.80	795.94	643.52	153.62	979.50	157.04	152.71	47605
2014	1977.77	35.76	841.22	675.44	167.08	1100.80	169.36	167.07	51107
2015	2102.25	37.09	830.48	655.05	176.93	1234.68	178.33	171.10	53326
“十三五”时期									
2016	2207.42	40.31	788.85	610.96	179.46	1378.26	186.76	178.44	54942
2017	2445.08	42.79	885.00	704.47	182.19	1517.29	212.07	183.72	59638
2018	2660.19	44.29	944.28	757.59	188.42	1671.62	234.37	198.44	63653
2019	2852.51	51.66	944.59	749.20	197.19	1856.26	255.13	223.43	67102
2020	2877.53	56.29	930.47	725.94	206.13	1890.77	232.53	232.97	66467
“十四五”时期									
2021	3227.28	62.52	1104.94	877.99	228.47	2059.82	266.99	268.47	73715
2022	3326.21	64.55	1144.92	927.61	220.26	2116.74	303.78	276.05	75599
2023	3487.26	73.07	1120.63	914.59	211.07	2293.56	374.03	284.66	78894

1-7 地区生产总值构成

单位：%

年份	地区生产总值	第一产业	第二产业	工业	建筑业	第三产业	交通运输仓储及邮政业	批发和零售业
"一五"时期								
1953	100.00	13.62	24.39	16.44	8.22	61.99	26.03	21.92
1954	100.00	11.93	26.14	18.18	7.95	61.93	22.16	21.59
1955	100.00	9.34	34.95	24.28	10.70	55.71	18.93	18.11
1956	100.00	7.32	45.91	28.10	17.82	46.77	14.80	15.41
1957	100.00	6.99	45.70	28.49	17.20	47.31	13.44	15.32
"二五"时期								
1958	100.00	5.14	53.04	40.28	12.83	41.82	15.63	11.62
1959	100.00	3.25	68.01	57.09	10.92	28.74	11.18	8.58
1960	100.00	3.09	72.68	60.44	12.24	24.23	7.91	7.54
1961	100.00	5.53	57.96	54.20	3.76	36.50	10.40	10.40
1962	100.00	5.56	54.86	51.85	3.01	39.58	9.95	12.50
三年调整期								
1963	100.00	5.01	62.99	58.76	4.30	32.00	7.39	10.82
1964	100.00	4.28	67.88	63.85	4.03	27.83	6.05	8.06
1965	100.00	3.90	70.83	64.74	6.09	25.27	6.49	5.89
"三五"时期								
1966	100.00	4.06	70.15	67.92	2.23	25.79	6.29	5.99
1967	100.00	3.50	75.21	72.82	2.39	21.28	4.87	4.87
1968	100.00	3.37	78.55	76.01	2.55	18.08	3.87	3.95
1969	100.00	3.39	78.82	76.75	2.07	17.79	3.99	3.99
1970	100.00	3.48	79.55	76.78	2.74	16.97	4.00	3.94
"四五"时期								
1971	100.00	3.23	80.34	78.79	1.54	16.43	3.82	3.70
1972	100.00	2.95	79.84	77.34	2.51	17.20	3.73	4.40
1973	100.00	2.80	78.85	75.41	3.44	18.35	3.86	5.18
1974	100.00	3.17	78.69	75.91	2.78	18.14	3.79	5.33
1975	100.00	2.93	78.83	75.90	2.91	18.24	3.74	5.55
"五五"时期								
1976	100.00	3.04	78.27	75.36	2.91	18.69	3.88	5.82
1977	100.00	3.18	76.93	74.29	2.61	19.89	4.17	6.32
1978	100.00	3.39	75.96	72.71	3.26	20.64	4.31	6.61
1979	100.00	3.18	75.79	72.21	3.59	21.03	3.87	6.64
1980	100.00	3.66	73.21	68.69	4.52	23.13	3.82	7.63
"六五"时期								
1981	100.00	3.33	69.77	65.01	4.75	26.90	4.41	9.45
1982	100.00	3.25	70.06	64.56	5.50	26.68	4.96	8.79
1983	100.00	3.80	70.85	65.28	5.56	25.35	5.12	8.10
1984	100.00	3.96	67.06	61.58	5.48	28.98	5.37	11.30
1985	100.00	4.37	64.74	58.53	6.21	30.90	6.25	11.89
"七五"时期								
1986	100.00	4.33	63.02	56.43	6.60	32.64	7.62	12.17
1987	100.00	4.15	60.51	52.90	7.61	35.34	7.61	12.89
1988	100.00	4.76	57.19	50.00	7.19	38.06	7.37	15.18
1989	100.00	5.16	57.81	52.27	5.54	37.03	7.21	13.61
1990	100.00	5.46	57.85	51.52	6.32	36.69	6.69	12.95

1-7 地区生产总值构成（续一）

单位：%

年份	地区生产总值	第一产业	第二产业	工业	建筑业	第三产业	交通运输仓储及邮政业	批发和零售业
“八五”时期								
1991	100.00	5.88	53.38	47.13	6.25	40.74	6.44	13.14
1992	100.00	5.49	52.23	45.85	6.37	42.28	6.37	13.29
1993	100.00	5.16	58.12	51.01	7.11	36.72	5.96	11.74
1994	100.00	5.55	58.51	50.84	7.67	35.94	5.34	12.03
1995	100.00	5.62	57.43	48.95	8.48	36.95	4.87	12.74
“九五”时期								
1996	100.00	6.10	53.00	43.03	9.97	40.91	5.59	14.21
1997	100.00	5.93	50.27	39.61	10.66	43.80	7.29	15.07
1998	100.00	6.04	47.93	36.46	11.47	46.03	8.36	15.56
1999	100.00	5.84	46.98	35.30	11.68	47.18	8.81	15.78
2000	100.00	5.29	46.85	35.64	11.21	47.86	9.86	15.20
“十五”时期								
2001	100.00	4.94	44.89	34.06	10.83	50.17	10.86	14.42
2002	100.00	4.45	43.19	32.71	10.48	52.36	11.76	10.84
2003	100.00	4.09	42.84	32.80	10.03	53.07	11.80	10.14
2004	100.00	3.94	43.07	33.66	9.41	52.99	9.28	9.49
2005	100.00	3.73	43.65	35.32	8.33	52.63	9.17	9.29
“十一五”时期								
2006	100.00	3.39	45.17	36.99	8.18	51.45	9.11	9.00
2007	100.00	3.25	45.65	37.72	7.93	51.10	9.26	8.80
2008	100.00	2.85	46.69	38.99	7.70	50.46	9.10	8.63
2009	100.00	2.76	46.75	37.81	8.94	50.49	8.41	8.79
2010	100.00	2.41	47.62	38.44	9.18	49.97	7.99	8.66
“十二五”时期								
2011	100.00	2.21	48.13	39.26	8.86	49.66	8.31	8.57
2012	100.00	1.98	47.20	38.69	8.51	50.83	9.00	8.10
2013	100.00	1.92	43.97	35.55	8.49	54.11	8.68	8.44
2014	100.00	1.81	42.53	34.15	8.45	55.66	8.56	8.45
2015	100.00	1.76	39.50	31.16	8.42	58.73	8.48	8.14
“十三五”时期								
2016	100.00	1.83	35.74	27.68	8.13	62.44	8.46	8.08
2017	100.00	1.75	36.19	28.81	7.45	62.05	8.67	7.51
2018	100.00	1.66	35.50	28.48	7.08	62.84	8.81	7.46
2019	100.00	1.81	33.11	26.26	6.91	65.08	8.94	7.83
2020	100.00	1.96	32.34	25.23	7.16	65.71	8.08	8.10
“十四五”时期								
2021	100.00	1.94	34.24	27.21	7.08	63.83	8.27	8.32
2022	100.00	1.94	34.42	27.89	6.62	63.64	9.13	8.30
2023	100.00	2.10	32.13	26.23	6.05	65.77	10.73	8.16

1-8 地区生产总值指数

（上年=100）

年份	地区生产总值	第一产业	第二产业	工业	建筑业	第三产业	交通运输仓储及邮政业	批发和零售业	人均GDP（按常住人口计算）
1955	119.70	103.30	125.20	124.10	120.60	122.80			109.30
1956	119.60	104.20	135.60	126.50	162.70	114.30			106.20
1957	116.00	105.10	124.60	130.20	111.60	112.70			105.10
1958	128	92.4	150.9	163.9	115.8	118.4			118.30
1959	128.5	82.4	156.7	168.8	110.4	108.9			117.80
1960	111.9	100.1	128.8	135.8	88	89.7			107.30
1961	61.9	99.2	50.1	48.6	63.8	80.5			63.00
1962	107.4	107.9	115.6	120.2	83.8	97			112.40
1963	120.6	118.6	128.6	125	164.3	108.9			119.90
1964	122.9	119.8	124.4	124.4	124.1	120.9			116.30
1965	124.9	118.9	130.8	128.1	151.9	115.5			118.00
1966	102.3	102.9	100.7	107.2	59.4	105.6			97.60
1967	92.4	103	87.6	86	106.1	99.6			89.90
1968	102.3	103.3	107.1	107.4	104.5	93.9			100.10
1969	108.1	103.7	111.2	113.1	93.5	103			106.70
1970	111	104.8	114.1	113.2	123.9	106.1			109.30
1971	107.5	100.6	109.4	113.7	64.2	104.7			104.00
1972	110.3	100.6	110.8	110.3	120	111.5			106.40
1973	105.9	97.1	103.9	103.5	110.5	112.9			103.10
1974	109.4	124	108.5	108.8	104.1	108.8			107.60
1975	113.4	101.4	116.5	117.2	105.3	109.2			112.10
1976	100.5	100.6	99.6	99.6	99.5	102.7			99.40
1977	100.2	100.7	98.9	99	98.1	102.8			99.30
1978	102.2	95.6	102.5	102.1	110.4	102.7			101.30
1979	109.7	102.1	108.6	108.5	109.5	113.6			107.80
1980	100.5	103.9	100	99.5	109	109.7			101.00
1981	96.7	80.8	92.6	87.5	109.0	106.8			95.5
1982	106.9	110.1	107.5	106.5	120.6	105.5			105.1
1983	111.4	124.9	112.2	113.0	103.5	108.5			109.7
1984	117.0	117.8	110.9	111.0	110.0	127.0			116.1
1985	113.5	128.5	110.6	109.0	130.0	115.9			112.1
1986	112.3	109.9	109.6	108.0	125.9	116.3			110.4
1987	107.8	97.5	108.1	106.0	126.3	108.9			105.8
1988	103.8	100.5	108.0	108.0	108.1	98.7			101.9
1989	103.8	109.6	106.4	107.5	98.3	99.3			101.8

1-8 地区生产总值指数（续一）

（上年=100）

年份	地区生产总值	第一产业	第二产业	工业	建筑业	第三产业	交通运输仓储及邮政业	批发和零售业	人均GDP（按常住人口计算）
1990	104.6	110.9	106.7	107.0	104.2	100.7			102.6
1991	102.2	112.5	98.8	98.0	105.2	106.3			101.2
1992	110.3	107.2	110.4	109.8	114.8	110.7			108.9
1993	111.6	102.7	114.9	115.3	114.0	107.9			110.3
1994	114.5	101.2	119.6	118.8	125.9	110.9	114.5	113.8	110.3
1995	109.2	101.2	110.3	109.3	117.3	108.9	113.2	111.3	107.2
1996	109.2	105.8	109.3	108.4	114.8	109.5	112.0	112.2	107.1
1997	108.9	103.6	108.8	107.0	119.7	109.5	125.6	109.6	107.0
1998	108.7	107.1	106.6	105.0	115.0	111.3	117.1	111.4	107.2
1999	108.2	104.5	107.4	107.0	109.5	109.5	109.9	109.0	106.9
2000	109.2	104.0	108.2	107.9	109.6	110.8	113.7	108.2	107.2
2001	110.5	105.5	109.9	110.1	109.4	111.6	113.9	108.3	108.9
2002	110.8	104.8	110.8	110.8	110.7	111.4	116.7	108.6	108.9
2003	111.0	104.8	111.7	113.0	107.8	110.9	112.2	107.2	108.6
2004	111.7	103.0	112.9	114.7	106.8	111.4	114.2	108.1	109.6
2005	112.1	104.0	114.2	117.6	102.1	110.9	110.7	111.0	110.4
2006	112.0	102.8	115.5	117.8	106.0	109.7	111.8	108.8	110.8
2007	112.1	103.5	116.4	118.3	107.2	109.0	113.6	110.1	111.2
2008	111.6	105.7	112.2	114.3	101.1	111.4	110.9	107.8	110.7
2009	110.3	106.3	110.5	110.5	110.4	110.4	104.1	113.7	109.4
2010	112.6	105.2	113.7	113.0	118.0	112.0	111.0	113.4	111.7
2011	115.0	103.6	116.3	116.3	116.3	114.2	119.8	112.0	113.5
2012	113.8	106.7	112.4	112.9	110.3	115.4	122.8	107.3	111.5
2013	110.7	105.7	108.0	107.6	110.9	113.5	109.6	113.9	108.6
2014	110.3	106.0	109.1	109.2	108.4	111.6	105.7	107.6	108.4
2015	109.0	105.8	106.9	107.2	105.5	111.1	107.1	101.4	107.0
2016	108.1	106.0	103.9	103.8	104.3	111.0	105.3	103.4	106.1
2017	105.7	105.9	103.8	105.6	97.2	106.9	113.4	101.5	103.6
2018	106.4	106.1	105.5	106.8	100.1	106.9	110.6	106.2	104.4
2019	106.1	105.5	101.9	102.0	101.6	108.7	109.2	106.5	104.3
2020	102.3	105.0	103.5	102.9	106.0	101.5	91.9	106.6	100.4
2021	106.1	107.4	105.0	106.0	101.6	106.6	110.0	108.4	104.9
2022	100.8	104.5	97.1	97.7	95.8	102.5	116.5	97.9	100.3
2023	104.4	105.0	100.4	102.1	95.1	106.2	117.7	102.6	103.9

1-9 各区县生产总值

单位：亿元

地区	生产总值	第一产业	第二产业	工业	建筑业	第三产业	交通运输仓储及邮政业	批发和零售业	人均GDP（元）（按常住人口计算）
兰州市	3487.26	73.07	1120.63	914.59	211.07	2293.56	374.03	284.66	78894
城关区	1190.93	0.98	149.83	88.08	64.69	1040.13	104.94	147.98	79216
七里河区	600.38	9.52	211.88	177.58	36.38	378.98	106.45	23.37	83114
西固区	465.73	3.80	241.34	224.28	17.06	220.58	60.31	13.75	112780
安宁区	305.81	2.12	82.62	68.58	14.04	221.08	2.29	45.96	64620
红古区	142.86	6.87	82.91	81.60	1.32	53.08	21.06	2.35	100322
永登县	144.40	15.66	49.78	47.18	2.60	78.95	28.69	7.61	54011
皋兰县	67.26	7.24	30.40	29.49	0.90	29.62	4.37	1.78	72476
榆中县	195.57	19.37	89.32	78.42	10.90	86.88	13.65	6.70	41452
兰州新区	374.33	7.51	182.56	119.38	63.18	184.26	32.26	35.16	112107

1-10 各区县生产总值构成

单位：%

地区	生产总值	第一产业	第二产业	工业	建筑业	第三产业	交通运输仓储及邮政业	批发和零售业
兰州市	100.00	2.10	32.13	26.23	6.05	65.77	10.73	8.16
城关区	100.00	0.08	12.58	7.40	5.43	87.34	8.81	12.43
七里河区	100.00	1.59	35.29	29.58	6.06	63.12	17.73	3.89
西固区	100.00	0.82	51.82	48.16	3.66	47.36	12.95	2.95
安宁区	100.00	0.69	27.02	22.43	4.59	72.29	0.75	15.03
红古区	100.00	4.81	58.04	57.12	0.92	37.16	14.74	1.64
永登县	100.00	10.85	34.48	32.67	1.80	54.68	19.87	5.27
皋兰县	100.00	10.77	45.19	43.85	1.35	44.04	6.50	2.65
榆中县	100.00	9.91	45.67	40.10	5.57	44.43	6.98	3.43
兰州新区	100.00	2.01	48.77	31.89	16.88	49.22	8.62	9.39

1-11 各区县生产总值指数

（上年=100）

地区	生产总值	第一产业	第二产业	工业	建筑业	第三产业	交通运输仓储及邮政业	批发和零售业	人均GDP（按常住人口计算）
兰州市	**104.4**	**105.0**	**100.4**	**102.1**	**95.1**	**106.2**	**117.7**	**102.6**	**103.9**
城关区	105.2	102.9	99.5	96.8	103.2	106.0	117.9	108.7	105.1
七里河区	107.0	102.5	104.5	105.9	98.5	108.3	117.2	99.2	106.5
西固区	100.1	102.2	92.6	92.0	98.2	108.5	117.4	100.6	99.6
安宁区	109.1	72.5	111.3	114.4	97.0	108.7	116.9	112.0	108.8
红古区	100.3	106.3	94.6	94.4	108.0	106.5	117.1	85.5	101.5
永登县	115.1	107.1	132.2	133.4	114.7	109.4	117.2	108.6	116.0
皋兰县	104.9	105.4	104.5	104.5	106.5	105.1	117.5	97.6	105.5
榆中县	103.0	105.9	98.8	99.3	95.9	106.3	117.7	117.7	103.2
兰州新区	110.1	115.1	112.4	124.7	93.9	107.7	119.9	92.9	108.4

主要统计指标解释

平均气温 指空气的温度，我国一般以摄氏度(℃)为单位表示。气象观测的温度表是放在离地面约1.5米处通风良好的百叶箱里测量的，因此，通常说的气温指的是离地面1.5米处百叶箱中的温度。其统计计算方法为：

月平均气温 是将全月各日的平均气温相加，除以该月的天数而得。

年平均气温 是将12个月的月平均气温累加后除以12而得。

降水量 指从天空降落到地面的液态或固态(经融化后)水，未经蒸发、渗透、流失而在地面上积聚的深度。其统计计算方法为：

月降水量 是将全月各日的降水量累加而得。

年降水量 是将12个月的月降水量累加而得。

行政区划 指国家对行政区域的划分。根据有关法规规定，我国的行政区域划分如下：（1）全国分为省、自治区、直辖市；（2）省、自治区分为自治州、县、自治县、市；（3）自治州分为县、自治县、市；（4）县、自治县分为乡、民族乡、镇；（5）直辖市和较大的市分为区、县；（6）国家在必要时设立的特别行政区。

平均增长速度 平均增长速度表明社会经济现象在一个较长的时期内逐期平均增长变化的程度，它不能根据各个环比增长速度直接求得，但与平均发展速度之间存在着一定的数量关系：平均增长速度=平均发展速度−1。平均发展速度是一种根据环比发展速度计算的序时平均数，由于各时期对比的基础不同，所以计算平均发展速度不能采用一般的序时平均数的计算方法，计算方法分为水平法和累计法。水平法，又称几何平均法，即将环比发展速度按连乘法用几何平均数公式计算。累计法，也称方程法，根据一段时期内各年发展水平总和与基期水平的关系，列出方程式计算平均发展速度。水平法着重考虑最后一年所达到的发展水平；累计法着重考虑整个时期累计发展水平的总量。

本《年鉴》内所列的平均增长速度，除固定资产投资用“累计法”计算外，其余均用“水平法”计算。从某年到某年平均增长速度的年份，均不包括基期年在内。如“十二五”平均增长速度是以2010年为基期计算的，则写为2011—2015年平均增长速度，其余类推。

国内生产总值(GDP) 指按市场价格计算的一个国家(或地区)所有常住单位在一定时期内生产活动的最终成果。国内生产总值有三种表现形态，即价值形态、收入形态和产品形态。从价值形态看，它是所有常住单位在一定时期内生产的全部货物和服务价值超过同期投入的全部非固定资产货物和服务价值的差额，即所有常住单位的增加值之和；从收入形态看，它是所有常住单位在一定时期内创造并分配给常住单位和非常住单位的初次收入之和；从产品形态看，它是所有常住单位在一定时期内最终使用的货物和服务价值减去货物和服务进口价值。在实际核算中，国内生产总值有三种计算方法，即生产法、收入法和支出法。三种方法分别从不同的方面反映国内生产总值及其构成。

对于一个地区来说，称为地区生产总值或地区GDP。

三次产业　三次产业的划分是世界上较为常用的产业结构分类，但各国的划分不尽一致。根据《国民经济行业分类》（GB/T4754—2017），我国的三次产业划分是：

第一产业是指农、林、牧、渔业（不含农、林、牧、渔服务业）。

第二产业是指采矿业（不含开采辅助活动），制造业（不含金属制品、机械和设备修理业），电力、热力、燃气及水生产和供应业，建筑业。

第三产业即服务业，是指除第一产业、第二产业以外的其他行业。

企业（单位）登记注册类型　是以在工商行政管理机关登记注册的各类企业为划分对象，以工商行政管理部门对企业登记注册的类型为依据，将企业登记注册类型分为内资企业、港澳台商投资企业和外商投资企业三大类。内资企业包括国有企业、集体企业、股份合作企业、联营企业、有限责任公司、股份有限公司、私营公司和其他企业；港澳台商投资企业和外商投资企业分别包括合资经营企业、合作经营企业、独资经营企业和股份有限公司。对不在工商行政管理部门进行登记注册的行政机关、事业单位和社会团体，主要按其经费来源和管理方式进行划分。

国有企业　指企业全部资产归国家所有，并按《中华人民共和国企业法人登记管理条例》规定登记注册的非公司制的经济组织。不包括有限责任公司中的国有独资公司。

集体企业　指企业资产归集体所有，并按《中华人民共和国企业法人登记管理条例》规定登记注册的经济组织。

股份合作企业　指以合作制为基础，由企业职工共同出资入股，吸收一定比例的社会资产投资组建，实行自主经营，自负盈亏，共同劳动，民主管理，按劳分配与按股分红相结合的一种集体经济组织。

联营企业　指两个及两个以上相同或不同所有制性质的企业法人或事业单位法人，按自愿、平等、互利的原则，共同投资组成经济组织。联营企业包括国有联营企业、集体联营企业、国有与集体联营企业和其他联营企业。

有限责任公司　指根据《中华人民共和国公司登记管理条例》规定登记注册，由两个以上、五十个以下的股东共同出资，每个股东以其所认缴的出资额对公司承担有限责任，公司以其全部资产对其债务承担责任的经济组织。有限责任公司包括国有独资公司以及其他有限责任公司。

股份有限公司　指根据《中华人民共和国公司登记管理条例》规定登记注册，其全部注册资本由等额股份构成并通过发行股票筹集资本，股东以其认购的股份对公司承担有限责任，公司以其全部资产对其债务承担责任的经济组织。

私营企业　指由自然人投资设立或由自然人控投，以雇佣劳动为基础的营利性经济组织。包括按照《公司法》、《合伙企业法》、《私营企业暂行条例》规定登记注册的私营有限责任公司、私营股份有限公司、私营合伙企业和私营独资企业。

其他企业　指上述企业之外的其他内资经济组织。

与港澳台商合资经营企业　指港澳台地区投资企业与内地企业依照《中华人民共和国中外合资经营企业法》及有关法律的规定，按合同规定的比例投资设立、分享利润和分担风险的企业。

与港澳台商合作经营企业　指港澳台地区投资者与内地企业依照《中华人民共和国中外合作经营

企业法》及有关法律的规定，依照合作合同的约定进行投资或提供条件设立、分配利润和分担风险的企业。

港澳台商独资经营企业 指依照《中华人民共和国外商投资法》及有关法律的规定，在内地由港澳台地区投资者全额投资设立的企业。

港澳台商投资股份有限公司 指根据国家有关规定，经外贸部依法批准设立，其中港、澳、台商的股本占公司注册资本的比例达25%以上的股份有限公司。凡其中港、澳 、台商的 股本占公司注册资本的比例小于25%的，属于内资 企业中的股份有限公司。

中外合资经营企业 指外国企业或外国人与中国内地企业依照《中华人民共和国中外合资企业法》及有关法律的规定，按合同规定的比例投资设立、分享利润和分担风险的企业。

中外合作经营企业 指外国企业或外国人与中国内地企业依照《中华人民共和国中外合作经营企业法》及有关法律的规定，依照合作合同的约定进行投资或提供条件设立、分配利润和分担风险的企业。

外资企业 指依照《中华人民共和国外商投资法》及有关法律的规定，在中国内地由外国投资者全额投资设立的企业。

外商投资股份有限公司 指根据国家有关规定，经外经贸部部依法批准设立，其中外资的股本占公司注册资本的比例达25%以上的股份有限公司。凡其中外资股本占公司注册资本的比例小于25%的，属于内资企业中的股份有限公司。

行政机关、事业单位和社会团体 参照企业登记注册类型，主要按其经费来源和管理方式划分。具体规定如下：

（1）行政机关：包括国家机关和政党机关，原则上均列为“国有”。但有特殊规定的，如供销社等，则列为“集体”。

（2）事业单位：包括经国家机构编制部门和有关业务主管部门批准成立的各类事业单位，不包括实行企业化管理的事业单位。事业单位的划分办法如下：

①由国家财政预算拨款或列入财政预算外资金管理以及经费主要来源于国有主管部门或国有上级单位的事业单位，列为“国有”。

②经费主要来源于集体单位的事业单位，列为“集体”。

③公民个人（或个人合伙）开办的事业单位，列为“私营”。

④上述以外的其他事业单位，如果其经费来源不明确，按管理方式进行归类。

（3）社会团体：包括经民政部门批准成立以及未纳入社会团体管理条例范围的工会、妇联等各类社会团体。社会团体的划分办法如下：

①未纳入民政部社会团体管理条例范围的工会、妇联、共青团、青联、工商联、科协、侨联等社会团体，国家拨款设立的基金会或基金管理组织以及经费主要来源于国有业务主管部门或国有上级单位的社会团体，列为“国有”。

②经费主要来源于集体单位的社会团体，列为“集体”。

③公民个人（或个人合伙）开办的社会团体，划为“私营”。

④上述以外的其他社会团体，如果其经费来源不明确，改按管理方式进行归类。

进出口总额　海关进出口总额指实际进出我国国境的货物总金额。包括对外贸易实际进出口货物，来料加工装配进出口货物，国家间、联合国及国际组织无偿援助物资和赠送品，华侨、港澳台同胞和外籍华人捐赠品，租赁期满归承租人所有的租赁货物，进料加工进出口货物，边境地方贸易及边境地区小额贸易进出口货物（边民互市贸易除外），中外合资企业、中外合作经营企业、外商独资经营企业进出口货物和公用物品，到、离岸价格在规定限额以上的进出口货样和广告品（无商业价值、无使用价值和免费提供出口的除外），从保税仓库提取在中国境内销售的进口货物，以及其他进出口货物。进出口总额用以观察一个国家在对外贸易方面的总规模。我国规定出口货物按离岸价格统计，进口货物按到岸价格统计。

国际旅游（外汇）收入　指入境旅游的外国人、华侨、港澳同胞和台湾同胞在中国大陆旅游过程中发生的一切旅游支出，对于国家来说就是国际旅游（外汇）收入。

保费　指投保人为取得保险人在约定范围内所承担赔偿责任而支付给保险人的费用。

赔款　指保险人根据保险合同的规定，向被保险人支付的赔偿保险责任损失的金额。

给付　包括死伤医疗给付和满期给付。死伤医疗给付是指保险人根据人寿保险及长期健康保险合同的规定，因被保险人在保险期内发生保险责任范围内的保险事故支付给被保险人（或受益人)的金额。满期给付是指被保险人生存期满，保险人按人寿保险合同规定支付给被保险人的满期保险金额。

二、人 口

2-1 人口数及构成（户籍数）

单位：万人

年份	年末户籍总人口	按性别分				按城乡分			
		男		女		非农业人口		农业人口	
		人口数	比重（%）	人口数	比重（%）	人口数	比重（%）	人口数	比重（%）
1979	210.35	110.72	52.64	99.63	47.36	97.75	46.47	112.60	53.53
1980	214.50	112.68	52.53	101.82	47.47	100.17	46.70	114.33	53.30
1981	215.98	113.53	52.57	102.45	47.43	102.42	47.42	113.56	52.58
1982	221.96	116.09	52.30	105.87	47.70	103.56	46.66	118.40	53.34
1983	222.84	116.74	52.39	106.10	47.61	107.63	48.30	115.21	51.70
1984	225.59	118.09	52.35	107.50	47.65	109.68	48.62	115.91	51.38
1985	228.71	119.60	52.29	109.11	47.71	112.69	49.27	116.02	50.73
1986	233.40	121.73	52.16	111.67	47.84	116.53	49.93	116.87	50.07
1987	237.49	123.55	52.02	113.94	47.98	119.24	50.21	118.25	49.79
1988	241.98	126.00	52.07	115.98	47.93	122.66	50.69	119.32	49.31
1989	246.74	128.27	51.99	118.47	48.01	125.56	50.89	121.18	49.11
1990	251.69	131.54	52.26	120.15	47.74	127.10	50.50	124.59	49.50
1991	255.01	132.70	52.04	122.31	47.96	129.85	50.92	125.16	49.08
1992	258.38	134.10	51.90	124.28	48.10	132.20	51.16	126.18	48.84
1993	261.21	135.43	51.85	125.78	48.15	133.87	51.25	127.34	48.75
1994	265.67	137.73	51.84	127.94	48.16	138.70	52.21	126.97	47.79
1995	270.84	140.11	51.73	130.73	48.27	142.99	52.80	127.85	47.20
1996	276.09	142.41	51.58	133.68	48.42	147.54	53.44	128.55	46.56
1997	280.46	144.57	51.55	135.89	48.45	150.65	53.72	129.81	46.28
1998	283.93	146.22	51.50	137.71	48.50	153.75	54.15	130.18	45.85
1999	287.19	148.08	51.56	139.11	48.44	156.58	54.52	130.61	45.48
2000	290.68	149.62	51.47	141.06	48.53	159.75	54.96	130.93	45.04
2001	296.51	152.47	51.42	144.04	48.58	164.87	55.60	131.64	44.40
2002	300.95	154.67	51.39	146.28	48.61	170.09	56.52	130.86	43.48
2003	304.36	156.53	51.43	147.83	48.57	175.54	57.68	128.82	42.32
2004	308.11	158.53	51.45	149.58	48.55	180.27	58.51	127.84	41.49
2005	311.74	160.29	51.42	151.45	48.58	183.93	59.00	127.81	41.00
2006	313.64	160.94	51.31	152.70	48.69	185.69	59.20	127.95	40.80
2007	319.28	163.68	51.27	155.6	48.73	198.53	62.18	120.75	37.82
2008	322.28	165.09	51.23	157.19	48.77	201.63	62.56	120.65	37.44
2009	323.59	165.2	51.05	158.39	48.95	202.77	62.66	120.82	37.34
2010	323.54	165.09	51.03	158.44	48.97	202.92	62.72	120.62	37.28
2011	323.30	164.35	50.84	158.95	49.16	202.67	62.69	120.63	37.31
2012	321.52	163.03	50.71	158.49	49.29	202.5	62.98	119.02	37.02
2013	321.43	162.74	50.63	158.69	49.37	201.41	62.66	120.02	37.34
2014	321.64	162.50	50.52	159.14	49.48	200.99	62.49	120.65	37.51
2015	321.90	162.4	50.45	159.50	49.55	214.17	66.53	107.73	33.47
2016	324.23	163.30	50.37	160.93	49.63	222.73	68.69	101.5	31.31
2017	325.55	163.5	50.22	162.05	49.78	226.05	69.44	99.5	30.56
2018	328.47	164.59	50.11	163.88	49.89	231.25	70.40	97.22	29.60
2019	331.92	166.01	50.02	165.91	49.98	235.72	71.02	96.20	28.98
2020	334	166.81	49.94	167.2	50.06	246.13	73.69	87.87	26.31
2021	336.28	167.79	49.9	168.49	50.1	248.34	73.85	87.94	26.15
2022	336.98	167.78	49.79	169.2	50.21	248.73	73.81	88.26	26.19
2023	338.88	168.4	49.69	170.48	50.31	250.92	74.04	87.96	25.96

2-2 户籍人口自然变动情况

年份	出生人口（人）	出生率（‰）	死亡人口（人）	死亡率（‰）	自然增长率（‰）
1979	30212	14.36	9410	4.73	9.63
1980	23621	11.01	9702	4.85	6.16
1981	35132	16.27	9940	4.82	11.45
1982	36541	16.46	10409	4.70	11.76
1983	34831	15.63	10403	4.68	10.95
1984	33714	14.91	10441	4.62	10.29
1985	31721	13.87	10430	4.55	9.32
1986	37634	16.12	10430	4.46	11.66
1987	39136	16.48	10400	4.69	11.79
1988	39024	16.13	10411	4.67	11.46
1989	35728	14.48	9549	3.87	10.61
1990	32518	12.92	9539	3.79	9.13
1991	34554	13.55	12546	4.92	8.63
1992	33693	13.04	13229	5.12	7.92
1993	33905	12.98	10762	4.12	8.86
1994	31987	12.04	10228	3.85	8.19
1995	38621	14.40	12398	4.62	9.78
1996	41756	15.27	12428	4.54	10.73
1997	34588	12.34	14824	5.28	7.06
1998	31938	11.24	15842	5.56	5.68
1999	26837	9.39	11002	3.85	5.54
2000	39386	13.62	19904	6.88	6.74
2001	32626	11.00	10324	3.48	7.52
2002	28276	9.40	12730	4.22	5.18
2003	26083	8.62	12399	4.10	4.52
2004	30509	9.96	18249	5.96	4.00
2005	32817	10.59	11202	3.61	6.98
2006	31249	9.99	12962	4.15	5.84
2007	36346	11.49	12180	3.85	7.64
2008	33596	10.47	13462	4.20	6.27
2009	31660	9.81	17641	5.46	4.35
2010	35785	11.06	25904	8.00	3.06
2011	30598	9.46	11342	3.51	5.95
2012	34178	10.60	20381	6.32	4.28
2013	34295	10.67	11817	3.68	6.99
2014	40861	12.71	14698	4.57	8.14
2015	34909	10.84	16654	5.17	5.67
2016	38453	11.86	13311	4.11	7.75
2017	37463	10.11	17564	4.74	5.37
2018	42349	12.89	26649	8.11	4.78
2019	40727	12.27	18116	5.46	6.81
2020	34734	10.4	23207	6.95	3.45
2021	26649	7.92	13477	4.01	3.91
2022	24681	7.33	33014	9.81	-2.48
2023	26878	7.95	26272	7.77	0.18

2-3 年末各县区户籍人口情况（2023年）

地区	年末总户数（万户）	年末总人口（万人）	按性别分		按城乡分	
			男	女	城镇人口	乡村人口
兰州市	**120.04**	**338.88**	**168.40**	**170.48**	**250.92**	**87.96**
城关区	38.09	99.29	48.25	51.04	98.00	1.29
七里河区	18.17	48.14	23.94	24.21	40.38	7.77
西固区	12.29	32.24	15.80	16.44	29.23	3.01
安宁区	9.85	27.35	13.35	14.00	25.09	2.26
红古区	5.54	14.03	7.14	6.90	11.00	3.04
永登县	13.27	41.88	21.54	20.34	12.87	29.01
皋兰县	9.12	29.59	14.90	14.68	20.87	8.72
榆中县	13.71	46.36	23.50	22.86	13.48	32.88

2-4　第七次全国人口普查基本情况（2020年）

指标	全国	全省	兰州市
总人口（万人）	141177.87	2501.98	435.94
男	72333.99	1270.09	224.00
女	68843.88	1231.89	211.94
性别比（以女性为100）	105.07	103.10	105.69
平均家庭户规模（人／户）	2.62	2.77	2.43
各年龄组人口比重（%）			
0–14岁	17.95	19.40	14.19
15–64岁	68.55	68.02	74.11
65岁及以上	13.50	12.58	11.70
民族人口			
汉族（万人）	128631.13	2236.34	413.18
占总人口比重（%）	91.11	89.38	94.78
少数民族（万人）	12546.74	265.64	22.77
占总人口比重（%）	8.89	10.62	5.22
每十万人拥有的各种受教育程度人口（人）			
大专及以上	15467	14506	28584
高中和中专	15088	12937	18718
初　中	34507	27423	27113
小　学	24767	29808	16612
文盲人口及文盲率			
文盲人口（万人）	3775.02	168.03	10.01
文盲率（%）	2.67	6.72	2.30
城乡人口（万人）			
城镇人口	90199.12	1306.73	362.26
乡村人口	50978.76	1195.25	73.69

注：1.2020年全国人口普查标准时点为当年11月1日零时。
　　2.2020年人口为常住人口。
　　3.全国人口为不含香港、澳门、台湾地区的人口。

2-5 年末各县区常住人口情况（2023年）

地区	年末常住人口（万人）	按性别分		按城乡分		城镇化率（%）
		男	女	城镇人口	乡村人口	
兰州市	**442.51**	**227.38**	**215.13**	**375.45**	**67.06**	**84.85**
城关区	150.47	76.11	74.36	148.74	1.73	98.85
七里河区	72.35	37.54	34.81	63.68	8.67	88.01
西固区	41.37	21.09	20.28	38.02	3.35	91.90
安宁区	47.44	24.19	23.25	46.49	0.95	98.00
红古区	14.07	7.32	6.75	10.97	3.10	77.96
永登县	26.52	13.51	13.01	13.50	13.02	50.90
皋兰县	9.23	5.02	4.21	5.62	3.61	60.85
榆中县	47.13	24.04	23.09	25.10	22.03	53.25
兰州新区	33.93	18.56	15.37	23.34	10.59	68.79

注：本表中部分数据的合计数和部分计算数据因小数取舍而产生的误差，均未作机械调整。

2-6 年末各县区人口年龄构成（2023年）

地区	年末常住人口（万人）	0–14岁		15–64岁		65岁及以上	
		人口数	比重（%）	人口数	比重（%）	人口数	比重（%）
兰州市	**442.51**	**59.19**	**13.38**	**312.82**	**70.69**	**70.50**	**15.93**
城关区	150.47	18.88	12.55	104.65	69.55	26.94	17.90
七里河区	72.35	9.56	13.21	50.66	70.02	12.13	16.77
西固区	41.37	5.68	13.73	28.76	69.52	6.93	16.75
安宁区	47.44	6.13	12.92	35.33	74.47	5.98	12.61
红古区	14.07	2.17	15.42	9.75	69.30	2.15	15.28
永登县	26.52	3.97	14.97	17.59	66.33	4.96	18.70
皋兰县	9.23	1.41	15.28	6.29	68.15	1.53	16.58
榆中县	47.13	6.77	14.36	33.24	70.53	7.12	15.11
兰州新区	33.93	4.62	13.62	26.55	78.25	2.76	8.13

注：本表中部分数据的合计数和部分计算数据因小数取舍而产生的误差，均未作机械调整。

2-7　分县区年末人口数

单位：万人

年份	兰州市	城关区	七里河区	西固区	安宁区	红古区	永登县	皋兰县	榆中县	兰州新区
2010	361.91	128.00	56.14	36.43	28.86	13.62	41.94	13.20	43.72	
2011	368.73	130.29	57.80	36.91	29.65	13.66	42.40	14.01	44.01	0.00
2012	377.11	132.47	59.35	37.31	31.16	13.75	36.63	12.22	44.45	9.76
2013	383.41	133.93	60.58	37.54	32.59	13.78	35.53	12.22	44.68	12.55
2014	390.56	135.92	62.06	37.96	34.19	13.86	34.52	12.26	45.05	14.73
2015	397.89	137.81	63.50	38.36	35.77	13.93	33.49	12.29	45.39	17.36
2016	405.66	139.97	65.07	38.83	37.41	14.02	32.52	12.34	45.81	19.68
2017	414.31	142.42	66.76	39.38	39.14	14.15	31.61	12.42	46.32	22.12
2018	421.53	144.35	68.22	39.79	40.72	14.22	30.59	12.45	46.67	24.52
2019	428.67	146.34	69.71	40.21	42.32	14.30	29.58	12.49	47.04	26.69
2020	437.18	148.74	71.48	40.77	44.21	14.39	28.33	12.50	47.45	29.30
2021	438.43	149.00	71.75	40.95	44.30	14.40	28.27	12.49	47.26	30.00
2022	441.53	150.21	72.12	41.22	47.21	14.41	26.95	9.33	47.23	32.85
2023	442.51	150.47	72.35	41.37	47.44	14.07	26.52	9.23	47.13	33.93

注：2010年、2020年数据为当年人口普查数据推算数；其余年份数据为年度人口抽样调查推算数据。各地区数据为常住人口口径。

2-8　分县区年末城镇人口比重

单位：%

年份	兰州市	城关区	七里河区	西固区	安宁区	红古区	永登县	皋兰县	榆中县	兰州新区
2010	76.28	98.47	83.86	87.99	100.00	73.54	32.98	32.04	31.94	
2011	76.80	98.49	84.50	88.05	100.00	74.00	35.75	32.20	33.15	
2012	77.45	98.53	85.12	89.12	100.00	74.33	36.42	35.27	36.09	27.97
2013	78.56	98.56	85.62	90.10	100.00	74.60	39.52	39.52	39.23	33.00
2014	79.48	98.59	85.82	90.54	100.00	74.96	41.88	42.50	41.50	38.90
2015	80.58	98.62	86.16	90.90	100.00	75.31	44.61	46.47	45.20	43.86
2016	81.47	98.65	86.60	91.01	100.00	75.50	46.73	49.82	46.95	48.90
2017	82.68	98.70	87.48	91.60	100.00	75.65	48.61	55.23	48.56	53.93
2018	83.03	98.73	87.64	91.70	100.00	75.86	48.62	56.01	49.11	55.77
2019	83.08	98.75	87.65	91.80	100.00	76.00	48.63	56.30	49.15	56.90
2020	83.10	98.76	87.66	91.81	100.00	76.01	48.64	56.53	49.23	57.96
2021	83.56	98.77	87.67	91.82	100.00	76.03	48.71	56.54	52.03	60.04
2022	84.07	98.78	87.69	91.85	100.00	76.06	49.02	59.11	52.68	60.67
2023	84.85	98.85	88.01	91.90	98.00	77.96	50.90	60.85	53.25	68.79

注：2010年、2020年数据为当年人口普查数据推算数；其余年份数据为年度人口抽样调查推算数据。各地区数据为常住人口口径。

主要统计指标解释

人口数　指一定时点、一定地区范围内有生命的个人总和。年末统计的年末人口数指每年12月31日24时的人口数。

出生率　（又称粗出生率）指在一定时期内（通常为一年）一定地区的出生人数与同期内平均人数（或期中人数）之比。一般用于千分率表示。本资料中的出生率指年出生率，其计算公式为：

出生率=出生人数/年平均人数*1000

式中：出生人数指活产婴儿，即胎儿脱离母体时（不管怀孕月数），有过呼吸或其他生命现象。年平均人数指年初、年底人口数的平均数，也可用年中人口数代替。

死亡率　（又称粗死亡率）指在一定时期内（通常为一年）一定地区的死亡人数与同期内平均人数（或期中人数）之比，一般用千分率表示。本资料中的死亡率指年死亡率，其计算公式为：

死亡率=年死亡人数/年平均人数*1000

人口自然增长率　指在一定时期内（通常为一年）人口自然增加数（出生人数减死亡人数）与该时期内平均人数（或期中人数）之比，一般用于千分率表示。计算公式为：

人口自然增长率=（本年出生人数-本年死亡人数）/年平均人数*1000

户籍人口　指公民依照《中华人民共和国户口登记条例》，已在其经常居住地的公安户籍管理机关登记了常住户口的人。这类人口不管其是否外出，也不管外出时间长短，只要在某地注册有常住户口，则为该地区的户籍人口。户籍人口数一般是通过公安部门的经常性统计月报或年报取得的。

常住人口　指实际经常居住在某地区半年以上的人口，包括离开户籍地半年以上的外来人口，不包括当地户籍外出半年以上的外出人口。主要包括三种类型的人口：一是居住在本乡镇街道且户口在本乡镇街道或户口待定的人。二是居住在本乡镇街道且离开户口登记地所在的乡镇街道半年以上的人。三是户口在本乡镇街道且外出不满半年或在境外工作学习的人。

城镇化率　城镇化率=城镇常住人口数/总常住人口数*100%

统计资料

三、工业、能源

3-1 工业总产值

单位：万元

年份	工业总产值	规模以上工业总产值	轻工业	重工业	规模以下工业总产值
1979	387180	382146		313867	5034
1980	393214	388655		306011	4559
1981	393634	368655		284776	24979
1982	402933	397848		303337	5085
1983	452318	446016	100809	345207	6302
1984	506286	497314	119696	377618	8972
1985	650997	636937	170041	466896	14060
1986	736686	716432	183217	533215	20254
1987	814390	788055	199186	588869	26335
1988	974522	935277	255726	679551	39245
1989	1236599	1137169	296794	840375	99430
1990	1337530	1266043	310566	955477	71487
1991	1412200	1337000	320200	1016800	75200
1992	1624700	1526000	353200	1172800	98700
1993	2148400	1979800	362000	1617800	168600
1994	2813500	2536700	424500	2112200	276800
1995	3063300	2719400	487600	2231800	343900
1996	3337100	2880400	514600	2365800	456700
1997	3633400	3026500	612500	2414000	606900
1998	3458292	2874587	540416	2334171	583705
1999	3525637	2994886	510166	2484720	530751
2000	4151708	3822717	633789	3188928	328991
2001	4465245	4119243	717486	3401757	346002
2002	4855780	4501780	826553	3675227	354000
2003	5615352	5266652	924420	4342232	348700
2004	6963369	6553669	1017456	5536213	409700
2005	8324634	7883023	943905	6939118	441611
2006	10121752	9531331	1076998	8454333	590421
2007	12466174	11806174	1295577	10510597	660000
2008	14266389	13556379	1275307	12281072	710010
2009	14096146	13315146	1437491	11877655	781000
2010	16843587	15914704	1750149	14164555	928833
2011	19738858	18913058	2020394	16892664	825800
2012	21236242	20554242	2534796	18019446	682000
2013	25008485	24161985	2997312	21164673	846500
2014	26380000	25482000	3178000	22304000	898000
2015	22793000	22181000	3457000	18724000	612000
2016	21633300	20872000	3569000	17303000	761300
2017	22330111	21797211	3319572	18477639	532900
2018	20937531	20351231	2693489	17657742	586300
2019	20040300	19684000	2724000	16960000	356300
2020	19302500	18893000	2697000	16196000	409500
2021	23648611	23271910	3419376	19852534	376701
2022	25929744	25583374	3117248	22466126	346370
2023	26581489	26115066	3206531	22908536	466423

注：2000年以前工业总产值划分为乡及乡以上和乡以下。

3-2 工业总产值指数

（上年=100）

年份	工业总产值	规模以上工业总产值	轻工业	重工业	规模以下工业总产值
1979	105.46	105.33		109.91	124.23
1980	99.65	100.43		97.17	90.56
1981	94.05	94.01		103.24	99.30
1982	107.26	107.30		102.52	102.12
1983	111.47	111.38	160.03	102.43	123.92
1984	110.68	110.42	110.64	110.35	142.36
1985	117.13	116.89	145.79	108.55	140.03
1986	108.32	107.86	92.42	113.84	144.03
1987	109.35	109.06	114.74	107.28	125.90
1988	111.10	110.36	113.50	109.31	148.84
1989	106.90	105.75	105.27	105.91	150.30
1990	108.09	106.22	105.79	106.37	157.71
1991	103.27	103.16	101.95	103.58	105.14
1992	110.48	109.20	106.61	110.08	133.03
1993	109.55	106.77	101.37	108.39	149.61
1994	111.00	109.74	104.62	111.48	123.97
1995	109.10	105.10	108.10	101.78	148.58
1996	109.62	104.90	101.90	107.61	138.01
1997	116.40	110.90	126.73	103.74	141.96
1998	105.10	102.66	92.27	106.34	113.93
1999	106.00	106.20	105.30	106.70	105.21
2000	109.88	107.10	106.45	107.30	
2001	112.00	111.70	114.30	110.90	
2002	113.60	113.38	114.66	113.00	
2003	112.60	112.94	109.95	113.89	
2004	114.90	114.73	109.82	115.32	104.75
2005	114.65	114.82	108.43	115.98	112.17
2006	114.88	114.98	111.60	115.07	114.72
2007	121.43	122.02	113.59	123.09	110.91
2008	115.19	116.02	116.41	115.83	102.51
2009	110.10	110.50	119.60	108.50	108.74
2010	112.35	112.62	118.54	111.98	110.09
2011	116.31	116.18	110.64	116.73	118.40
2012	109.50	109.40	125.00	107.50	110.10
2013	115.20	116.80	117.80	116.60	112.40
2014	108.50	108.60	108.90	108.50	106.10
2015	100.2	100.90	116.10	101.30	88.9
2016	98.30	98.70	108.90	96.90	89.80
2017	108.3	108.30	91.30	107.40	100.1
2018	114.3	113.7	93.9	117.5	116.2
2019	96.8	96.40	102.40	95.50	101.8
2020	103.2	96.70	107.50	95.10	101.6
2021	118.6	121.50	124.20	121.00	87.4
2022	107.80	108.10	90.80	111.10	88.50
2023	101.13	101.40	101.60	101.30	89.90

3-3 工业增加值及指数

年份	工业增加值（亿元）	规模以上工业增加值	工业增加值指数（上年=100）	规模以上工业增加值
1979	17.72		108.5	
1980	17.64		99.5	
1981	15.61		87.5	
1982	16.67		106.5	
1983	19.25		113.0	
1984	21.80		111.0	
1985	25.46		109.0	
1986	28.66		108.0	
1987	29.68		106.0	
1988	32.15		108.0	
1989	38.52		107.5	
1990	40.13		107.0	
1991	40.17		98.0	
1992	46.11		109.8	
1993	64.64		115.3	
1994	87.69		118.8	
1995	103.01		109.3	
1996	96.82		108.4	
1997	94.04		107.0	
1998	92.09	82.83	105.0	103.66
1999	94.42	84.61	107.0	105.80
2000	107.04	96.34	107.9	107.70
2001	116.37	104.91	110.1	110.00
2002	126.38	113.78	110.8	110.86
2003	144.62	129.55	113.0	112.12
2004	171.06	151.72	114.7	114.58
2005	203.67	181.39	117.6	118.36
2006	240.21	212.39	117.8	117.17
2007	281.49	247.92	118.3	117.98
2008	338.47	296.59	114.3	113.50
2009	355.02	308.17	110.5	109.83
2010	434.21	372.67	113.0	112.30
2011	546.40	465.00	116.3	115.00
2012	624.14	538.15	112.9	111.50
2013	643.52	575.13	107.6	114.20
2014	675.44	565.00	109.2	108.10
2015	655.05	515.00	107.2	105.50
2016	610.96	502.00	103.8	102.60
2017	704.47	583.69	105.6	104.80
2018	757.59	614.98	106.8	106.00
2019	749.20		102.0	102.00
2020	725.94		102.9	103.20
2021	877.99		106.0	108.30
2022	927.61		97.7	99.60
2023	914.59		102.1	100.20

3–4 全市工业企业单位数及工业总产值、工业增加值增速

指标	企业单位数（个）	工业总产值（万元）	工业增加值增速（%）
总计	4231	26581489	2.1
规模以上工业	508	26115066	0.2
# 国有企业	23	3125735	7.1
集体企业	2	7436	1.2
股份合作企业	1	10882	47.0
股份制	452	21388270	–0.7
港澳台及外商投资企业	14	1416246	–5.1
其他经济类型	16	166498	82.8
# 轻工业		3206531	–1.5
重工业		22908536	0.7

3-5 规模以上工业企业单位数和工业总产值、销售产值

单位：万元

指标	企业单位数（个）	工业总产值	工业销售产值
总计	**508**	**26115066**	**25762698**
国有控股企业	133	18692090	18475532
按登记注册类型分			
国有企业	23	3125735	3109611
集体企业	2	7436	7436
股份合作企业	1	10882	11168
股份制企业	452	21388270	21034334
外商及港澳台商投资企业	14	1416246	1436380
其他企业	16	166498	163770
按轻重工业			
轻工业		3206531	3086849
重工业		22908536	22675850
按工业行业大类分			
采矿业			
煤炭开采和洗选业	6	434200	423841
非金属矿采选业	2	5456	4932
制造业			
农副食品加工业	13	306605	397860
食品制造业	10	284510	203783
酒、饮料和精制茶制造业	8	324746	307908
烟草制品业	2	1137243	1153004
纺织业	2	34297	30697
纺织服装、服饰业	2	5489	3810
皮革、毛皮、羽毛及其制品和制鞋业	1	88	4886
木材加工和木、竹、藤、棕、草制品业	1	0	0
家具制造业	0	0	
造纸和纸制品业	5	39998	42289
印刷和记录媒介复制业	5	21321	20177
石油、煤炭及其他燃料加工业	7	5464440	6490892
化学原料和化学制品制造业	67	2468825	1205475
医药制造业	30	832362	747614
化学纤维制造业	1	5620	6607
橡胶和塑料制品业	18	112868	104257
非金属矿物制品业	138	1389071	1376508
黑色金属冶炼和压延加工业	10	2064341	2040699
有色金属冶炼和压延加工业	17	2476105	3548037
金属制品业	53	1859346	771750
通用设备制造业	12	214391	215299
专用设备制造业	19	702981	694255
汽车制造业	4	13895	13881
铁路、船舶、航空航天和其他运输设备制造业	0	0	
电气机械和器材制造业	23	515022	516715
计算机、通信和其他电子设备制造业	8	744163	715505
仪器仪表制造业	1	11344	11574
其他制造业	1	10281	10281
废弃资源综合利用业	5	82554	79597
金属制品、机械和设备修理业	2	132461	241938
电力、热力、燃气及水生产和供应业			
电力、热力生产和供应业	24	3139568	3103946
燃气生产和供应业	3	1172072	1170282
水的生产和供应业	8	109404	104399

3-6 规模以上工业增加值

指标	比2022年增长（%）
总计	**0.2**
国有控股企业	-0.9
按登记注册类型分	
国有企业	7.1
集体企业	1.2
股份合作企业	47.0
股份制企业	-0.7
外商及港澳台商投资企业	-5.1
其他企业	82.8
按隶属关系分	
中央企业	-0.2
地方企业	1.1
按轻重工业分	
轻工业	-1.5
重工业	0.7
按工业行业分	
煤炭开采和洗选业	-8.1
非金属矿采选业	61.6
开采辅助活动	0.0
农副食品加工业	-7.1
食品制造业	3.2
酒、饮料和精制茶制造业	-6.0
烟草制品业	5.1
纺织业	-16.8

3-6 规模以上工业增加值（续一）

指标	比2022年增长（%）
纺织服装、服饰业	-2.4
皮革、毛皮、羽毛及其制品和制鞋业	-91.6
木材加工和木、竹、藤、棕、草制品业	-100.0
家具制造业	0.0
造纸和纸制品业	-9.7
印刷和记录媒介复制业	-3.9
石油、煤炭及其他燃料加工业	-6.1
化学原料和化学制品制造业	-7.4
医药制造业	-14.4
化学纤维制造业	-62.6
橡胶和塑料制品业	0.1
非金属矿物制品业	-2.0
黑色金属冶炼和压延加工业	7.2
有色金属冶炼和压延加工业	12.2
金属制品业	-10.0
通用设备制造业	5.4
专用设备制造业	11.6
汽车制造业	204.0
铁路、船舶、航空航天和其他运输设备制造业	0.0
电气机械和器材制造业	1.0
计算机、通信和其他电子设备制造业	9.5
仪器仪表制造业	38.9
其他制造业	222.9
废弃资源综合利用业	316.3
金属制品、机械和设备修理业	57.2
电力、热力生产和供应业	5.4
燃气生产和供应业	191.8
水的生产和供应业	2.0

3-7 规模以上独立核算工业企业效益指标

指标	资本保值率（%）	资产负债率（%）	工业成本费用利润率（%）	全员劳动生产率（元/人、年）	产品销售率（%）
总计	**105.45**	**61.35**	**1.94**	**647312.14**	**98.65**
国有控股企业	103.28	63.45	2.53	854073.59	98.84
按登记注册类型分					
国有企业	117.21	70.48	10.73	113783.83	99.48
集体企业					100.00
股份合作企业					102.63
股份制企业	106.59	59.98	1.14	62446.58	98.35
外商和港澳台商投资企业	77.26	63.13	1.53	42177.37	101.42
其他企业	100.00	87.39	−0.51	28491.42	98.36
按工业行业分					
煤炭开采和洗选业	112.56	52.33	20.23	33534.68	97.61
非金属矿采选业	94.74	47.06	0.00		90.40
开采辅助活动					
农副食品加工业	86.87	76.37	0.00	12103.75	129.76
食品制造业	98.77	49.37	3.33	24805.37	71.63
酒、饮料和精制茶制造业	108.47	31.55	5.19	24808.73	94.82
烟草制品业	99.07	9.87	7.79	477414.49	101.39
纺织业	190.48	15.49	0.00	10136.86	89.50
纺织服装、服饰业	85.71	40.00	0.00		69.41
皮革、毛皮、羽毛及其制品和制鞋业	97.33	35.40	−12.50		5577.40
木材加工和木、竹、藤、棕、草制品业					
家具制造业					
造纸和纸制品业	92.31	62.50	0.00		105.73
印刷和记录媒介复制业	50.00	98.57	−3.23	8483.75	94.63
石油、煤炭及其他燃料加工业	95.23	73.61	0.19	185824.74	118.78
化学原料和化学制品制造业	108.13	64.36	−1.77	48090.32	48.83

3-7 规模以上独立核算工业企业效益指标（续一）

指标	资本保值率（%）	资产负债率（%）	工业成本费用利润率（%）	全员劳动生产率（元/人、年）	产品销售率（%）
医药制造业	105.84	34.09	27.91	62863.05	89.82
化学纤维制造业	775.00	542.86	–58.33		117.55
橡胶和塑料制品业	106.86	49.77	1.47	15973.42	92.37
非金属矿物制品业	109.94	48.87	–1.21	26884.14	99.10
黑色金属冶炼和压延加工业	40.45	97.29	–2.19	43401.15	98.85
有色金属冶炼和压延加工业	111.32	55.00	4.47	66810.36	143.29
金属制品业	126.60	76.59	–0.44	38617.97	41.51
通用设备制造业	110.71	77.34	5.95	21535.59	100.42
专用设备制造业	111.81	69.41	1.91	27105.17	98.76
汽车制造业	100.00	72.24	–7.69		99.90
铁路、船舶、航空航天和其他运输设备制造业					
电气机械和器材制造业	100.58	46.84	2.52	12768.77	100.33
计算机、通信和其他电子设备制造业	234.39	55.31	–1.47	23431.75	96.15
仪器仪表制造业	101.73	38.68	0.00		102.02
其他制造业	103.85	60.87	6.67		100.00
废弃资源综合利用业	84.62	62.07	–2.44		96.42
金属制品、机械和设备修理业	103.66	83.46	1.30	28623.59	182.65
电力、热力生产和供应业	25.25	95.42	–6.20	94326.84	98.87
燃气生产和供应业	92.19	85.21	3.50	110760.83	99.85
水的生产和供应业	120.24	67.55	–0.81	24341.20	95.43

3-8 规模以上独立核

指标	企业单位数（个）	亏损企业（个）	平均用工人数（万人）
总计	**508**	**195**	**11.0**
在总计中：1国有企业	23	8	0.7
2集体企业	2	1	0.0
3股份合作企业	1	0	0.0
4股份制企业	452	173	9.8
5外商和港澳台商投资企业	14	6	0.4
6其他控股类型企业	16	8	0.1
按工业行业分			
煤炭开采和洗选业	6	2	0.9
黑色金属矿采选业	0	0	0.0
有色金属矿采选业	0	0	0.0
非金属矿采选业	2	0	0.0
农副食品加工业	13	6	0.2
食品制造业	10	4	0.2
酒、饮料和精制茶制造业	8	1	0.3
烟草制品业	2	0	0.2
纺织服装、服饰业	2	1	0.1
纺织服装、鞋、帽制造业	2	0	0.0
皮革、毛皮、羽毛及其制品和制鞋业	1	1	0.0
木材加工及木、竹、藤、棕、草制品业	1	0	0.0
家具制造业	0	0	0.0
造纸及纸制品业	5	3	0.0
印刷业和记录媒介的复制	5	3	0.1
石油、煤炭及其他燃料加工业	7	2	1.2
化学原料及化学制品制造业	67	31	1.0
医药制造业	30	9	0.7
化学纤维制造业	1	1	0.0
橡胶和塑料制品业	18	5	0.1
非金属矿物制品业	138	58	1.3
黑色金属冶炼及压延加工业	10	5	0.7
有色金属冶炼及压延加工业	17	8	0.6
金属制品业	53	18	0.4
通用设备制造业	12	3	0.2
专用设备制造业	19	4	0.6
汽车制造业	4	2	0.0
铁路、船舶、航空航天和其他运输设备制造业	0	0	0.0
电气机械及器材制造业	23	7	0.4
计算机、通信和其他电子设备制造业	8	4	0.3
仪器仪表制造业	1	1	0.0
其他制造业	1	0	0.0
废弃资源综合利用业	5	4	0.0
金属制品、机械和设备修理业	2	0	0.1
电力、热力生产和供应业	24	8	0.7
燃气生产和供应业	3	0	0.2
水的生产和供应业	8	4	0.2

算工业企业经济指标

流动资产合计（亿元）	负债合计（亿元）	营业收入（亿元）	税金及附加（亿元）	营业成本（亿元）	管理费用（亿元）	利润总额（亏损为负）（亿元）
1506.5	1913.1	2764.1	221.9	2305.7	77.5	56.4
109.8	232.6	229.8	0.8	193.0	6.8	25.6
0.0	0.0	0.0	0.0	0.0	0.0	0.0
0.0	0.0	0.0	0.0	0.0	0.0	0.0
1292.1	1570.7	2327.8	220.1	1919.5	67.5	27.9
95.8	99.5	187.8	1.0	175.3	2.7	3.0
8.8	10.4	18.7	0.1	17.9	0.5	−0.1
23.4	48.2	46.9	1.6	26.8	4.4	10.7
0.0	0.0	0.0	0.0	0.0	0.0	0.0
0.0	0.0	0.0	0.0	0.0	0.0	0.0
1.1	1.6	0.5	0.0	0.4	0.1	0.0
18.9	27.8	48.8	0.1	46.0	1.1	0.0
12.2	15.7	21.7	0.1	18.4	1.1	0.8
21.4	11.8	41.0	1.1	30.4	1.1	2.5
91.4	11.7	182.4	105.6	51.1	6.0	14.8
4.9	2.2	3.6	0.0	2.8	0.4	0.0
0.8	0.4	0.4	0.0	0.3	0.2	0.0
9.3	4.0	0.6	0.0	0.6	0.2	−0.1
0.0	0.0	0.0	0.0	0.0	0.0	0.0
0.0	0.0	0.0	0.0	0.0	0.0	0.0
1.6	2.0	4.4	0.0	4.3	0.1	0.0
2.5	6.9	2.6	0.0	2.3	0.3	−0.1
64.4	144.8	654.7	105.1	532.2	12.8	1.3
69.3	103.3	136.0	0.8	125.8	6.9	−2.6
157.4	102.2	78.7	0.8	35.6	4.8	25.4
0.4	22.8	0.7	0.0	1.0	0.2	−0.7
12.9	10.8	12.7	0.1	11.3	0.7	0.2
248.6	230.5	150.7	1.2	135.8	9.2	−2.0
51.0	129.3	215.5	0.4	213.0	3.8	−4.9
130.6	135.8	399.6	1.2	364.9	3.5	18.1
72.5	84.1	86.2	0.3	81.6	2.5	−0.4
56.5	63.5	31.3	0.2	25.0	1.7	2.1
168.6	174.0	97.5	0.7	83.9	3.5	2.0
15.8	21.6	3.1	0.0	2.8	0.3	−0.3
0.0	0.0	0.0	0.0	0.0	0.0	0.0
35.0	30.4	55.1	0.3	48.1	1.6	1.5
83.8	91.1	92.9	0.2	90.3	0.8	−1.4
5.7	11.1	1.2	0.0	0.5	0.3	0.0
2.1	4.2	1.4	0.0	1.1	0.1	0.1
1.0	1.8	8.0	0.1	7.9	0.1	−0.2
24.7	42.9	28.4	0.3	25.2	1.5	0.4
60.7	258.6	227.3	1.0	215.3	5.5	−14.6
20.3	34.0	119.4	0.2	111.4	1.4	4.3
37.7	84.1	10.9	0.2	9.4	1.2	−0.1

3-9 规模以上工业企业

指标	工业总产值	工业销售产值
总计	100.00	100.00
煤炭开采和洗选业	1.66	1.65
黑色金属矿采选业	0.00	0.00
非金属矿采选业	0.02	0.02
开采专业及辅助性活动	0.00	0.00
农副食品加工业	1.17	1.54
食品制造业	1.09	0.79
酒、饮料和精制茶制造业	1.24	1.20
烟草制品业	4.35	4.48
纺织业	0.13	0.12
纺织服装、服饰业	0.02	0.01
皮革、毛皮、羽毛（绒）及其制品业	0.00	0.02
木材加工及木、竹、藤、棕、草制品业	0.00	0.00
家具制造业	0.00	0.00
造纸及纸制品业	0.15	0.16
印刷和记录媒介复制业	0.08	0.08
石油、煤炭及其他燃料加工业	20.92	25.19
化学原料及化学制品制造业	9.45	4.68
医药制造业	3.19	2.90
化学纤维制造业	0.02	0.03
橡胶和塑料制品业	0.43	0.40
非金属矿物制品业	5.32	5.34
黑色金属冶炼及压延加工业	7.90	7.92
有色金属冶炼及压延加工业	9.48	13.77
金属制品业	7.12	3.00
通用设备制造业	0.82	0.84
专用设备制造业	2.69	2.69
汽车制造业	0.05	0.05
铁路、船舶、航空航天和其他运输设备制造业	0.00	0.00
电气机械及器材制造业	1.97	2.01
计算机、通信和其他电子设备制造业	2.85	2.78
仪器仪表制造业	0.04	0.04
其他制造业	0.04	0.04
废弃资源综合利用业	0.32	0.31
金属制品、机械和设备修理业	0.51	0.94
电力、热力生产和供应业	12.02	12.05
燃气生产和供应业	4.49	4.54
水的生产和供应业	0.42	0.41

分行业主要指标构成

单位：%

资产总计	负债合计	产品销售收入	应交增值税
100.00	100.00	100.00	100.0
2.95	2.52	1.42	5.10
0.00	0.00	0.00	0.00
0.11	0.08	0.03	0.00
0.00	0.00	0.00	0.00
1.17	1.45	1.52	0.00
1.02	0.82	0.66	0.69
1.20	0.62	1.20	1.79
3.80	0.61	5.34	24.10
0.46	0.11	0.11	0.28
0.03	0.02	0.00	0.28
0.36	0.21	0.02	0.00
0.00	0.00	0.00	0.00
0.00	0.00	0.00	0.00
0.10	0.10	0.13	0.41
0.22	0.36	0.06	0.14
6.31	7.57	19.61	30.72
5.15	5.40	4.11	3.03
9.61	5.34	2.29	4.27
0.13	1.19	0.02	0.00
0.70	0.56	0.38	0.28
15.13	12.05	4.46	6.20
4.26	6.76	6.46	1.38
7.92	7.10	12.47	5.92
3.52	4.40	2.42	1.38
2.63	3.32	0.70	1.24
8.04	9.10	2.84	4.96
0.96	1.13	0.04	0.00
0.00	0.00		0.00
2.08	1.59	1.63	1.10
5.28	4.76	1.87	0.00
0.92	0.58	0.04	0.00
0.22	0.22	0.04	0.14
0.09	0.09	0.24	1.10
1.65	2.24	0.85	0.83
8.69	13.52	25.17	2.89
1.28	1.78	3.56	1.52
3.99	4.40	0.33	0.28

3-10 各区县规模以上

指标	城关区	七里河区	西固区	安宁区
企业及单位数（个）	34	36	53	38
亏损企业	10	9	16	10
工业销售产值	1863604.8	1491854.5	6993438.7	3285434.9
出口交货值	17866.7	0.0	3208.7	4175.4
平均用工人数（人）	8111	8815	21830	9335
资产总计	3503801.8	2297432.8	3634522.1	2512603.4
流动资产合计	1693931.1	1668967.4	1710898.1	1057507.7
固定资产原价	1077905.6	943970.0	4753641.1	2145713.5
负债合计	1630076.8	865307.8	2819569.3	1875488.0
所有者权益合计	1873725.0	1432125.0	814953.0	637115.4
营业收入	1283068.3	2282469.7	7366673.0	3237897.9
营业成本	848487.6	889393.2	6066701.4	2923205.8
营业利润	220031.2	168294.9	-65168.0	142014.2
管理费用	77782.9	81642.4	182203.0	55519.4
利润总额	216748.0	168218.3	-96575.0	142057.6
资产负债率（%）	46.5	37.7	77.6	74.6
工业成本费用利润率（%）	19.6	16.4	-1.5	4.6
产品销售率（%）	96.6	100.5	99.0	100.0

工业企业主要经济指标

单位：万元

红古区	永登县	皋兰县	榆中县	兰州新区
30	45	28	63	181
16	21	14	22	77
1819082.8	1921999.3	1233507.5	2759198.4	4394577.9
72488.2	0.0	5583.3	519.0	69393.30
14966	5989	5807	8575	26251
3825259.4	1314307.5	796587.6	3042687.8	10253545.3
1332426.5	528921.2	420540.9	1326488.8	5325567.3
2029416.9	1471415.9	475757.0	2096071.3	3491393.7
1448172.7	902426.5	505219.4	2233630.2	6851132.7
2377086.7	411881.0	291368.2	809057.6	3402412.6
2007792.2	2031098.1	1250149.7	2979138.1	5202914.3
1644223.2	1824574.9	1176483.6	2855177.0	4828431.9
192736.0	107990.0	−1785.3	−175907.0	−6512.3
80978.4	46780.7	30943.4	50151.3	168664.6
182492.0	111473.5	9443.5	−169139.7	−543.8
37.9	68.7	63.4	73.4	66.8
10.1	5.8	0.8	−5.6	0.0
94.8	101.0	99.4	99.0	97.6

3-11 规模以上工业企业

指标	2015年	2016年	2017年	2018年
原煤（万吨）	628.12	637.63	503.24	503.29
原油加工量（万吨）	967.2	823.02	880.84	927.01
发电量总计（万千瓦时）	1784700	1475300	1553200	1274500
啤酒（千升）	386000	380127	329367	316193
合成洗涤剂（万吨）				
卷烟（万支）	3462000	2938458	2824246	2783794
纱（万吨）				
绒线（毛线）（吨）				
毛机织物（呢绒）（万米）	340.1	414.3	435	430.2
合成橡胶（万吨）	13.4	11.9	14.44	16.52
合成纤维单体（万吨）	2.5	2.2	2.67	2.72
塑料制品（万吨）	17.4	22.5	49.75	2.8
塑料薄膜（万吨）	2.5	3.2	2.99	2
机制纸板（万吨）				
合成氨（万吨）				
农用化肥（万吨）				
氮肥（万吨）				
磷肥（万吨）				
乙烯（万吨）	64.2	51.7	64	64.38
聚丙烯树脂（万吨）	42	33.4	41.32	43.1
水泥（万吨）	1154.2	1130	905.91	774.63
平板玻璃（万重量箱）	124.8	600.9	515.9	535.08
钢材（万吨）	246.8	135	121.54	340.11
铁合金（万吨）	29.3	25.3	26.63	30.66
原铝（电解铝）（万吨）	77.2	82.3	81.29	68.99
变压器（万千伏安）	70.8	63.3	58.58	132.6
家用洗衣机（万台）				

主要工业产品产量

2019年	2020年	2021年	2022年	2023年	2023年比2022年增长（%）
509.17	515.02	537.57	540.66	532.20	-1.57
914.73	911.3	915.00	947.01	869.20	-8.22
1447548	1596600	168.12	168.98	181.00	6.29
293909	294949	361367	348213	327892	-5.84
0.01	0.0	0.0			
2849710	2812976	2757611	2561400	2713920	5.95
430.3	400.1	385.5	458.1	460.10	0.44
14.18	17.43	19.57	19.76	18.62	-5.77
2.43	2.49	3.96	3.69	3.04	-17.53
4.7	4.70	4.84	6.40	7.21	6.18
2.3	2.14	1.88	1.87	2.24	19.97
53.34	69.70	73.85	70.54	60.79	-13.83
36.6	45.62	46.75	45.30	37.40	-17.45
1088.99	1112.17	1023.81	816.27	832.32	2.74
556.51	519.26	580.78	492.67	471.19	-4.36
419.43	496.74	491.71	445.33	519.47	16.65
30.31	30.89	27.80	27.19	29.57	8.76
50.75	54.36	56.65	71.42	95.78	34.10
128.31	75.33	140.70	119.74	105.91	-11.55

3-12 规模以上工业企业

指标	煤炭（万吨）	焦炭（万吨）	天然气（亿立方米）	原油（万吨）
规模以上工业企业	**1172.22**	**223.78**	**4.93**	**871.37**
轻工业				
重工业				
采矿业	57.11		0.06	
煤炭开采和洗选业	57.11		0.06	
黑色金属矿采选业				
非金属矿采选业				
制造业	313.63	223.78	4.81	871.37
农副食品加工业			0.02	
食品制造业	0.68		0.04	
酒、饮料及精制茶制造业			0.15	
烟草制品业			0.03	
纺织业			0.03	
纺织服装、服饰业				
皮革、毛皮、羽毛及其制品和制鞋业				
木材加工和木、竹、藤、棕、草制品业				
家具制造业				
造纸及纸制品业	3.63		0.01	
印刷业和记录媒介的复制业				
文教、工美、体育和娱乐用品制造业				
石油、煤炭及其他燃料加工业	9.57		2.08	871.37
化学原料及化学制品制造业	0.65	28.37	0.13	
医药制造业	0.69		0.36	
化学纤维制造业			0.05	
橡胶和塑料制品业			0.01	
非金属矿物制品业	101.75	5.73	1.22	
黑色金属冶炼及压延加工业	109.71	189.68		
有色金属冶炼及压延加工业	86.09		0.31	
金属制品业	0.42		0.20	
通用设备制造业				
专用设备制造业			0.05	
汽车制造业				
铁路、船舶、航空航天和其他运输设备制造业				
电气机械及器材制造业			0.06	
计算机、通信和其他电子设备制造业			0.03	
仪器仪表制造业				
电力、热力、燃气及水生产和供应业				
电力、热力生产和供应业	801.48		0.04	
燃气生产和供应业			0.01	
水的生产和供应业				

主要能源品种消费量

汽油（万吨）	柴油（万吨）	燃料油（万吨）	炼厂干气（万吨）	其他石油制品（万吨）	热力（万百万千焦）	电力（亿千瓦时）
0.30	2.49	0.49	67.50	43.26	2135.51	304.39
0.01	0.10					2.24
0.01	0.10					2.15
0.19	2.27	0.49	67.50	43.26	2074.67	282.69
						0.40
					0.21	0.36
						1.15
						0.27
					0.43	0.21
						0.02
						0.01
	0.01					0.68
						0.07
	0.04	0.25	67.48	43.26	1763.34	19.72
0.03	0.07	0.01	0.01		219.59	32.41
0.02	0.01				29.17	2.23
						0.25
					0.65	0.63
0.04	1.66	0.23				27.02
0.01	0.16					51.58
0.01	0.14				32.88	136.96
0.01	0.02				3.01	1.24
0.01						0.13
0.01	0.01					0.58
						0.02
0.03	0.01					0.69
					25.39	5.81
						0.01
0.07	0.11				54.62	17.75
0.02						0.42
0.01					6.21	1.29

3–13 各区县规模以上工业增加值

地区	比2022年增长（%）
兰州市	0.2
城关区	–5.5
七里河区	7.5
西固区	–9.6
安宁区	15.9
红古区	–5.2
永登县	30.3
皋兰县	6.6
榆中县	–1.2
兰州新区	15.3

3–14 规模以上工业主要能源消费与库存

指标	2023年初库存量	工业生产消费量	2023年末库存量
原煤（万吨）	84.22	1091.08	97.69
焦炭（万吨）	13.91	223.78	11.79
原油（万吨）	7.07	871.37	6.38
汽油（万吨）		0.30	
煤油（万吨）			
柴油（万吨）	0.12	2.49	0.10
燃料油（万吨）	0.01	0.49	0.04
天然气（亿立方米）		4.93	
热力（万百万千焦）		2135.51	
电力（亿千瓦小时）		304.39	

主要统计指标解释

工业 指从事自然资源的开采，对采掘品和农产品进行加工和再加工的物质部门。具体包括：（1）对自然资源的开采，如采矿、晒盐、森林采伐等（但不包括禽兽捕猎和水产捕捞）；（2）对农副产品的加工、再加工、如粮油加工、食品加工、轧花、缫丝、纺织、制革等；（3）对采掘品的加工、再加工、如炼铁、炼钢、化工生产、石油加工、机器制造、木材加工等，以及电力、自来水、煤气的生产和供应等；（4）对工业品的修理、翻新，如机器设备的修理、交通运输工具（包括小卧车）的修理等。

1984年以前农村的村及村以下办工业归属农业，1984年以后划归工业。

工业统计调查单位 工业统计调查单位分为两类：独立核算法人工业企业和工业活动单位。

（1）独立核算法人工业企业 是指从事工业生产经营活动的单位。独立核算法人工业企业应同时具备以下条件：①依法成立，有自己的名称、组织机构和场所，能够承担民事责任；②独立拥有和使用资产、承担负债，有权与其他单位签订合同；③独立核算盈亏，并能够编制资产负债表。

（2）工业活动单位 是指在一个场所从事一种或主要从事一种工业生产活动的经济单位。它包括独立核算工业企业按主营业务活动（即工业生产活动）划分的主营业务活动单位和非工业企业所属的工业生产活动单位（即原非独立核算工业生产单位）。工业活动单位，一般应同时具备以下三个条件：①具有一个场所，从事一种或主要从事一种工业活动；②单独组织工业生产、经营或业务活动；③单独核算收入和支出。

本年鉴中涉及的企业登记注册类型：

（1）国有及国有控股企业 指国有企业加上国有控股企业。国有企业（即过去的全民所有制工业或国营工业）是指企业全部资产归国家所有，并按《中华人民共和国企业法人登记管理条例》规定登记注册的非公司制的经济组织。包括国有企业、国有独资公司和国有联营企业。1957年以前的公私合营和私营工业，后均改造为国营工业，1992年改为国有工业，这部分工业的资料不单独分列时，均包括在国有企业内。国有控股企业是对混合所有制经济的企业进行的“国有控股”分类。它是指这些企业的全部资产中国有资产（股份）相对其他所有者中的任何一个所有者占资（股）最多的企业。该分组反映了国有经济控股情况。

（2）集体企业 指企业资产归集体所有，并按《中华人民共和国企业法人登记管理条例》规定登记注册的经济组织。是社会主义公有制经济的组成部分。包括城乡所有使用集体投资举办的企业，以及部分个人通过集资自愿放弃所有权并依法经工商行政管理机关认定为集体所有制的企业。

（3）股份合作企业 指以合作制为基础，由企业职工共同出资入股，吸收一定比例的社会资产投资组建，实行自主经营，自负盈亏，共同劳动，民主管理，按劳分配与按股分红相结合的一种集体经济组织。

（4）联营企业 指两个及两个以上相同或不同所有制性质的企业法人或事业单位法人，按自愿、平等、互利的原则，共同投资组成的经济组织。联营企业包括：

国有联营企业　指国有企业与国有企业间的联营；

集体联营企业　指集体企业与集体企业间的联营；

国有与集体联营企业　指国有企业与集体企业间的联营。

（5）有限责任公司　指根据《中华人民共和国公司登记管理条例》规定登记注册，由两个以上，五十个以下的股东共同出资，每个股东以其所认缴的出资额对公司承担有限责任，公司以其全部资产对其债务承担责任的经济组织。

有限责任公司包括国有独资公司以及其他有限责任公司。

（6）股份有限公司　指根据《中华人民共和国企业法人登记管理条例》规定登记注册，其全部注册资本由等额股份构成并通过发行股票筹集体资本，股东以其认购的股份对公司承担的有限责任，公司以其全部资产对其债务承担责任的经济组织。

（7）私营企业　指由自然人投资设立或由自然人控股，以雇佣劳动为基础的营利性经济组织。包括按照《公司法》《合伙企业法》《私营企业暂行条例》规定登记注册的私营有限责任公司、私营股份有限公司、私营合伙企业和私营独资企业。

（8）港、澳、台商投资企业　指企业注册登记类型中的港、澳、台资合资、合作、独资经营企业和股份有限公司之和。

（9）外商投资企业　指企业注册登记类型中的中外合资、合作经营企业、外资企业和外商投资股份有限公司之和。

“三资”企业系指港、澳、台商投资企业和外资企业的简称。

规模以上工业企业　规模以上工业为年主营业务收入2000万元以上的企业。

轻工业　指主要提供生活消费品和制作手工工具的工业。按其所使用的原料不同，可分为两大类：（1）以农产品为原料的轻工业，是指直接或间接以农产品为基本原料的轻工业。主要包括食品制造、饮料制造、烟草加工、纺织、缝纫、皮革和毛皮制作、造纸以及印刷等工业；（2）以非农产品为原料的轻工业，是指以工业品为原料的轻工业。主要包括文教体育用品、化学药品制造、合成纤维制造、日用化学制品、日用玻璃制品、日用金属制品、手工工具制造、医疗器械制造、文化和办公用机械制造等工业。

重工业　是指为国民经济各部门提供物质技术基础的主要生产资料的工业。按其生产性质和产品用途，可以分为下列三类：（1）采掘（伐）工业，是指对自然资源的开采，包括石油开采、煤炭开采、金属矿开采、非金属矿开采和木材采伐等工业；（2）原材料工业，指向国民经济各部门提供基本材料、动力和燃料的工业。包括金属冶炼及加工、炼焦及焦炭、化学、化工原料、水泥、人造板以及电力、石油和煤炭加工等工业；（3）加工工业，是指对工业原材料进行再加工制造的工业。包括装备国民经济各部门的机械设备制造工业、金属结构、水泥制品等工业，以及为农业提供的生产资料如化肥、农药等工业。

根据上述划分原则，修理业中以重工业产品为修理作业对象的划为重工业，反之划为轻工业。

工业总产值 是以货币表现的工业企业在一定时期内生产的已出售或可供出售工业产品总量，它反映一定时间内工业生产的总规模和总水平。它包括：在本企业内不再进行加工，经检验，包装入库（规定不需包装的产品除外）的成品价值，对外加工费收入，自制半成品、在产品期末初差额价值。工业总产值采用“工厂法”计算，即以工业企业作为一个整体，按企业工业生产活动的最终成果来计算，企业内部不允许重复计算，不能把企业内部各个车间（分厂）生产的成果相加。但在企业之间、行业之间、地区之间存在着重复计算。

轻重工业总产值的划分是按“工厂法”计算的，即一个工业企业生产的主要产品性质属于轻工业，则该企业的全部总产值作为轻工业总产值；如它的主要产品性质属于重工业，则该企业的全部总产值作为重工业总产值。

工业增加值 是指工业行业在报告期内以货币表现的工业生产活动的最终成果。

实收资本 指企业实际收到的投资人投入的资本。按投资主体可分为国家资本、集体资本、法人资本、个人资本、港澳台资本和外商资本等。

资产合计 指企业拥有或控制的能以货币计量的经济资源。包括各种财产、债权和其他权利。资产按其流动性划分为流动资产、长期投资、固定资产、无形及递延资产和其他资产。

（1）流动资产 指企业可以在一年内或者超过一年的一个生产周期内变现或耗用的资产合计。包括现金及各种存款、短期投资、应收及预付款项、存货等。

（2）固定资产 指企业固定资产净值、固定资产清理、在建工程、待处理固定资产损失所占用的资金合计。

（3）无形资产 指企业长期使用而没有实物形态的资产。包括专利权、非专利技术、商标权、著作权、土地使用权、商誉等。

负债合计 指企业承担能以货币计量，将以资产或劳务偿付的债务。负债一般按偿还期长短分为流动负债和长期负债、递延税项等。

（1）流动负债 指企业在一年内或者超过一年的一个营周期内需要偿还的债务合计，其中包括短期借款、应付及预收款项、应付工资、应交税金和应交利润等。

（2）长期负债 指企业在一年以上或者超过一年的一个营业周期以上需要偿还的债务合计，其中包括长期借款、应付债务、长期应付款项等。

所有者权益 指企业投资人对企业净资产的所有权。企业净资产等于企业全部资产减去全部负债后的余额，其中包括投资者对企业的最初投入，以及资本公积金、盈余公积金和未分配利润，对股份制企业即为股东权益。

固定资产原价 指企业在建造、购置、安装、改建、扩建、技术改造某项固定资产时所支出的全部货币总额。它一般包括买价、包装费、运杂费和安装费等。

固定资产净值 是指固定资产原价减去历年已提折旧额后的净额。

流动资产 是指可以在一年或者超过一年的一个营业周期内变现或者耗用的资产，包括现金及各种存款、短期投资、应收及预付货款、存货等。

产品销售收入 指企业销售产品和提供劳务等主要经营业务取得的收入总额。

产品销售成本 指企业销售品和提供劳务等主要经营业务的实际成本。

产品销售税金及附加 指企业销售产品和提供工业性劳务等主要经营业务应负担的城市维护建设税、消费税、资源税和教育费附加。

产品销售利润 指企业销售产品和提供工业性劳务等主要经营业务收入扣除其成本、费用、税金后的利润。

利润总额 指企业实现的利润。

应交增值税 指企业在报告期内应交纳的增值税额。

总资产贡献率 反映企业全部资产的获利能力，是企业经营业绩和管理水平的集中表现，是评价和考核企业盈利能力的核心指标。计算公式为：

总资产贡献率=（利润总额+税金总额+利息支出）/平均资产总额×100%

资产负债率 该指标既反映企业经营风险的大小，也反映企业利用债权人提供的资金从事经营活动的能力。计算公式为：

资产负债率=负债总额/资产总额×100%

工业成本费用利润率 指在一定时期内实现的利润与成本费用之比，是反映工业生产成本及费用投入的经济效益指标，同时也是反映降低成本的经济效益的指标。计算公式为：

工业成本费用利润率（%）=利润总额/成本及费用总额×100%

工业增加值率 指在一定时期内工业增加值占同期工业总产值的比重，反映降低中间消耗的经济效益。计算公式为：

工业增加值率（%）=工业增加值（现价）/工业总产值×100%

流动资产周转次数 指在一定时期内流动资产完成的周转次数，反映流动资产的周转速度。计算公式为：

流动资产周转次数=产品销售收入/全部流动资产平均余额

产品销售率 指报告期工业销售产值与同期全部工业总产值之比，是反映工业产品已实现销售的程度，分析工业产销衔接情况，研究工业产品满足社会需求程度的指标。计算公式为：

产品销售率（%）=工业销售产值/工业总产值（现价）×100%

全员劳动生产率 指根据产品的价值量指标计算的平均每一个从业人员在单位时间内的产品生产量。是考核企业经济活动的重要指标，是企业生产技术水平、经营管理水平、职工技术熟练程度和劳动积极性的综合表现。目前我国的全员劳动生产率是将工业企业的工业增加值除以同一时期全部从业人员的平均人数来计算的。计算公式为：

全员劳动生产率（%）=工业增加值/全部从业人员平均人数×100%

四、交通运输业

4-1　交通运输业基本情况

年份	客运量总计（万人）				货运量总计（万吨）				公路货运周转量（万吨公里）	公路旅客周转量（万人公里）
		铁路	公路	民用航空		铁路	公路	民用航空		
2010	3802.3	975.81					6832.00	1.14	348553	286738
2011	4388.8	1042.06	2965.86	380.90	8907.7	1214.52	7663.50	2.68	408906	331491
2012	4829.1	996.95	3373.82	458.30	9671.9	1003.95	8664.34	3.60	575370	481165
2013	5326.9	1042.03	3719.86	564.96	10509.6	974.43	9531.00	4.18	822780	544721
2014	5655.5	1084.23	3871.29	700.00	11139.7	936.11	10198.88	4.70	1033571	582882
2015	6153.3	1277.30	4067.00	809.00	11801.0	799.42	10996.60	5.00	1271118	626095
2016	6950.6	1648.89	4212.75	1089.00	12208.8	741.90	11461.00	5.94	1484530	660459
2017	7684.7	2039.42	4363.63	1281.64	12882.4	837.12	12039.18	6.09	1739898	699477
2018	8328.6	2550.96	4391.86	1385.82	13518.8	869.96	12642.41	6.15	2018901	704450
2019	7980.4	2837.25	3612.86	1530.30	14121.8	834.09	13280.54	7.20	2182400	429249
2020	5977.4	1977.52	2887.14	1112.70	14861.6	907.10	13947.45	7.00	2261900	366100
2021	6485.2	2086.94	3181.13	1217.12	16587.9	791.20	15789.35	7.31	2635200	404900
2022	2751.3	1045.10	1111.97	594.24	15351.1	826.67	14518.83	5.55	3750900	123900
2023	6923.7	2847.27	2512.65	1563.74	16509.5	670.65	15831.38	7.50	4638900	211500

4-2 客运量和货运量

年份	客运量合计（万人）	铁路	公路	民航	货运量合计（万吨）	铁路	公路	民航
1983	833	389	444		1616	1007	609	
1984	1165	452	709	5	1721	1040	681	0.11
1985	1000	466		7	1541	817	724	0.17
1986	1121	503		12	1723	942	781	0.17
1987	1167	517		12	1977	1073	904	0.20
1988								
1989	1273	510	753	10	2075	905	1170	0.23
1990	1037	405	620	12	2282	892	1390	0.18
1991	1163	409	736	18	2529	896	1633	0.25
1992	1250	434	790	26	3015	1191	1824	0.30
1993	1303	447	828	29	2701	703	1998	0.30
1994	1342	460	863	19	2849	599	2249	0.35
1995	1381	448	904	29	3245	724	2521	0.40
1996	1477	416	1003	59	3559	725	2833	0.32
1997	1569	431	1082	55	3932	742	3190	0.34
1998	1693	443	1224	26	4273	698	3574	0.35
1999	1832	459	1345	28	4749	764	3985	0.41
2000	2002	476	1483	43	5167	815	4351	0.53
2001	2141	499	1608	33	5401	758	4642	0.60
2002	2253	556	1662	35	5634	824	4809	0.99

4-2 客运量和货运量（续一）

年份	客运量合计（万人）	铁路	公路	民航	货运量合计（万吨）	铁路	公路	民航
2003	2209	474	1695	40	5581	653	4927	0.80
2004	2416	567	1798	51	5786	783	5002	0.88
2005	2546	587	1896	63	5972	821	5151	0.64
2006	2732	636	1996	100	6264	903	5360	0.75
2007	2926	673	2112	141	6839	1235	5604	0.95
2008	3150	777	2253	120	7207	1319	5887	1.01
2009	3373	847	2346	153	7358	1202	6155	1.04
2010	3802	976	2627	199	8054	1221	6832	1.14
2011	4389	1042	2966	381	8908	1215	7664	2.68
2012	4829	997	3374	458	9672	1004	8664	3.60
2013	5327	1042	3720	565	10510	974	9531	4.18
2014	5656	1084	3871	700	11140	936	10199	4.70
2015	6153.3	1277.3	4067	809.00	11801.02	799.42	10996.60	5.00
2016	6950.64	1648.89	4212.75	1089.00	12208.84	741.90	11461.00	5.94
2017	7684.69	2039.42	4363.63	1281.64	12882.39	837.12	12039.18	6.09
2018	8328.64	2550.96	4391.86	1385.82	13518.52	869.96	12642.41	6.15
2019	7980.41	2837.25	3612.86	1530.30	14121.83	834.09	13280.54	7.20
2020	5977.36	1977.52	2887.14	1112.70	14861.55	907.10	13947.45	7.00
2021	6485.19	2086.94	3181.13	1217.12	16587.86	791.20	15789.35	7.31
2022	2751.31	1045.10	1111.97	594.24	15351.05	826.67	14518.83	5.55
2023	6923.66	2847.27	2512.65	1563.74	16509.53	670.75	15831.38	7.50

4-3 邮电业务基本情况

指标	2010年	2015年	2016年	2017年	2018年	2019年	2020年
邮电业务总量（亿元）	36.05	92.39	145.06				
电信业务总量（亿元）	34.35	86.44	136.57	133.81	346.28	526.81	632.35
邮政业务总量（亿元）		5.95	8.49	9.99	11.64	14.78	18.62
快递企业业务量（万件）		2130.06	3333.97	3695.25	4610.25	5255.75	6390.73
函件（万件）		864.59	534.87	475.52	500.96	453.5	490.76
普通包件（万件）		16.17	8.96	8.54	8.92	5.52	5.68
代办特快专递（万件）	71.00	17.25		60.49	83.36	65.78	53.81
订销报刊累计数（万份）		6447.77	6266.50	5902.54	5760.4	6017.15	5612.47
固定长途电话（万分）		12339	14496	14137	13683	13978	12589
本地电话年末用户（万户）	104.66	64.61	74.81	61.86	60.27	71.37	57.42
普通电话	88.29	60.27	67.07	57.1	60.56	57.02	55.73
公用电话	16.37	6.49	5.60	10.11	4.32	3.89	3.35
年末移动电话用户（万户）	349.25	461.32	335.53	609.68	663.9	594.1	609.7
国际互联网用户（户）	500400	795898	1009900	1354700	1642100	1922700	2096100
邮电局所（处）	165	160	159	159	156	156	166
集邮业务（万枚）	650.83	731.00	196.32	381.46	650	756.25	395.75

注：1.邮政报刊期发数调整为订销报刊累计数。

2.2020年电信业务总量按照2015年不变价格计算。

3.2020年起，本地电话年末用户数和年末移动电话用户数等指标较之前年份调整统计口径，以省通信管理局提供数据为准。

4-3 邮电业务基本情况（续一）

指标	2021年	2022年	2023年
邮电业务总量（亿元）			
电信业务总量（亿元）	86.52	91.38	92.73
邮政业务总量（亿元）	17.69	–	28.55
快递企业业务量（万件）	8139.61	8108.09	11772.23
函件（万件）	453.84	475.5	463.54
普通包件（万件）	7.35	8.25	10.27
订销报刊累计数（万份）	6257.66	9191.29	9183.71
固定长途电话（万分）	13995	3822.1	1087.86
本地电话年末用户（万户）	54.28	51.83	301.2
普通电话	51.07	48.63	48.4
公用电话	3.21	3.2	3.2
年末移动电话用户（万户）	617.59	630.89	666.3
国际互联网用户（户）	392.78	252.51	276.08
邮政快递网点	1798	492	1287

注：1.邮政报刊期发数调整为订销报刊累计数。

2.从2021年起，电信业务总量按照上年不变价格计算，与往年不可比。

4-4 汽车保有量

指标	2021年	2022年	2023年
民用汽车拥有量总计（万辆）	**103.44**	**107.32**	**114.91**
载客汽车	87.06	91.1	98.46
大型	0.71	0.71	0.68
中型	0.32	0.3	0.27
小型	85.80	89.88	97.3
微型	0.23	0.21	0.2
载货汽车	15.63	15.44	15.63
重型	3.43	3.39	3.38
中型	0.33	0.3	0.27
轻型	11.12	11.19	11.53
微型	0.00	0.00	0.00
其他汽车	1.51	1.35	1.27
私人汽车拥有量总计（万辆）	**79.70**	**83.58**	**90.42**
载客汽车	73.33	77.21	83.82
大型	0.00	0.00	0.00
中型	0.03	0.03	0.02
小型	73.13	77.03	83.65
微型	0.17	0.16	0.15
载货汽车	6.10	6.09	6.31
重型	0.47	0.44	0.41
中型	0.06	0.05	0.05
轻型	4.97	5.16	5.51
微型	0.00	0.00	0.00
其他汽车	0.86	0.71	0.63
新注册民用汽车总计（万辆）	**8.95**	**6.64**	**9.78**
载客汽车	7.23	5.83	8.66
大型	0.01	0.02	0.01
中型	0.01	0.00	0.01
小型	7.21	5.8	8.65
微型	0.00	0.00	0.00
载货汽车	1.65	0.77	1.06
重型	0.46	0.08	0.13
中型	0.01	0.01	0.01
轻型	1.16	0.67	0.91
微型	0.00	0.00	0.00
其他汽车	0.09	0.06	0.07
公路营运汽车拥有量（万辆）	**0.10**	**0.10**	**0.09**
载客汽车	0.10	0.10	0.09
载货汽车	0.00	0.00	0.00

主要统计指标解释

货（客）运量 指在一定时期内，各种运输工具实际运送的货物（旅客）数量。它是反映运输业为国民经济和人民生活服务的数量指标，也是制定和检查运输生产计划、研究运输发展规模和速度的重要指标。货运按吨计算，客运按人计算。货物不论运输距离长短、货物类别，均按实际重量统计。旅客不论行程远近或票价多少，均按一人一次客运量统计；半价票、小孩票也按一人统计。

邮政、电信业务总量 指以货币形式表示的邮政、电信通信企业为社会提供各类邮政、电信通信服务的总数量。计算方法为各类业务的实物量分别乘以相应的不变单价，求出各类业务的货币量加总求得。没有不变单价的业务按其业务收入直接相加。

移动电话用户 是指通过移动电话交换机进入移动电话网、占用移动电话号码的电话用户。用户数量以报告期末在移动电话营业部门实际办理登记手续进入移动电话网的户数进行计算，一部移动电话统计为一户。

电话用户 指接入国家公众固定电话网，并按固定电话业务进行经营管理的电话用户。1997年以前，电话用户分为市内电话用户和农村电话用户。“市内电话用户”是指接入县城及县以上城市的电话网上的电话用户；“农村电话用户”是指接入县邮电局农话台及县以下农村电话交换点，以县城为中心（除市话用户外）联通县、乡（镇）、行政村、村民小组的用户。从1997年起，电话用户数分组调整为以用户所在区域划分为“城市电话用户”和“乡村电话用户”，与过去的按市内电话和农村电话划分方法不同。而电话用户总数、电话机总部数统计范围不变。

民用汽车拥有量 指报告期末，在公安交通管理部门按照《机动车注册登记工作规范》，已注册登记领有民用车辆牌照的全部汽车数量。汽车拥有量统计的主要分类：根据汽车结构分为载客汽车、载货汽车及其他汽车；根据汽车所有者不同分为个人(私人)汽车、单位汽车；根据汽车的使用性质分为营运汽车、非营运汽车；根据汽车大小规格不同载客汽车分为大型、中型、小型和微型，载货汽车分为重型、中型、轻型和微型。

统计资料

兰州统计年鉴 LANZHOU STATISTICAL YEARBOOK 2024

五、农 业

5-1 各区县农村基本情况

地区	乡镇数（个）	镇	村民委员会（个）	乡村户数（万户）	乡村人口（万人）
兰州市	**61**	**47**	**728**	**32.91**	**120.95**
城关区	0	0	19	0.55	2.27
七里河区	6	5	59	2.15	8.88
西固区	6	5	40	1.42	4.88
安宁区	2	2	16	0.76	2.62
红古区	4	4	33	1.32	4.72
永登县	15	12	185	9.22	33.18
皋兰县	4	4	38	2.70	8.70
榆中县	20	11	268	10.83	40.24
兰州新区	4	4	70	3.96	15.46

5-2 各区县农村劳动力情况

单位：万人

地区	乡村劳动力	乡村从业人员	农林牧渔业	工业	建筑业	交通运输仓储及邮政业	批发零售贸易业	住宿和餐饮业
兰州市	**75.30**	**64.56**	**31.93**	**5.59**	**6.14**	**3.60**	**2.43**	**2.51**
城关区	1.44	1.17	0.45	0.04	0.03	0.12	0.04	0.09
七里河区	5.78	5.16	3.07	0.52	0.22	0.23	0.21	0.16
西固区	3.06	2.79	1.19	0.43	0.25	0.23	0.12	0.09
安宁区	1.61	1.49	0.89	0.14	0.08	0.12	0.05	0.04
红古区	2.68	2.29	1.48	0.17	0.15	0.15	0.10	0.06
永登县	20.98	17.79	7.95	1.46	1.66	1.16	0.72	0.94
皋兰县	5.12	4.54	2.21	0.34	0.43	0.29	0.20	0.18
榆中县	25.19	20.90	11.43	1.35	2.45	0.84	0.64	0.63
兰州新区	9.44	8.43	3.28	1.14	0.86	0.47	0.36	0.31

5-3 农林牧渔业增加值

单位：万元

年份	农林牧渔业增加值	农业	林业	牧业	渔业	服务业
1979	7788.36	6638.07	110.88	1038.06	1.38	
1980	9392.15	8045.01		1213.24	1.04	
1981	7994.08	6504.60		1295.24	1.03	
1982	8420.08	6584.56		1378.05	2.00	
1983	11178.75	8947.76		1553.05	1.85	
1984	14017.15	11046.91	994.06	1974.45	1.73	
1985	18976.08	15294.47	1041.19	2635.64	4.78	
1986	22036.67	17611.67	911.00	3492.48	21.52	
1987	23296.91	18423.25	746.92	4077.74	49.00	
1988	30603.00	22452.91	741.23	7239.48	169.38	
1989	38054.41	27624.39	716.71	9578.27	135.05	
1990	42605.00	31278.31	1198.86	9800.29	327.54	
1991	50054.63	36455.46	1287.62	11901.63	409.92	
1992	55261.00	41527.47	968.69	12226.92	537.92	
1993	65390.76	49687.61	1320.88	13853.49	528.78	
1994	95391.00	67546.45	2431.70	24568.40	844.45	
1995	118296.96	89095.33	2856.17	25149.63	1195.83	
1996	137205.13	103602.91	3229..78	29073.27	1299.17	
1997	140826.62	101431.00	3262.37	34891.39	1240.97	
1998	152430.54	116295.29	3248.73	31399.17	1487.35	
1999	156129.94	119674.18	2851.99	31506.43	2097.34	
2000	158915.80	121106.04	3299.07	33007.61	1503.08	
2001	168914.30	129533.55	2800.48	34706.09	1874.18	
2002	176821.31	135578.93	2300.11	37217.84	1724.43	
2003	185709.77	140560.98	2754.87	38760.00	1700.40	
2004	206062.21	147959.34	2409.67	51800.50	1665.82	2226.83
2005	221299.01	162258.36	1174.17	53642.65	1880.66	2343.17
2006	227335.06	165709.78	1634.15	55151.49	2141.87	2697.77
2007	250558.67	192799.61	900.20	47718.80	1118.80	8021.25
2008	259685.09	205715.44	1128.28	39111.06	1259.37	12470.94
2009	272517.51	219099.41	1108.04	37334.10	1440.94	13535.02
2010	285232.40	226970.27	1515.00	43561.56	302.56	12883.01
2011	326505.32	254146.51	3104.99	50309.91	457.50	18486.40
2012	338327.93	260876.60	3602.24	53886.34	483.86	19478.88
2013	370041.40	284068.01	3394.22	59762.08	800.53	22016.56
2014	381593.58	293840.66	2881.75	60153.93	702.51	24014.74
2015	396686.05	305983.91	2977.55	61081.13	820.48	25822.97
2016	421023.67	314598.82	3880.40	83390.41	1252.64	17901.39
2017	447527.30	333634.08	3770.28	89332.75	1205.71	19584.50
2018	462764.50	332592.50	5508.20	103862.10	945.20	19856.50
2019	537672.07	377953.19	5797.49	131327.72	1504.83	21088.84
2020	585109.46	414820.63	7433.86	140073.86	566.47	22214.64
2021	648752.00	448220.47	7938.67	168455.89	577.42	23559.55
2022	660231.29	522344.37	3040.39	109051.24	599.46	25195.82
2023	758003.04	575860.06	5993.27	148198.26	636.70	27314.74

注：自2007年起农林牧渔业增加值数据为农普口径统计数据，增速为可比速度。

5-4 农林牧渔业增加值指数

（上年=100）

年份	农林牧渔业增加值	农业	林业	牧业	渔业	服务业
1979	91.22	90.94	97.74	91.9	120.64	
1980	116.38	116.52		117.47	76.63	
1981	80.78	77.28		92.49	84.28	
1982	110.09	105.85		108.59	193.66	
1983	124.86	128.12		106.71	93.45	
1984	117.78	114.97	140.86	121.65	92.58	
1985	128.48	131.52	85.46	135.44	358.13	
1986	109.9	108.54	87.89	122.57	198.01	
1987	97.5	97.07	81.89	101.32	394.66	
1988	100.6	101.82	85.77	98.42	113.07	
1989	109.64	107.26	79.81	129.21	119.04	
1990	110.88	110.45	115.3	106.56	129.05	
1991	112.49	116.61	74.64	102.9	98.43	
1992	107.23	108.74	96.52	102.31	106.62	
1993	102.74	92.72	169.67	137.29	159.33	
1994	101.18	101.96	104.93	98.72	101.45	
1995	101.2	102.73	97.83	96.67	120.55	
1996	105.83	107.53	102.31	101.04	106.33	
1997	103.6	100.78	97.72	113.47	95.79	
1998	107.1	112.87	101.33	90.94	114.79	
1999	120.42	119.27	121.58	127.15	107.02	
2000	107.6	107.09	116.48	107.45	90.42	
2001	105.5	105.6	98	106	105.8	
2002	104.8	105.4	70.7	105.7	107.8	
2003	104.9	104.84	130	104.87	100	
2004	103.27	100.94	96.61	111.9	96.76	115.17
2005	104.05	104.88	42.69	104.2	112.9	105.22
2006	103.11	101.97	135.51	104.92	113.92	115.13
2007	103.69	107.59	79.45	92.52	101.67	108.62
2008	105.71	103.96	123.9	115.74	103.87	103.32
2009	106.17	106.39	105	104.8	116.99	103.74
2010	105.01	104.89	138.64	109.08	34.11	99.46
2011	105.2	104.37	119.38	104.65	118.54	139.21
2012	106.7	107.26	95.3	104.56	100.37	106.29
2013	105.8	106.35	88.06	103.19	155.96	107.01
2014	106.28	106.81	97.46	103.31	89.6	111.23
2015	105.9	106.61	140.27	99.6	122.66	108.51
2016	106.03	106.96	123.11	99.22	101.8	105.76
2017	105.91	106.31	96.23	104.00	104.29	106.41
2018	105.76	105.82	88.78	107.35	102.21	101.91
2019	105.50	105.64	99.34	105.02	156.97	104.95
2020	104.95	107.27	116.27	98.72	40.41	104.09
2021	107.30	106.58	67.86	114.06	100.82	104.93
2022	104.95	105.99	92.22	101.07	99.61	104.72
2023	104.89	102.48	139.13	105.69	112.00	103.35

5-5 农林牧渔业增加值

单位：万元

指标	2020年	2021年	2022年	2023年	2023年比2022年增长（%）
农林牧渔业增加值	585109.46	648752.00	660231.29	758003.04	4.89
农业	414820.63	448220.47	522344.37	575860.06	2.48
林业	7433.86	7938.67	3040.39	5993.27	39.13
牧业	140073.86	168455.89	109051.24	148198.26	5.69
渔业	566.47	577.42	599.46	636.70	12.00
农林牧渔服务业	22214.64	23559.55	25195.82	27314.74	3.35

注：自2007年起农业相关数据为农普口径统计数据。

5-6 农林牧渔业增加值构成

单位：%

指标	2020年	2021年	2022年	2023年
农林牧渔业增加值	100.00	100.00	100.00	100.00
农业	70.90	69.09	79.12	75.97
林业	1.27	1.22	0.46	0.79
牧业	23.94	25.97	16.52	19.55
渔业	0.10	0.09	0.09	0.08
农林牧渔服务业	3.80	3.63	3.82	3.60

注：自2007年起农业相关数据为农普口径统计数据。

5-7 各县区农林牧渔业增加值

单位：万元

地区	农林牧渔业增加值	农业	林业	牧业	渔业	服务业	2023年比2022年增长（%）
兰州市	**758002.99**	**575860.06**	**5993.27**	**148198.26**	**636.70**	**27314.74**	**4.89**
城关区	10528.50	8281.04	771.77	703.31	0.00	772.38	3.11
七里河区	102271.41	87820.86	28.84	7372.10	0.00	7049.62	2.03
西固区	38378.86	31523.38	493.72	6004.62	0.00	357.14	2.06
安宁区	22155.19	20374.43	15.74	786.35	0.00	978.83	-25.00
红古区	70053.78	56441.52	395.89	11765.65	47.47	1403.30	6.26
永登县	158211.03	118963.06	187.92	36981.76	487.61	1591.05	6.87
皋兰县	73869.91	57616.49	10.38	14779.66	0.00	1463.38	5.44
榆中县	205138.21	158035.33	3454.28	32128.73	101.98	11417.87	5.81
兰州新区	77396.14	36804.19	634.74	37676.08	0.00	2281.12	14.92

5-8 农林牧渔业总产值

单位：万元

年份	农林牧渔业	农业	林业	牧业	渔业	服务业
2007	415625.46	311831.62	4313.40	87643.71	2506.08	9330.65
2008	426154.25	321942.58	4337.85	75347.66	2872.39	21653.77
2009	440276.77	333282.94	4624.28	76151.41	2695.01	23523.14
2010	468906.80	349843.72	5545.69	87918.40	749.68	24849.30
2011	518620.38	373496.30	6629.19	100777.06	851.34	36866.49
2012	554788.06	393770.31	7355.69	111070.89	856.39	41734.78
2013	596279.36	418889.69	7775.68	121022.15	1156.85	47435.00
2014	603157.49	416730.20	7301.43	123172.86	1003.35	54949.65
2015	623544.50	422756.66	10207.21	128008.91	1091.11	61480.61
2016	650833.69	437710.16	12447.71	132312.17	1042.20	67321.45
2017	674283.36	455808.79	13670.34	129831.64	918.46	74054.13
2018	786311.79	533895.58	14963.87	159837.03	1244.17	76371.14
2019	947563.24	658614.27	11889.24	193711.46	2237.36	81110.91
2020	1020339.21	715506.68	14495.96	204035.60	859.96	85441.01
2021	1134729.34	841150.58	9526.91	192625.14	855.91	90570.81
2022	1160448.97	868532.22	8936.37	186562.07	862.29	95556.02
2023	1306771.51	976928.26	12974.77	212325.28	965.63	103577.58

注：自2007年起农业相关数据为农普口径统计数据。

5-9 农林牧渔业总产值构成

单位：%

年份	农林牧渔业	农业	林业	牧业	渔业	服务业
2007	100.00	75.03	1.04	21.09	0.60	2.24
2008	100.00	75.55	1.02	17.68	0.67	5.08
2009	100.00	75.70	1.05	17.30	0.61	5.34
2010	100.00	74.61	1.18	18.75	0.16	5.30
2011	100.00	72.02	1.28	19.43	0.16	7.11
2012	100.00	70.98	1.33	20.02	0.15	7.52
2013	100.00	70.25	1.30	20.30	0.19	7.96
2014	100.00	69.09	1.21	20.42	0.17	9.11
2015	100.00	67.80	1.64	20.53	0.17	9.86
2016	100.00	67.25	1.91	20.33	0.16	10.34
2017	100.00	67.60	2.03	19.25	0.14	10.98
2018	100.00	67.90	1.90	20.33	0.16	9.71
2019	100.00	69.51	1.25	20.44	0.24	8.56
2020	100.00	70.12	1.42	20.00	0.08	8.37
2021	100.00	74.13	0.84	16.98	0.08	7.98
2022	100.00	74.84	0.77	16.08	0.07	8.23
2023	100.00	74.76	0.99	16.25	0.07	7.93

注：自2007年起农业相关数据为农普口径统计数据。

5-10 农作物

指标	2012年	2013年	2014年	2015年	2016年
总播种面积（万亩）	**257.07**	**255.36**	**258.52**	**259.36**	**249.90**
谷物及其他作物播种面积	**188.16**	**180.02**	**178.46**	**172.43**	**160.09**
粮食作物	142.62	143.70	137.38	134.03	129.67
夏粮	63.26	61.94	55.17	52.78	48.97
秋粮	79.37	81.76	82.21	81.25	80.70
谷物	96.07	96.58	91.76	88.50	84.04
小麦	49.34	48.68	44.90	41.92	38.83
玉米	40.43	42.67	43.59	42.25	41.80
豆类	14.65	13.12	10.99	12.58	12.89
大豆	3.25	2.29	2.28	2.31	3.15
薯类	31.91	34.00	34.62	32.94	32.74
油料	20.86	18.77	15.63	15.10	15.15
甜菜	0.00	0.00	0.00	0.00	0.00
蔬菜园艺播种面积	**55.03**	**59.71**	**63.34**	**68.15**	**73.26**
蔬菜	54.40	58.97	62.68	67.58	72.70
花卉	0.62	0.74	0.66	0.57	0.56
瓜果播种面积	**6.11**	**6.07**	**5.95**	**6.08**	**5.23**
瓜类	6.03	6.02	5.89	6.05	5.20
草莓	0.08	0.05	0.06	0.03	0.03
药材播种面积	**7.77**	**9.57**	**10.77**	**12.71**	**11.32**
占总播种面积比重（%）					
谷物及其他作物播种面积	**73.19**	**70.50**	**69.03**	**66.48**	**64.06**
粮食作物	55.48	56.27	53.14	51.67	51.89
夏粮	24.61	24.25	21.34	20.35	19.60
秋粮	30.87	32.02	31.80	31.33	32.29
谷物	37.37	37.82	35.50	34.12	33.63
小麦	19.20	19.06	17.37	16.16	15.54
玉米	15.73	16.71	16.86	16.29	16.73
豆类	5.70	5.14	4.25	4.85	5.16
大豆	1.26	0.90	0.88	0.89	1.26
薯类	12.41	13.32	13.39	12.70	13.10
油料	8.11	7.35	6.05	5.82	6.06
甜菜	0.00	0.00	0.00	0.00	0.00
蔬菜园艺播种面积	**21.41**	**23.38**	**24.50**	**26.27**	**29.32**
蔬菜	21.16	23.09	24.24	26.05	29.09
花卉	0.24	0.29	0.25	0.22	0.22
瓜果播种面积	**2.38**	**2.38**	**2.30**	**2.34**	**2.09**
瓜类	2.35	2.36	2.28	2.33	2.08
草莓	0.03	0.02	0.02	0.01	0.01
药材播种面积	**3.02**	**3.75**	**4.17**	**4.90**	**4.53**

注：自2007年起农业相关数据为农普口径统计数据。

播种面积

2017年	2018年	2019年	2020年	2021年	2022年	2023年
250.65	**238.99**	**248.59**	**274.03**	**280.96**	**290.57**	**294.20**
153.66	**143.73**	**146.46**	**164.92**	**166.83**	**173.23**	**177.92**
123.92	117.29	114.61	125.04	126.78	132.13	132.19
46.34	42.97	43.14	47.16	47.34	52.54	53.70
77.58	74.32	71.47	77.88	79.44	79.59	78.49
78.84	74.96	75.36	76.76	77.86	86.98	92.02
36.46	35.52	35.06	34.11	33.05	37.48	39.58
40.88	37.96	38.76	41.28	41.76	42.33	47.08
11.59	9.83	7.08	11.97	12.75	13.84	13.39
2.45	2.56	0.01	0.01	0.01	0.01	2.71
33.49	32.50	32.17	36.30	36.17	31.32	26.78
15.62	12.08	13.63	15.96	14.75	13.73	14.16
0.00	0.00	0.00	0.00	0.00	0.00	0.00
77.28	**78.57**	**83.55**	**88.42**	**92.43**	**95.29**	**97.59**
76.66	77.92	82.96	87.76	91.80	94.67	97.00
0.63	0.65	0.59	0.66	0.63	0.62	0.59
5.33	**4.90**	**4.79**	**5.02**	**5.68**	**5.11**	**3.81**
5.30	4.88	4.72	4.91	5.58	5.00	3.71
0.03	0.03	0.07	0.10	0.10	0.10	0.10
14.38	**11.78**	**13.78**	**15.67**	**16.02**	**16.93**	**14.88**
61.31	**60.14**	**58.92**	**60.18**	**59.38**	**59.62**	**60.48**
49.44	49.07	46.10	45.63	45.12	45.47	44.93
18.49	17.98	17.35	17.21	16.85	18.08	18.25
30.95	31.10	28.75	28.42	28.27	27.39	26.68
31.46	31.36	30.31	28.01	27.71	29.93	31.28
14.55	14.86	14.10	12.45	11.76	12.90	13.45
16.31	15.88	15.59	15.06	14.86	14.57	16.00
4.62	4.11	2.85	4.37	4.54	4.76	4.55
0.98	1.07	0.00	0.00	0.00	0.00	0.92
13.36	13.60	12.94	13.25	12.87	10.78	9.10
6.23	5.05	5.48	5.82	5.25	4.73	4.81
0.00	0.00	0.00	0.00	0.00	0.00	0.00
30.83	**32.88**	**33.61**	**32.27**	**32.90**	**32.79**	**33.17**
30.58	32.60	33.37	32.03	32.67	32.58	32.97
0.25	0.27	0.24	0.24	0.22	0.21	0.20
2.13	**2.05**	**1.93**	**1.83**	**2.02**	**1.76**	**1.30**
2.11	2.04	1.90	1.79	1.99	1.72	1.26
0.01	0.01	0.03	0.04	0.03	0.03	0.03
5.74	**4.93**	**5.54**	**5.72**	**5.70**	**5.79**	**5.06**

5-11 各区县农作物播种面积

单位：万亩

地区	农作物播种面积	粮食			油料	药材	蔬菜	果园面积
			小麦	玉米				
兰州市	294.20	132.19	39.58	47.08	14.16	14.88	97.00	12.14
城关区	1.06	0.26	0.13	0.00	0.09	0.00	0.29	0.44
七里河区	14.46	1.49	0.15	1.33	0.06	0.21	12.69	0.79
西固区	4.32	0.40	0.07	0.32	0.03	0.04	3.78	1.71
安宁区	1.41	0.34	0.00	0.33	0.00	0.00	0.79	2.19
红古区	12.21	1.71	0.30	1.41	0.02	0.00	10.40	0.98
永登县	98.32	58.62	21.94	16.55	4.09	1.79	19.65	1.91
皋兰县	20.37	9.58	4.36	4.92	0.56	0.00	7.69	2.41
榆中县	104.37	46.50	6.17	17.41	4.61	12.04	39.52	0.79
兰州新区	37.68	13.29	6.46	4.81	4.72	0.80	2.21	0.93

5-12 主要农产品产量

指标	2007年	2008年	2009年	2010年	2011年	2012年	2013年	2014年
主要农产品产量(万吨)								
粮食	30.71	34.40	33.01	31.84	35.54	34.93	35.8	34.6
夏粮	16.00	17.40	16.40	12.80	13.81	13.52	13.2	12.7
秋粮	14.71	17.01	16.61	19.04	21.73	21.41	22.5	21.9
谷物	21.14	24.84	23.44	23.17	26.19	25.23	25.6	25.0
稻谷	0.07	0.07	0.07	0.11	0.11	0.11	0.1	0.1
小麦	12.49	13.89	12.89	9.99	11.00	10.69	10.5	10.2
玉米	6.15	8.15	8.15	11.15	13.15	13.15	13.8	13.8
豆类	2.73	2.73	2.73	2.53	2.54	2.39	2.3	2.3
薯类	6.84	6.84	6.84	6.14	6.81	7.31	7.9	7.4
油料	2.26	2.15	2.01	2.15	2.08	2.36	2.6	1.8
胡麻籽	1.60	1.55	1.43	1.58	1.42	1.73	1.5	1.2
油菜籽	0.46	0.36	0.31	0.43	0.50	0.46	0.5	0.5
甜菜	0.00	0.00	0.00	0.00	0.00	0.00	0.0	0.0
烟叶	0.16	0.17	0.13	0.11	0.10	0.06	0.1	0.1
药材	0.84	0.76	0.60	0.37	0.70	0.96	1.4	2.0
蔬菜	86.10	89.30	97.85	101.42	107.43	112.52	126.3	136.4
水果	11.25	11.43	11.54	11.61	11.42	12.73	13.4	14.6
农产品单位面积产量(公斤/亩)								
粮食	214.03	239.19	224.17	217.85	244.46	244.91	248.8	251.7
谷物	241.54	291.70	243.60	245.52	275.70	262.59	265.0	272.0
油菜籽	66.64	85.98	69.56	87.77	84.46	91.66	94.8	96.7
甜菜	0.00	0.00	0.00	0.00	0.00	0.00	0.0	0.0
烟叶	143.59	154.01	151.89	132.64	193.23	132.57	184.5	209.9

5-12 主要农产品产量（续一）

指标	2015年	2016年	2017年	2018年	2019年	2020年	2021年	2022年	2023年
主要农产品产量(万吨)									
粮食	32.6	30.9	30.0	29.8	30.3	33.6	33.3	33.8	34.4
夏粮	12.1	10.8	10.6	9.6	9.7	11.1	11.2	11.5	11.5
秋粮	20.5	20.1	19.5	20.1	20.6	22.6	22.1	22.3	23.0
谷物	24.2	22.4	21.1	21.4	22.0	22.9	22.6	23.8	26.0
稻谷	0.0	0.0	0.0	0.0	0.0	0.0	0.0	0.0	
小麦	9.7	8.7	8.5	7.9	7.9	7.8	7.6	7.9	8.6
玉米	13.2	12.8	12.3	13.2	13.8	14.8	14.6	15.1	16.8
豆类	2.0	2.2	2.1	1.9	1.6	3.0	3.3	3.4	2.7
薯类	6.3	6.2	6.8	6.5	6.7	7.7	7.4	6.6	5.7
油料	1.8	1.8	1.7	1.6	1.8	2.3	2.2	1.9	2.2
胡麻籽	1.2	1.2	1.0	1.1	1.4	1.4	1.4	1.1	0.7
油菜籽	0.5	0.5	0.5	0.5	0.4	0.4	0.4	0.4	0.5
甜菜	0.0	0.0	0.0	0.0	0.0	0.0	0.0	0.0	0.0
烟叶	0.0	0.0	0.0	0.0	0.0	0.0	0.0	0.0	0.0
药材	2.2	2.1	2.7	3.2	3.3	3.7	4.0	4.3	3.4
蔬菜	146.5	146.8	159.1	166.9	180.5	191.8	208.3	215.1	223.7
水果	14.1	14.3	14.0	11.7	13.2	13.3	13.0	11.3	12.7
农产品单位面积产量(公斤/亩)									
粮食	243.1	238.3	242.4	253.8	264.6	269.1	262.6	255.8	260.5
谷物	273.8	267.0	268.1	285.3	292.3	298.5	290.7	274.0	283.0
油菜籽	92.0	96.1	95.8	112.5	109.6	88.3	110.0	105.6	119.7
甜菜	0.0	0.0	0.0	0.0	0.0	0.0	0.0	0.0	0.0
烟叶	339.3	372.2	353.1	264.9	150.0	142.9	112.7	142.9	200.0

5-13 分区县农产品产量

单位：吨

地区	粮食			蔬菜	油料
		小麦	玉米		
兰州市	**344388.8**	**86184.2**	**167784.5**	**2237347.20**	**21802.96**
城关区	219.4	130.3	7.1	5638.98	64.00
七里河区	4184.6	278.1	3881.7	242877.00	58.33
西固区	1156.4	141.1	1005.1	76787.00	40.80
安宁区	680.8	0.0	675.0	19569.80	0.00
红古区	5172.0	625.6	4546.4	267287.70	35.70
永登县	140356.5	42194.0	56038.8	446406.24	4240.01
皋兰县	27062.3	10147.3	16143.0	212610.90	1140.00
榆中县	132206.9	18250.5	70061.0	898341.17	5991.20
兰州新区	33349.9	14417.3	15426.4	67828.41	10232.92

5-14 水果、水产品

指标	2007年	2008年	2009年	2010年	2011年	2012年	2013年
水果产量（万吨）	11.25	11.43	11.54	11.61	11.42	12.73	13.42
苹果	3.75	3.79	3.84	3.89	4.07	4.19	4.47
梨	3.43	3.37	3.51	3.17	3.04	3.10	3.29
葡萄	0.28	0.30	0.27	0.29	0.31	0.41	0.43
红枣	0.96	0.92	1.02	1.08	0.84	0.92	1.09
杏子	0.59	0.56	0.57	0.63	0.39	0.39	0.45
桃子	1.55	1.64	1.56	1.78	1.93	2.06	2.21
草莓	0.26	0.34	0.28	0.20	0.19	0.14	0.09
果园面积（万亩）	14.05	14.68	13.94	13.94	14.65	14.23	14.25
苹果园	4.29	4.35	4.21	4.17	4.07	4.07	4.14
梨园	4.95	4.66	4.41	4.28	4.17	3.77	3.74
桃园	1.53	1.49	1.46	1.45	1.41	1.42	1.40
杏园	1.22	1.54	1.46	1.64	1.56	1.70	1.72
水产品产量（吨）	1218.58	1149.32	1298.81	773.50	841.02	836.36	1125.02
水产品养殖面积（亩）	2862.23	2521.68	5167.42	2957.50	2966.83	2959.94	3026.02

注：自2007年起农业相关数据为农普口径统计数据。

生产情况

2014年	2015年	2016年	2017年	2018年	2019年	2020年	2021年	2022年	2023年
14.65	14.07	14.26	14.00	11.73	13.22	13.25	12.96	11.31	12.74
4.71	4.94	6.43	6.19	5.29	5.73	5.68	5.48	4.95	4.43
3.56	3.61	3.06	3.12	2.17	2.78	2.74	2.75	2.68	2.67
0.61	0.74	0.83	0.81	0.85	0.89	0.91	0.89	0.31	0.27
1.11	1.15	0.73	0.76	0.56	0.61	0.60	0.60	0.59	0.84
0.46	0.47	0.46	0.54	0.40	0.77	0.79	0.75	0.68	0.58
2.30	2.31	1.45	1.44	1.80	1.86	1.90	1.96	1.58	3.38
0.10	0.06	0.05	0.04	0.05	0.10	0.15	0.15	0.13	0.14
13.91	13.60	14.27	14.32	13.61	13.40	13.39	13.35	12.97	12.14
4.13	4.27	4.24	4.13	3.89	3.69	3.69	3.81	3.71	3.17
3.63	3.48	3.41	3.37	3.23	3.10	2.98	2.97	2.95	2.48
1.40	1.39	1.34	1.37	1.46	1.45	1.53	1.55	1.59	2.07
1.66	1.36	1.32	1.42	1.41	1.68	1.67	1.66	1.67	1.38
1027.47	1195.67	1197.93	1158.94	1177.26	611.00	614.00	617.00	628.00	702.9
2903.18	2984.67	2977.37	2979.40	3014.64	1504.00	855.00	4929.00	855.00	3782.50

5-15　分区县水果、水产品生产情况

地区	水果产量（吨）			水产品产量（吨）	水产品养殖面积（亩）
		苹果	桃子		
兰州市	**127402.84**	**44291.01**	**33806.40**	**702.90**	**3782.50**
城关区	5964.43	4821.70	349.00	0.00	0.00
七里河区	12317.80	5431.20	2891.00	0.00	0.00
西固区	12467.00	3065.20	458.70	0.00	0.00
安宁区	29898.00	770.00	24450.00	0.00	0.00
红古区	16354.40	10425.10	1609.10	61.56	200.00
永登县	13976.05	6846.70	106.50	514.86	2662.50
皋兰县	23391.57	10608.00	3721.00	4.48	0.00
榆中县	4023.79	1916.41	106.80	122.00	920.00
兰州新区	9009.80	406.70	114.30	0.00	0.00

5-16 林业生产

指标	2010年	2011年	2012年	2013年	2014年	2015年	2016年
荒山荒(沙)地造林面积(万亩)	6.62	4.8	4.76	6.04	8.16	9.9	8.95
人工造林	6.62	4.80	4.76	5.04	5.01	4.35	5.92
飞机播种造林							
防护林	2.22	2.20	2.89	2.70	4.75	7.75	6.61
用材林			0.01	0.01	0.08	0.00	
经济林	4.40	2.60	1.86	3.23	3.40	2.15	2.33
幼林抚育作业面积（万亩）	37.05	18.04	16.86	10.90	11.33	11.66	11.72
成林抚育作业面积（万亩）	17.54	33.41	34.93	36.75	39.25	38.95	38.95
迹地更新（万亩）							
当年零星（四旁）植树（万株）	223.59	236.19	206.04	230.93	81.25	228.21	80.32
年末实有育苗面积（万亩）	0.69	1.27	2.01	1.84	2.28	2.62	2.73
本年新育面积（万亩）	0.16	0.17	0.75	0.51	0.34	0.59	0.34
林产品产量（吨）							
核桃	195.00	438.53	2000.59	1146.23	5221.34	8500.43	7243.75
花椒	82.54	66.72	55.45	60.30	54.08	54.75	54.20

5-16 林业生产（续一）

指标	2017年	2018年	2019年	2020年	2021年	2022年	2023年
荒山荒(沙)地造林面积(万亩)	13.89	13.15	13.09	16.91	6.39	5.23	17
人工造林	13.36	11.15	6.55	8.81	6.38	4.88	8.94
飞机播种造林							
防护林	8.47	12.03					
用材林							
经济林	5.42	1.12					
幼林抚育作业面积（万亩）	11.19	7.38					
成林抚育作业面积（万亩）	38.4	19.18					
迹地更新（万亩）							
当年零星（四旁）植树（万株）	57.71	66.92	173.24	154.74	141.21	139.7	34.3
年末实有育苗面积（万亩）	2.17	1.19					
本年新育面积（万亩）	0.25	0.11					
林产品产量（吨）							
核桃	7227.22	1208.72	2907.61	4089.4	4215.2	2559.9	2084.2
花椒	30.1	0.00	27.9	28.3	23.8	7.9	9.8

5-17 牲畜存栏及畜产品产量

指标	2007年	2008年	2009年	2010年	2011年
大牲畜年末头数（万头）	14.45	10.44	10.51	10.66	10.28
牛	5.72	4.44	4.69	4.86	4.91
良种乳牛	2.72	1.80	2.41	2.48	2.49
马	0.00	0.16	0.16	0.22	0.20
骡	0.00	3.34	3.25	3.09	2.94
驴	0.00	2.50	2.41	2.49	2.24
肉猪出栏头数（万头）	0.00	29.23	31.08	33.32	31.72
猪年末存栏头数（万头）	34.24	28.94	31.44	34.39	34.55
羊年末存栏只数（万只）	60.30	53.15	55.04	60.46	61.79
山羊	7.80	6.86	7.04	8.82	10.61
绵羊	52.50	46.29	48.00	51.64	51.18
肉类产品（万吨）	3.96	3.46	3.38	3.38	3.14
猪牛羊肉（吨）	34349.48	30498.03	29875.17	29749.38	27243.34
猪肉（吨）	28786.96	25240.55	25325.14	25184.87	22849.61
牛肉（吨）	831.91	807.95	767.90	802.51	912.74
羊肉（吨）	4730.61	4449.53	3782.13	3762.00	3480.99
牛奶产量（吨）	5998.47	4625.34	5122.53	4922.18	4425.61
羊奶产量（吨）	159.03	0.00	0.00	0.00	147.25
绵羊毛（吨）	965.36	213.41	334.36	444.25	954.16
山羊毛（吨）	53.31	9.60	7.53	9.22	68.97
羊绒（吨）	10.23	793.43	852.64	948.31	11.67
禽蛋产量（万吨）	0.55	0.00	0.00	0.00	1.03
蜂蜜产量（吨）	0.00	0.00	0.08	0.00	0.00

注：自2007年起肉产品产量数据为农普口径统计数据。

5-17 牲畜存栏及畜产品产量（续一）

指标	2012年	2013年	2014年	2015年	2016年	2017年
大牲畜年末头数（万头）	9.82	9.34	9.07	6.52	6.89	7.72
牛	4.79	4.98	5.01	5.11	4.29	5.30
良种乳牛	2.55	2.64	2.74	3.11	1.90	2.79
马	0.19	0.25	0.23	0.13	0.18	0.18
骡	2.74	2.22	2.07	0.64	1.29	1.23
驴	2.10	1.89	1.76	0.64	1.13	1.00
肉猪出栏头数（万头）	33.41	34.76	36.18	33.31	33.92	40.58
猪年末存栏头数（万头）	35.53	36.50	37.20	31.64	32.95	35.97
羊年末存栏只数（万只）	60.62	61.93	67.30	63.96	65.19	62.13
山羊	9.20	8.79	9.23	8.65	7.78	7.14
绵羊	51.42	53.14	58.07	55.30	57.41	54.99
肉类产品（万吨）	3.30	3.40	3.75	3.67	4.32	4.47
猪牛羊肉（吨）	28588.11	29588.75	32578.08	31695.69	31575.08	36507.37
猪肉（吨）	24146.08	24886.92	27199.73	25852.96	24608.52	29215.15
牛肉（吨）	851.54	936.21	1043.21	1077.27	1176.44	1231.71
羊肉（吨）	3590.49	3765.62	4335.14	4765.46	5790.12	6060.51
牛奶产量（吨）	4486.84	4448.39	4731.53	4696.89	78483.13	82207.36
羊奶产量（吨）	211.61	208.31	231.80	250.07	178.95	152.25
绵羊毛（吨）	971.49	981.42	1100.22	1047.91	1003.53	951.00
山羊毛（吨）	61.91	62.26	67.36	60.96	46.13	42.04
羊绒（吨）	10.54	10.62	11.53	10.96	11.15	10.09
禽蛋产量（万吨）	1.11	1.15	1.13	1.15	2.53	2.05
蜂蜜产量（吨）	0.00	0.00	0.00	0.00	0.00	0.03

注：自2007年起肉产品产量数据为农普口径统计数据。

5-17 牲畜存栏及畜产品产量（续二）

指标	2018年	2019年	2020年	2021年	2022年	2023年
大牲畜年末头数（万头）	7.45	7.06	6.74	7.07	7.29	6.14
牛	5.14	4.95	4.87	5.37	6.13	5.74
良种乳牛	2.66	2.55	2.39	2.63	3.81	2.97
马	0.18	0.16	0.17	0.18	0.13	0.04
骡	1.18	1.07	0.94	0.83	0.05	0.01
驴	0.95	0.87	0.75	0.69	0.53	0.30
肉猪出栏头数（万头）	42.54	40.77	42.17	52.71	54.14	58.85
猪年末存栏头数（万头）	37.09	37.74	48.00	51.41	52.03	49.48
羊年末存栏只数（万只）	65.35	67.90	70.64	74.19	77.19	81.67
山羊	7.59	8.59	9.13	8.99	10.51	12.55
绵羊	57.76	59.31	61.52	65.20	66.68	69.12
肉类产品（万吨）	4.62	4.30	4.52	5.23		
猪牛羊肉（吨）	38070.17	37423.56	39708.64	48871.56	50047.00	54700.21
猪肉（吨）	30632.17	29353.24	30899.95	39956.08	41035.00	44632.39
牛肉（吨）	1223.61	1114.96	1178.31	1337.38	1376.00	1490.00
羊肉（吨）	6214..39	6955.36	7630.38	7578.10	7636.00	8577.82
牛奶产量（吨）	79036.27	84726.55	77943.85	90400.16	92841	87217.83
羊奶产量（吨）	164.81	174.85	161.49	203.63		
绵羊毛（吨）	993.30	1014.59	1048.40	1102.24		
山羊毛（吨）	43.99	49.33	64.12	89.66		
羊绒（吨）	10.83	12.39	13.23	13.22		
禽蛋产量（万吨）	1.89	1.91	1.95	1.83	1.78	1.76
蜂蜜产量（吨）	–	0.00	0.00	0.00		

注：自2007年起肉产品产量数据为农普口径统计数据。

5-18　分区县畜牧业生产情况

地区	大牲畜存栏（万头）	羊存栏数（万只）	牛出栏数（万头）	猪出栏数（万头）	羊出栏数（万只）	猪牛羊肉总产量（吨）
兰州市	6.14	81.67	1.31	58.85	53.65	54700.21
城关区	0.03	0.26	0.01	0.02	0.30	231.99
七里河区	0.28	2.00	0.14	0.16	1.13	1897.16
西固区	0.15	1.33	0.01	0.14	0.93	1561.78
安宁区	0.05	0.98	0.01	0.04	0.80	505.57
红古区	0.66	5.08	0.12	0.18	2.69	2333.76
永登县	1.80	42.55	0.43	1.29	21.56	16811.62
皋兰县	0.28	6.27	0.02	0.28	6.48	3850.06
榆中县	1.78	15.06	0.51	1.02	11.94	12772.91
兰州新区	1.12	8.15	0.07	1.34	7.82	14735.36

5-19 受灾面积和成灾面积

单位：万亩

年份	受灾面积	成灾面积	成灾面积占受灾面积比重	水灾		旱灾	
				受灾面积	成灾面积	受灾面积	成灾面积
1992	124.90	92.62	74.16	5.59	3.22	81.62	64.32
1993	94.84	60.86		0.03	0.03	27.85	19.51
1994	88.65	71.92		2.34	2.24	64.04	51.61
1995	217.71	192.91		2.47	2.02	188.66	171.63
1996	39.66	26.00		0.79	0.73	6.03	5.14
1997	137.75	99.55	72.27	21.01	20.80	89.77	57.62
1998	52.03	37.75	72.55	12.10	7.75	21.49	18.10
1999	133.22	97.84	73.44	8.69	6.36	95.52	68.71
2000	191.45	153.75	80.31	1.96	1.93	172.37	138.94
2001	120.35	92.78	77.09	1.17	0.98	101.61	77.68
2002	54.96	39.53	71.93	3.50	2.26	17.99	14.62
2003	77.81	58.62	75.34	1.41	0.82	44.81	34.53
2004	148.35	123.37	83.16	3.78	3.77	116.67	104.04
2005	122.87	100.36	81.68	5.84	5.06	110.21	91.62
2006	153.78	118.81	77.26	2.23	2.08	137.08	104.79
2007	128.05	98.71	77.09	5.00	3.77	110.85	87.60
2008	100.76	67.50	67.00	0.68	0.54	80.82	53.58
2009	124.49	91.64	73.61	0.02	0.02	111.79	82.20
2010	159.92	106.48	66.58	5.05	3.93	107.57	69.24
2011	151.06	112.56	74.51	1.59	1.07	130.28	99.57
2012	122.51	84.82	69.24	18.14	16.41	86.44	53.72
2013	136.79	72.03	52.66	7.14	6.41	111.41	50.77
2014	46.42	29.06	62.60	1.65	1.19	1.17	2.29
2015	34.09	19.02	55.79	0.35	0.25	6.12	2.24
2016	25.33	10.00	39.48	2.39	2.17	20.94	6.54
2017	10.54	7.26	68.88	0.35		3.33	1.44
2018	25.23	18.17	72.03	11.50	9.25	2.08	1.17
2019	7.45	5.24	70.33	1.7	1.04	0.02	0
2020	5.06	2.74	0.54	0.04	0.02	0	0
2021	41.52	28.2	67.93	0	0	21.71	20.38
2022	79.04	61.39	77.67	3.35	1.75	59.12	48.49
2023	57.28	43.61	76.13	0.07	0.06	57.09	43.46

5-20 农业

指标	2010年	2011年	2012年	2013年	2014年	2015年
农业机械化						
当年机耕地面积（万亩）	146.75	161.28	174.66	191.39	204.84	210.21
占总播种面积（%）	45.86	51.36		60.99	65.99	68.27
当年机播面积（万亩）	90.14	102.17	111.57	121.40	134.57	134.12
占总播种面积（%）	28.17	31.09		35.17	38.44	37.8
农业水利化						
有效灌溉面积（万亩）	119.08	114.61	122.13	121.72	120.11	121.62
占总播种面积（%）	37.21	34.88	36.64	35.26	34.31	34.28
水平梯田面积（万亩）	97.21	101.89	111.39	114.57	115.27	118.02
占总播种面积（%）	30.38	31.00	33.41	33.19	32.92	33.26
条田面积（万亩）	54.33	54.29	39.48	39.44	39.32	40.32
农业电气化						
农村用电量（万千瓦时）	41883	42921	42698	45038	37644	37779
农村生产用电（万千瓦时）	30080	30367	29847	31047	23625	23317
农民生活用电（万千瓦时）	11803	12554	12851	13991	14019	14461
农村水电站（个）	14	14	14	15	18	18
已通电村（个）	785	786	779	764	756	754
占全市总数（%）	99.49	99.62	99.87	99.87	99.87	99.87
农业化学化						
农用化肥施用量（实物量）（吨）	137958	139493	142677	145841	146723	143432
农用化肥施用量（折纯量）（吨）	42726	43932	45308	48191	47697	47326
农用塑料薄膜使用量（吨）	8266	8726	9100	11190	9812	10473

注：农业机械化相关数据由兰州市农业农村局提供，农用塑料薄膜使用量（吨）2019年指标不含兰州新区。

现代化

2016年	2017年	2018年	2019年	2020年	2021年	2022年	2023年
212.13	229.35	180.00	210.55	232.18	243.77	253.06	239.83
68.87	75.24	78.00	84.70	89.00	90.8	92.0	92.7
136.23	138.9	143.00	122.33	136.80	139.01	143.65	145.68
38.10	38.33	59.84	49.21	52.00	51.78	52.25	56.33
122.40	119.64	105.49	101.32	108.16	108.42	110.59	116.94
35.10	33.01	44.14	40.76	45.00	38.60	38.06	
119.14	120.58	121.16	121.93	123.61	125.24	125.84	127.03
33.86	33.27	50.70	49.05	39.00	44.58	43.31	
41.22	40.20	22.86	21.7	22.42	23.78	21.43	22.24
39784	38356	40483	36676	36600	37740	38508	39806
24323	23302	23684	21788	21248	21854	22243	23139
15461	15054	16800	14889	15353	15886	16265	16667
18	18	18	18	18	18	18	17
756	753	740	725	727	727	728	728
99.81	99.86	99.33	99.72	100.00	100.00	100.00	100.00
122023	118669	111547	105612	111783	112321	112465	111408
37358	36328	34557	33614	34080	34840	35165	111408
10214	10163	8367	8441	6313	7626	7298	7460

5-21 农用机械、用

指标	合计	城关区	七里河区	西固区
农业机械化程度	67.57	67.58	23.48	42.75
机耕面积（千公顷）	159.89	0.71	3.50	2.58
占总播种面积比重（%）	92.74	0.41	2.03	1.50
机播面积（千公顷）	97.12	0.33	0.93	0.47
机收面积（千公顷）	74.05	0.33	0.93	0.20
农业机械拥有量				
农业机械总动力（千瓦）	1173062.21	22233.31	68169	47500
大中型拖拉机（混合台）	4184	7	14	22
大中型拖拉机（千瓦）	194161.99	752.59	615	938
小型拖拉机（混合台）	35633	158	1353	762
小型拖拉机（千瓦）	376791.18	1560	9471	10282
农用排灌动力机械（混合台）				
农用排灌动力机械（千瓦）				
农用水泵（台）	4135	182	1260	202
收获机械（混合部）	6108	1	925	2278
畜牧机械（台（套））	6672	24	901	630
渔业机械（部）				
农产品初加工机械（混合部）	4188	0	20	164
农村电气化（万千瓦时）				
农村生产用量	23138.99	757.45	1120.29	2699.57
农民生活用电	16667.41	628.13	822.27	1300.99
农村化肥施用量				
按实物价值量计算（吨）	111407.81	611.50	5083.72	1922.40
按折纯法计算（吨）	35390.42	235.05	1717.73	723.01
农村水利情况				
年末有效灌溉面积（万亩）	116.94	0.15	5.40	3.19
机电灌溉面积（万亩）				
保证灌溉面积（万亩）	101.58	0.15	3.81	2.78
本年新增（万亩）	9.45	0.00	0.00	0.00
水平梯田（万亩）	127.03	0.64	7.18	1.81
本年新增（万亩）	2.27	0.00	0.00	0.00
条田（万亩）	22.24	0.00	0.15	0.78
本年新增（万亩）	1.60	0	0	0
机电井达到数（眼）	1278	3	52	
已配套机电井合计（眼）	1176	3	52	
水窖（眼）	198472	3797	9262	3114

注：农业机械化相关数据由兰州市农业农村局提供。

电、化肥、水利情况

安宁区	红古区	永登县	皋兰县	榆中县	兰州新区
53.07	53.1	71.63	70.53	71.68	
1.20	8.03	63.17	13.16	67.54	
0.70	4.66	36.64	7.63	39.17	
0.27	2.19	42.52	7.86	42.55	
0.27	1.32	33.71	5.69	31.61	
8725	129254	318653.9	195324	383203	
31	411	1480	678	1643	
1650	17414.65	64464.3	27754	80573.45	
319	5500	13002	1988	12551	
3190	57606.85	149214	36905	108562.33	
131	115	273	1100	872	
64	744	1340	21	735	
350	433	1611	650	2073	
20	450	878	380	2276	
799.80	3155.00	7550.44	1229.90	4056.03	1770.51
1169.70	1998.00	3909.68	797.51	3926.69	2114.44
498.00	8077.90	22926.49	6163.82	52351.63	13772.35
188.64	1840.50	9110.26	2012.82	15599.45	3962.96
1.41	5.83	30.63	12.40	27.55	30.39
1.33	5.53	25.95	10.66	20.98	30.39
0	0.00	1.96	0	0.37	7.12
0	0.73	37.62	1.52	67.13	10.40
0.00	0.00	0.00	0.00	0.77	1.50
0.00	0.35	3.94	0.00	8.73	8.30
0	0	0	0	0.10	1.50
		695	8	446	74
		616	8	423	74
5950	4299	31993	23415	96824	19818

5-22 农业机

指标	2010年	2011年	2012年	2013年	2014年
农业机械总动力合计（万千瓦）	140.54	145.12	153.42	159.53	163.84
柴油发动机动力（万千瓦）	99.16	103.95	110.00	114.04	115.93
汽油发动机动力（万千瓦）	6.16	6.08	6.09	6.05	6.62
电动机动力（万千瓦）	35.21	35.09	37.33	39.45	41.28
农业机械原值（亿元）	7.26	7.01	8.48	8.84	8.26
农业机械净值（亿元）	4.58	4.46	5.24	5.56	5.06
农用大中型拖拉机（台）	875	1764	2302	2769	2999
大中型拖拉机（万千瓦）	2.24	3.83	5.35	5.90	6.63
小型拖拉机（台）	20944	25546	29439	33224	33221
小型拖拉机（万千瓦）	20.92	25.04	28.05	31.63	31.90
大中型拖拉机配套农具（部）	1169	3119	3770	4683	5500
小型拖拉机配套农具（部）	33359	56517	71900	81261	84525
农用排灌动力机械动力（万千瓦）	29.02	28.54	28.28	28.33	28.41
联合收获机（台）	34	44	43	52	80
机动脱粒机（台）	732	717	1298	1452	3031
机动喷雾机（部）	332	480	528	348	2134
农用运输车（辆）	58490	58755	58911	59432	58039

注：2017年起，农用运输车指标农口不再统计，2019年起农业机械原值、农业机械净值、农用排灌动力机械动力、机动喷雾机农口不再统计，本表数据由兰州市农业农村局提供。

械拥有量

2015年	2016年	2017年	2018年	2019年	2020年	2021年	2022年	2023年
173.31	177.44	110.48	115	116.44	118.01	116.42	119.71	117.31
124.67	127.92	63.10	66.2	68.32	70.46	69.16	72.08	69.37
6.42	6.94	3.49	3.1	3.23	3.09	3.03	3.39	3.70
42.19	42.58	43.89	45.6	44.89	44.41	44.16	44.18	44.16
8.42	8.73	2.75	2.93					
5.16	5.42	1.61	1.72					
3676	4088	4582	2072	2234	2896.00	3269.00	3881	4184
9.88	9.43	11.58	7.7	8.39	12.25	19.61	17.33	19.41
38878	41186	41500	44320	44113	42314.00	38985.00	38641	35633
38.52	40.20	42.14	47	46.85	46.20	42.57	42.56	37.67
9130	9411	9823	6216	8936	629	1234	1313	1301
85919	89910	92538	101905	176452	101643	99965	99817	97782
28.72	28.89	28.99	29.3					
73	90	76	44	70	104	109	114	127
3070	3186	3208	5355	5475	5452	5408	4017	5043
2302	2497	4928	5078					
58067	60505							

5-23 水库、

指标	2010年	2011年	2012年	2013年	2014年	2015年
水库数（座）	11	14	14	24	24	24
大型水库						
中型水库	1	1	1	5	5	5
小型水库	10	13	13	19	19	19
水库库容量（万立方米）	1591	12951	12951	15105	15105	15105.4
大型水库						
中型水库	1034	7594	7594	12520	12520	12520
小型水库	557	5357	5357	2585	2585	2585.4
灌溉面积（万亩）	158.73	160.92	163.47	156.95	157.41	105.16
有效灌溉面积（万亩）	135.00	136.05	137.05	133.50	134.19	121.62
旱涝保收面积（万亩）	115.50	82.28	86.91	120.11	120.53	86.86
机电灌溉面积（万亩）	67.06	57.28	53.66	51.39	47.95	38.52
机电提灌面积（万亩）	61.22	92.58	70.18	77.08	55.58	
水利工程年供水量（万立方米）	138770	138447	180898.01	117833.14	121089.47	114182.18
为水利发电年供水量（万立方米）			5567			
为农业年供水量（万立方米）	44841	44928	69188	62759	53663	56072.21
为工业年供水量（万立方米）	70909	71092	57559	28211	44861	37834.67
为城乡生活年供水量（万立方米）	19991	19617	25108	15113	18650	19244.09

注：此表数据由水利部门提供，自2018年起，机电类指标水利部门不再统计。

灌溉情况

2016年	2017年	2018年	2019年	2020年	2021年	2022年	2023年
	25	26	26	26	26	23	9
5	5	5	5	5	5	5	1
20	20	21	21	21	21	18	8
21470.47	21470.47	13955.73	13955.73	13955.73	13955.73	12258	1629.3
18480	18480	11158	11158	11158	11158	11158	1160
2990.47	2990.47	2797.73	2797.73	2797.73	2797.73	1100	469.3
157.73	105.22	157.51	156.84	156.82	105.08	117	121.7
134.73	134.84	133.87	132.37	132.36	88.24	97.2	132.36
					54.22		
52.8792	52.88						
79.3188	79.32						
115362.07	110179.92	105623.22	101568.14	98872.3	100322.54	102034.99	100216.4
58172.74	53463.46	50005.95	45651.47	41950.5	44879.9	49416	51485.4
32166.67	32501.3	29406.01	28040.03	24998.9	16177	17711.83	13460
20623.16	19059.5	18232.55	20409.3	18806.5	22500	24742	25997

主要统计指标解释

乡村人口 指乡村地区常住居民户数中的常住人口数，即经常在家或在家居住6个月以上，而且经济和生活与本户连成一体的人口。外出从业人员在外居住时间虽然在6个月以上，但收入主要带回家中，经济与本户连为一体，仍视为家庭常住人口；在家居住，生活和本户连成一体的国家职工、退休人员也为家庭常住人口。但是现役军人、中专及以上(走读生除外)的在校学生以及常年在外(不包括探亲、看病等)且已有稳定的职业与居住场所的外出从业人员，不应当作家庭常住人口。

农林牧渔业总产值 指以货币表现的农、林、牧、渔业全部产品的总量，它反映一定时期内农业生产总规模和总成果。农林牧渔业总产值的计算方法通常是按农、林、牧、渔业产品及其副产品的产量分别乘以各自单位产品价格求得分项产品产值，产量不易统计的，则采用间接方法匡算其产值；然后将四业产品产值相加即为农林牧渔业总产值。

粮食产量 指农业生产经营者日历年度内生产的全部粮食数量。按收获季节包括夏收粮食、早稻和秋收粮食，按作物品种包括谷物、薯类和豆类。其中谷物包括小麦、玉米、早稻、中稻和一季晚稻、双季晚稻、大麦、高粱、谷子、荞麦等禾本科和蓼科粮食作物；薯类只包括马铃薯、甘薯，木薯统计在其他农作物，芋头等其他薯统计在其他蔬菜；豆类包括大豆、绿豆、红小豆、杂豆等。谷物产量按脱粒后的原粮计算，薯类按鲜薯重量的5：1折算，豆类按去豆荚后的干豆计算。

油料产量 指全部油料作物的生产量。包括花生、油菜籽、芝麻、向日葵籽、胡麻籽（亚麻籽）和其他油料。不包括大豆、木本油料和野生油料。花生以带壳干花生计算。

水产品产量 指渔业（捕捞和养殖）生产活动的最终有效成果。包括全部海水和淡水鱼类、甲壳类(虾、蟹)、贝类、头足类、藻类和其他类渔业产品的最终产量。不包括渔业生产过程中的中间成果，如鱼苗、鱼种、亲鱼、转塘鱼、存塘鱼和自用作饵料的产品等。水产品在上岸前已经腐烂变质，不能供人食用或加工成其他制品的，不统计在水产品产量中。

猪肉产量 指本调查期内出栏肥猪头数折算出的鲜、冷鲜、冷冻猪肉总量，按胴体重计算。

牛肉产量 指本调查期内出栏肉牛头数折算出的鲜、冷鲜、冷冻牛肉产量，按胴体重计算。

羊肉产量 指本调查期内出栏肥羊头数折算出的鲜、冷鲜、冷冻羊肉产量，按胴体重计算。

期初（末）畜禽存栏头（只）数 指报告期初（末）农村各种合作经济组织和国有农场、农民个人、机关、团体、学校、工矿企业、部队等单位以及城镇居民饲养的大牲畜、猪、羊、家禽等畜禽的存栏数。

常用耕地 是指耕地总资源中专门种植农作物并经常进行耕种、能够正常收获的土地。包括当年实际耕种的熟地；弃耕、休闲不满三年，随时可以复耕的地；开荒利用三年以上的地。不包括临时种植农作物的坡度在25度以上的陡坡地；在河套、湖畔、库区临时开发的成片或零星土地；也不包括已列为国家和省（区、市）退耕计划但临时耕种的土地。

农作物播种面积 指实际播种或移植有农作物的面积。凡是实际种植有农作物的面积，不论种植在耕地上还是种植在非耕地上，均包括在农作物播种面积中。在播种季节基本结束后，因遭灾而重新改种和补种的农作物面积，也包括在内。

有效灌溉面积 指具有一定的水源，地块比较平整，灌溉工程或设备已经配套、在一般年景下当年能够进行正常灌溉的耕地面积。在一般情况下，有效灌溉面积应等于灌溉工程或设备已经配备，能够进行正常灌溉的水田和水浇地面积之和。

农用化肥施用量 指统计报告期内（一般指本年内）实际用于农业生产的化肥数量，包括氮肥、磷肥、钾肥和复合肥（复合肥指含有两种或两种以上营养元素的化肥），分为农用化肥施用量（实物）和农用化肥施用量（折纯）。农用化肥施用量（实物）是指实际施用的化肥数量。农用化肥施用量（折纯）是指把氮肥、磷肥、钾肥分别按含氮、含五氧化二磷、含氧化钾的百分比进行折算后的数量，复合肥按其所含主要成分折算。

计算公式为：某种化肥折纯量=该种化肥实际施用量×折纯率（某种化肥有效成分含量的百分比），具体折纯率以化肥包装标识为准，也可参考农业农村部官网发布的《化肥折纯量参考计算表》。

农业机械总动力 指主要用于农、林、牧、渔业的各种动力机械的动力总和。包括耕地机械、排灌机械、收获机械、农用运输机械、植物保护机械、牧业机械、林业机械、渔业机械和其他农业机械内燃机按引擎马力折成瓦特计算、电动机按功率折成瓦特计算。不包括专门用于乡、镇、村、组办工业、基本建设、非农业运输、科学试验和教学等非农业生产方面用的动力机械与作业机械。

农林牧渔业劳动力 指农村社会直接参加农林牧渔业生产活动的劳动力。

六、投资、建筑

6-1 固定资产投资

单位：万元

年份	固定资产投资总额	国有经济	集体经济	个体经济	其他经济	市属固定资产投资总额	固定资产投资总额增长速度（%）
1979	30970	30970				8875	
1980	45515	45189				8629	46.96
1981	49608	46869				14099	8.99
1982	65863	54724				17282	32.77
1983	68185	63869				18693	3.53
1984	80607	73520	7087			24117	18.22
1985	106617	92987	11230	2401		32386	32.27
1986	135289	120540	10166	4583		40495	26.89
1987	170828	155704	9647	5477		49620	26.27
1988	184714	161854	14337	8523		50458	8.13
1989	163592	142486	13312	7794		50598	-11.43
1990	203301	186193	8878	8230		60796	24.27
1991	205313	188241	8505	8567		57760	0.99
1992	255004	231065	15316	8623		79856	24.20
1993	362019	275363	42470	10629	33557	130755	41.97
1994	545365	405267	46822	18178	75098	174739	50.65
1995	660237	528561	40131	16630	74915	179779	21.06
1996	902797	732937	57879	16140	95841	186265	36.74
1997	1036486	841993	59069	18058	117366	209781	14.81
1998	1248269	993449	62958	21496	170366	322432	20.43
1999	1391029	1080780	60885	44423	204941	429830	11.44
2000	1537434	1188921	69891	33154	245468	596366	10.52
2001	1724216	1230185	46631	50677	396723	667010	12.15
2002	1945440	1389500	68088	48789	439063	807061	12.83
2003	2106367	1420813	41905	46482	597167	908420	8.27
2004	2319181	1469824	50025	42277	757055	1024253	10.10
2005	2595851	1520212	96180	48942	930517	1237937	11.93
2006	2982056	1572539	82446	40928	1286143	1607977	14.88
2007	3586085	1726413	98337	46380	1714955	2099459	20.26
2008	4319841	2084418	152440	81385	2001598	2626370	20.46
2009	5061847	2736103	151086	85631	2089027	2961185	17.18
2010	6606877	3432545	191678	64072	2918582	3683399	30.52
2011	8705683	3815066	249850	19436	4621331	5701293	43.98
2012	12391809	5089519	321357	259869	6721064	9525441	42.34
2013	13168629	5679060	241479		7248090	9708727	27.42
2014	16106818	5178419	198120	12240	10718039	12045301	22.31
2015	18037526	5079472	307645	82329	12568080	15059612	11.99
2016	19909541	4217895	100726	40963	15549957	16389407	10.38
2017	13153496	4921582	4461	4570	8222883	11050966	-33.93
2018							12.11
2019							-4.66
2020							3.36
2021							7.66
2022							-3.52
2023							-7.36

注：1.2012年起国有经济投资专业发生变化。
2.2014年统计口径发生变化，房地产、国有也包括国有独资。
3.根据国家规定，2018年起固定资产投资不公布绝对量。

6-2 固定资产投资主要指标增长情况

单位：%

指标	合计增速	其中：项目增速	房地产开发增速
固定资产投资	-7.36	-1.88	-17.26
其中：国有及国有控股	-7.05	-1.16	-26.06
民间投资（新口径）	-8.51	-4.24	-11.85
分项目隶属关系			
中央项目	-3.20	-5.34	17.91
地方	-7.73	-1.44	-18.01
分产业			
第一产业	25.97	25.97	
第二产业	-0.40	-0.40	
其中：工业	-0.71	-0.71	
第三产业	-9.62	-3.30	-17.26
按构成分			
建筑安装工程	-11.22	-8.03	-17.50
设备工具器具购置	23.29	22.89	65.09
其他费用	-11.16	-0.25	-17.51
本年资金来源			
本年资金来源小计	-8.60	-2.25	-18.26
（1）国家预算资金	-17.65	-17.65	
（2）国内贷款	15.28	26.01	-22.35
（3）利用外资	-50.41	-50.41	
（4）自筹资金	-17.83	3.59	-54.40
（5）其他资金来源	4.64	-32.99	21.88

6-3 固定资产投资分行业增长情况

单位：%

指标	合计增速	其中：项目增速	房地产开发增速
固定资产投资	-7.36	-1.88	-17.26
按行业分组			
农、林、牧、渔业	25.97	25.97	
采矿业	12.01	12.01	
制造业	-19.58	-19.58	
电力、热力、燃气及水生产和供应业	65.35	65.35	
建筑业	684.43	684.43	
批发和零售业	22.91	22.91	
交通运输、仓储和邮政业	-19.83	-19.83	
住宿和餐饮业	135.38	135.38	
信息传输、软件和信息技术服务业	22.79	22.79	
金融业	-23.38	-23.38	
房地产业	-16.80	-16.80	
租赁和商务服务业	-52.68	-52.68	
科学研究和技术服务业	22.40	22.40	
水利、环境和公共设施管理业	26.54	26.54	
居民服务、修理和其他服务业	479.12	479.12	
教育	17.35	17.35	
卫生和社会工作	29.42	29.42	
文化、体育和娱乐业	-20.00	-20.00	
公共管理、社会保障和社会组织	222.07	222.07	
国际组织			

6-4 固定资产投资按经济类型增长情况

单位：%

指标	合计增速	其中：项目增速	房地产开发增速
固定资产投资	-7.36	-1.88	-17.26
按经济类型分			
内资企业	-7.66	-2.05	-17.26
国有企业	22.90	34.04	-3.39
集体企业	1422.48	1422.48	
股份合作企业	6.60	6.60	
联营企业			
有限责任公司	-17.81	-16.20	-20.81
股份有限公司	-38.33	-22.80	-88.76
私营企业	-14.27	-17.87	-12.16
其他企业	52.87	52.87	
港、澳、台商投资企业	-55.45	-55.45	
外商投资企业	6.68	6.68	
个体经营			

6-5 各县区固定资产投资增长情况

单位：%

地区	固定资产投资增速	其中：项目增速	房地产投资增速
兰州市	**-7.36**	**-1.88**	**-17.26**
城关区	0.61	7.66	-5.41
七里河区	-5.38	-12.34	-1.05
西固区	0.56	2.91	-1.82
安宁区	-1.17	7.91	-12.76
红古区	-6.30	-1.31	-23.63
永登县	11.95	18.85	-53.30
皋兰县	5.61	3.22	60.57
榆中县	-8.62	-1.65	-26.25
兰州新区	-16.44	-8.36	-41.59

6-6 各县区固定资产投资项目个数

单位：个

地区	固定资产投资个数	其中：项目个数	房地产投资个数
兰州市	**1855**	**1519**	**336**
市直项目	36	36	0
城关区	403	306	97
七里河区	127	75	52
西固区	146	127	19
安宁区	108	77	31
红古区	104	81	23
永登县	140	133	7
皋兰县	54	48	6
榆中县	222	178	44
兰州新区	515	458	57

6-7 房地产开发企业投资、资金来源和土地开发情况汇总表

单位：万元

指标	总计	按经济类型分组			按隶属关系分组	
		国有	集体	其他	中央	地方
计划总投资	41144856	13623830	786100	26734926	853937	40290919
自开始建设累计完成投资	23243266	6951133	298262	15993871	498665	22744601
本年完成投资	4029321	1370377	63483	2595461	120905	3908416
按构成分						
建筑工程	2388059	910209	32799	1445051	77026	2311033
安装工程	269161	53543	470	215148	6689	262472
设备工器具购置	24079	1306	155	22618	0	24079
其他费用	1348022	405319	30059	912644	37190	1310832
旧建筑物购置费	17922	6840	0	11082	6840	11082
土地购置费	1087792	333096	23295	731401	28047	1059745
按工程用途分						
商品住宅	3156861	1029097	60844	2066920	104147	3052714
90平方米以下	419018	92388	470	326160	18988	400030
144平方米以上	242665	72790	6971	162904	0	242665
办公楼	102683	22106	0	80577	0	102683
商业营业用房	242761	51260	869	190632	1073	241688
其他	527016	267914	1770	257332	15685	511331
本年新增固定资产	2366147	787737	0	1578410	0	2366147
本年资金来源合计						
上年末结余资金	1487731	447648	1663	1038420	35561	1452170
本年资金来源小计	3233087	860625	61203	2311259	132368	3100719
国内贷款	182954	46374	0	136580	0	182954
银行贷款	159920	46374	0	113546	0	159920
非银行金融机构贷款	23034	0	0	23034	0	23034
自筹资金	886717	268082	12109	606526	78899	807818
其他资金来源	2163416	546169	49094	1568153	53469	2109947
定金及预收款	1232297	317041	23769	891487	19914	1212383
个人按揭贷款	866630	186251	25325	655054	33555	833075
本年各项应付款合计	2792191	1342302	57245	1392644	68971	2723220
工程款	1743209	909216	22716	811277	67698	1675511
待开发土地面积（平方米）	1003189	258823	0	744366	151478	851711
本年购置土地面积（平方米）						
本年土地成交价款						

6-7 房地产开发企业投资、资金来源和土地开发情况汇总（续一）

单位：万元

指标	总计	按资质等级分					
		一级	二级	三级	四级	暂定	其他
计划总投资	41144856	2027207	8461073	6900824	10317726	12447214	990812
自开始建设累计完成投资	23243266	1260786	4354547	4361687	5878483	7097187	290576
本年完成投资	4029321	98683	1122167	589453	563243	1512868	142907
按构成分							
建筑工程	2388059	74612	601216	456565	277104	882443	96119
安装工程	269161	1279	69471	25383	24378	148650	0
设备工器具购置	24079	0	11288	791	7171	4829	0
其他费用	1348022	22792	440192	106714	254590	476946	46788
旧建筑物购置费	17922	0	6901	0	0	11021	0
土地购置费	1087792	7671	361270	72533	174602	426228	45488
按工程用途分							
商品住宅	3156861	45636	841660	433004	442881	1293894	99786
90平方米以下	419018	13517	108792	24906	26499	236409	8895
144平方米以上	242665	5814	96380	6651	15578	118242	0
办公楼	102683	3015	9102	21374	51897	17295	0
商业营业用房	242761	21726	82206	37392	26773	73069	1595
其他	527016	28306	189199	97683	41692	128610	41526
本年新增固定资产	2366147	331652	122295	175306	555349	1181545	0
本年资金来源合计							
上年末结余资金	1487731	7139	272491	287923	342038	566973	11167
本年资金来源小计	3233087	108784	1007190	328850	495622	1256061	36580
国内贷款	182954	0	81534	14810	15500	71110	0
银行贷款	159920	0	76990	10510	15000	57420	0
非银行金融机构贷款	23034	0	4544	4300	500	13690	0
自筹资金	886717	8769	207316	102189	171632	396811	0
其他资金来源	2163416	100015	718340	211851	308490	788140	36580
定金及预收款	1232297	62650	335074	138347	146903	512743	36580
个人按揭贷款	866630	29037	359576	56919	153844	267254	0
本年各项应付款合计	**2792191**	**24471**	**600991**	**909015**	**249382**	**898780**	**109552**
工程款	1743209	24126	277249	689934	184579	544214	23107
待开发土地面积（平方米）	1003189	0	437159	102345	326184	137501	0
本年购置土地面积（平方米）							
本年土地成交价款							

6-8 房地产开发企业（单位）财务状况汇总表

单位：万元

指标	总计	按经济类型分组			按隶属关系分组（仅限国有）	
		国有	集体	其他	中央	地方
开发企业个数（个）	356	65	5	286	6	59
年初存货	24708802	8089206	206671	16412925	400575	7688631
期末资产负债						
流动资产	42251229	14620943	329790	27300495	538379	14082564
存货	24263340	8096029	243896	15923415	414386	7681643
固定资产原价	1477981	729455	798	747728	3658	725797
累计折旧	313733	76892	168	236673	1065	75826
本年折旧	61287	25662	55	35571	93	25569
资产总计	52176115	21901794	331849	29942473	599213	21302581
负债合计	43964052	15778372	325454	27860226	498231	15280141
所有者权益	8212064	6123421	6395	2082247	100982	6022440
实收资本	3374471	1469886	10084	1894501	83773	1386113
损益及分配						
主营业务收入	5602137	1539799	578	4061761	135882	1403916
土地转让收入	2612	2610	0	1	0	2610
商品房屋销售收入	5142551	1196208	522	3945821	84242	1111965
房屋出租收入	63779	26802	0	36977	0	26802
其他收入	387889	313294	55	74540	51640	261654
主营业务成本	4781688	1330456	284	3450949	113033	1217423
主营业务税金及附加	142941	44168	313	98460	3417	40752
其他业务利润	19219	4688	0	14531	0	4688
销售费用	178457	24705	1659	152094	3363	21342
管理费用	150235	40553	2141	107542	2586	37967
财务费用	151403	47215	–29	104217	–566	47782
利息收入	9767	5532	–29	4264	565	4968
利息支出	102118	28640	0	73479	4	28636
投资收益	49325	25037	0	24288	0	25037
营业利润	230805	91229	–3728	143304	–2058	93287
营业外收入	24168	1328	16	22824	42	1286
营业外支出	25693	2003	0	23690	95	1908
利润总额	239967	90554	–3712	153125	–2111	92666
应交所得税	106736	25672	280	80785	3744	21928
人工成本						
应付职工薪酬	125355	37388	1279	86688	4141	33247

6-8 房地产开发企业（单位）财务状况汇总表（续一）

单位：万元

指标	合计	按企业资质等级分组					
		一级	二级	三级	四级	暂定	其他
开发企业个数（个）	356	7	101	72	73	98	5
年初存货	24708802	2234394	7865773	3495628	4778205	6139638	195164
期末资产负债							
流动资产	42251229	4108383	15307806	6108647	7248220	9218744	259429
存货	24263340	2309196	8631620	3332892	4346812	5442631	200190
固定资产原价	1477981	242740	787519	209470	38215	193212	6827
累计折旧	313733	9857	158935	93461	17505	33074	900
本年折旧	61287	5450	29530	15328	2208	8582	190
资产总计	52176115	5418069	19178633	8048280	8098681	11164386	268067
负债合计	43964052	4117517	15241113	6544642	7479554	10353944	227283
所有者权益	8212064	1300552	3937520	1503638	619127	810442	40784
实收资本	3374471	150200	899882	1046622	647314	584483	45970
损益及分配							
主营业务收入	5602137	279312	1335617	699744	1076739	2209931	794
土地转让收入	2612	0	2610	0	0	1	0
商品房屋销售收入	5142551	276867	1023900	653133	1064397	2123646	609
房屋出租收入	63779	1135	26280	22245	5134	8870	115
其他收入	387889	1310	278458	23482	7156	77414	70
主营业务成本	4781688	247672	1173653	592081	938328	1829396	559
主营业税金及附加	142941	7025	30261	30817	17493	57055	290
其他业务利润	19219	3105	15816	–460	758	0	0
销售费用	178457	4856	43988	10322	35221	83486	583
管理费用	150235	6126	61870	29284	19249	32983	721
财务费用	151403	9926	75822	11650	16885	36428	693
利息收入	9767	364	1945	3913	504	2905	136
利息支出	102118	–28	47287	12292	9537	32207	824
投资收益	49325	68	26732	3722	259	18545	0
营业利润	230805	11564	–43843	37937	13010	213194	–1057
营业外收入	24168	502	18500	1689	1813	1636	29
营业外支出	25693	553	4866	3825	834	15591	24
利润总额	239967	11512	–30210	46483	13989	199245	–1052
应交所得税	106736	3084	12429	7728	30294	53426	–224
人工成本							
应付职工薪酬	125355	5262	42853	23364	18540	34934	403

6-9 房地产开发企业施工、销售和待售情况汇总表

指标	总计	按经济类型分组			按隶属关系分组	
		国有	集体	其他	中央	地方
房屋施工面积（平方米）	**44153196**	**13761691**	**796235**	**29595270**	**559833**	**43593363**
住宅	29868168	9038007	464314	20365847	491003	29377165
90平方米以下住宅						
144平方米以上住宅						
办公楼	1872195	549481	128375	1194339	0	1872195
商业营业用房	3625733	893341	56853	2675539	46534	3579199
其他	8787100	3280862	146693	5359545	22296	8764804
房屋竣工面积（平方米）	**3954505**	**1361202**	**0**	**2593303**	**0**	**3954505**
住宅	2837508	947464	0	1890044	0	2837508
90平方米以下住宅						
144平方米以上住宅						
办公楼	128963	35259	0	93704	0	128963
商业营业用房	331837	77740	0	254097	0	331837
其他	656197	300739	0	355458	0	656197
商品房销售面积（平方米）	**3376677**	**965765**	**45661**	**2365251**	**97502**	**3279175**
住宅	3171399	934211	45661	2191527	96879	3074520
90平方米以下住宅	193411	28344	0	165067	0	193411
144平方米以上住宅	160002	58740	0	101262	0	160002
办公楼	50154	11138	0	39016	0	50154
商业营业用房	118690	15780	0	102910	467	118223
其他	36434	4636	0	31798	156	36278
商品房销售额（万元）	**2909335**	**853636**	**47537**	**2008162**	**122269**	**2787066**
住宅	2667861	810155	47537	1810169	121024	2546837
90平方米以下住宅	133714	19611	0	114103	0	133714
144平方米以上住宅	181177	59463	0	121714	0	181177
办公楼	49256	15538	0	33718	0	49256
商业营业用房	183186	23996	0	159190	1143	182043
其他	9032	3947	0	5085	102	8930
待售面积（平方米）	**1141072**	**155456**	**0**	**985616**	**0**	**1141072**
住宅	579822	34866	0	544956	0	579822
90平方米以下住宅						
144平方米以上住宅						
办公楼	94106	27328	0	66778	0	94106
商业营业用房	231154	30302	0	200852	0	231154
其他	235990	62960	0	173030	0	235990

6-9 房地产开发企业施工、销售和待售情况汇总表（续一）

指标	总计	按资质等级分					
		一级	二级	三级	四级	暂定	其他
房屋施工面积（平方米）	**44153196**	**2221825**	**8291834**	**9416672**	**10417956**	**13380105**	**424804**
商品住宅	29868168	1340187	5948943	6111003	6925903	9158741	383391
90平方米以下住宅							
144平方米以上住宅							
办公楼	1872195	143008	154567	304194	630790	636636	3000
商业营业用房	3625733	234173	459794	910737	759702	1238992	22335
其他	8787100	504457	1728530	2090738	2101561	2345736	16078
房屋竣工面积（平方米）	**3954505**	**134085**	**284229**	**418717**	**1041333**	**2076141**	**0**
商品住宅	2837508	69553	276663	306593	576419	1608280	0
90平方米以下住宅							
144平方米以上住宅							
办公楼	128963	11548	0	0	84316	33099	0
商业营业用房	331837	52984	4604	32546	60623	181080	0
其他	656197	0	2962	79578	319975	253682	0
商品房销售面积（平方米）	**3376677**	**135484**	**1078875**	**321752**	**537677**	**1234499**	**68390**
商品住宅	3171399	104320	989918	319283	497499	1191989	68390
90平方米以下住宅	193411	1635	6546	6777	33494	133260	11699
144平方米以上住宅	160002	22174	69825	22484	9217	36302	0
办公楼	50154	6836	21221	0	17226	4871	0
商业营业用房	118690	24328	38300	2056	17956	36050	0
其他	36434	0	29436	413	4996	1589	0
商品房销售额（万元）	**2909335**	**214061**	**909125**	**251721**	**436372**	**1053666**	**44390**
商品住宅	2667861	121631	847977	244756	401166	1007941	44390
90平方米以下住宅	133714	3162	6428	5420	22963	88164	7577
144平方米以上住宅	181177	40056	64289	30273	11454	35105	0
办公楼	49256	15116	20556	0	11124	2460	0
商业营业用房	183186	77314	36068	6560	20355	42889	0
其他	9032	0	4524	405	3727	376	0
待售面积（平方米）	**1141072**	**94739**	**170195**	**141354**	**363496**	**371288**	**0**
商品住宅	579822	46460	67141	92679	157096	216446	0
90平方米以下住宅							
144平方米以上住宅							
办公楼	94106	4712	0	0	62066	27328	0
商业营业用房	231154	33376	52094	19144	77187	49353	0
其他	235990	10191	50960	29531	67147	78161	0

6-10 建筑业总承包和专业

指标	企业个数（个）		合同情况（万元）		
	全部企业	有工作量的企业	签订的合同额	其中：上年结转合同额	其中：本年新签合同额
总计	**524**	**491**	**34549866**	**16977965**	**17571900**
按经济行业分					
房屋建筑业	170	163	12621465	6610378	6011087
土木工程建筑业	173	166	17702138	8063893	9638246
建筑安装业	78	71	2680236	1252531	1427705
建筑装饰、装修和其他建筑业	103	91	1546026	1051164	494862
按登记注册类型分					
内资企业	523	490	34549739	16977965	17571774
港澳台商投资企业	0	0	0	0	0
外商投资有限责任公司	1	1	127	0	127
按控股情况分					
国有控股	117	115	29482322	14530721	14951601
集体控股	16	14	329374	109059	220315
私人控股	390	362	4738169	2338185	2399984
其他	1	0	0	0	0
按资质等级分					
特级	7	7	8942173	4199291	4742882
一级	117	112	19247826	9360905	9886921
二级	239	220	4406044	2662952	1743092
三级及以下	161	152	1953823	754817	1199005
按县区分					
城关区	271	244	8555886	4538606	4017280
七里河区	73	73	7939261	3075729	4863532
西固区	40	35	3175815	1665053	1510762
安宁区	25	24	7239590	3046525	4193065
红古区	13	13	82389	40429	41960
永登县	14	14	66960	44634	22325
皋兰县	18	18	41772	10229	31542
榆中县	14	14	2036383	904220	1132162
兰州新区	56	56	5411811	3652540	1759271

承包生产情况汇总表

承包工程完成情况（万元）				建筑业总产值（万元）			
直接从建设单位承揽工程完成的产值	其中：自行完成施工产值	其中：分包出去工程的产值	从建设单位以外承揽工程完成的产值	合计	其中：装配式建筑工程产值	其中：装饰装修产值	其中：在外省完成的产值
12650636	12466923	183713	407209	12874132	108680	319977	2934901
4859635	4810888	48747	204316	5015205	37498	85052	746157
6005693	5925804	79890	125572	6051375	36044	36837	1755336
1376640	1357797	18844	24241	1382037	33826	37626	412612
408668	372434	36233	53081	425515	1313	160462	20797
12650509	12466796	183713	407209	12874005	108680	319850	2934901
0	0	0	0	0	0	0	0
127	127	0	0	127	0	127	0
10155540	10083852	71688	285908	10369759	64307	183558	2143771
236658	165111	71547	0	165111	0	1526	618
2258438	2217960	40478	121301	2339261	44372	134893	790513
0	0	0	0	0	0	0	0
2792605	2792605	0	0	2792605	0	39251	1005704
7395764	7306789	88975	172765	7479554	50590	170704	1789443
1596561	1527973	68588	83306	1611277	619	48371	43373
865706	839556	26150	151138	990696	57471	61651	96381
4198232	4161973	36260	199712	4361685	39481	165138	477684
2890560	2819201	71360	47434	2866635	28421	78635	623517
1282383	1263464	18919	7633	1271097	0	15762	369376
1880199	1880005	194	300	1880305	5840	24408	635433
47748	47746	1	1	47748	0	0	0
42053	41684	369	4200	45884	0	800	50
29961	29961	0	5870	35831	1152	0	441
856740	850709	6031	7703	858412	1217	2741	630848
1422759	1372179	50580	134357	1506536	32570	32493	197553

6-10 建筑业总承包和专业

指标	建筑业总产值按构成分（万元）			竣工产值（万元）
	建筑工程产值	安装工程产值	其他产值	
总计	**11137477**	**1324851**	**411805**	**3096063**
按经济行业分				
房屋建筑业	4793459	103258	118488	1788174
土木工程建筑业	5479112	495756	76508	787567
建筑安装业	508868	669808	203361	419862
建筑装饰、装修和其他建筑业	356038	56029	13448	100461
按登记注册类型分				
内资企业	11137350	1324851	411805	3095936
港澳台商投资企业	0	0	0	0
外商投资有限责任公司	127	0	0	127
按控股情况分				
国有控股	8862101	1140885	366774	2587998
集体控股	156509	3125	5477	4103
私人控股	2118867	180841	39553	503963
其他				
按资质等级分				
特级	2789760	2539	306	357223
一级	6163835	1083209	232509	1676665
二级	1397654	118271	95354	699485
三级及以下	786228	120832	83636	362690
按县区分				
城关区	4099965	218629	43091	1407919
七里河区	2223174	630140	13321	349957
西固区	979347	91526	200224	192467
安宁区	1597902	282403	0	404172
红古区	47648	100	0	9963
永登县	40472	4412	1000	22674
皋兰县	32154	1084	2594	21333
榆中县	852141	2917	3354	49722
兰州新区	1264675	93641	148221	637857

承包生产情况汇总表（续一）

房屋建筑施工面积（平方米）		企业总产值（万元）	从业人员情况（人）	
施工面积	本年新开工面积		从事建筑业活动的平均人数	企业期末人数
65716673	**13358633**	**13407174**	**169295**	**148432**
56146255	11058205	5262281	85311	79464
7254945	954694	6298817	53914	40588
1499444	1317585	1413059	23301	23833
816029	28149	433018	6769	4547
65716673	13358633	13407048	169290	148429
0	0	0	0	0
0	0	127	5	3
60084007	12328210	10719107	129039	117626
262493	22879	302569	3512	3308
5370173	1007544	2385498	36744	27498
11870395	1480343	2792605	21880	20112
47568768	9267384	7859194	107202	100659
3336279	902469	1715736	24278	17907
2941231	1708437	1039639	15935	9754
21203186	1230925	4527129	58285	51856
15003896	2560282	3093033	35586	38042
8115774	5507626	1304185	31934	27726
12296010	1228387	1906238	12977	12899
185071	0	47757	2199	1632
99999	77029	46009	1836	990
53042	16020	36583	968	651
1816126	121466	858412	4606	3019
6943569	2616898	1587828	20904	11617

6-10 建筑业总承包和专业

指标	房屋建筑竣工面积			
	合计	住宅房屋	商业及服务用房屋	办公用房屋
总计	**9590224**	**6679092**	**298930**	**42555**
按经济行业分				
房屋建筑业	8848084	6551711	90127	15026
土木工程建筑业	520672	114281	34837	20901
建筑安装业	205668	13100	171846	4348
建筑装饰、装修和其他建筑业	15800	0	2120	2280
按登记注册类型分				
内资企业	9590224	6679092	298930	42555
港澳台商投资企业	0	0	0	0
外商投资有限责任公司	0	0	0	0
按控股情况分				
国有控股	7729379	5034588	273310	30363
集体控股	0	0	0	0
私人控股	1860845	1644504	25620	12192
其他	0	0	0	0
按资质等级分				
特级	1062266	670205	17400	28227
一级	7608794	5580290	71766	5679
二级	429110	315194	15337	7385
三级及以下	490054	113403	194427	1264
按县区分				
城关区	3572572	2686338	74999	26742
七里河区	497996	269297	17527	3100
西固区	2170155	1235176	0	1200
安宁区	2033094	1711925	0	1264
红古区	14107	14107	0	0
永登县	60546	49734	8054	0
皋兰县	46512	36034	0	0
榆中县	646473	536712	2450	1099
兰州新区	548769	139769	195900	9150

承包生产情况汇总表（续二）

单位：平方米

科研、教育、医疗用房屋	文化、体育、娱乐用房屋	厂房及建筑物	仓库	其他未列明的房屋建筑物
744853	183046	1077275	1500	562973
682463	108995	848430	1500	549832
57616	68251	223045	0	1741
4774	5800	5800	0	0
0	0	0	0	11400
744853	183046	1077275	1500	562973
0	0	0	0	0
0	0	0	0	0
704201	173517	980841	0	532559
0	0	0	0	0
40652	9529	96434	1500	30414
0	0	0	0	0
225529	26306	94598	0	1
504702	153011	760788	0	532558
13281	2724	62480	600	12109
1341	1005	159409	900	18305
422398	44806	249479	0	67810
74641	133431	0	0	0
205883	40	562248	600	165008
8762	355	156	0	310632
0	0	0	0	0
0	0	1800	0	958
1113	2614	0	900	5851
21256	0	74242	0	10714
10800	1800	189350	0	2000

6-11 建筑业总承包和

指标	年初存货	年末资产负债		
		流动资产合计	应收工程款	存货
总计	**1723865**	**25503211**	**6899197**	**1910721**
按经济行业分				
房屋建筑业	975507	14571633	3840694	1078072
土木工程建筑业	466626	8307626	2301103	520917
建筑安装业	58399	1166422	386337	44081
建筑装饰、装修和其他建筑业	223333	1457530	371063	267651
按登记注册类型分				
内资企业	1723844	25501890	6898919	1910703
港澳台商投资企业	0	0	0	0
外商投资有限责任公司	21	1321	278	18
按控股情况分				
国有控股	1107942	20527616	5589519	1212614
集体控股	239049	431790	67445	220717
私人控股	376875	4543806	1240878	477390
其他	0	0	1354	0
按资质等级分				
特级	144714	8610910	2035279	138652
一级	732104	10834041	2854192	789610
二级	750572	4254706	1248241	839761
三级及以下	96475	1803554	761485	142698
按县区分				
城关区	459257	8172899	2506369	507964
七里河区	414066	7379803	1791123	401857
西固区	58514	1405653	245183	46936
安宁区	135804	2328234	521708	155947
红古区	5764	78275	41242	5601
永登县	3720	83104	36955	34768
皋兰县	1980	24829	11358	2289
榆中县	34088	1261694	15152	40194
兰州新区	610671	4768720	1730106	715166

专业承包财务情况汇总表

单位：万元

固定资产减值准备	固定资产原价	房屋和构筑物	机器设备	累计折旧	本年折旧	在建工程
1261	1843403	588082	377572	603152	84372	1215280
823	1007160	365040	93533	197994	29212	131692
6	643382	175416	222866	313156	42506	1069146
432	147494	40909	44653	63685	8070	7546
0	45367	6718	16521	28318	4584	6896
1261	1843335	588082	377503	603088	84372	1215280
0	0	0	0	0	0	0
0	69	0	69	64	0	0
1255	1558894	531902	294323	453714	61578	1092926
0	30340	1532	1769	19918	898	2885
6	254169	54648	81479	129521	21872	119470
0	0	0	0	0	24	0
822	404226	157322	39996	89553	13036	983145
433	975765	307117	223372	323973	37070	135519
0	294098	87841	68081	127882	22853	69490
6	169314	35802	46123	61744	11413	27126
822	642027	242818	155068	251112	38429	1112714
0	494154	179557	86167	135278	13810	17850
432	265000	58311	69253	82486	12754	5120
1	196053	40496	41800	50742	7297	6269
0	7501	0	2628	3739	710	0
0	2133	204	215	1010	398	29
0	2929	148	1019	1122	272	0
0	12558	3270	597	5874	1263	422
6	221049	63280	20825	71789	9440	72877

6-11 建筑业总承包和

指标	年末资产负债			
	无形资产	土地使用权	资产总计	流动负债合计
总计	**522344**	**323048**	**35699223**	**23290891**
按经济行业分				
房屋建筑业	245823	63055	20216490	13133234
土木工程建筑业	240413	224537	12529566	7914889
建筑安装业	13950	13361	1354883	1022194
建筑装饰、装修和其他建筑业	22158	22095	1598285	1220574
按登记注册类型分				
内资企业	522344	323048	35696594	23290888
港澳台商投资企业	0	0	0	0
外商投资有限责任公司	0	0	2629	3
按控股情况分				
国有控股	497427	303974	29746234	19459961
集体控股	233	0	479843	360110
私人控股	24685	19074	5469773	3470819
其他	0	0	3373	0
按资质等级分				
特级	12740	11413	14879706	8734233
一级	331066	140321	13671534	10204925
二级	165032	158185	5055239	2968635
三级及以下	13506	13129	2092744	1383098
按县区分				
城关区	72775	67292	11309648	6956957
七里河区	21073	9141	11484349	7007142
西固区	12868	12542	1767094	1496073
安宁区	184333	3319	3812255	2859551
红古区	100	100	84789	20818
永登县	141	0	90290	14877
皋兰县	1	0	33148	10417
榆中县	227	0	1766714	1238921
兰州新区	230828	230653	5350937	3686136

专业承包财务情况汇总表（续一）

单位：万元

应付账款	非流动负债合计	负债合计	所有者权益合计	实收资本	个人资本
9811415	3054897	26975344	8710146	4039093	1177641
5211953	2069951	15454219	4757046	1567689	71292
3573039	938588	9142006	3381960	1035049	59215
416240	15842	1068455	286428	247728	18037
610183	30516	1310664	284713	1188627	1029097
9811414	3054897	26975341	8707520	4038593	1177641
0	0	0	0	0	0
1	0	3	2626	500	0
8271426	2907403	22640605	7105630	2211247	7897
147164	604	383622	96221	47177	4070
1392825	146890	3947863	1508296	1780669	1165674
0	0	3254	0	0	0
2987553	1864381	10598614	4281092	1190072	0
4834522	846604	11174423	2497109	1073333	54016
1269347	308710	3612285	1434494	1541856	1086641
719993	35202	1590022	497451	233832	36984
3287816	950923	8132573	3163342	2177198	1096577
2204025	1134321	8209703	3274646	1208110	48001
650724	24625	1529061	238034	150019	28359
1176248	501285	3402199	410056	161714	14
12314	0	66067	18721	1391	0
7234	0	72809	17481	4455	126
6055	88	17782	15366	7286	415
492141	85058	1334713	432000	80638	1046
1974858	358598	4210436	1140500	248281	3103

6-11 建筑业总承包和

指标	损益及分配				
	营业收入	主营业务收入	营业成本	主营业务成本	营业税金及附加
总计	13503110	13298347	12335350	12078405	46756
按经济行业分					
房屋建筑业	5271859	5130139	4834974	4710410	19424
土木工程建筑业	6398496	6340825	5817474	5691437	21127
建筑安装业	1299807	1297041	1198722	1195973	4709
建筑装饰、装修和其他建筑业	532949	530342	484181	480586	1496
按登记注册类型分					
内资企业	13502994	13298230	12335263	12078318	46755
港澳台商投资企业	0	0	0	0	0
外商投资有限责任公司	116	116	87	87	0
按控股情况分					
国有控股	10875198	10683345	9970635	9741496	37363
集体控股	320788	320760	304828	291942	1731
私人控股	2303534	2290651	2056509	2041589	7648
其他	3590	3590	3378	3378	14
按资质等级分					
特级	3004491	2935631	2695398	2634422	7500
一级	7494238	7442845	6937810	6871615	26323
二级	1903991	1824541	1730240	1646226	8078
三级及以下	1100390	1095330	971902	926142	4855
按县区分					
城关区	4113994	4085043	3688802	3644259	16714
七里河区	2833084	2719749	2631675	2529361	12527
西固区	1289933	1286352	1203800	1201214	5410
安宁区	2581280	2566999	2413489	2395804	5250
红古区	45217	45217	39499	39499	163
永登县	40723	40723	38496	38496	139
皋兰县	35863	35853	32565	32565	219
榆中县	698476	698444	610857	610856	1003
兰州新区	1864540	1819967	1676168	1586351	5329

专业承包财务情况汇总表（续二）

单位：万元

主营业务税金及附加	其他业务利润	销售费用	管理费用	研发费用	财务费用		
						利息收入	利息支出
44570	11953	31543	413504	144171	162796	186449	4130860
18708	786	4192	166445	69469	93175	173066	185037
20038	10028	21049	175528	61240	62103	7666	61633
4350	842	4864	45041	12678	3446	1747	2924
1475	298	1438	26491	785	4072	3970	3881266
44570	11953	31541	413482	144171	162795	186449	4130860
0	0	0	0	0	0	0	0
0	0	2	22	0	0	0	0
36379	10621	9028	292048	131094	135014	181327	232004
841	27	43	16088	78	797	472	997
7336	1306	22472	105368	12999	26985	4650	3897858
14	0	0	0	0	0	0	0
7410	1906	14565	58880	54048	62053	115679	138919
25025	8675	8456	218774	72437	82578	68811	3966717
7316	1135	4329	76489	9278	9627	2431	15715
4819	237	4193	59361	8408	8538	−472	9509
16592	2540	7989	171319	87420	73599	37480	3945641
11559	6781	2264	84357	17978	21992	113367	121168
5025	1012	329	39859	10351	11020	5722	12242
5196	1188	1405	48499	19254	21549	25174	11795
163	0	417	3453	0	29	−7	2
139	0	3	1298	0	9	2	1
183	0	383	1723	0	16	0	14
780	0	14132	10083	2834	12756	3809	13638
4932	433	4620	52912	6334	21826	902	26359

6-11 建筑业总承包和

指标	损益及分配				
	资产减值损失	公允价值变动收益	投资收益	其他收益	营业利润
总计	-16354	-4793	81094	4477	491067
按经济行业分					
房屋建筑业	-8091	-4793	34970	863	123715
土木工程建筑业	-6802	0	45598	2419	319203
建筑安装业	-525	0	428	666	33306
建筑装饰、装修和其他建筑业	-935	0	98	530	14843
按登记注册类型分					
内资企业	-16354	-4793	81094	4477	491063
港澳台商投资企业	0	0	0	0	0
外商投资有限责任公司	0	0	0	0	5
按控股情况分					
国有控股	-8018	-4793	76783	3271	417354
集体控股	-1452	0	3289	62	6033
私人控股	-6884	0	1023	1144	67681
其他	0	0	0	0	0
按资质等级分					
特级	-7841	-4602	68654	342	182465
一级	-7081	-191	5837	2294	183967
二级	-481	0	4794	478	76573
三级及以下	-951	0	1809	1363	48062
按县区分					
城关区	-2123	-699	44840	2380	132653
七里河区	-1023	-3910	37795	895	106205
西固区	-37	-168	1231	245	16508
安宁区	-5481	-17	-623	559	89125
红古区	0	0	0	0	1625
永登县	0	0	0	0	916
皋兰县	0	0	0	0	957
榆中县	-6911	0	0	30	40516
兰州新区	-778	0	-2150	369	102563

专业承包财务情况汇总表（续三）

单位：万元

营业外收入	营业外支出	利润总额	所得税费	应付职工薪酬（本年贷方累计发生额）（万元）	增值税总额（本期累计发生额）	建筑业企业在境外完成的营业收入
16272	13172	483151	67240	996986	318872	5086
3250	4388	118481	17841	350425	104580	0
12152	6618	321968	39677	518912	171626	370
485	1566	27970	5180	98417	30380	3605
386	599	14732	4543	29233	12287	1110
16272	13172	483146	67240	996976	318871	5086
0	0	0	0	0	0	0
0	0	5	0	10	1	0
12089	7726	411523	56588	781306	219552	5086
1922	262	7693	1015	49958	5376	0
2261	5184	64008	9637	165429	93772	0
0	0	-74	0	293	171	0
1981	2807	177576	10605	246610	77067	0
9789	5129	182012	32534	538300	165825	5086
2967	3636	75458	14360	126021	54660	0
1535	1600	48105	9741	86055	21320	0
10936	7399	131300	18197	382754	87179	1110
3479	1691	108103	12564	223154	80276	0
166	693	15981	4476	79730	35669	3605
502	926	86790	6101	182429	41324	370
19	319	1325	430	5191	1390	0
2	26	892	49	8321	1267	0
14	100	871	134	2881	1702	0
640	949	40207	4901	33856	44931	0
516	1070	97683	20389	78669	25134	0

主要统计指标解释

固定资产投资（不含农户） 指城镇和农村各种登记注册类型的企业、事业、行政单位及城镇个体户进行的计划总投资500万元及以上的建设项目投资和房地产开发投资，包括原口径的城镇固定资产投资加上农村企事业组织项目投资，该口径自2011年起开始使用。

房地产开发投资 指各种登记注册类型的房地产开发法人单位统一开发的包括统代建、拆迁还建的住宅、厂房、仓库、饭店、宾馆、度假村、写字楼、办公楼等房屋建筑物，配套的服务设施，土地开发工程（如道路、给水、排水、供电、供热、通讯、平整场地等基础设施工程）和土地购置的投资；不包括单纯的土地开发和交易活动。

建筑工程 指各种房屋、建筑物的建造工程。这部分投资额必须兴工动料，通过施工活动才能实现。建筑工程包括：（1）各种房屋如厂房、仓库、办公室、住宅、商店、学校、医院、俱乐部、食堂、招待所。包括：房屋的土建工程；列入房屋工程预算内的暖气、卫生、通风、照明、煤气等设备的价值及装设油饰工程；列入建筑工程预算内的各种管道（如蒸汽、压缩空气、石油、给排水等管道）、电力、电讯电缆导线等的敷设工程。（2）设备基础、支柱、操作平台、梯子、烟囱、凉水塔、水池、灰塔等建筑工程；炼焦炉、裂解炉、蒸汽炉等各种窑炉的砌筑工程及金属结构工程。（3）为施工而进行的建筑场地的布置、工程地质勘探，原有建筑物和障碍物的拆除，平整场地、施工临时用水、电、汽、道路工程，以及完工后建筑场地的清理、环境绿化美化工作等。（4）矿井的开凿，井巷掘进延伸，露天矿的剥离，石油、天然气钻井工程和铁路、公路、港口、桥梁等工程。（5）水利工程，如水库、堤坝、灌溉以及河道整治等工程。（6）防空、地下建筑等特殊工程及其他建筑工程。

安装工程 指各种设备、装置的安装工程。安装工程包括：（1）生产、动力、起重、运输、传动和医疗、实验等各种需要安装设备的装配和安装，与设备相连的工作台、梯子、栏杆等装设工程，附属于被安装设备的管线敷设工程，被安装设备的绝缘、防腐、保温、油漆等工作。（2）为测定安装工程质量，对单个设备、系统设备进行单机试运、系统联动无负荷试运工作（投料试运工作不包括在内）。

设备工器具购置 指报告期内购置或自制的，达到固定资产标准的设备、工具、器具的价值。

（1）设备：指各种生产设备、传导设备、动力设备、运输设备等。分为需要安装的设备和不需要安装的设备两种。需要安装的设备（简称“需安设备”）是指必须将其整体或几个部位装配起来，安装在基础上或建筑物支架上才能使用的设备。如轧钢机、发电机、蒸汽锅炉、变压器、塔、换热器、各种泵、机床等。有的设备虽不要基础，但必须进行组装工作，并在一定范围内使用，如生产用电铲、塔吊、门吊、皮带运输机等也作为需要安装的设备统计。不需要安装的设备（简称“不需安设备”）指不必固定在一定位置或支架上就可以使用的各种设备，如电焊机、叉车、汽车、机车、飞机、船舶以及生产上流动使用的空压机、泵等。

（2）工具、器具：指具有独立用途的各种生产用具、工作工具和仪器。如生产和维修用的切削工具、压延工具、铆焊工具、模压器、铸型、风镐等，检验、实验测量用的各种计量、分析、化验仪器，以及达到固定资产标准的包装容器等。以融资租赁方式购置的设备，租金支出应纳入固定资产投资，由承租人填报，出租人不得填报。以经营租赁方式购置的设备，租金支出不应纳入固定资产投资统计。外购设备、工具、器具除设备本身的价格外，还应包括运杂费、仓库保管费、购买支持设备运行的软件系统的费用等，但不包括软件系统的后续技术服务费。自制的设备、工具、器具，按实际发生的全部支出计算。

其他费用 指在项目建设过程中发生的，除建筑安装工程和设备、工器具购置投资完成额以外的费用，不指经营中财务上的其他费用。

房屋建筑面积 指从房屋外墙线算起的各层平面面积的总和，包括可供使用的有效面积和房屋结构（如柱、墙）占用的面积。多层建筑按各层（包括地下室）面积总和计算。

住宅建筑面积 指施工和竣工房屋建筑面积中供居住用的施工和竣工房屋建筑面积。

房屋施工面积 指报告期内施工的全部房屋建筑面积。包括本期新开工的房屋建筑面积、上期跨入本期继续施工的房屋建筑面积、上期停缓建在本期恢复施工的房屋建筑面积、本期竣工的房屋建筑面积及本期施工后又停缓建的房屋建筑面积。

房屋竣工面积 指报告期内房屋建筑按照设计要求已全部完工，达到住人和使用条件，经验收鉴定合格或达到竣工验收标准，可正式移交使用的各栋房屋建筑面积的总和。

新增固定资产 指在报告期已经完成建造和购置过程，并已交付生产或使用单位的固定资产的价值，包括已经建成投入生产或交付使用的工程投资和达到固定资产标准的设备、工具、器具的投资及有关应摊入的费用。该指标是表示固定资产投资成果的价值指标，也是反映建设进度，计算固定资产投资效果的重要指标。

建筑业统计单位 指从事房屋、构筑物建造和设备安装活动的法人企业。建筑业法人企业应同时具备的条件是：①依法成立，有自己的名称、组织机构和场所，能够承担民事责任；②独立拥有和使用资产，承担负债，有权与其他单位签订合同；③独立核算盈亏，能够编制资产负债表；④具有建筑业资质。

建筑业总产值 指以货币表现的建筑业企业在一定时期内生产的建筑业产品和服务的总和。建筑业总产值包括：

（1）建筑工程产值：指列入建筑工程预算内的各种工程价值。

（2）安装工程产值：指设备安装工程价值以及将预制部品部件安装成建筑工程产品的价值。

（3）其他产值：指建筑业总产值中除建筑工程、安装工程以外的产值。

①房屋构筑物修理产值：指房屋和构筑物的修理所完成的产值，但不包括被修理房屋、构筑物本身价值和生产设备的修理价值。

②非标准设备制造产值：指加工制造没有定型的非标准生产设备的加工费和原材料价值以及附属加工厂为本企业承建工程制作的非标准设备的价值。

房屋施工面积 指报告期内施工的全部房屋建筑面积。包括本期新开工的房屋建筑面积、上期跨入本期继续施工的房屋建筑面积、上期停缓建在本期恢复施工的房屋建筑面积、本期竣工的房屋建筑面积及本期施工后又停缓建的房屋建筑面积。

房屋竣工面积 指报告期内房屋建筑按照设计要求已全部完工，达到住人和使用条件，经验收鉴定合格或达到竣工验收标准，可正式移交使用单位的各栋房屋建筑面积的总和。

营业收入 指企业从事销售商品、提供劳务和让渡资产使用权等生产经营活动形成的经济利益流入。包括“主营业务收入”和“其他业务收入”。

主营业务收入 指企业经营主要业务所实现的收入。

营业成本 指企业从事销售商品、提供劳务和让渡资产使用权等生产经营活动发生的实际成本。包括“主营业务成本”和“其他业务成本”。

主营业务成本 指企业经营主要业务所发生的成本总额。

税金及附加 指企业因从事生产经营活动按税法规定应缴纳的消费税、城市维护建设税、资源税、环境保护税、教育费附加及房产税、城镇土地使用税、车船使用税、印花税等相关税费。

营业利润 指企业从事生产经营活动所取得的利润，如亏损以“-”号表示。

利润总额 指企业在一定会计期间的经营成果，是生产经营过程中各种收入扣除各种耗费后的盈余，反映企业在报告期内实现的盈亏总额。利润总额为营业利润加上营业外收入，减去营业外支出后的金额。

统计资料

七、城市建设

7-1 城市主要经济指标

指标	单位	全市合计	市区合计	市区占全市比重（%）
人口、劳动力及土地面积				
年末户籍人口	万人	338.88	221.06	65.23
年平均人口	万人	442.02	325.44	73.63
常住人口	万人	442.51	325.70	73.60
年出生人口	人	26878	17714	65.91
年死亡人口	人	26272	17936	68.27
年末总户数	万户	120.04	83.94	69.93
年末单位就业人员数	万人	67.53	–	–
第一产业（农、林、牧、渔业）	万人	0.23	–	–
第二产业	万人	20.21	–	–
采矿业	万人	0.94	–	–
制造业	万人	7.68	–	–
电力、燃气及水的生产和供应业	万人	5.19	–	–
建筑业	万人	6.40	–	–
第三产业	万人	47.07	–	–
交通运输、仓储及邮政业	万人	3.70	–	–
信息传输、计算机服务和软件业	万人	3.06	–	–
批发和零售业	人	1	–	–
住宿、餐饮业	人	2	–	–
金融业	万人	4.27	–	–
房地产业	万人	3.15	–	–
租赁和商业服务业	万人	2.67	–	–
科学研究、技术服务和地质勘查业	万人	3.74	–	–
水利、环境和公共设施管理业	万人	1.67	–	–
居民服务和其他服务业	万人	0.10	–	–
教育	万人	7.99	–	–
卫生和社会工作	人	5	–	–
文化、体育和娱乐业	万人	0.99	–	–
公共管理和社会组织	万人	7.80	–	–
年末城镇登记失业人员数	人	30148	28283	93.81
行政区域土地面积	平方公里	13192.48	1575.12	11.94
建成区面积	平方公里	413.14	253.83	61.44
城市建设用地面积	平方公里	264.52	163.35	61.75
居住用地面积	平方公里	76.93	63.62	82.70
公共设施用地面积	平方公里	11.92	5.23	43.88
工业用地面积	平方公里	57.75	23.30	40.35

注：自2020年开始，从业人员改为抽样调查，无县区数据。

7-1 城市主要经济指标（续一）

指标	单位	全市合计	市区合计	市区占全市比重（%）
综合经济				
地区生产总值（当年价格）	亿元	3487.30	2705.70	77.59
第一产业增加值	亿元	73.10	23.30	31.87
第二产业增加值	亿元	1120.60	768.50	68.58
第三产业增加值	亿元	2293.60	1913.90	83.45
地区生产总值（2020年价格）	亿元	-	-	-
人均地区生产总值	元	78894	88011	-
地区生产总值增长率	%	3.9	-	-
财政、金融、保险				
一般公共预算收入	万元	2553279	812302	31.81
税收收入	万元	1975270	669898	33.91
企业所得税	万元	165207	55717	33.73
个人所得税	万元	66286	26841	40.49
一般公共预算支出	万元	5029172	1520059	30.22
一般性公共服务支出	万元	482975	194082	40.18
科学技术支出	万元	77481	16590	21.41
教育支出	万元	787472	268650	34.12
文化体育与传媒支出	万元	51238	8806	17.19
医疗卫生支出（卫生健康支出）	万元	508367	175775	34.58
节能保护支出	万元	215424	17223	7.99
城乡社区事务支出	万元	458149	165823	36.19
交通运输支出	万元	246868	6078	2.46
社会保障和就业支出	万元	733970	310434	42.30
住房保障支出	万元	242683	106016	43.68
年末金融机构人民币各项存款余额	万元	104072194	87706151	84.27
其中：住户存款	万元	51301717	44835970	87.40
年末金融机构人民币各项贷款余额	万元	157835829	100807255	63.87

7-1 城市主要经济指标（续二）

指标	单位	全市合计	市区合计	市区占全市比重（%）
工业				
规模以上工业企业数	个	508	191	37.6
国有企业	个	23	10	43.5
集体企业	个			
股份合作制企业	个			
股份制企业	个	452	169	37.4
外商及港澳台投资企业	个	14	5	35.7
其他企业	个	19	7	36.8
平均用工人数	万人	11	6.3	57.3
工业总产值（当年价）	亿元	2611.5	1568.1	60.0
国有企业	亿元	312.6	268.2	85.8
集体企业	亿元	0.7	0.6	83.4
股份合作企业	亿元	1.1	1.1	100.0
股份制企业	亿元	2138.8	1266.4	59.2
外商及港澳台商投资企业	亿元	141.6	27.6	19.5
其他企业	亿元	16.6	4.3	25.8
流动资产合计	亿元	1506.5	746.4	49.5
固定资产原价	亿元	1848.5	1095.1	59.2
规模以上工业营业收入	亿元	2764.1	1617.8	58.5
规模以上工业营业成本	亿元	2305.7	1237.2	53.7
营业税金及附加	亿元	221.9	217.3	97.9
本年应交增值税	亿元	72.6	55.6	76.6
规模以上工业利润总额	亿元	56.4	61.3	108.7
邮电				
年末邮政局（所）数	处	157	99	63.06
邮政业务收入	万元	45826.74	35861.9	78.26
电信业务收入	万元	622619.93	—	
固定电话年末用户数	万户	51.64	43.95	85.11
移动电话年末用户数	万户	666.17	513.24	77.04
3G以上移动电话用户	万户	659.53	510.44	77.39
互联网宽带接入用户数	万户	276.07	208.45	75.51
能源、用电量				
综合能源消费量	万吨/标准煤	2718.47	1514	55.69
全社会用电量	万千瓦时	3888744	—	
工业用电	万千瓦时	2840573	—	
城乡居民生活用电	万千瓦时	307631	—	

注：工业统计范围为规模以上工业企业。

7-1 城市主要经济指标（续三）

指标	单位	全市合计	市区合计	市区占全市比重（%）
内外贸易、外经				
限额以上批发零售贸易业商品销售总额	万元	95346295	61826664.5	64.80
社会消费品零售总额	万元	17963313.7	16264293.8	90.50
限额以上批发零售企业数（法人数）	个	751	572	76.20
零售业	个	291	254	87.30
货物进口额（海关数据）	亿元人民币	70.18	—	—
货物出口额（海关数据）	亿元人民币	47.26	—	—
外商直接投资				
外商直接投资合同项目	个	19	14	73.68
当年实际使用外资金额	万美元	10316	623.68	6.05
固定资产投资				
固定资产投资额（不含农村）	万元	12661170	6050579	47.79
房地产开发投资额	万元	4029321	2965116	73.59
住宅	万元	3156861	2324481	73.63
全年新增固定资产	万元	2366147	1567404	65.36
商品房屋销售面积	万平方米	3376677	2206900	66.36
住宅	万平方米	3171399	2044880	64.48
商品房屋销售额	万元	2909335	2192691	75.37
住宅	万元	2667861	1998131	74.90
待售面积	万平方米	1141072	648311	56.82
教育、科技、文化、卫生				
学校数				
普通高等学校	所	31	—	—
中等职业教育学校	所	41	23	56.10
普通中学	所	212	126	59.43
小学	所	389	208	53.47
专任教师数				
普通高等学校	人	25428	—	—
中等职业教育学校	人	2125	818	38.50
普通中学	人	19157	10665	55.67
小学	人	15633	11637	74.44
在校学生数				
普通高等学校	人	513322	—	—

7-1 城市主要经济指标（续四）

指标	单位	全市合计	市区合计	市区占全市比重（%）
高中阶段在校学生数	人	70579	44883	63.59
中等职业教育学校学生数	人	26904	11042	41.04
普通中学学生数	万人	18.46	12.19	66.01
小学学生数	万人	28.13	20.17	71.70
初中毕业生升学率	%	100.00	100.00	67.00
职工高校在校学生数	人	—	—	
体育场馆数	个	21	14	67.00
剧场、影剧院数	个	52	42	80.00
公共图书馆图书总藏量	千册	2268.528	1739.10	76.66
广播节目综合人口覆盖率	%	99.85	99.9	
电视节目综合人口覆盖率	%	100.00	100.00	
有线电视入户率	%	—	—	
医院、卫生院数	个	178	113	63.48
医院、卫生院床位数	张	31811	26824	84.32
医生数（执业医师+执业助理医师）	人	16958	14918	87.97
注册护士	人	23752	20719	87.90
社会保障				
居民消费价格指数（上年为100）	%	100.60	—	
城镇职工基本养老保险参保人数	人	1198305	1093038	91.22
城镇居民基本医疗保险参保人数	人	2048959	1108836	54.12
失业保险参保人数	人	750564	705092	93.94
社会福利院数	个	6	3	50.00
社会福利院床位数	张	898	846	94.21
社区服务设施数	个	424	399	94.10
城市社区综合服务设施覆盖率	%			
城镇居民最低生活保障人数	人	24842	21060	84.78
社会治安				
交通事故死亡人数	人	240	114	47.50
交通事故损失额	万元	310	190.55	61.47
火灾事故死亡人数	人	5	4	80.00
火灾事故损失额	万元	4603.47	4323.99	93.93
刑事案件立案数	起	9072	5106	56.28
犯罪人数	人	11103	6497	58.52
青少年人数（年龄16-25周岁）	人	2110	952	45.12

7-2 城市设

指标	2010年	2011年	2012年	2013年	2014年
建成区面积（平方公里）	196.26	196.97	198.67	207.00	282.20
城市人口密度（人/平方公里）	1614.00	1613.00	9561.00	8931.00	5878.00
燃气普及率（%）	89.37	88.98	88.71	90.10	86.93
年末公用自来水生产能力（万立方米/日）	156.51	157.97	150.78	144.60	148.85
地下水	12.60	12.60	12.00	10.00	10.70
全年供水总量（万立方米）	24275.92	29401.10	26827.67	21818.49	23902.57
居民家庭用水	9804.14	10132.90	9644.75	9337.83	10230.56
用水人口（万人）	188.54	187.10	186.46	174.27	205.31
道路长度（公里）	906.60	909.81	926.57	1093.22	1513.50
道路面积（万平方米）	2161.50	2168.35	2218.89	2910.44	3545.53
人均拥有道路面积（平方米）	10.89	10.97	11.18	14.79	16.56
排水管道长度（公里）	724.00	765.49	832.39	1360.50	2311.01
桥梁数（个）	199	202	205	206	254
污水年排放量（万立方米）	22318	16097.3	19785	19285	19018
污水年处理量（万立方米）	12845	10760	13401	14781	15881
污水日处理能力（万立方米）	44.0	44.5	71.9	71.9	75.1
污水处理率（%）	60.00		67.73	82.03	83.51
防洪堤长度（公里）	180.00	180.00	180.00	235.20	260.12
绿化覆盖面积（公顷）	5495.00	4940.00	6548.00	7730.00	7919.36
建成区绿化覆盖率（%）	25.02	25.08	30.01	34.52	26.46
园林绿地面积（公顷）	4441.00	4471.00	5494.00	6584.00	7201.62
公共绿地面积（公顷）	1714.00	1720.00	1762.00	2058.00	2333.13
人均公共绿地面积（平方米）	8.63	8.70	8.88	10.46	10.90
公园个数（个）	14	14	14	16	25
公共汽（电）车营运车辆（辆）	2149	2163	2270	2745	2769
标准运营台数（标台）	2666	2682	2924	3326	3115
公共汽（电）车客运总量（万人次）	61554	62050	3373	76428	77676
出租汽车（辆）	6738	6738	6738	7913	7591

注：2007年道路长度、道路面积等市政设施数据为市政管理系统内数据，与往年数据不可比。

施水平

2015年	2016年	2017年	2018年	2019年	2020年	2021年	2022年	2023年
310.86	310.85	356.79	366.84	366.84	366.84	375.61	413.14	413.14
7274	7253	7211	7054.5	7734	7734	8127.46	6029	
87.3	87.64	87.65	92.93	91.3	93.37	98.01	97.8	97.05
165.27	161.27	175.17	175.67	178.07	188	175.25	174.95	210.95
12.3	13.81	13.86	13.86	13.84	10	0.21	0.16	0.16
27491.6	26441.37	27178.06	28463.3	28800.71	24747	31057.39	30045.95	30451.87
11082.04	10327.2	10405.87	11556	11770.77	11775.97	12360.62	12547.08	12922.40
257.49	264.46	269.49	257.01	270.58	270.58	321.13	324.88	344.78
1678.95	1834.33	1963.26	2213.37	2355.22	2355.22	2466.27	2539.05	2586.81
4294.88	4536.73	4805.11	5611.84	5872.34	5982.48	5985.1	5837.95	6043.35
16	16.57	17.43	20.75	20.77	22.77	18.37	17.86	17.37
2783.7	3028.7	3241.22	3219.11	3193	3193	3543.66	3565.4	3665.8
337	375	419	423	435	435	460	460	487
19971	18686	19986		19684	20511	24488.18	23853.09	24750.57
17766	17743	19081		19207	19993	23571.99	23099	24125
77.6	70.7	74		60	60	76	113.5	93.50
88.96	94.95	95.47		97	97.47	96.26	96.84	97.47
				327.77	328.92	344.7	362.56	372.83
8369.36	9311	10733.87	11285.42	11451.07	11451.07	12010.19	12727.04	12785.95
25.2	26.69	29.98	31.07	33.14	33.14	31.82	30.73	30.68
7742.59	7852.3	9592.07	10076.76	10003.6	10003.6	10614.02	11610.98	11674.92
2526.9	2586.3	3454.5	3660.24	3693.27	3731.09	3738.25	4557.06	4558.32
9.41	9.52	12.53	13.54	13.06	13.19	11.47	13.94	13.10
29	29	35	36	37	37	40	43	52
2739	2800	2801	3319	3109	3189	3189	3078	2890
3094	3162	3165	4191.7	3928	3816	3816	3933	3688
75004	80186	81756	79733.9	78335	59695	58028	35302	47700
8221	9583	9648	10309	10566	10766	10640	10416	11829

7–3 工业废水排

指标	2005年	2006年	2007年	2008年	2009年	2010年
工业废水						
工业废水排放量（万吨）	4352.00	4029.00	3725.00	3737.12	2945.18	2529.10
化学需氧量（吨）	3583.00	3095.00	2112.00	2199.38	1834.62	3103.38
氨氮（吨）	267.11	281.95		205.34	134.89	209.84
石油类（吨）	207.16	140.60		79.68	40.19	28.42
挥发酚（吨）	0.94	0.61		0.15	0.21	0.17
氰化物（吨）	0.59	0.11		0.13	0.10	0.12
砷（吨）	0.17	0.15	0.18	0.21	0.20	0.12
铅（吨）	1.04	1.23	1.20	0.28	0.14	0.05
镉（吨）	0.25	0.19	0.25	0.20	0.09	0.04
六价铬化合物（吨）	0.10	0.88	0.64	0.29	0.11	0.12
工业废气						
工业废气排放量（亿标立方米）	1338	1342	1766	1870	2070	1805
二氧化硫排放量（吨）	60924	69947	64044	71865	70687	69800
氮氧化物排放量（吨）		34349	37431	36644	43738	45243
工业烟尘排放量（吨）		36457	27237	24084	19424	21269
工业固体废物						
工业固体废物产生量（万吨）	160.54	258.39	412.41	372.41	485.82	507.31
工业固体废物处置量（万吨）	0.48	34.94	21.67	22.26	30.35	29.17
工业固体废物综合利用量（万吨）	152.31	181.66	344.60	290.75	364.88	413.23
工业固体废物贮存量（万吨）	4.64	41.78	54.39	59.42	102.00	82.19
生活污水						
城镇生活污水排放量（万立方米）	12375	12625	12740	13859	13923	15147
城镇生活污水处理量（万立方米）	4839	5200	5002	5564	8555	10636
城镇生活污水处理率（%）	39.10	41.19	39.26	40.15	61.45	70.22

注：2011年环境统计国家启动“十二五”环境统计系统，与“十一五”环境统计在统计口径、方法、范围等方面有所调整变动，故部分统计指标数据与往年不可比。

放处理情况

2011年	2012年	2013年	2014年	2015年	2016年	2017年	2018年
4097.28	4624.55	4909.07	4563.49	4138.48	3341.89	3527.75	3780.53
4658.62	4348.47	4445.77	4005.99	3307.95	899.96	2168.76	1093.25
2431.58	2642.68	2723.12	2648.30	2656.1	66.54	68.43	43.62
86.57	68.79	87.85	93.53	541.15	17.13	45.43	38.47
8.40	0.39	0.79	3.14	1.75	0.80	24530.59	331.84
0.02	0.03	0.02	0.02	0.02	0.04	83.74	34.7
			0.00	0.001	1.06	6.56	5.3
0.09			0.01	0.009	1.37	13.15	2.75
0.02			0.01	0.004	4.15	6.22	1.80
0.15	0.00	0.01	0.01	0.006	2.77	7.68	4.00
3183	3954	4068	3768	3576.57	2566.45	2146.49	2731.78
92722	68654	72148	67616	61240	19192.01	20095.17	21376.50
79722	83804	79915	66026	54079	28557.87	27618.2	29608.39
39710	33598	40109	64214	45209	15891.59	15786.31	19986.35
604.55	627.88	624.58	638.62	607.75	291.05	307.8	402.02
43.39	23.19	14.75	7.22	7.4	10.07	28.74	12.32
561.15	603.04	608.17	628.73	598.4	280.72	279.22	389.51
0.04	1.65	1.66	2.67	2.07	0.55	0.48	1.93
12000	13687		19018	19971	17530.51	17773.26	21468.35
9502	9670		15881	17766	17342.91	17364.35	19665.14
79.19	70.65		83.51	88.96	98.93	97.7	91.6

7-3 工业废水排放处理情况（续一）

指标	2019年	2020年	2021年	2022年	2023年
工业废水					
工业废水排放量（万吨）	3260.03	3006.08	2611.15	2625.62	2514.13
化学需氧量（吨）	1043.78	813.54	795.97	716.56	609.26
氨氮（吨）	32.77	35.66	27.93	20.84	15.61
石油类（吨）	43.17	11.88	7.60	10.74	11.85
挥发酚（千克）	159.28	71.66	101.95	144.86	170.81
氰化物（千克）	0.30	0.31	69.09	143.51	128.85
砷（千克）	5.75	0.74	2.87	2.56	1.20
铅（千克）	2.69	0.12	0.06	0.07	0.06
镉（千克）	1.16	0.18	0.49	0.79	0.05
六价铬化合物（千克）	2.67	0.74	0.61	0.43	0.54
工业废气					
工业废气排放量（亿标立方米）	2467.52	2844.93	3055.06	2827.22	3444.94
二氧化硫排放量（吨）	17442.80	12713.86	12922.42	12380.76	17660.20
氮氧化物排放量（吨）	30149.17	15919.03	15038.83	15151.89	15310.11
工业烟尘排放量（吨）	24878.54	6731.92	5245.04	5632.49	6613.56
工业固体废物					
工业固体废物产生量（万吨）	413.47	522.65	522.16	572.63	545.09
工业固体废物处置量（万吨）	15.29	5.84	4.66	5.46	7.28
工业固体废物综合利用量（万吨）	398.39	510.59	511.43	561.19	537.71
工业固体废物贮存量（万吨）	1.16	6.31	6.19	6.09	0.21
生活污水					
城镇生活污水排放量（万立方米）	19684	20511	24488.18	23853.09	21591
城镇生活污水处理量（万立方米）	19207	19993	23571.99	23099	20966
城镇生活污水处理率（%）	97.58	97.47	96.26	96.84	97.04

注：2011年环境统计国家启动“十二五”环境统计系统，与“十一五”环境统计在统计口径、方法、范围等方面有所调整变动，故部分统计指标数据与往年不可比。

7-4 环境保护

指标	2016年	2017年	2018年	2019年	2020年	2021年	2022年	2023年
工业废水排放量（万吨）	3341.87	3527.75	3780.53	3260.03	3006.08	2611.15	2625.62	2514.13
工业废气排放量（亿立方米）	2566.45	2146.49	2731.78	2467.52	2844.93	3055.06	2827.22	3444.94
工业二氧化硫产生量（吨）	108371.78	94777.47	121178.64	105708.15	115384.26	108743.66	106440.57	121582.89
工业二氧化硫排放量（吨）	19192.01	20095.17	21376.50	17442.80	12713.86	12922.42	12380.76	17660.20
工业氮氧化物产生量（吨）	54119.06	54896.46	54518.43	61612.82	47534.22	47266.20	44990.47	44798.15
工业氮氧化物排放量（吨）	28557.87	27618.2	29608.39	30149.17	15919.03	15038.83	15151.89	15310.11
工业烟（粉）尘产生量（吨）	3199993.62	2738546.55	3123671.39	3576534.80	3269841.92	3508685.19	3677149.41	3845513.81
工业烟（粉）尘排放量（吨）	15891.59	15786.31	19986.35	24878.54	6731.92	5245.04	5632.49	6613.56
一般工业固体废物综合利用率（%）	96.45	90.52	96.48	96.04	97.69	97.94	98.0	98.63
城镇污水处理率（%）	95.72	95.49	96.00	97.0	97.47	96.26	96.84	97.04
污水处理厂集中处理率（%）	95.72	95.49	96.00	97.0	97.47	96.26	96.84	97.04
生活垃圾无害化处理率（%）	40.40	100.0	99.39	100.0	100.0	100.0	100.0	100.00
空气质量达到及好于二级的天数（天）	243		213	296	312	296	301	282
空气质量达到及好于二级的比例（%）		68.9	67	81.1	85.2	81.1	82.5	77.3

注：2014年环境统计在统计口径、方法、范围等方面有所调整变动。

主要统计指标解释

年末自来水生产能力 指年底城建部门管理的自来水厂和自备水源的社会单位取水、净化、送水、出厂输水干管等环节的实际生产能力。

年末供水管道长度 指从送水泵到用户水表之间所有管道的长度。

全年供水总量 指公用自来水厂和自备水源的社会单位全年的供水总量，包括有效供水量及损失水量。

生活用水量 指居民日常生活与公共福利设施的用水量，包括居民、饮食店、旅馆、医院、理发店、浴池、洗衣店、游泳池、商店、学校、机关、部队等单位的用水量。

城市人口用水普及率 指城市用水人口数与城市人口总数之比。计算公式为：

用水普及率=城市用水人口数/城市人口总数×100%

全年供气总量 指全年售给各类用户的全部煤气量，包括工业用量、家庭用量和其他用量。

城市用气普及率 指使用煤气（包括人工煤气、液化石油气、天然气）的城市人口数与人口总数之比。计算公式为：

城市用气普及率=城市用气人口数/城市人口总数×100%

年底实有铺装道路长度 指除土路外，路面经过铺装宽度在3.5米以上的道路，包括高级、次高级道路和普通道路。

城市桥梁 指城市范围内，修建在河道上的桥梁和道路与道路立交、道路跨越铁路的立交桥及人行天桥。包括永久性桥和半永久性桥、不包括临时性桥、铁路桥、涵洞。

城市下水道总长度 指所有排水总管、干管、支管及暗渠、检查井、连接井进出水口等长度之和。

城市污水日处理能力 指污水处理厂每昼夜处理污水量的设计能力。

年末实有公共汽（电）车 指年底可参加营运的全部车辆数，包括营运车辆数和库存查封未参加营运的车辆。不包括非营运车辆，如架线车、油罐车、工程车、货车及其他专用车辆和借入的客运车辆。

城市园林绿地面积 指城市公共绿地、专用绿地、生产绿地、防护绿地、郊区风景名胜区的全部面积。

公共绿地 指供游览休息的各种公园、动物园、植物园、陵园以及花园、游园和供游览休息用的林荫道绿地、广场绿地，不包括一般栽植的行道树及林荫道的面积。

工业废水排放量 指经过企业厂区所有排放口排到企业外部的工业废水量。包括生产废水、外排的直接冷却水、超标排放的矿井地下水和与工业废水混排的厂区生活污水，不包括外排的间接冷却水（清污不分流的间接冷却水应计算在内）。

工业废水排放达标量 指各项指标都达到国家或地方排放标准的外排工业废水量，包括未经处理外排达标和经过处理后外排达标两部分。

工业废气排放量 指企业厂区内燃料燃烧和生产工艺过程中产生的各种排入空气的含有污染物的气体总量，按标准状态（273K，101325Pa）计算。

工业二氧化硫排放量 指企业在燃料燃烧和生产工艺过程中排入大气的二氧化硫数量。

烟尘排放量 指企业厂区内燃料燃烧产生的烟气中夹带的颗粒物数量。

工业粉尘排放量 指企业在生产工艺过程中排放的颗粒物重量，如钢铁企业的耐火材料粉尘、焦化企业的筛焦系统粉尘、烧结机的粉尘、石灰窑的粉尘、建材企业的水泥粉尘等。不包括电厂排入大气的烟尘。

工业固体废物产生量 指企业在生产过程中产生的固体状、半固体状和高浓度液体状废弃物的总量，包括危险废物、冶炼废渣、粉煤灰、炉渣、煤矸石、尾矿、放射性废物和其他废物等；不包括矿山开采的剥离废石和掘进废石（煤矸石和呈酸性或碱性的废石除外）。酸性或碱性废石指采掘的废石其流经水、雨淋水的pH值小于4或pH值大于10.5者。

工业固体废物处置量 指将固体废物焚烧或者最终置于符合环境保护规定要求的场所，并不再回取的工业固体废物量（包括当年处置往年的工业固体废物累计贮存量）。处置方法有填埋（其中危险废物应安全填埋）、焚烧、专业贮存场（库）封场处理、深层灌注、回填矿井等。

统计资料

兰州统计年鉴

LANZHOU STATISTICAL YEARBOOK

2024

八、商业、物价

8-1 社会消费品零售总额

年份	社会消费品零售总额（万元）				构成（%）总额=100		
		市	县	县以下	市	县	县以下
1979	64608	53500	3259	4849	82.8	5.04	7.51
1980	79602	72573	2237	4792	91.2	2.81	6.02
1981	92916	84135		5501	90.5	3.53	5.92
1982	98106	87569		6446	89.3	4.17	6.57
1983	109073	99474		6032	91.2	3.27	5.53
1984	166936	151828			90.9	9.05	
1985	203181	177743	25438		87.5	12.52	
1986	238390	216103	22287		90.7	9.35	
1987	267759	237787	29972		88.8	11.19	
1988	366358	326329	40029		89.1	10.93	
1989	408412	365089	43323		89.4	10.61	
1990	354709	311443	43266		87.8	12.20	
1991	394014	354217	39797		89.9	10.10	
1992	493967	448676	45291		90.8	9.17	
1993	605588	564094	41494		93.1	6.85	
1994	770741	708005	31824	30912	91.9	4.13	4.01
1995	966709	888130	40517	38062	91.9	4.19	3.94
1996	1104678	1015253	49537	39888	91.9	4.48	3.61
1997	1218665	1129795	47545	41325	92.7	3.90	3.39
1998	1354030	1260477	47222	46331	93.1	3.49	3.42
1999	1474674	1373534	48077	53063	93.1	3.26	3.60
2000	1600561	1509263	39784	51514	94.3	2.49	3.22
2001	1738827	1639730	46915	52182	94.3	2.70	3.00
2002	1905594	1794946	57227	53421	94.2	3.00	2.80
2003	2065349	1926373	54154	54822	93.3	2.62	2.65
2004	2280165	2159442	59866	60857	94.7	2.63	2.67
2005	2566724	2427080	67019	72625	94.6	2.61	2.83
2006	2897169	2745380	73430	78359	94.8	2.53	2.70
2007	3375659	3203985	83606	88068	94.9	2.47	2.63
2008	3950438	3757344	94160	98934	95.1	2.38	2.50
2009	4697711	4476705	107783	113223	95.3	2.30	2.40
2010	5451055	4744277	706778		87.0	13.0	
2011	6397231	5603581	793649		87.6	12.4	
2012	7491157	6560692	930465		87.6	12.4	
2013	8438727	7391130	1047597		87.6	12.4	
2014	10568321	9300122	1268198		88.0	12.0	
2015	11521498	10138918	1382580		88	12.00	
2016	12633456	10653889	1979567		84.3	15.7	
2017	13587245	11558602	2028643		85.1	14.9	
2018	13520905	12632395	888510		90.0	10.0	
2019	16720018	14705755	2014263		88.0	12.0	
2020	16412397	14389435	2022962		87.7	12.3	
2021	17577416	15374556	2202860		87.5	12.5	
2022	15982127	14053161	1928966		87.9	12.1	
2023	17963314	15748861	2214453		87.7	12.3	

8-1 社会消费品零售总额（续一）

年份	分行业社会消费品零售总额（万元）			构成（%）总额=100		
	批零贸易业	住宿和餐饮业	其他行业	批零贸易业	住宿和餐饮业	其他行业
1979	55977	2386	3245	86.64	3.69	5.02
1980	67896	3290	8416	85.29	4.13	10.57
1981	77210	4031		83.10	4.34	12.57
1982	81043	3874		82.61	3.95	13.44
1983	87159	4648		79.91	4.26	15.83
1984	101189	5664		60.62	3.39	35.99
1985	137567	17350	48264	67.71	8.54	23.75
1986	165123	21034	52233	69.27	8.82	21.91
1987	192654	23405	51700	71.95	8.74	19.31
1988	263426	32784	70148	71.90	8.95	19.15
1989	301917	33918	72577	73.92	8.30	17.77
1990	251581	34456	68672	70.93	9.71	19.36
1991	293871	33568	66575	74.58	8.52	16.90
1992	370852	49427	73688	75.08	10.01	14.92
1993	461105	58999	85484	76.14	9.74	14.12
1994	540727	111711	118303	70.16	14.49	15.35
1995	653752	127310	185647	67.63	13.17	19.20
1996	754505	140560	209613	68.30	12.72	18.98
1997	788732	186582	243351	64.72	15.31	19.97
1998	880561	180563	292906	65.03	13.34	21.63
1999	914579	201725	358370	62.02	13.68	24.30
2000	1084917	221303	294341	67.78	13.83	18.39
2001	1138362	232434	368031	65.47	13.37	21.17
2002	1244846	257582	403196	65.33	13.52	21.16
2003	1654686	273156	107507	80.12	13.23	5.21
2004	1845340	334777	100048	80.93	14.68	4.39
2005	2057580	413882	95262	80.16	16.12	3.71
2006	2307010	484796	105363	79.63	16.73	3.64
2007	2700054	555978	119627	79.99	16.47	3.54
2008	3208468	652704	89266	81.22	16.52	2.26
2009	3842104	764723	90884	81.79	16.28	1.93
2010	4568077	882978		83.00	17.00	
2011	5288752	1108479		83.00	17.00	
2012	6195624	1295533		83.00	17.00	
2013	7033071	1405656		83.00	17.00	
2014	10568321	8877389	1690931	84.00	16.00	
2015	9678058	1843440		84.0	16.0	
2016	10560442	2047318		83.80	16.20	
2017	11398918	2188327		83.89	16.11	
2018	12030848	1490057		88.98	11.02	
2019	14903676	1816342		89.14	10.86	
2020	14659484	1752913		89.32	10.68	
2021	15667445	1909971		89.13	10.87	
2022	14703831	1278296		92.00	8.00	
2023	16346270	1617044		91.00	9.00	

8-2 各区县社会消费品零售总额

地区	2023年（万元）	比2022年增长（%）
兰州市	**17963313.7**	**12.4**
城关区	9675787.2	12.7
七里河区	2732108.2	12.3
西固区	1538026.5	12.1
安宁区	1996720.0	14.0
红古区	321651.9	8.5
永登县	345620.8	12.0
皋兰县	101690.1	7.9
榆中县	417307.0	14.0
兰州新区	834402.0	8.3

8-3 限额以上批发和零售业

指标	法人企业数（个）	从业人员期末人数（人）	商品购进额	
				进口
总计	817	54102	80019278.2	670544.0
批发业	495	23367	74582420.0	583125.7
按批发行业小类分				
农、林、牧产品批发	15	253	1003457.7	16039.8
谷物、豆及薯类批发	5	67	318178.1	8725
种子批发	1	24	15879.8	264.3
畜牧渔业饲料批发	4	105	172070.1	5078.5
棉、麻批发	0			
其他农牧产品批发	5	57	497329.7	1972.0
食品、饮料及烟草制品批发	58	5389	1093424.4	14911.4
米、面制品及食用油批发	12	342	161355.1	3976
糕点、糖果及糖批发	1	28	9420.5	
果品、蔬菜批发	7	275	26950.4	0
肉、禽、蛋、奶及水产品批发	10	387	105447.3	10935.4
盐及调味品批发	1	505	8727.0	
营养和保健品批发	1	30	5540.9	
酒、饮料及茶叶批发	17	2047	284547.5	0
烟草制品批发	1	672	426452.1	0
其他食品批发	8	1103	64983.6	0
纺织、服装及家庭用品批发	17	1035	208261.7	0
纺织品、针织品及原料批发	0			
服装批发	10	747	99288.9	0
鞋帽批发	2	138	32999.5	0
化妆品及卫生用品批发	3	55	10566.7	
日用电器批发	2	95	65406.6	
其他家庭用品批发	0			
文化、体育用品及器材批发	13	1520	452463.3	0
文具用品批发	1	78	23651.8	0
体育用品及器材批发	1	228	24716.7	
图书批发	3	109	29121.4	0
首饰、工艺品及收藏品批发	8	1105	374973.4	0

商品购进、销售、库存总额

单位：万元

商品销售额	批发额	出口	零售额	期末商品库存额	年末零售营业面积（平方米）
82612556.2	77103705.8	137340.8	5499945.1	2040851.3	2290626
76607515.5	76221621.2	137340.8	378675.9	1520642.3	223880
1039047.9	1037649.6	35217.1	1398.3	28014.0	5973
328532.7	328532.7	19579.8	0	22961.8	17
17481.5	17481.5	9411.0		1660.0	
193009.9	191761.9	0	1248	2111.0	309
500023.8	499873.5	6226.3	150.3	1281.2	5647
1406437.1	1376581.0	872.9	29856.1	114827.4	21136
197443.7	197443.7	872.9	0	34437.5	576
10952.1	10952.1		0	683.2	
34181.8	31394.1	0	2787.7	388.2	1559
117209.7	109589.9	0	7619.8	8584.0	16460
15403.8	15403.8			2487.1	
6728.6	6728.6			41.0	
352342.6	340709.0	0	11633.6	31329.8	2541
599177.7	599177.7	0	0	23798.7	0
72997.1	65182.1	0	7815.0	13077.9	0
242151.8	232047.8	0	10058	30780.6	11759
115563.8	105868.9	0	9648.9	22879.7	10745
33304.7	33304.7	0	0	5646.2	
14756.8	14756.8			994.7	96
78526.5	78117.4		409.1	1260.0	918
506837.2	454456.6	0	52380.6	41788.1	2410
25007.5	25007.5	0	0	0	0
29582.9	29582.9			10711.0	
32612.3	32335.8	0	276.5	893.0	2051
419634.5	367530.4	0	52104.1	30184.1	359

8-3 限额以上批发和零售业

指标	法人企业数（个）	从业人员期末人数（人）	商品购进额	进口
医药及医疗器材批发	90	5809	2536777.1	0
西药批发	47	4510	2117979.8	0
中药批发	10	466	181416.3	0
医疗用品及器材批发	33	833	237381.0	0
矿产品、建材及化工产品批发	209	5858	65958044.0	495787.7
煤炭及制品批发	21	665	1754984.9	0
石油及制品批发	29	1890	28435430.3	404547.1
非金属矿及制品批发	4	105	31784.4	0
金属及金属矿批发	87	1788	29505206.9	89204.8
建材批发	33	539	2883601.5	1763.5
化肥批发	5	400	204903.8	0
农药批发	1	2	5016.5	
其他化工产品批发	29	469	3137115.7	272.3
机械设备、五金产品及电子产品批发	77	3249	1200592.0	2655.9
农业机械批发	1	6	6630.7	0
汽车及零配件批发	21	746	303765.4	0
摩托车及零配件批发	3	17	10161.1	0
五金产品批发	7	79	81969.8	2655.9
电气设备批发	2	43	17351.0	0
计算机、软件及辅助设备批发	9	295	58587.4	0
通讯设备批发	17	1116	546464.5	0
广播影视设备批发	0			
其他机械设备及电子产品批发	17	947	175662.1	0
贸易经纪与代理	1	20	58862.2	53730.9
贸易代理	1	20	58862.2	53730.9
其他批发业	15	234	2070537.6	0
再生物资回收与批发	11	135	2049729.4	0
其他未列明批发业	4	99	20808.2	0

商品购进、销售、库存总额（续一）

单位：万元

商品销售额	批发额		零售额	期末商品库存额	年末零售营业面积（平方米）
		出口			
2680229.9	2639705.9	4115.3	40524	240345.0	22396
2188250.8	2150013.5	0	38237.3	198476.4	12558
205404.9	204577.6	4115.3	827.3	24107.3	7147
286574.2	285114.8	0	1459.4	17761.3	2691
67171242.7	67026067.2	81874.2	138003.1	944242.6	138823
1789824.4	1781445.2	0	8379.2	11764.8	15809
29181776.9	29064562.3	63801.1	117214.6	682882.6	95524
39024.4	39024.4	399.8	0	2482.5	89
29796178.1	29787155.0	6680.9	9023.1	141105.8	14536
2973817.0	2970485.1	0	3331.9	47292.9	12790
223032.0	223032.0	0	0	44306.7	45
5257.8	5257.8			0	0
3162332.1	3155105.4	10992.4	54.3	14407.3	30
1280136.0	1173680.2	12051.8	106455.8	108114.8	17267
7253.8	7253.8	0	0	1545.8	0
300147.2	234027.2	0	66120.0	45700.5	7901
9996.0	9956.0	0	40.0	1016.8	1760
82250.1	82250.1	0	0	7454.5	188
18532.6	18532.6	0	0	3150.9	222
60767.5	53106.5	0	7661.0	7341.7	1100
592034.8	591997	0	37.8	27335.5	1441
209154.0	176557.0	12051.8	32597.0	14569.1	4655
61630.1	61630.1	3209.5		2742.4	
61630.1	61630.1	3209.5		2742.4	
2219802.8	2219802.8	0	0	9787.4	4116
2195415.0	2195415.0	0	0	9376.0	101
24387.8	24387.8	0	0	411.4	4015

8-3 限额以上批发和零售业

指标	法人企业数（个）	从业人员期末人数（人）	商品购进额	
				进口
按登记注册类型分				
内资企业	491	22209	74360580.2	583125.7
国有独资公司	22	1132	25487314.3	71081.5
私营有限责任公司	314	12362	9102693.7	136732.2
其他有限责任公司	140	6981	31130463.3	375312
私营股份有限公司	2	4	122236.5	0
其他股份有限公司	3	246	3341807.0	0
全民所有制企业（国有企业）	4	946	4815336.6	0
集体所有制企业（集体企业）	2	33	11587.2	0
股份合作企业	2	488	339626.7	0
个人独资企业	1		0	
合伙企业	1	17	9514.9	
港澳台投资企业	2	159	30724.8	
港澳台投资有限责任公司	2	159	30724.8	
外商投资企业	2	999	191115.0	0
外商投资有限责任公司	1	866	88747.3	
其他外商投资企业	1	133	102367.7	
按控股情况分				
国有控股	124	7708	62428833.7	96311.1
集体控股	6	386	532053.7	0
私人控股	362	14167	11508008.9	486814.6
港澳台商控股	1	150	16431.4	
外商控股	2	956	97092.3	0
其他	0			
按经营形式分				
独立门店	235	10977	16049052.0	16107.2
连锁总店	0			
连锁加盟店	3	978	96339.4	0
其他	256	11392	58431790.5	567018.5
按单位规模分				
大型	18	6445	25676758.6	0
中型	190	13414	33261603.3	146128.2
小型	223	3378	11674507.9	383656.6
微型	64	130	3969550.2	53340.9

商品购进、销售、库存总额（续二）

单位：万元

商品销售额	批发额	出口	零售额	期末商品库存额	年末零售营业面积（平方米）
76347946.7	75962052.4	137340.8	378675.9	1506562.9	223880
26191006.7	26190853.1	19579.8	153.6	599531.8	890
9500186.0	9272131.8	95436.2	220835.8	382052.6	137803
31728464.6	31620886.1	22324.8	107578.5	380533.4	71610
138811.4	138811.4	0	0	0	0
3494504.6	3494504.6	0	0	16235.9	8448
4917941.9	4917941.9	0	0	93911.9	0
12679.2	12679.2	0	0	4241.5	45
354429.2	304390.1	0	50039.1	29403.5	4854
0			0		
9923.1	9854.2		68.9	652.3	230
35627.6	35627.6			3807.8	0
35627.6	35627.6			3807.8	0
223941.2	223941.2	0	0	10271.6	0
121573.5	121573.5			10271.6	
102367.7	102367.7				
63879885.4	63724189.0	44669.4	155696.4	983515.8	82083
550805.8	550640.4	0	165.4	47158.9	279
12025809.2	11795776.7	92671.4	222814.1	479050.1	141518
20739.5	20739.5			26.0	0
130275.6	130275.6	0	0	10891.5	
16811088.7	16696941.5	31684.5	114101.2	441396.8	60569
133770.7	80709.6	0	53061.1	22611.8	2040
59656554.6	59439902.9	105656.3	209479.3	1056427.4	155011
26473771.4	26285875.9	0	187895.5	815769.5	13478
34101295.2	33943370.5	52695.9	157924.7	459183.1	104099
11991308.3	11961009.0	20843.8	30299.3	219161.0	100533
4041140.6	4031365.8	63801.1	2556.4	26528.7	5770

8-3 限额以上批发和零售业

指标	法人企业数（个）	从业人员期末人数（人）	商品购进额	
				进口
零售业	322	30735	5436858.2	87418.3
按零售行业小类分				
综合零售	60	7216	550426.0	0
百货零售	37	2862	296164.7	0
超级市场零售	18	3807	231312.4	0
便利店零售	4	543	19536.6	0
其他综合零售	1	4	3412.3	
食品、饮料及烟草制品专门零售	20	633	119379.6	0
粮油零售	4	154	11508.3	0
糕点、面包零售	1	46	718.5	0
果品、蔬菜零售	3	91	12761.9	0
肉、禽、蛋、奶及水产品零售	3	35	3668.6	0
营养和保健品零售	1	48	2945.7	
酒、饮料及茶叶零售	4	48	77039.8	0
烟草制品零售	1	69	5196.8	
其他食品零售	3	142	5540.0	0
纺织、服装及日用品专门零售	25	1734	109641.3	0
纺织品及针织品零售	1	18	633.7	
服装零售	12	755	52044.3	0
鞋帽零售	2	104	2803.1	0
化妆品及卫生用品零售	2	259	16671.2	
钟表、眼镜零售	6	326	12463.7	0
自行车等代步设备零售	1	5	2940.1	
其他日用品零售	1	267	22085.2	
文化、体育用品及器材专门零售	13	2737	243757.8	220.0
文具用品零售	0			

商品购进、销售、库存总额（续三）

单位：万元

商品销售额	批发额	出口	零售额	期末商品库存额	年末零售营业面积（平方米）
6005040.7	882084.6	0	5121269.2	520209.0	2066746
950197.0	22401.4	0	927795.6	51453.9	1017754
639035.8	15840.1	0	623195.7	26409.9	577792
277619.7	582.2	0	277037.5	23172.0	396039
29921.8	5979.1	0	23942.7	1861.7	21358
3619.7			3619.7	10.3	22565
141510.7	56253.4	0	85257.3	7600.4	14681
12056.8	2192.7	0	9864.1	1117.0	2946
1565.8			1565.8	0.6	68
14566.7	0	0	14566.7	100.3	2329
5036.6	971.6	0	4065	117.6	250
2627.5			2627.5	644.5	2778
92754.9	52368.4	0	40386.5	3030.4	701
7328.8			7328.8	711.7	512
5573.6	720.7	0	4852.9	1878.3	5097
146468.9	1143.1	0	145325.8	16828.1	103820
682.0			682.0	32.2	2
71489.7	430.9	0	71058.8	6246.5	87461
3656.0	712.2	0	2943.8	987.0	2678
22880.4			22880.4	2174.0	4200
19981.3	0	0	19981.3	4609.3	2148
3814.8			3814.8	126.7	200
23964.7			23964.7	2652.4	7131
243430.2	2737.2	0	240693	43964.0	15917

8-3 限额以上批发和零售业

指标	法人企业数（个）	从业人员期末人数（人）	商品购进额	进口
体育用品及器材零售	0			
图书、报刊零售	3	2432	217713.1	0
珠宝首饰零售	5	231	19670.2	0
工艺美术品及收藏品零售	1	17	752.8	0
乐器零售	3	28	3775.7	220
其他文化用品零售	1	29	1846.0	0
医药及医疗器材专门零售	20	8807	310419.2	0
西药零售	19	8736	309356.8	0
中药零售	1	71	1062.4	0
医疗用品及器材零售	0			
汽车、摩托车、零配件和燃料及其他动力销售	144	8419	3840970.2	87198.3
汽车新车零售	126	6530	2519845.1	85306.3
汽车零配件零售	0			
摩托车及零配件零售	3	20	6910.2	1892
机动车燃油零售	13	1820	1305018.6	0
机动车燃气零售	2	49	9196.3	
家用电器及电子产品专门零售	31	852	147097.9	0
家用视听设备零售	0			
日用家电零售	5	299	63095.5	0
计算机、软件及辅助设备零售	14	263	36646.9	0
通信设备零售	8	203	28211.6	0
其他电子产品零售	4	87	19143.9	0
五金、家具及室内装饰材料专门零售	4	220	11777.0	0
五金零售	0			
灯具零售	0			
家具零售	2	194	5497.8	0
卫生洁具零售	1	23	1164.4	0
木质装饰材料零售	1	3	5114.8	0
陶瓷、石材装饰材料零售	0			
其他室内装饰材料零售	0			
货摊、无店铺及其他零售业	5	117	103389.2	0
互联网零售	1	8	29023.8	0
旧货零售	0			
生活用燃料零售	0			
其他未列明零售业	4	109	74365.4	0

商品购进、销售、库存总额（续四）

单位：万元

商品销售额	批发额	出口	零售额	期末商品库存额	年末零售营业面积（平方米）
212172.5	0	0	212172.5	40090.0	12588
23499.4	1732.6	0	21766.8	1726.1	1292
1744.0	529.2	0	1214.8	531.8	623
4168.6	198.3	0	3970.3	1505.2	874
1845.7	277.1	0	1568.6	110.9	540
405821.4	14460.5	0	391360.9	59815.2	241107
404622.8	14460.5	0	390162.3	59727.4	239931
1198.6	0	0	1198.6	87.8	1176
3863029.7	746511.7	0	3114831.1	325250.3	617938
2414641.7	244385.1	0	2168569.7	299104.5	387650
7547.4	0		7547.4	621.2	1140
1429126.6	502126.6	0	927000.0	25155.8	215645
11714.0			11714.0	368.8	13503
191812.4	32165.4	0	159647	12109.8	46731
66694.3	9457.9	0	57236.4	5951.8	35963
45447.0	13551.4	0	31895.6	3634.0	1939
59826.4	3529.6	0	56296.8	2359.0	7309
19844.7	5626.5	0	14218.2	165.0	1520
11472.3	353.2	0	11119.1	2398.3	2830
5861.6	185.4	0	5676.2	340.0	1350
1398.1	167.8		1230.3	1056.1	1200
4212.6	0	0	4212.6	1002.2	280
51298.1	6058.7	0	45239.4	789.0	5968
30622.1	0	0	30622.1	79.6	30
20676.0	6058.7	0	14617.3	709.4	5938

8-3 限额以上批发和零售业

指标	法人企业数（个）	从业人员期末人数（人）	商品购进额	
				进口
按登记注册类型分				
内资企业	313	29771	5153826.1	59813.0
国有独资公司	5	688	498003.1	0
私营有限责任公司	218	10421	2215412.7	47550.0
其他有限责任公司	78	14704	1561403.8	12263.0
私营股份有限公司	0			
其他股份有限公司	2	3751	854249.3	0
全民所有制企业（国有企业）	3	129	11084.8	
集体所有制企业（集体企业）	1	4	3412.3	
个人独资企业	6	74	10260.1	0
港澳台投资企业	7	811	221866.8	27605.3
港澳台投资有限责任公司	7	811	221866.8	27605.3
外商投资企业	2	153	61165.3	0
外商投资有限责任公司	1	40	116.8	0
其他外商投资企业	1	113	61048.5	
按控股情况分				
国有控股	35	7998	2045944.0	0
集体控股	8	1386	128485.9	
私人控股	271	20500	3040444.7	59813.0
港澳台商控股	7	811	221866.8	27605.3
外商控股	1	40	116.8	0
其他	0			
按经营形式分				
独立门店	250	14482	3194264.9	87418.3
连锁总店（总部）	15	9216	301621.3	0
连锁直营店	5	434	97143.9	0
连锁加盟店	2	206	6254.9	0
其他	50	6397	1837573.2	0
按零售业态分				
有店铺零售	290	25708	4981444.3	75155.3
便利店	15	1152	65488.5	0
超市	38	5131	353817.1	0
折扣店	3	185	47771.5	0
仓储会员店	1		0	
百货店	19	1345	121231.7	0
购物中心	8	2745	261359.8	0
专业店	90	9372	2108246.0	2112.0
品牌专卖店	114	5707	2022409.1	73043.3
集合店	2	71	1120.6	0
无店铺零售	32	5027	455413.9	12263.0
网络零售	4	426	134313.1	0
邮寄零售	2	29	3427.8	
电话零售	2	23	2919.6	0
直销	6	1588	34516.7	0
其他	18	2961	280236.7	12263.0
按单位规模分				
大型	13	14822	1936674.1	0
中型	111	11621	2456785.2	73043.3
小型	155	4104	884768.8	12263.0
微型	43	188	158630.1	2112.0

商品购进、销售、库存总额（续五）

单位：万元

商品销售额	批发额	出口	零售额	期末商品库存额	年末零售营业面积（平方米）
5687958.5	861424.5	0	4824847.1	497086.8	1928010.0
478405.2	150969.3	0	327435.9	15039.7	132282.0
2259355.6	262750.8	0	1995027.7	263488.0	703619.0
1951374.7	117453.4	0	1833811.5	195182.2	971477.0
971410.0	324720.7	0	646689.3	21763.8	89012.0
11465.1	1986.7		9478.4	789.1	2931.0
3619.7			3619.7	10.3	22565.0
12328.2	3543.6	0	8784.6	813.7	6124.0
251353.1	3105.8	0	248247.3	18932.1	77099.0
251353.1	3105.8	0	248247.3	18932.1	77099.0
65729.1	17554.3	0	48174.8	4190.1	61637.0
1685.1	0	0	1685.1	118.5	19548.0
64044.0	17554.3		46489.7	4071.6	42089.0
2169258.8	565657.6	0	1603601.2	111810.1	535976.0
149023.6	0	0	149023.6	7695.6	161921.0
3433720.1	313321.2	0	3118712.0	381652.7	1272202.0
251353.1	3105.8	0	248247.3	18932.1	77099.0
1685.1	0	0	1685.1	118.5	19548.0
3523633.0	296405.5	0	3225540.6	389096.1	1159870.0
408572.2	13654.4	0	394917.8	59612.6	253433.0
103978.5	0	0	103978.5	3600.1	88090.0
8869.0	1732.6	0	7136.4	1969.4	1520.0
1959988.0	570292.1	0	1389695.9	65930.8	563833.0
5407960.1	852237.6	0	4554035.6	466098.3	1822011.0
88254.0	17963.3	0	70290.7	7277.1	81523.0
419761.6	16422.3	0	403339.3	29936.6	549539.0
55231.0	712.2	0	54518.8	1105.5	68852.0
0			0		
186782.2	277.1	0	186505.1	12527.6	245829.0
368731.5	1771.1	0	366960.4	49310.1	147900.0
2278058.0	547227.9	0	1730720.3	138342.1	441360.0
2009478.9	267863.7	0	1740038.1	227519.7	286700.0
1662.9	0	0	1662.9	79.6	308.0
597080.6	29847.0	0	567233.6	54110.7	244735.0
235601.2	6600.5	0	229000.7	10230.7	50238.0
4319.4			4319.4	109.8	250.0
4534.9	735.0	0	3799.9	36.8	100.0
43121.0	1863.1	0	41257.9	13655.8	42764.0
309504.1	20648.4	0	288855.7	30077.6	151383.0
2308490.5	482364.5	0	1826126.0	134565.5	734231.0
2643357.9	200797.2	0	2442560.7	281256.7	923409.0
872535.0	144134.8	0	728400.2	97288.5	362775.0
180657.3	54788.1	0	124182.3	7098.3	46331.0

8-4 限额以上批发和

指标	法人企业数（个）	执行《2006年企业会计准则》企业数（个）	年初存货	流动资产合计
总计	817		2374303.5	14437601.0
批发业	495		1872680.2	12209149.1
按批发行业小类分				
农、林、牧产品批发	15		36164.1	145557.4
谷物、豆及薯类批发	5		25283.9	80550.5
种子批发	1		3191.4	28347.1
畜牧渔业饲料批发	4		5541.9	13267.7
棉、麻批发	0			
其他农牧产品批发	5		2146.9	23392.1
食品、饮料及烟草制品批发	58		137942.4	523045.1
米、面制品及食用油批发	12		65968.9	99695.8
糕点、糖果及糖批发	1		41.7	3894.3
果品、蔬菜批发	7		1030.6	35722.2
肉、禽、蛋、奶及水产品批发	10		6331.2	30198.8
盐及调味品批发	1		1675.8	54507.7
营养和保健品批发	1		196.8	1938.2
酒、饮料及茶叶批发	17		30260.6	147379.1
烟草制品批发	1		19951.6	128882.9
其他食品批发	8		12485.2	20826.1
纺织、服装及家庭用品批发	17		31787.7	67632.7
纺织品、针织品及原料批发	0			
服装批发	10		24879.7	29791.3
鞋帽批发	2		3218.6	6421.8
化妆品及卫生用品批发	3		2012.5	8111.2
厨房、卫生间用具及日用杂货批发	0			
日用家电批发	2		1676.9	23308.4
其他家庭用品批发	0			

零售业企业财务状况

单位：万元

应收账款	存货	固定资产原价	累计折旧	本年折旧	在建工程	资产总计
3320434.2	2468702.9	2838509.0	1109523.1	133648.9	194502.2	25314709.8
3114988.1	1827167.9	2187532.6	771466.4	95673.3	151528.4	21852833.4
2900.4	25150.4	1319.5	934.0	72.6	4.1	149195.8
2403.4	19912.5	762.2	478.7	50.4	0	81528.0
3069.1	1660.0	242.5	226.8	4.4		28364.6
-4675.3	2111.1	99.3	85.5	13.2	4.1	15660.0
2103.2	1466.8	215.5	143.0	4.6	0	23643.2
73063.2	119421.6	81649.6	42254.3	8142.7	12930.6	696322.6
34733.8	38292.9	12374.9	4307.7	496.5	2702.4	156550.3
3048.4	19.9	1384.5	800.6	87.8		4746.9
14712.9	1714.4	5182.2	1206.3	156.6	2818.8	46206.8
8185.8	9805.4	1973.2	541.0	182.9	3023.3	34771.8
497.1	1877.1	19070.8	12763.0	4515.7	4009.9	75920.8
1101.6	36.4	54.0	43.3	16.1		1948.9
6138.0	32175.4	15981.3	7267.7	1198.6	0	159048.5
0	23798.7	24452.0	14498.5	1348.9	201.4	195597.5
4645.6	11701.4	1176.7	826.2	139.6	174.8	21531.1
15769.9	28134.8	4463.4	947.0	301.5	0	71517.6
3156.0	20594.2	2690.3	620.9	187.2	0	32181.6
254.9	4996.6	1671.4	269.0	97.2	0	7824.2
2920.8	880.3	46.6	35.0	3.7		8117.2
9438.2	1663.7	55.1	22.1	13.4		23394.6

8-4 限额以上批发和

指标	法人企业数（个）	执行《2006年企业会计准则》企业数（个）	年初存货	流动资产合计
文化、体育用品及器材批发	13		49606.9	140839.8
文具用品批发	1		1626.6	3381.9
体育用品及器材批发	1		11622.8	16394.9
图书批发	3		255.0	44159.5
首饰、工艺品及收藏品批发	8		36102.5	76903.5
医药及医疗器材批发	90		202751.2	1620031.9
西药批发	47		168683.3	1283170.2
中药批发	10		19424.3	140021.5
医疗用品及器材批发	33		14643.6	196840.2
矿产品、建材及化工产品批发	209		1285661.8	8931214.9
煤炭及制品批发	21		22182.0	329629.1
石油及制品批发	29		837815.7	1932667.2
非金属矿及制品批发	4		1956.7	24948.5
金属及金属矿批发	87		320756.2	4764073.6
建材批发	33		76694.0	1178886.5
化肥批发	5		16969.6	125659.8
农药批发	1		0	4306.9
其他化工产品批发	29		9287.6	571043.3
机械设备、五金产品及电子产品批发	77		113880.3	569867.7
农业机械批发	1		1621.7	1962.3
汽车及零配件批发	21		51010.6	191783.3
摩托车及零配件批发	3		818.4	6896.6
五金产品批发	7		5184.2	73758.2
电气设备批发	2		2008.4	15743.1
计算机、软件及辅助设备批发	9		6487.3	37338.8
通讯设备批发	17		29454.0	66610.6
广播影视设备批发	0			
其他机械设备及电子产品批发	17		17295.7	175774.8
贸易经纪与代理	1		1070.6	3820.3
贸易代理	1		1070.6	3820.3
其他批发业	15		13815.2	207139.3
再生物资回收与批发	11		13092.3	191120.0
其他未列明批发业	4		722.9	16019.3

零售业企业财务状况（续一）

单位：万元

应收账款	存货	固定资产原价	累计折旧	本年折旧	在建工程	资产总计
26671.4	42671.9	2838.2	1914.1	331.4	0	146246.3
3381.9	0	152.0	79.8	13.0	0	3461.9
5039.1	10711.0	430.5	270.1	74.8		16919.9
4855.3	1276.3	997.7	748.5	10.7	0	44514.0
13395.1	30684.6	1258.0	815.7	232.9	0	81350.5
928591.6	242024.3	100426.1	39118.5	6627.9	8103	1777293.2
729491.5	200425.4	82784.2	29558.8	5077.4	6100.0	1395011.9
76200.0	25026.9	6217.7	4436.9	521.6	1941.0	146449.2
122900.1	16572.0	11424.2	5122.8	1028.9	62	235832.1
1830036.8	1247068.8	1940138.2	661900.1	75094.0	123471.5	18108271.4
119409.0	21917.9	35502.0	13017.5	1439.9	644.6	372268.7
107204.2	836683.5	1050352.0	594214.0	53183.4	45644.3	2711425.2
6817.4	3073.1	1475.5	607.8	47.3	0	26011.6
895298.6	301032.0	807097.0	41942.7	18225.6	31932.5	12947500.1
564533.1	44781.6	28624.8	5931.0	1061.3	35522.1	1313363.5
8072.3	23161.5	10686.1	2808.8	313.6	7788.2	147349.3
19.7	0	0				4306.9
128682.5	16419.2	6400.8	3378.3	822.9	1939.8	586046.1
126775.1	111613.9	44690.5	20202.9	3940.7	33.8	636165.6
354.2	1545.8	75.5	64.2	10.7	0	2088.6
28672.0	53971.2	25014.0	11972.7	1928.6	0	234742.5
4035.5	1139.5	251.9	216.9	12.0	0	6929.3
12991.6	6863.6	2782.9	816.6	239.8	0	76107.2
632.7	2770.7	80.3	69.1	3.6	33.8	15788.1
14114.5	4443.4	1440.7	924.2	154.6	0	40676.2
19234.5	26126.1	1470.8	834.6	98.8	0	70850.1
46740.1	14753.6	13574.4	5304.6	1492.6	0	188983.6
	2566.3	605.7	328.4	46.1		4097.6
	2566.3	605.7	328.4	46.1		4097.6
111179.7	8515.9	11401.4	3867.1	1116.4	6985.4	263723.3
100036.4	7788.0	5348.9	1382.4	743.6	6985.4	242810.7
11143.3	727.9	6052.5	2484.7	372.8	0	20912.6

8-4 限额以上批发和

指标	法人企业数（个）	执行《2006年企业会计准则》企业数（个）	年初存货	流动资产合计
按登记注册类型分				
内资企业	491		1866581.6	12148203.5
国有独资公司	22		895068.3	2723818.5
私营有限责任公司	314		410530.3	2826454.0
其他有限责任公司	140		449439.7	5773404.9
私营股份有限公司	2		3847.4	164977.3
其他股份有限公司	3		15328.4	243602.6
全民所有制企业（国有企业）	4		63826.3	215871.4
集体所有制企业（集体企业）	2		3959.8	5480.7
股份合作企业	2		23821.5	185919.9
个人独资企业	1			
合伙企业	1		759.9	8674.2
港澳台投资企业	2		2754.1	11035.6
港澳台投资有限责任公司	2		2754.1	11035.6
外商投资企业	2		3344.5	49910.0
外商投资有限责任公司	1		11601.3	52549.3
其他外商投资企业	1		-8256.8	-2639.3
按控股情况分				
国有控股	124		1368845.7	7856205.0
集体控股	6		32795.8	442619.6
私人控股	362		458744.1	3849181.7
港澳台商控股	1		42.3	5013.4
外商控股	2		12252.3	56129.4
其他	0			
按经营形式分				
独立门店	235		555893.2	3936630.1
连锁总店	0			
连锁加盟店	3		27055.1	63421.5
其他	256		1289420.7	8206318.6
按单位规模分				
大型	18		885339.3	1817955.1
中型	190		748752.4	6769836.2
小型	223		174476.1	2765034.2
微型	64		64112.4	856323.6

零售业企业财务状况（续二）

单位：万元

应收账款	存货	固定资产原价	累计折旧	本年折旧	在建工程	资产总计
3110750.8	1823166.6	2153100.2	757776.7	92894.8	124793.8	21733519.8
531351.6	770001.2	876908.9	434517.2	42647.6	49627.2	10123860.9
879381.4	413686.4	180346.5	73068.9	13120.1	13240.5	3110741.9
1542474.9	500547.3	863596.7	74684.8	26751.7	43030.1	7427027.5
24011.3	0	131.9	88.3	16.7	6073.7	247551.4
1962.5	14412.1	138218.5	107709.3	6459.1	9840.7	316978.6
4480.7	91940.0	91421.0	66520.8	3743.6	2840.2	300889.5
1112.7	4032.0	855.3	301.9	15.8	0	6604.7
126169.7	27895.3	1570.6	858.3	129.5	141.4	191162.3
-194.0	652.3	50.8	27.2	10.7		8703.0
720.0	3807.8	196.2	171.2	28.9		11097.4
720	3807.8	196.2	171.2	28.9		11097.4
3517.3	193.5	34236.2	13518.5	2749.6	26734.6	108216.2
722.9	9089.9	7791.7	2921.9	441.7		57174.9
2794.4	-8896.4	26444.5	10596.6	2307.9	26734.6	51041.3
1987435.8	1278934.7	1954516.3	680147.9	79699.5	120961.6	16953154.1
38508.0	32340.6	25537.7	8352.6	605.1	7788.2	512647.4
1085828.9	506228.1	195862.1	78542.8	14549.6	22778.6	4318689.7
	26.0	194.6	170.8	28.5		5047.5
3215.4	9638.5	11421.9	4252.3	790.6	0	63294.7
1028683.7	622190.5	1013220.6	492103.4	54297.2	39451.9	5730949.3
11755.6	24592.7	1056.7	749.5	195.5	0	65238.9
2074122.2	1180202.1	1173251.7	278611.2	41180.2	112076.5	16053865.0
459242.7	772144.2	346910.8	222848.0	14959.1	6104	2111789.9
1805073.1	796767.1	1451042.3	504945.7	67841.5	125434.5	15481902.7
705083.1	204177.5	386843.6	42232.3	12466.4	13916.2	3296001.2
145589.2	54079.1	2735.9	1440.4	406.3	6073.7	963139.6

8-4 限额以上批发和

指标	法人企业数（个）	执行《2006年企业会计准则》企业数（个）	年初存货	流动资产合计
零售业	322		501623.3	2228451.9
按零售行业小类分				
综合零售	60		137901.2	716162.6
百货零售	37		103932.7	540325.1
超级市场零售	18		31530.7	166259.3
便利店零售	4		2426.3	9042.0
其他综合零售	1		11.5	536.2
食品、饮料及烟草制品专门零售	20		15177.7	51847.8
粮油零售	4		2305.1	5182.1
糕点、面包零售	1		80.9	862.9
果品、蔬菜零售	3		324.7	3881.0
肉、禽、蛋、奶及水产品零售	3		700.0	2747.1
营养和保健品零售	1		763.9	5333.9
酒、饮料及茶叶零售	4		7479.6	22550.0
烟草制品零售	1		1797.3	3833.3
其他食品零售	3		1726.2	7457.5
纺织、服装及日用品专门零售	25		21558.0	69129.7
纺织品及针织品零售	1		12.5	38.6
服装零售	12		7129.3	26446.1
鞋帽零售	2		1148.5	2281.1
化妆品及卫生用品零售	2		2231.1	4031.4
钟表、眼镜零售	6		6558.1	27026.5
自行车等代步设备零售	1		367.1	348.9
其他日用品零售	1		4111.4	8957.1
文化、体育用品及器材专门零售	13		47039.1	276113.0
文具用品零售	0			
体育用品及器材零售	0			
图书、报刊零售	3		40859.4	260413.6
珠宝首饰零售	5		1106.5	6299.7
工艺美术品及收藏品零售	1		601.9	1752.3

零售业企业财务状况（续三）

单位：万元

应收账款	存货	固定资产原价	累计折旧	本年折旧	在建工程	资产总计
205446.1	641535.0	650976.4	338056.7	37975.6	42973.8	3461876.4
35765.5	184373.0	249778.5	132216.6	11135.3	2291.3	1236824.0
22770.3	156219.1	207151.4	105192.5	8137.1	2203.1	948168.6
11135.1	26215.0	40179.5	26029.2	2886.0	-34.8	277112.4
1852.5	1909.6	1430.6	930.8	111.2	0	9814.3
7.6	29.3	1017.0	64.1	1.0	123.0	1728.7
6892.1	11018.4	19714.2	6579.5	839.2	4047.8	75315.6
900.3	2004.9	7445.1	1899.6	153.9	225.6	11103.1
358.2	10.8	703.2	484.3	73.1		1141.6
1481.3	545.7	893.1	106.0	53.5	0	4778.7
1083.9	932.2	1055.2	195.5	28.8	0	3686.7
1219.2	778.3	366.0	342.4	5.7		5929.3
381.3	4114.3	2989.6	1372.0	232.9	161.2	27298.6
0	711.7	115.7	107.6	3.2	0	4505.5
1467.9	1920.5	6146.3	2072.1	288.1	3661	16872.1
9635.5	19843.1	13080.9	7157.8	825.4	5.7	86479.3
6.8	26.5	11.7	4.1	2.4		46.9
3290.3	6306.4	1889.1	1029.6	82.8	0	29284.9
1119.0	987.1	60.6	38.9	1	0	2429.8
371.9	2151.8	2072.8	1462.2	145.0	5.7	5376.7
1153.2	6404.3	8492.4	4316.2	495.9	0	39036.3
68.5	280.4	2.0	0.3	0.1		499.9
3625.8	3686.6	552.3	306.5	98.2	0	9804.8
27069.4	41257.7	97951.6	61581.5	5744.6	27293.2	366551.4
26147.9	33339.8	90891.6	60857.1	5640.8	21895.1	336473.9
19.3	1689.2	225.5	156.7	57.3	0	6626.6
160.5	531.8	525.1	128.0	39.9	0	2149.4

8-4 限额以上批发和

指标	法人企业数（个）	执行《2006年企业会计准则》企业数（个）	年初存货	流动资产合计
乐器零售	3		1456.3	3004.4
其他文化用品零售	1		3015.0	4643.0
医药及医疗器材专门零售	20		51066.4	176001.0
西药零售	19		50961.2	174311.9
中药零售	1		105.2	1689.1
医疗用品及器材零售	0			
汽车、摩托车、零配件和燃料及其他动力销售	144		206606.4	817646.0
汽车新车零售	126		183155.5	787614.3
汽车零配件零售	0			
摩托车及零配件零售	3		469.7	846.6
机动车燃油零售	13		22315.7	26857.3
机动车燃气零售	2		665.5	2327.8
家用电器及电子产品专门零售	31		19633.9	84923.4
家用视听设备零售	0			
日用家电设备零售	5		5516.8	23697.5
计算机、软件及辅助设备零售	14		5143.4	29297.3
通信设备零售	8		8923.9	18298.2
其他电子产品零售	4		49.8	13630.4
五金、家具及室内装饰材料专门零售	4		1647.9	11539.9
五金零售	0			
灯具零售	0			
家具零售	2		0	4796.5
卫生洁具零售	1		863.3	2219.3
木质装饰材料零售	1		784.6	4524.1
陶瓷、石材装饰材料零售	0			
其他室内装饰材料零售	0			
货摊、无店铺及其他零售业	5		992.7	25088.5
互联网零售	1		0	9125.6
旧货零售	0			
生活用燃料零售	0			
其他未列明零售业	4		992.7	15962.9

零售业企业财务状况（续四）

单位：万元

应收账款	存货	固定资产原价	累计折旧	本年折旧	在建工程	资产总计
290.5	1505.1	94.9	83.5	2.4	0	3015.9
451.2	4191.8	6214.5	356.2	4.2	5398.1	18285.6
36588.3	59872.3	21085.7	13519.4	2223.8	454.1	281422.2
35587.1	59784.5	20935.4	13403.0	2200.7	454.1	279182.0
1001.2	87.8	150.3	116.4	23.1	0	2240.2
47815.6	300599.7	243385.5	113109.9	16837.6	8881.7	1270717.6
46790.9	271789.7	147938.0	70062.8	12322.2	5173.3	1100213.1
1.6	443.9	0.5	0	0	0	846.6
812.3	28071.8	90002.0	41144.3	4374.7	3708.4	161438.2
210.8	294.3	5445.0	1902.8	140.7	0	8219.7
26935.6	18720.1	3235.5	2231.1	217.8	0	105648.2
2756.1	6000.0	936.9	588.2	57.5	0	36933.3
12456.6	5277.5	1091.3	881.8	71.8	0	30461.4
5277.0	7282.2	845.4	578.4	27.6	0	24439.4
6445.9	160.4	361.9	182.7	60.9	0	13814.1
4602.9	4910.0	544.4	255.2	79.9	0	12066.9
670.2	2851.7	220.5	112.5	32.8	0	5125.3
439.4	1056.1	20.6	17.1	1.2	0	2239.8
3493.3	1002.2	303.3	125.6	45.9		4701.8
10141.2	940.7	2200.1	1405.7	72.0	0	26851.2
8843.5	79.6	41.0	13.8	12.6	0	9269.0
1297.7	861.1	2159.1	1391.9	59.4	0	17582.2

8-4 限额以上批发和

指标	法人企业数（个）	执行《2006年企业会计准则》企业数（个）	年初存货	流动资产合计
按登记注册类型分				
内资企业	313		476895.1	2189395.8
国有独资公司	5		11521.7	21670.6
私营有限责任公司	218		192768.1	963361.0
其他有限责任公司	78		246520.6	1144024.5
私营股份有限公司	0			
其他股份有限公司	2		23240.9	52553.8
全民所有制企业（国有企业）	3		2151.3	4488.3
集体所有制企业（集体企业）	1		11.5	536.2
个人独资企业	6		681.0	2761.4
港澳台投资企业	7		22413.9	29741.5
港澳台投资有限责任公司	7		22413.9	29741.5
外商投资企业	2		2314.3	9314.6
外商投资有限责任公司	1		105.6	4758.3
其他外商投资企业	1		2208.7	4556.3
按控股情况分				
国有控股	35		109141.0	479895.1
集体控股	8		18634.1	132166.3
私人控股	271		351328.7	1581890.7
港澳台商控股	7		22413.9	29741.5
外商控股	1		105.6	4758.3
其他	0			
按经营形式分				
独立门店	250		358421.6	1591284.0
连锁总店	15		52932.2	172921.5
连锁直营店	5		3982.9	27821.7
连锁加盟店	2		1867.4	7428.5
其他	50		84419.2	428996.2
按零售业态分				
有店铺零售	290		455309.2	2015263.7
便利店	15		10571.4	22696.1
超市	38		44908.0	376380.6
折扣店	3		1259.8	15709.1
仓储会员店	1			
百货店	19		17311.2	106780.6
购物中心	8		116242.7	468447.1
专业店	90		113567.0	423407.0
品牌专卖店	114		151432.4	601383.5
集合店	2		16.7	459.7
无店铺零售	32		46314.1	213188.2
网络零售	4		13124.7	63116.7
邮寄零售	2		222.8	2141.6
电话零售	2		125.3	3884.9
直销	6		7027.1	47335.0
其他	18		25814.2	96710.0
按单位规模分				
大型	13		141388.0	732091.6
中型	111		280904.2	1053331.5
小型	155		69181.5	398160.2
微型	43		10149.6	44868.6

零售业企业财务状况（续五）

单位：万元

应收账款	存货	固定资产原价	累计折旧	本年折旧	在建工程	资产总计
203502.5	620879.5	607751.0	315820.8	36704.2	41491.3	3379177.2
910.4	15018.8	1654.0	1287.2	330.9	0	23454.0
85226.4	258321.0	229377.4	118132.1	15858.4	14265.5	1332975.6
106475.6	321650.9	287901.9	155396.2	15699.2	25427.4	1814613.8
9211.1	23868.1	80424.5	38940.7	4628.2	1547.7	193502.3
589.8	1677.0	7058.2	1730.9	151.6	127.7	10093.1
7.6	29.3	1017.0	64.1	1.0	123.0	1728.7
1081.6	314.4	318.0	269.6	34.9	0	2809.7
1460.5	16989.0	30173.0	16600.2	1361.6	102.3	48051.1
1460.5	16989.0	30173.0	16600.2	1361.6	102.3	48051.1
483.1	3666.5	13052.4	5635.7	-90.2	1380.2	34648.1
441.8	91.0	994.4	688.8	40.3	200.8	5264.7
41.3	3575.5	12058.0	4946.9	-130.5	1179.4	29383.4
47016.2	104998.5	269235.3	157052.8	14419.8	25868.5	790138.4
792.3	12799.6	14668.3	8324.9	290.2	148.2	200805.6
155735.3	506656.9	335905.4	155390.0	21863.7	16654.0	2417616.6
1460.5	16989.0	30173.0	16600.2	1361.6	102.3	48051.1
441.8	91.0	994.4	688.8	40.3	200.8	5264.7
138225.7	497623.9	444487.0	216035.2	25839.5	36306.3	2342600.8
35211.9	59653.2	27268.0	15870.5	2861.7	459.8	283804.8
1614.8	3034.1	686.0	546.3	51.8	0	40533.8
1347.4	1951.3	1302.8	652.2	56.6	0	8337.2
29046.3	79272.5	177232.6	104952.5	9166.0	6207.7	786599.8
167247.7	582426.6	611137.6	317137.2	36172.0	39395.7	3123290.3
3733.9	7722.9	11852.5	5650.8	928.1	1584.9	37070.4
30794.2	34577.7	104871.7	76079.4	5723.7	79.7	614085.6
2865.1	1081.2	39462.1	7548.8	2049.2	231.3	62680.7
3599.7	17552.0	68302.2	41431.8	1971.8	5404.0	173775.9
27580.8	172155.5	138302.2	68813.9	7043.4	21895.1	680013.5
60700.6	142371.1	138268.7	66297.1	9078.7	2706.4	668064.2
37960.3	206886.6	109476.8	51263.7	9375.1	7494.3	886590.6
13.1	79.6	601.4	51.7	2.0	0	1009.4
38198.4	59108.4	39838.8	20919.5	1803.6	3578.1	338586.1
8072.9	10203.2	5593.4	3459.6	289.1	1959.1	114754.7
1495.4	109.8	107.5	64.2	27.1		2232.1
1281.6	252.9	394.0	229.1	20.2	0	4671.2
5645.6	16173.0	4130.3	3242.4	419.4	0.9	68829.7
21702.9	32369.5	29613.6	13924.2	1047.8	1618.1	148098.4
56548.4	135313.7	250592.7	159400.4	11829.6	25427.1	1252569.8
79831.4	403961.2	323945.1	147867.9	20199.4	9827.5	1653400.1
52708.7	94465.7	71766.6	29043.1	5665.1	7435.0	504363.5
16357.6	7794.4	4672.0	1745.3	281.5	284.2	51543.0

8-4 限额以上批发和

指标	流动负债合计	应付账款
总计	12533383.5	1916905.1
批发业	10297900.6	1483419.4
按批发行业小类分		
农、林、牧产品批发	119680.9	28713.6
谷物、豆及薯类批发	68350.9	28095.6
种子批发	29067.1	1711.8
畜牧渔业饲料批发	7488.6	-3091.2
棉、麻批发		
其他农牧产品批发	14774.3	1997.4
食品、饮料及烟草制品批发	323860.1	50289.6
米、面制品及食用油批发	119039.5	18362.3
糕点、糖果及糖批发	1991.0	1370.4
果品、蔬菜批发	34445.1	6788.2
肉、禽、蛋、奶及水产品批发	29190.6	6953.1
盐及调味品批发	7518.0	329.2
营养和保健品批发	1114.6	-567.4
酒、饮料及茶叶批发	92657.3	14634.9
烟草制品批发	18193.4	0
其他食品批发	19710.6	2418.9
纺织、服装及家庭用品批发	56701.9	14691.0
纺织品、针织品及原料批发		
服装批发	23016.6	9807.9
鞋帽批发	6972.0	3343.0
化妆品及卫生用品批发	3659.4	31.2
厨房、卫生间用具及日用杂货批发		
日用家电批发	23053.9	1508.9
其他家庭用品批发		

零售业企业财务状况（续六）

单位：万元

负债合计	所有者权益合计	实收资本	
			个人资本
16389168.2	8874544.2	3603529.4	274878.6
13854543.9	7998289.5	3132395.2	220995.5
120388.0	28807.8	33146.6	4368.0
68350.9	13177.1	14041.0	800.0
29067.1	−702.5	8000.0	
7522.4	8137.6	3860.0	3000.0
15447.6	8195.6	7245.6	568.0
371889.9	324432.7	78514.2	6669.6
124316.6	32233.7	34265.9	2000.0
1991	2755.9	1200.0	
42920.7	3286.1	3730.8	1430.0
29218.5	5553.3	4070.5	1539.6
13175.5	62745.3	8737.4	0
1114.6	834.3	300.0	
117095.5	41953.0	13284.6	1700.0
21926.1	173671.4	5820.0	
20131.4	1399.7	7105.0	0
56722.0	14795.6	18114.3	2700.0
23016.6	9165.0	8014.3	2700.0
6972	852.2	5500.0	0
3659.4	4457.8	4500.0	0
23074	320.6	100.0	

8-4 限额以上批发和

指标	流动负债合计	应付账款
文化、体育用品及器材批发	113196.7	64013.0
文具用品批发	84.7	0
体育用品及器材批发	17401.2	10898.2
图书批发	40982.4	29008.5
首饰、工艺品及收藏品批发	54728.4	24106.3
医药及医疗器材批发	1307384.3	446538.3
西药批发	1037715.0	353638.2
中药批发	101483.9	23314.8
医疗用品及器材批发	168185.4	69585.3
矿产品、建材及化工产品批发	7695171.8	727355.0
煤炭及制品批发	262928.9	52402.7
石油及制品批发	1203157.7	-133528.6
非金属矿及制品批发	22012.7	14976.9
金属及金属矿批发	4613690.1	441040.9
建材批发	963983.3	224907.3
化肥批发	93353.5	7226.1
农药批发	4276.0	2350.8
其他化工产品批发	531769.6	117978.9
机械设备、五金产品及电子产品批发	511094.9	113005.0
农业机械批发	1432.1	1353.0
汽车及零配件批发	186707.8	39368.0
摩托车及零配件批发	2114.9	97.3
五金产品批发	75307.3	5324.2
电气设备批发	15603.3	125.9
计算机、软件及辅助设备批发	18032.2	8620.4
通讯设备批发	45403.8	9080.1
广播影视设备批发		
其他机械设备及电子产品批发	166493.5	49036.1
贸易经纪与代理	2318.7	
贸易代理	2318.7	
其他批发业	168491.3	38813.9
再生物资回收与批发	152805.0	28917.1
其他未列明批发业	15686.3	9896.8

零售业企业财务状况（续七）

单位：万元

负债合计	所有者权益合计	实收资本	个人资本
124997.5	21248.8	22850.0	19400.0
84.7	3377.2	3000.0	0
17401.2	-481.3	50.0	
40982.4	3531.6	2400.0	2400.0
66529.2	14821.3	17400.0	17000.0
1364139.8	413153.4	252221.0	63331.0
1092147.2	302864.7	185342.0	44774.3
103385.6	43063.6	33634.3	10297.4
168607	67225.1	33244.7	8259.3
11062539.2	7045732.2	2615943.4	87839.8
294076.4	78192.3	75542.7	13281.2
1286976.0	1424449.2	65006.9	10370.4
22403.3	3608.3	4600.0	1800.0
7738176.3	5209323.8	2204574.1	29720.2
1067389.0	245974.5	182215.8	13800.0
116617.1	30732.2	37548.0	0
4276.0	30.9	0	0
532625.1	53421.0	46455.9	18868.0
524699.2	111466.4	87423.1	34722.1
1515.2	573.4	53.0	0
198057.1	36685.4	23112.0	6417.6
2115.0	4814.3	5149.5	5149.5
75307.3	799.9	7008.0	4008.0
15603.3	184.8	200.0	200.0
18086.8	22589.4	12894.0	11350.0
45502.1	25348.0	14020.0	5156.0
168512.4	20471.2	24986.6	2441.0
2318.7	1778.9	200.0	200.0
2318.7	1778.9	200.0	200.0
226849.6	36873.7	23982.6	1765.0
209602.9	33207.8	20704.3	60.0
17246.7	3665.9	3278.3	1705.0

8-4 限额以上批发和

指标	流动负债合计	应付账款
按登记注册类型分		
内资企业	10227401.2	1740897.8
国有独资公司	2498017.8	170054.3
私营有限责任公司	2282636.9	589295.7
其他有限责任公司	5005016.1	925074.0
私营股份有限公司	44869.5	1234.9
其他股份有限公司	142775.3	2706.9
全民所有制企业（国有企业）	96087.6	8074.2
集体所有制企业（集体企业）	5745.4	3549.7
股份合作企业	145265.5	40908.7
个人独资企业		
合伙企业	6987.1	-0.6
港澳台投资企业	8826.0	310.2
港澳台投资有限责任公司	8826.0	310.2
外商投资企业	61673.4	-257788.6
外商投资有限责任公司	48292.0	8828.5
其他外商投资企业	13381.4	-266617.1
按控股情况分		
国有控股	6646532.1	591852.6
集体控股	411669.1	62741.2
私人控股	3179056.2	813017.8
港澳台商控股	4815.7	69.4
外商控股	55827.5	15738.4
其他		
按经营形式分		
独立门店	3328151.7	524536.7
连锁总店		
连锁加盟店	39918.2	22166.1
其他	6927319.3	935556.2
按单位规模分		
大型	1037555.5	238154.6
中型	6240004.5	617510.5
小型	2309260.2	506908.8
微型	711080.4	120845.5

零售业企业财务状况（续八）

单位：万元

负债合计	所有者权益合计	实收资本	个人资本
13782233.1	7951286.7	3129728.2	220995.5
5204958.6	4918902.3	1730679.8	0
2473401.0	637340.9	457264.7	204031.6
5455872.8	1971154.7	837840.8	14053.9
235551.9	11999.5	61488.4	0
151838.5	165140.1	18668.1	2910.0
99821.2	201068.3	12320.0	
6053.8	550.9	613.0	0
147748.2	43414.1	9353.4	0
6987.1	1715.9	1500.0	
8843.6	2253.8	1757.4	
8843.6	2253.8	1757.4	
63467.2	44749.0	909.6	
48493.4	8681.5	909.6	
14973.8	36067.5		
9774089.6	7179064.5	2483237.9	8674.6
418868.4	93779.0	70048.0	0
3600401.7	718288.0	577694.5	212320.9
4815.7	231.8	50.0	
56368.5	6926.2	1364.8	0
3733945.4	1997003.9	722530.4	99524.8
51718.2	13520.7	16000.0	15000
10066368.9	5987496.1	2393664.8	106270.7
1085405.6	1026384.3	107941.6	27826.8
9413479.9	6068422.8	2489160.9	96684.6
2445350.9	850650.3	413559.0	79004.6
910307.5	52832.1	121733.7	17479.5

8-4 限额以上批发和零售业企业财务状况（续九）

单位：万元

指标	流动负债合计	应付账款	负债合计	所有者权益合计	实收资本	个人资本
零售业	2235482.9	433485.7	2534624.3	876254.7	471134.2	53883.1
按零售行业小类分						
综合零售	800484.9	159326.5	930681.1	306142.9	156626.7	3860.3
百货零售	625042.1	98420.6	697641.8	250526.8	129513.3	2565.8
超级市场零售	159760.2	52148.6	217347.0	59765.4	25059.3	300.0
便利店零售	14387.6	8757.3	14387.6	-4573.3	1647.5	994.5
其他综合零售	1295.0	0	1304.7	424.0	406.6	
食品、饮料及烟草制品专门零售	60113.7	11954.3	62270.9	13044.7	6877.4	391.5
粮油零售	5536.2	2814.6	6871.5	4231.6	1034.7	0
糕点、面包零售	849.0		849.0	292.6		
果品、蔬菜零售	4196.8	2270.4	4230.7	548.0	179.7	50.0
肉、禽、蛋、奶及水产品零售	2329.0	1218.4	2529.1	1157.6	1230.0	300.0
营养和保健品零售	10946.7	3445.0	10946.7	-5017.4	1000.0	
酒、饮料及茶叶零售	12831.1	929.0	12992.0	14306.6	891.5	0
烟草制品零售	543.0	0	970.0	3535.5	1200.0	0
其他食品零售	22881.9	1276.9	22881.9	-6009.8	1341.5	41.5
纺织、服装及日用品专门零售	64883.2	13460.3	68443.7	18035.6	26464.0	1800.0
纺织品及针织品零售	5.8	2.3	5.8	41.1	40.0	
服装零售	37732.4	7425.8	39425.6	-10140.7	5060.0	1800.0
鞋帽零售	900.5	-49.8	1034.0	1395.8	2489.8	0
化妆用品及卫生用品零售	3258.2	470.7	3258.2	2118.5	1580.0	
钟表、眼镜零售	15103.9	1199.1	16686.7	22349.6	16445.3	0
自行车等代步设备零售	0		151.0	348.9	348.9	
其他日用品零售	7882.4	4412.2	7882.4	1922.4	500.0	
文化、体育用品及器材专门零售	147160.9	82124.4	170283.5	196267.9	46326.9	9161.9
文具用品零售						
体育用品及器材零售						
图书、报刊零售	140274.2	81561.8	163396.8	173077.1	32565.0	0
珠宝首饰零售	4428.1	839.2	4428.1	2198.5	3600.0	0
工艺美术品及收藏品零售	443.7	16.6	443.7	1705.7	1661.9	1661.9

8-4 限额以上批发和零售业企业财务状况（续十）

单位：万元

指标	流动负债合计	应付账款	负债合计	所有者权益合计	实收资本	个人资本
乐器零售	1483.5	-308.2	1483.5	1532.4	1500.0	500.0
其他文化用品零售	531.4	15.0	531.4	17754.2	7000.0	7000.0
医药及医疗器材专门零售	147725.9	62838.7	215353.6	66068.6	38295.0	3307.0
西药零售	146856.5	61995.1	214084.9	65097.1	36630.0	3307.0
中药零售	869.4	843.6	1268.7	971.5	1665.0	0
医疗用品及器材零售						
汽车、摩托车、零配件和燃料及其他动力销售	928357.4	75382.4	977428.6	237654.4	167086.1	28423.7
汽车新车零售	790859.6	37629.8	833846.7	266366.4	156023.7	28142.5
汽车零配件零售						
摩托车及零配件零售	1063.9	1018.9	1063.9	-217.3	500.0	200
机动车燃油零售	130336.0	30715.7	136420.1	-30616.5	7562.4	81.2
机动车燃气零售	6097.9	6018.0	6097.9	2121.8	3000.0	
家用电器及电子产品专门零售	56191.2	13489.5	78588.3	27059.9	24758.1	6338.7
家用视听设备零售						
日用家电设备零售	18378.5	4622.1	26025.6	10907.7	9911.7	1072.3
计算机、软件及辅助设备零售	12980.7	4691.4	13110.3	17351.1	11803.8	3908.8
通信设备零售	14795.3	913.1	29415.7	-4976.3	1750.0	250.0
其他电子产品零售	10036.7	3262.9	10036.7	3777.4	1292.6	1107.6
五金、家具及室内装饰材料专门零售	11309.3	3604.0	11318.2	748.7	3800.0	500.0
五金零售						
灯具零售						
家具零售	7925.0	2420.2	7933.9	-2808.6	300.0	0
卫生洁具零售	2031.1	727.7	2031.1	208.7	500.0	500.0
木质装饰材料零售	1353.2	456.1	1353.2	3348.6	3000.0	
陶瓷石材装饰材料零售						
其他室内装饰材料零售						
货摊、无店铺及其他零售业	19256.4	11305.6	20256.4	11232.0	900.0	100.0
互联网零售	7801.2	3072.6	8801.2	467.8	200.0	0
旧货零售						
生活用燃料零售						
其他未列明零售业	11455.2	8233.0	11455.2	10764.2	700.0	100.0

8-4 限额以上批发和零售业企业财务状况（续十一）

单位：万元

指标	流动负债合计	应付账款	负债合计	所有者权益合计	实收资本	个人资本
按登记注册类型分						
内资企业	2129947.8	398654.4	2427772.0	900407.8	447803.2	53883.1
国有独资公司	21048.4	8253.1	21248.4	6842.8	8050.4	0
私营有限责任公司	1011127.9	138550.2	1058537.5	274438.1	232295.1	49695.4
其他有限责任公司	1019288.0	247260.8	1243754.3	570859.5	205408.2	4107.7
私营股份有限公司						
其他股份有限公司	71485.9	2127.6	95889.2	41978.5	0	0
全民所有制企业（国有企业）	4945.7	2301.1	6281.0	3812.1	625.0	
集体所有制企业（集体企业）	1295.0	0	1304.7	424.0	406.6	
个人独资企业	756.9	161.6	756.9	2052.8	1017.9	80.0
港澳台投资企业	28531.2	9860.3	29490.1	18561.0	13421.0	0
港澳台投资有限责任公司	28531.2	9860.3	29490.1	18561.0	13421.0	0
外商投资企业	77003.9	24971.0	77362.2	-42714.1	9910.0	0
外商投资有限责任公司	1168.5	-8.3	1168.5	4096.2	9910.0	
其他外商投资企业	75835.4	24979.3	76193.7	-46810.3		
按控股情况分						
国有控股	399461.7	149724.1	473151.6	265989.4	125272.4	3497
集体控股	117368.1	29053.5	158721.9	42083.7	2566.6	0
私人控股	1688953.4	244856.1	1872092.2	545524.4	319964.2	50386.1
港澳台商控股	28531.2	9860.3	29490.1	18561.0	13421.0	0
外商控股	1168.5	-8.3	1168.5	4096.2	9910.0	
其他						
按经营形式分						
独立门店	1424817.3	240314.7	1599628.5	742972.3	368668.2	44439.8
连锁总店	151071.0	57793.7	217255.8	66549.0	37900.0	3000.0
连锁直营店	34939.0	11141.5	42620.3	-2086.5	7980.9	41.5
连锁加盟店	7626.7	879.3	7626.7	710.5	2000.0	0
其他	617028.9	123356.5	667493.0	68109.4	54585.1	6401.8

8-4 限额以上批发和零售业企业财务状况（续十二）

单位：万元

指标	流动负债合计	应付账款	负债合计	所有者权益合计	实收资本	个人资本
按零售业态分						
有店铺零售	1979083.9	326840.2	2230334.0	837321.7	428095.3	50594.3
便利店	29092.6	10894.2	30077.7	6992.7	16751.9	1036.0
超市	462014.0	111427.6	529993.0	84092.6	42790.1	1464.3
折扣店	28973.8	7154.8	29107.3	33573.4	42349.8	0
仓储会员店						
百货店	77229.6	17064.3	105930.4	67845.5	58835.3	9900.0
购物中心	362699.9	86198.6	402803.8	277209.7	53705.0	0
专业店	386578.8	60733.0	462771.8	149657.8	94738.2	12765.5
品牌专卖店	631957.5	33505.2	669112.3	217478.3	118825.0	25378.5
集合店	537.7	-137.5	537.7	471.7	100.0	50.0
无店铺零售	256399.0	106645.5	304290.3	38933.0	43038.9	3288.8
网络零售	50674.8	27071.4	68747.4	50644.5	6400.0	0
邮寄零售	585.4	179.3	585.4	1646.7	960.0	
电话零售	1805.5	1268.6	1805.6	2865.6	2550.0	2000.0
直销	70990.8	39116.5	79725.5	-10895.8	14700.0	0
其他	132342.5	39009.7	153426.4	-5328.0	18428.9	1288.8
按单位规模分						
大型	696020.7	214471.5	848584.9	348350.3	85631.4	3000.0
中型	1163704.3	167116.3	1266327.2	387072.9	238688.1	20185.5
小型	348738.0	43501.2	391498.0	117502.7	133434.3	27186.1
微型	27019.9	8396.7	28214.2	23328.8	13380.4	3511.5

8-4 限额以上批发和

指标	营业收入	主营业务收入	营业成本
总计	78007136.0	76727771.6	75960621.2
批发业	72410109.0	71414411.2	71014427.3
按批发行业小类分			
农、林、牧产品批发	949968.5	949962.0	943862.2
谷物、豆及薯类批发	304798.7	304792.2	304221.4
种子批发	16919.1	16919.1	15416.0
畜牧渔业饲料批发	179114.3	179114.3	175785.5
棉、麻批发			
其他农牧产品批发	449136.4	449136.4	448439.3
食品、饮料及烟草制品批发	1289106.7	1280393.3	1006772.8
米、面制品及食用油批发	184497.0	183304.7	177280.2
糕点、糖果及糖批发	10989.5	10812.0	9473.7
果品、蔬菜批发	33076.8	32881.4	32914.8
肉、禽、蛋、奶及水产品批发	109954.6	109954.6	99972.4
盐及调味品批发	16091.9	13999.7	8294.6
营养和保健品批发	6009.6	5955.0	5063.9
酒、饮料及茶叶批发	326537.1	326241.5	239090.2
烟草制品批发	535712.5	532105.3	376365.6
其他食品批发	66237.7	65139.1	58317.4
纺织、服装及家庭用品批发	215133.6	212572.5	187718.4
纺织品、针织品及原料批发			
服装批发	102443.4	101227.7	91100.7
鞋帽批发	29501.2	29473.3	27053.7
化妆品及卫生用品批发	13496.8	13495.6	10356.2
厨房、卫生间用具及日用杂货批发			
日用家用批发	69692.2	68375.9	59207.8
其他家庭用品批发			

零售业企业财务状况（续十三）

单位：万元

税金及附加	其他业务利润	销售费用	管理费用
179385.6	65783.5	1107454.2	409339.8
155938.8	23876.6	695716.2	287935.5
494.1	0	6153.0	2049.7
102.1	0	1245.5	746.0
16.2		394.7	240.1
116.3	0	4009.8	430.1
259.5	0	503.0	633.5
75362.2	3829.5	103541.3	50897.0
207.5	1030.4	2851.8	3975.6
23.9		349.9	958.8
6.0	0	558.7	741.5
71.5	0	8379.7	1403.2
696.1	1039.5	5494.3	2100.2
10.0	54.6	361.2	400.0
1240.3	452.1	63558.6	8357.7
72985.8	1096.6	14516.0	31105.9
121.1	156.3	7471.1	1854.1
246.6	1.3	23695.0	2210.0
105.2	0	8970.1	1643.3
27	0	2187.0	0
24.1	1.3	2803.1	316.0
90.3		9734.8	250.7

8-4 限额以上批发和

指标	营业收入	主营业务收入	营业成本
文化、体育用品及器材批发	452438.0	452168.5	423234.7
文具用品批发	22130.5	22130.5	20930.7
体育用品及器材批发	26179.6	26179.6	22784.9
图书批发	32597.8	32597.8	30780.7
首饰、工艺品及收藏品批发	371530.1	371260.6	348738.4
医药及医疗器材批发	2425977.7	2408473.7	2209996.2
西药批发	1978590.3	1963269.6	1832483.5
中药批发	186688.7	184663.0	167868.2
医疗用品及器材批发	260698.7	260541.1	209644.5
矿产品、建材及化工产品批发	63881473.4	62930422.9	63146281.0
煤炭及制品批发	1624979.4	1624512.8	1591495.3
石油及制品批发	30067213.4	29868493.0	29500014.8
非金属矿及制品批发	33757.1	33733.6	28036.6
金属及金属矿批发	26501306.0	25762486.0	26449925.6
建材批发	2646112.7	2633703.8	2600090.2
化肥批发	205065.6	204587.5	195093.3
农药批发	4653.0	4653.0	4573.4
其他化工产品批发	2798386.2	2798253.2	2777051.8
机械设备、五金产品及电子产品批发	1163396.1	1148963.4	1051132.5
农业机械批发	9233.9	6419.3	8740.3
汽车及零配件批发	275409.9	274757.1	257347.8
摩托车及零配件批发	8920.0	8920.0	7758.7
五金产品批发	72793.1	72785.4	69962.2
电气设备批发	16400.6	16219.4	14669.3
计算机、软件及辅助设备批发	61981.4	54139.1	50727.1
通讯设备批发	530131.8	527501.5	477365.1
广播影视设备批发			
其他机械设备及电子产品批发	188525.4	188221.6	164562.0
贸易经纪与代理	59013.6	59013.6	54619.1
贸易代理	59013.6	59013.6	54619.1
其他批发业	1973601.4	1972441.3	1990810.4
再生物资回收与批发	1951999.9	1950897.6	1971687.3
其他未列明批发业	21601.5	21543.7	19123.1

零售业企业财务状况（续十四）

单位：万元

税金及附加	其他业务利润	销售费用	管理费用
2926.9	0	16430.6	5962.5
54.2	0	853.8	0
28.6	0	2111.5	1503.8
1.0	0	929.5	683.8
2843.1	0	12535.8	3774.9
4749.3	3140.7	86296.3	61792.0
3653.8	1973.7	54276.6	43820.7
348.1	185.5	8350.4	4427.9
747.4	981.5	23669.3	13543.4
48118.8	12522.2	376538.1	140186.3
1503.6	1.8	13289.3	9679.3
20811.6	9498.5	305169.0	77103.1
32.8	23.5	3740.5	1088.3
20898.6	2697.0	23543.0	34092.1
2858.4	270.2	4656.6	12356.3
233.5	0	11079.8	2667.9
3.5		71.8	27.4
1776.8	31.2	14988.1	3171.9
1557.7	3913.1	75627.9	21435.7
11.6	0	398.4	0
248.4	1867.5	9744.8	6464.7
11.2	0	712.4	195.0
77.1	950.1	996.2	1530.4
18.2	44.7	1669.9	52.7
85.6	0	2596.1	2514.4
678.5	1046.6	41767.4	5138.4
427.1	4.2	17742.7	5540.1
34.8		3537.6	611.8
34.8		3537.6	611.8
22448.4	469.8	3896.4	2790.5
22399.6	469.8	3384.2	1769.7
48.8	0	512.2	1020.8

8-4 限额以上批发和

指标	营业收入	主营业务收入	营业成本
按登记注册类型分			
内资企业	72156372.9	71160795.4	70814848.2
国有独资公司	27453612.1	27261974.1	27133684.6
私营有限责任公司	8505205.2	8478998.4	8096779.0
其他有限责任公司	28254481.3	27494606.3	28026652.9
私营股份有限公司	124762.3	124762.3	126748.4
其他股份有限公司	3119574.7	3107099.7	2980098.6
全民所有制企业（国有企业）	4359943.4	4356085.9	4132718.2
集体所有制企业（集体企业）	11393.6	11368.7	10386.8
股份合作企业	318535.1	317035.0	299396.4
个人独资企业			
合伙企业	8865.2	8865.0	8383.3
港澳台投资企业	32367.2	32367.2	28118.5
港澳台投资有限责任公司	32367.2	32367.2	28118.5
外商投资企业	221368.9	221248.6	171460.6
外商投资有限责任公司	121012.5	120892.2	74389.6
其他外商投资企业	100356.4	100356.4	97071.0
按控股情况分			
国有控股	61034501.6	60075702.7	60179661.1
集体控股	493721.1	491596.4	480837.2
私人控股	10734819.2	10700165.3	10258648.0
港澳台商控股	18353.6	18353.6	14541.1
外商控股	128713.5	128593.2	80739.9
其他			
按经营形式分			
独立门店	19237814.5	19032010.4	18280159.9
连锁总店			
连锁加盟店	118498.8	118498.8	99361.4
其他	53048352.3	52258458.6	52630141.9
按单位规模分			
大型	23515485.7	23497051.7	23081706.0
中型	34653151.9	34396214.8	33804716.0
小型	10653187.6	9932911.6	10545139.1
微型	3588283.8	3588233.1	3582866.2

零售业企业财务状况（续十五）

单位：万元

税金及附加	其他业务利润	销售费用	管理费用
155180.4	23876.6	650010.3	279140.8
22375.9	10543.0	188494.7	73618.1
11476.0	8854.7	234549.3	96740.7
44426.9	3405.9	104673.1	62583.8
93.7	0	37.7	135.7
2077.6	266.0	87848.5	12853.4
74220.0	800.2	28630.4	30588.2
6.4	0	563.5	118.0
491.1	6.8	4950.4	2353.4
12.8		262.7	149.5
79.3		3655.6	170.3
79.3		3655.6	170.3
679.1	0	42050.3	8624.4
546.9		38641.9	2778.7
132.2	0	3408.4	5845.7
141030.9	14345.8	363030.3	171994.6
612.3	0	7986.9	3052.4
13642.9	9530.8	281206.1	109574.0
71.8		3603.3	
580.9	0	39889.6	3314.5
94622.3	8029.0	475464.0	138460.9
2655.9	0	10385.9	3086.7
58658.0	15847.6	209538.4	146088.7
88287.2	10384.7	137130.0	99576.3
46815.8	10303.4	484731.9	142958.5
16800.3	3159.2	64594.9	41966.2
4035.5	29.3	9259.4	3434.5

8-4 限额以上批发和

指标	营业收入	主营业务收入	营业成本
零售业	5597027.0	5313360.4	4946193.9
按零售行业小类分			
综合零售	933923.8	765356.3	737763.8
百货零售	621046.7	475913.7	490334.6
超级市场零售	279019.8	255838.2	221359.3
便利店零售	30143.4	29984.8	22420.1
其他综合零售	3713.9	3619.6	3649.8
食品、饮料及烟草制品专门零售	130140.3	128748.6	112528.6
粮油零售	12381.0	11985.9	11097.0
糕点、面包零售	1385.7	1385.7	996.3
果品、蔬菜零售	14559.9	14559.9	13432.4
肉、禽、蛋、奶及水产品零售	4610.9	4610.9	3797.9
营养和保健品零售	2594.4	2594.4	1892.8
酒、饮料及茶叶零售	82786.5	81952.2	72226.7
烟草制品零售	6537.1	6537.1	5278.1
其他食品零售	5284.8	5122.5	3807.4
纺织、服装及日用品专门零售	135735.8	130360.5	99302.4
纺织品及针织品零售	682.0	682.0	653.0
服装零售	68362.8	63397.2	50163.7
鞋帽零售	3235.3	3235.3	2145.1
化妆品及卫生用品零售	20423.1	20360.3	14718.5
钟表、眼镜零售	18417.8	18417.8	11638.0
自行车等代步设备零售	3376.2	3376.2	3226.1
其他日用品零售	21238.6	20891.7	16758.0
文化、体育用品及器材专门零售	245005.3	216288.8	183573.1
文具用品零售			
体育用品及器材零售			
图书、报刊零售	217031.1	188314.6	160976.9
珠宝首饰零售	20793.9	20793.9	17058.2
工艺美术品及收藏品零售	1555.0	1555.0	968.5

零售业企业财务状况（续十六）

单位：万元

税金及附加	其他业务利润	销售费用	管理费用
23446.8	41906.9	411738.0	121404.3
11829.6	21530.5	110570.9	33076.6
11248.3	12981.4	60941.8	22227.5
544.7	8549.1	44773.0	7484.8
35.5	0	4852.9	3316.2
1.1	0	3.2	48.1
434.9	1005.3	5109.9	5021.7
37.4	329.4	761.7	849.8
13.4	0	122.4	283.3
4.5	0	454.3	576.7
0.8	0	227.6	226.5
3.4		533.4	839.4
225.0	675.9	324.2	578.8
35.4		1000.5	828.4
115.0	0	1685.8	838.8
509.1	1400.7	21260.7	13975.2
0.4		5.8	4.9
212.1	1062.4	8591.5	9825.1
10.5	0	728.3	386.8
65.0	338.3	4988.7	655.6
136.4	0	3911.5	1907.5
1.2		238.7	59.4
83.5		2796.2	1135.9
1602.5	100.7	43345.7	12720.9
887.5	94.7	40205.6	11641.6
700.2	6	2717.5	532.6
9.0	0	163.1	286.3

8-4 限额以上批发和

指标	营业收入	主营业务收入	营业成本
乐器零售	3779.6	3779.6	3386.6
其他文化用品零售	1845.7	1845.7	1182.9
医药及医疗器材专门零售	384082.6	373421.7	264345.6
西药零售	382764.6	372103.7	263935.9
中药零售	1318.0	1318.0	409.7
医疗用品及器材零售			
汽车、摩托车、燃料及零配件专门零售	3530927.3	3463048.1	3337349.1
汽车新车零售	2246064.6	2213129.6	2106137.9
汽车零配件零售			
摩托车及零配件零售	6807.7	6807.7	6420.3
机动车燃油零售	1267354.2	1232410.0	1216051.2
机动车燃气零售	10700.8	10700.8	8739.7
家用电器及电子产品专门零售	179424.2	178860.4	160741.0
家用视听设备零售			
日用家电设备零售	60047.0	59483.2	54518.6
计算机、软件及辅助设备零售	42809.2	42809.2	35345.2
通信设备零售	56363.6	56363.6	53380.8
其他电子产品零售	20204.4	20204.4	17496.4
五金、家具及室内装饰材料专门零售	11170.3	11170.3	8876.1
五金零售			
灯具零售			
家具零售	5720.4	5720.4	4389.0
卫生洁具零售	1237.3	1237.3	962.7
木质装饰材料零售	4212.6	4212.6	3524.4
陶瓷、石材装饰材料零售			
其他室内装饰材料零售			
货摊、无店铺及其他零售业	46617.4	46105.7	41714.2
互联网零售	28134.0	28134.0	26983.4
旧货零售			
生活用燃料零售			
其他未列明零售业	18483.4	17971.7	14730.8

零售业企业财务状况（续十七）

单位：万元

税金及附加	其他业务利润	销售费用	管理费用
2.7	0	149.3	156.5
3.1	0	110.2	103.9
1104.7	6076.4	92322.4	15691.3
1101.1	6076.4	92073.2	14866.9
3.6	0	249.2	824.4
7704.0	8282.4	124750.8	30008.3
5784.2	7437.9	80276.7	37406.3
1.5	0	123.4	887.3
1897.1	844.5	43945.9	-9022.7
21.2	0	404.8	737.4
148.3	708.9	9647.7	8911.2
60.5	486.7	4934.3	1895.8
50.8	222.2	2619.0	4061.1
13.8	0	1687.2	1540.8
23.2	0	407.2	1413.5
13.0	0	2646.9	799.3
2.8		2095.1	529.5
0.2	0	59.9	212.2
10.0		491.9	57.6
100.7	2802	2083.0	1199.8
13.2	0	331.3	169.6
87.5	2802	1751.7	1030.2

8-4 限额以上批发和

指标	营业收入	主营业务收入	营业成本
按登记注册类型分			
内资企业	5303121.8	5029783.9	4654471.6
国有独资公司	424883.5	415148.6	402819.7
私营有限责任公司	2114813.8	2063885.1	1914400.0
其他有限责任公司	1869784.8	1687732.5	1534594.4
私营股份有限公司			
其他股份有限公司	867030.6	836898.0	779262.2
全民所有制企业（国有企业）	11838.1	11443.0	10673.5
集体所有制企业（集体企业）	3713.9	3619.6	3649.8
个人独资企业	11057.1	11057.1	9072.0
港澳台投资企业	234578.9	226090.9	212468.9
港澳台投资有限责任公司	234578.9	226090.9	212468.9
外商投资企业	59326.3	57485.6	79253.4
外商投资有限责任公司	1844.6	1297.3	1201.0
其他外商投资企业	57481.7	56188.3	78052.4
按控股情况分			
国有控股	1961983.3	1885557.6	1779520.3
集体控股	157777.0	144004.8	129126.7
私人控股	3240843.2	3056409.8	2823877.0
港澳台商控股	234578.9	226090.9	212468.9
外商控股	1844.6	1297.3	1201.0
其他			
按经营形式分			
独立门店	3316718.3	3118610.3	2954924.0
连锁总店	386948.7	375917.6	260574.0
连锁直营店	98538.0	94078.4	86411.7
连锁加盟店	7848.7	7848.7	5346.3
其他	1786973.3	1716905.4	1638937.9
按零售业态分			
有店铺零售	5035721.0	4868708.1	4470719.0
便利店	81975.2	81303.7	64648.2
超市	416764.0	375110.2	332571.7
折扣店	53936.5	49467.8	44871.5
仓储会员店			
百货店	169885.0	154812.1	125531.7
购物中心	384543.0	354736.7	297218.6
专业店	2065873.2	2018864.4	1873439.1
品牌专卖店	1861178.7	1832847.8	1731484.2
集合店	1565.4	1565.4	954.0
无店铺零售	561306.0	444652.3	475474.9
网络零售	221534.9	110116.5	182746.9
邮寄零售	3823.4	3823.4	3279.4
电话零售	4092.8	4092.8	3829.0
直销	40139.2	39408.3	29484.5
其他	291715.7	287211.3	256135.1
按单位规模分			
大型	2148810.3	1931860.2	1825230.6
中型	2483907.7	2426415.5	2250038.4
小型	810268.4	801306.5	731665.7
微型	154040.6	153778.2	139259.2

零售业企业财务状况（续十八）

单位：万元

税金及附加	其他业务利润	销售费用	管理费用
21489.9	39079.4	389207.9	117136.9
506.9	0	17303.2	-1827.8
5738.9	15452.8	117946.8	60551.8
13432.0	16468.0	203429.8	56533.6
1752.8	6829.2	49303.1	546.1
36.6	329.4	730.2	828.3
1.1	0	3.2	48.1
21.6	0	491.6	456.8
1783.0	2280.2	18603.4	2974.0
1783.0	2280.2	18603.4	2974.0
173.9	547.3	3926.7	1293.4
5.7	547.3	1332.9	442.4
168.2		2593.8	851.0
5210.4	10865.8	129378.7	18014.3
304.0	39.1	18743.3	2742.2
16143.7	28174.5	243679.7	97231.4
1783.0	2280.2	18603.4	2974.0
5.7	547.3	1332.9	442.4
17876.8	24808.2	200333.5	84024.6
1199.7	6406.8	100671.3	16508.1
181.8	494.3	6044.6	9928.0
175.6	0	1785.2	453.7
4012.9	10197.6	102903.4	10489.9
20464.7	38721.4	342468.7	106683.2
182.2	338.3	14187.4	6057.1
1392.9	13383.2	59746.1	13734.1
800.7	547.3	5872.5	1464.9
2058.7	7671.7	22883.0	16438.4
6783.5	1011.8	47833.5	14888.1
4088.8	8551.5	122165.3	19875.3
5154.8	7217.6	69305.9	34213.7
3.1	0	475.0	11.6
2982.1	3185.5	69269.3	14721.1
1956.6	0	15548.0	5528.6
4.9		123.3	296.2
2.2	0	139.2	231.5
77.7	0	16064.8	2071.0
940.7	3185.5	37394.0	6593.8
6515.1	13122.4	215859.3	24339.5
14660.6	20509.4	147260.3	65670.0
1973.9	8192.9	45552.9	28557.7
297.2	82.2	3065.5	2837.1

8-4 限额以上批发和零售业企业财务状况（续十九）

单位：万元

指标	财务费用	利息收入	利息费用	投资收益	营业利润	营业外收入
总计	137091.8	55614.9	171931.0	52212.9	278808.8	53405.1
批发业	105618.5	56673.0	147255.3	45664.6	212913.8	38668.2
按批发行业小类分						
农、林、牧产品批发	-41.7	612.0	1402.5	0	-1359.2	1263.9
谷物、豆及薯类批发	-135.8	-611.0	107.3	0	-482.8	343.1
种子批发	-18.5				820.8	
畜牧渔业饲料批发	182.0	-12.2	189.1	0	-1400.9	530.9
棉、麻批发						
其他农牧产品批发	-69.4	1235.2	1106.1	0	-296.3	389.9
食品、饮料及烟草制品批发	-3076.6	5688.0	2350.8	3092.9	59044.3	2557.9
米、面制品及食用油批发	1854.6	-31.2	1937.1	113.8	-1778.8	1355.7
糕点、糖果及糖批发	-2.4				185.6	16.1
果品、蔬菜批发	245.6	1.1	122.3	0	-1282.6	196.7
肉、禽、蛋、奶及水产品批发	203.0	20.1	199.1	0	-49.7	107.8
盐及调味品批发	-658.6	676.9	0	0	574.6	727.2
营养和保健品批发	7.2	0.4	7.0		167.3	
酒、饮料及茶叶批发	30.1	84.7	28	529.1	14785.4	118.2
烟草制品批发	-4913.6	4934.7	19	2450	48126.0	23.7
其他食品批发	157.5	1.3	38.3	0	-1683.5	12.5
纺织、服装及家庭用品批发	365.6	65.7	188.2	9.6	770.4	19.6
纺织品、针织品及原料批发						
服装批发	184.6	65.4	91.8	0	302.3	9.2
鞋帽批发	-2.6	-3.2	2.8	0	236.1	4.9
化妆品及卫生用品批发	57.6	3.5	46.1	0	-60.2	5.5
厨房、卫生间用具及日用杂货批发						
日用家用批发	126.0		47.5	9.6	292.2	0
其他家庭用品批发						
文化、体育用品及器材批发	2238.3	29.3	2216.3	120.0	1769.0	64.7
文具用品批发	0.3	0.3	0.6	0	295.5	18.3
体育用品及器材批发	35.8	7.7	28.1	0	-285.0	8.3
图书批发	72.3	7.8	77.1	0	130.5	0
首饰、工艺品及收藏品批发	2129.9	13.5	2110.5	120	1628.0	38.1

8-4 限额以上批发和零售业企业财务状况（续二十）

单位：万元

指标	财务费用	利息收入	利息费用	投资收益	营业利润	营业外收入
医药及医疗器材批发	18589.0	460.4	15918.2	347.4	31413.5	1704.3
西药批发	16236.5	497.8	13598.3	458.5	15858.2	1499.7
中药批发	1373.7	-189.4	1523.7	18.8	4541.1	37.7
医疗用品及器材批发	978.8	152.0	796.2	-129.9	11014.2	166.9
矿产品、建材及化工产品批发	82543.7	48218.7	119700.1	37488.5	119942.8	11712.3
煤炭及制品批发	4631.0	1262.7	5840.3	94.3	-634.8	300.8
石油及制品批发	5144.5	12388.2	12340.8	795.3	155095.8	5774.2
非金属矿及制品批发	9.9	-1.6	1.1	0	848.8	6.7
金属及金属矿批发	54653.7	28568.1	79530.7	34986.3	-42279.2	3094.9
建材批发	12325.8	3937.8	15903.1	30.6	14057.4	322.3
化肥批发	2013.3	358.6	2275.9	20.0	-6954.7	1995.8
农药批发	0.3			0	-23.4	3
其他化工产品批发	3765.2	1704.9	3808.2	1562	-167.1	214.6
机械设备、五金产品及电子产品批发	1846.8	1431.5	2412.7	4606.2	15645.6	790.3
农业机械批发	3.6	0.1	2.9	0	82.5	0.1
汽车及零配件批发	845.9	1292.7	1570.2	3604	4364.4	195.1
摩托车及零配件批发	100.9	0.1	0	3.1	139.4	0.3
五金产品批发	48.0	153.0	22.7	0	201.7	19.5
电气设备批发	-48.5	-58.0	0	0	39.0	0
计算机、软件及辅助设备批发	277.3	8.0	257.8	167.9	5062.1	19.8
通讯设备批发	345.8	5.7	313.5	0	4915.5	87.0
广播影视设备批发						
其他机械设备及电子产品批发	273.8	29.9	245.6	831.2	841.0	468.5
贸易经纪与代理	90.5	2.0	36.2		119.8	114.8
贸易代理	90.5	2.0	36.2		119.8	114.8
其他批发业	3062.9	165.4	3030.3	0	-14432.4	20440.4
再生物资回收与批发	3027.1	164.2	3025.3	0	-15249.1	20438.8
其他未列明批发业	35.8	1.2	5.0	0	816.7	1.6

8-4 限额以上批发和零售业企业财务状况（续二十一）

单位：万元

指标	财务费用	利息收入	利息费用	投资收益	营业利润	营业外收入
按登记注册类型分						
内资企业	106418.9	56726.8	147892.4	46256.5	211685.9	38746.7
国有独资公司	35008.4	18876.5	45717.3	35872.1	30540.1	7697.1
私营有限责任公司	24113.2	5355.5	20286.6	6727.4	48874.5	4853.4
其他有限责任公司	41592.7	22699.3	67027.3	−52.3	−2608.9	25057.9
私营股份有限公司	10249.3	−0.8	10080.3	−83.9	−12586.4	0.2
其他股份有限公司	−3871.6	4557.1	685.3	193.0	40424.8	863.2
全民所有制企业（国有企业）	−4913.1	4937.8	20.2	2450.0	101569.5	24.2
集体所有制企业（集体企业）	120.2	0.1	120.3	0	198.7	81.2
股份合作企业	2542.5	221.5	2676.6	−33.6	7649.0	12.5
个人独资企业						
合伙企业	−23.5	−27.8	4.3		80.4	0
港澳台投资企业	118.9	44.2	155.2		268.0	0.2
港澳台投资有限责任公司	118.9	44.2	155.2		268.0	0.2
外商投资企业	681.5	9.6	481.9	591.9	−1495.9	78.3
外商投资有限责任公司	104.5	9.5	−1.3	529.1	5049.1	67.3
其他外商投资企业	577.0	0.1	483.2	62.8	−6545.0	11.0
按控股情况分						
国有控股	66235.4	49509.0	111008.8	37855.3	166907.8	31404.4
集体控股	2566.1	398.4	2341.1	220.4	−1499.5	2017.8
私人控股	36732.6	6727.9	33898.6	7059.8	42747.7	5176.5
港澳台商控股	−19.9	25.4	5.5		175.3	0.2
外商控股	104.3	12.3	1.3	529.1	4582.5	69.3
其他						
按经营形式分						
独立门店	28529.1	15998.2	44694.6	8859.4	237954.3	12388.3
连锁总店						
连锁加盟店	1914.7	3.6	1915	0	1094.2	34.4
其他	75140.4	40669.6	100609.8	36805.2	−26150.0	26245.5
按单位规模分						
大型	15391.5	8141.7	16715.9	6749.9	82684.0	583.5
中型	60990.5	37566.4	92747.2	37889.1	149335.0	14748.6
小型	16239.2	10796.1	25907.5	1071.2	3994.0	12233.2
微型	12997.3	168.8	11884.7	−45.6	−23099.2	11102.9

8-4 限额以上批发和零售业企业财务状况（续二十二）

单位：万元

指标	财务费用	利息收入	利息费用	投资收益	营业利润	营业外收入
零售业	31473.3	-1058.1	24675.7	6548.3	65895.0	14736.9
按零售行业小类分						
综合零售	14702.5	-361.6	9867.2	908.9	26287.6	3074.4
百货零售	7694.8	-294.9	5419.0	908.8	29112.3	798.4
超级市场零售	6921.7	-69.3	4431.7	0	-2249.8	2027.9
便利店零售	77.8	2.6	8.5	0	-578.5	248.1
其他综合零售	8.2		8.0	0.1	3.6	
食品、饮料及烟草制品专门零售	345.6	73.7	382.7	0	6015.7	3791.9
粮油零售	12.9	1.5	13.4	0	-369.4	431.1
糕点、面包零售	-0.3	0.3		0	-29.4	243.7
果品、蔬菜零售	80.0	-0.5	76	0	11.8	6.3
肉、禽、蛋、奶及水产品零售	1.2	0	0	0	-125.8	2.0
营养和保健品零售	71.7	-5.9	77.6		-966.3	0
酒、饮料及茶叶零售	79.0	27.4	69.3	0	9362.8	0
烟草制品零售	-18.8	51	29.6	0	-585.9	0
其他食品零售	119.9	-0.1	116.8	0	-1282.1	3108.8
纺织、服装及日用品专门零售	-1189.5	-1673.3	299.2	27.6	1764.0	62.2
纺织品及针织品零售	0.2				17.7	
服装零售	-1496.1	-1723.4	120.8	0	983.2	38.1
鞋帽零售	35.3	0	0	0	-133.8	0.1
化妆品及卫生用品零售	29.8	1	30.3		-34.5	3.6
钟表、眼镜零售	140.4	49.1	89.6	27.6	716.5	17.0
自行车等代步设备零售	3.2			0	-152.4	0
其他日用品零售	97.7		58.5		367.3	3.4
文化、体育用品及器材专门零售	-3429.0	-25.3	15.3	1191.9	7878.1	406.1
文具用品零售						
体育用品及器材零售						
图书、报刊零售	-3621.8	-25.8	-29.6	1191.9	7628.9	157.6
珠宝首饰零售	147.5	0	0	0	-356.2	30.0
工艺美术品及收藏品零售	0.1	0.4	0	0	128.0	218.5

8-4 限额以上批发和零售业企业财务状况（续二十三）

单位：万元

指标	财务费用	利息收入	利息费用	投资收益	营业利润	营业外收入
乐器零售	4.3	0.1	4.0	0	80.2	0
其他文化用品零售	40.9	0	40.9	0	397.2	0
医药及医疗器材专门零售	3755.8	325.2	2717.2	410.6	6329.5	558.1
西药零售	3701.6	325.2	2717.2	410.6	6552.3	556.2
中药零售	54.2	0	0	0	−222.8	1.9
医疗用品及器材零售						
汽车、摩托车、燃料及零配件专门零售	15091.8	583.3	10877	4001.8	19696.0	6371.9
汽车新车零售	13325.1	575.3	9684.8	3765.4	6550.7	4035.1
汽车零配件零售						
摩托车及零配件零售	−0.1	0.2	0.1	0	−624.7	0
机动车燃油零售	1383.4	5.6	806.5	236.4	13355.7	2336.4
机动车燃气零售	383.4	2.2	385.6	0	414.3	0.4
家用电器及电子产品专门零售	1909.8	18.8	234.8	7.5	−1891.1	391.3
家用视听设备零售						
日用家电设备零售	546.8	0.5	−0.3	0	−1870.5	310.2
计算机、软件及辅助设备零售	275.3	9.3	112	3.9	458.9	47
通信设备零售	1049.1	8.5	83.7	0	−1308.6	6.2
其他电子产品零售	38.6	0.5	39.4	3.6	829.1	27.9
五金、家具及室内装饰材料专门零售	108.4	−0.6	102.3	0	−1273.4	0.4
五金零售						
灯具零售						
家具零售	15.8	−0.6	11.8	0	−1311.8	0.4
卫生洁具零售	48.8	0	46.2	0	−46.5	0
木质装饰材料零售	43.8		44.3	0	84.9	0
陶瓷、石材装饰材料零售						
其他室内装饰材料零售						
货摊、无店铺及其他零售业	177.9	1.7	180	0	1088.6	80.6
货摊纺织、服装及鞋零售						
互联网零售	172.4	2.5	174.5	0	211.7	0
旧货零售						
生活用燃料零售						
其他未列明零售业	5.5	−0.8	5.5	0	876.9	80.6

8-4 限额以上批发和零售业企业财务状况（续二十四）

单位：万元

指标	财务费用	利息收入	利息费用	投资收益	营业利润	营业外收入
按登记注册类型分						
内资企业	30960.7	−1065.5	24274.3	6548.3	92929.2	14591.6
国有独资公司	502.4	0	0.5	0	5591.7	101.0
私营有限责任公司	14348.1	362.6	9698.9	3705.8	4620.2	7654.2
其他有限责任公司	14305.8	−1429.6	13769.7	2606.0	49064.8	4120.7
私营股份有限公司						
其他股份有限公司	1785.1	0	795.4	236.4	33915.9	2336.4
全民所有制企业（国有企业）	1.4	1.4	2.0		−423.5	379.0
集体所有制企业（集体企业）	8.2		8.0	0.1	3.6	
个人独资企业	9.7	0.1	−0.2	0	156.5	0.3
港澳台投资企业	460.3	−2.9	392.9	0	−1660.7	130.7
港澳台投资有限责任公司	460.3	−2.9	392.9	0	−1660.7	130.7
外商投资企业	52.3	10.3	8.5	0	−25373.5	14.6
外商投资有限责任公司	−1.8	10.3	8.5		−1135.6	13.9
其他外商投资企业	54.1				−24237.9	0.7
按控股情况分						
国有控股	1136.9	677.5	2866	1535.3	28322.1	5651.2
集体控股	5063.5	−75.6	4561.2	1500.1	3806.1	70.6
私人控股	24814.4	−1667.4	16847.1	3512.9	36563.1	8870.5
港澳台商控股	460.3	−2.9	392.9	0	−1660.7	130.7
外商控股	−1.8	10.3	8.5		−1135.6	13.9
其他						

8-4 限额以上批发和零售业企业财务状况（续二十五）

单位：万元

指标	财务费用	利息收入	利息费用	投资收益	营业利润	营业外收入
按经营形式分						
独立门店	18120.8	301.1	14015	4029.9	43571.3	6189.8
连锁总店	3752.5	321.7	2689.1	410.6	3711.1	3882.7
连锁直营店	-1241.8	-1731.0	23.1	0	-2866.9	64.4
连锁加盟店	127.7	0	39.4	0	-39.8	0.7
其他	10714.1	50.1	7909.1	2107.8	21519.3	4599.3
按零售业态分						
有店铺零售	29084.2	-1225.2	22776.8	5735.2	69322.3	14221.9
便利店	210.4	8.2	87.3	0.1	-3303.2	462.6
超市	9800.2	-49.1	6689.6	39.9	-652.1	2675.8
折扣店	685.4	-140.2	810.2	0	93.3	24.7
仓储会员店						
百货店	381.1	-1586.8	564.4	0	1237.4	401.6
购物中心	-1378.7	-326.5	2226.3	1662.2	21172.1	355.2
专业店	10365.3	423.3	6211.2	2201.1	37377.3	6502.7
品牌专卖店	8982.3	445.9	6153.6	1831.9	13314.2	3799.3
集合店	38.2	0	34.2	0	83.3	0
无店铺零售	2389.1	167.1	1898.9	813.1	-3427.3	515.0
网络零售	428.3	-5.1	175.7	398.6	15598.3	129.5
邮寄零售	9.7		0.2	0	109.9	
电话零售	-8.8	0	-8.8	0	-100.3	14.9
直销	493.3	-8.3	470.2	0	-8167.3	17.3
其他	1466.6	180.5	1261.6	414.5	-10867.9	353.3
按单位规模分						
大型	9748.8	268.5	9877.0	2237.5	67791.0	4969.7
中型	15475.6	-1675.5	11372.8	3785.7	-5291.9	4869.8
小型	5949.9	317.8	3124.2	521.4	-4356.3	4863.9
微型	299.0	31.1	301.7	3.7	7752.2	33.5

8-4 限额以上批发和零售业企业财务状况（续二十六）

单位：万元

指标	利润总额	所得税费用	应付职工薪酬（本年贷方累计发生额）	应交增值税
总计	**296912.6**	**55300.4**	**644683.1**	**597049.4**
批发业	**229773.1**	**36491.6**	**397408.2**	**540972.7**
按批发行业小类分				
农、林、牧产品批发	-154.1	123.7	2858.3	531.1
谷物、豆及薯类批发	-157.2	86.9	958.8	24.9
畜牧渔业饲料批发	810.1		347.8	52.9
种子批发	-880.6	18.1	1045.3	197.9
棉、麻批发				
其他农牧产品批发	73.6	18.7	506.4	255.4
食品、饮料及烟草制品批发	60594.6	15204.5	75630.0	34252.1
米、面制品及食用油批发	-444.7	61.4	3108.2	2771.7
糕点、糖果及糖批发	132.3	6.6	256.7	140.1
果品、蔬菜批发	-1265.6	-106.9	2381.9	539.7
肉、禽、蛋、奶及水产品批发	54.8	45.6	3549.3	695.4
盐及调味品批发	1280.3	286.8	5028.5	590.1
营养和保健品批发	162.3	4.1	383.9	158.0
酒、饮料及茶叶批发	14259.3	3526.6	17182.7	8907.5
烟草制品批发	48101.6	11379.7	39618.0	19635.6
其他食品批发	-1685.7	0.6	4120.8	814.0
纺织、服装及家庭用品批发	764.0	131.8	8484.9	2380.8
纺织品、针织品及原料批发				
服装批发	311.1	72.5	4761.8	1038.9
鞋帽批发	215.4	9.3	901.8	223.6
化妆品及卫生用品批发	-54.7	0.3	2039.7	364.1
厨房、卫生间用具及日用杂货批发				
日用家用批发	292.2	49.7	781.6	754.2
其他家庭用品批发				

8-4 限额以上批发和零售业企业财务状况（续二十七）

单位：万元

指标	利润总额	所得税费用	应付职工薪酬（本年贷方累计发生额）	应交增值税
文化、体育用品及器材批发	1593.4	95.4	11450.4	3449.1
文具用品批发	313.8	78.4	615.3	380.5
体育用品及器材批发	-276.7	-1.9	1609.3	238.4
图书批发	128.8	18.0	583.2	22.3
首饰、工艺品及收藏品批发	1427.5	0.9	8642.6	2807.9
医药及医疗器材批发	31704.3	6680.3	54687.8	33724.8
西药批发	16583.1	3837.0	39191.1	24708.4
中药批发	4488.4	840.1	4857.7	2359.6
医疗用品及器材批发	10632.8	2003.2	10639.0	6656.8
矿产品、建材及化工产品批发				
煤炭及制品批发	-562.3	1513.1	8472.9	4711.2
石油及制品批发	147569.8	3519.0	158265.1	177414.2
非金属矿及制品批发	684.9	127.7	653.9	373.0
金属及金属矿批发	-40981.1	2844.9	25099.1	22203.7
建材批发	13611.5	3400.3	7711.9	8498.7
化肥批发	-5411.4	119.0	5584.4	562.7
农药批发	-20.4	0	30.9	15.1
其他化工产品批发	-1034.3	164.9	5442.0	2272.0
机械设备、五金产品及电子产品批发	15575.5	1815.0	29839.4	17693.5
农业机械批发	81.9	5.0	100.3	94.0
汽车及零配件批发	4306.6	577.4	5494.3	988.7
摩托车及零配件批发	139.6	0.2	150.1	42.6
五金产品批发	151.1	66.9	723.8	280.6
电气设备批发	37.0	1.8	1027.4	135.4
计算机、软件及辅助设备批发	5079.8	647.4	2801.9	870.0
通讯设备批发	4616.4	443.2	7799.9	12319.2
广播影视设备批发				
其他机械设备及电子产品批发	1163.1	73.1	11741.7	2963.0
贸易经纪与代理	229.0	13.5	318.3	261.5
贸易代理	229.0	13.5	318.3	261.5
其他批发业	5609.7	738.5	2878.9	232629.2
再生物资回收与批发	4807.7	779.2	1870.2	232300.0
其他未列明批发业	802.0	-40.7	1008.7	329.2

8-4 限额以上批发和零售业企业财务状况（续二十八）

单位：万元

指标	利润总额	所得税费用	应付职工薪酬（本年贷方累计发生额）	应交增值税
按登记注册类型分				
内资企业	231287.5	34109.6	387575.4	535432.6
国有独资公司	26347.3	5652.1	144053.7	138524.7
私营有限责任公司	46962.3	8929.0	100172.5	48827.8
其他有限责任公司	19897.3	6833.3	83411.2	283181.1
私营股份有限公司	-12601.2	0	120.9	1069.4
其他股份有限公司	41175.1	0	8607.9	10289.9
全民所有制企业（国有企业）	101545.6	11380.8	46205.8	49237.6
集体所有制企业（集体企业）	263.1	13.9	156.0	55.7
股份合作企业	7622.6	1300.5	4724.9	4188
个人独资企业				
合伙企业	75.4		122.5	58.4
港澳台投资企业	268.2	70.0	1424.8	530.1
港澳台投资有限责任公司	268.2	70.0	1424.8	530.1
外商投资企业	-1782.6	2312.0	8408.0	5010.0
外商投资有限责任公司	4892.1	1212.6	6043.5	4261.7
其他外商投资企业	-6674.7	1099.4	2364.5	748.3
按控股情况分				
国有控股	184088.9	24505.9	267702.5	468971.9
集体控股	346.7	337.4	3850.6	796.9
私人控股	40764.8	10493.4	117711.9	66201.7
港澳台商控股	175.5	43.9	1289.3	507.7
外商控股	4397.2	1111.0	6853.9	4494.5
其他				
按经营形式分				
独立门店	237314.9	23820.4	256985.2	123229.8
连锁总店				
连锁加盟店	1046.4	0	7561.2	2335.9
其他	-8603.1	12671.2	132719.1	415375.4
按单位规模分				
大型	81655.9	15673.2	101630.9	153040.7
中型	148457.6	16874.9	258780.2	232200.8
小型	14420.6	3796.7	33956.7	124896.6
微型	-14761.0	146.8	3040.4	30834.6

8-4 限额以上批发和零售业企业财务状况（续二十九）

单位：万元

指标	利润总额	所得税费用	应付职工薪酬（本年贷方累计发生额）	应交增值税
零售业	67139.5	18808.8	247274.9	56076.7
按零售行业小类分				
综合零售	19553.3	7879.0	44976.4	13868.2
百货零售	20852.4	7677.7	19763.4	9265.7
超级市场零售	-867.3	174.0	21273.9	3130.8
便利店零售	-435.4	26.4	3924.5	1471.6
其他综合零售	3.6	0.9	14.6	0.1
食品、饮料及烟草制品专门零售	9656.0	2302.6	5010.1	2487.7
粮油零售	-14.8	6.3	1019.5	66.1
糕点、面包零售	214.2	0	260.7	129.9
果品、蔬菜零售	15.5	1.6	392.8	29.1
肉、禽、蛋、奶及水产品零售	-124.1	0.2	210.6	21.2
营养和保健品零售	-967.2	0	332.0	32.2
酒、饮料及茶叶零售	9308.7	2298.4	275.5	1668.4
烟草制品零售	-586.3	-3.9	1577.6	236.1
其他食品零售	1810.0	0	941.4	304.7
纺织、服装及日用品专门零售	1747.6	429.5	9183.6	3171.7
纺织品及针织品零售	17.7	3.0	86.5	0
服装零售	1016.4	69.0	3385.5	1350.7
鞋帽零售	-133.8	4.4	629.9	57.8
化妆品及卫生用品零售	-91.9	1	1241.4	538.8
钟表、眼镜零售	722.6	257.3	2494.2	764.3
自行车等代步设备零售	-152.4	0	18.0	10.3
其他日用品零售	369.0	94.8	1328.1	449.8
文化、体育用品及器材专门零售	7968.5	46.8	34109.5	1073.3
文具用品零售				
体育用品及器材零售				
图书、报刊零售	7500.8	18.4	32360.6	59.7
珠宝首饰零售	-356.2	14.9	1387.0	909.3
工艺美术品及收藏品零售	346.5	0	102.7	63.5

8-4 限额以上批发和零售业企业财务状况（续三十）

单位：万元

指标	利润总额	所得税费用	应付职工薪酬（本年贷方累计发生额）	应交增值税
乐器零售	80.2	0.4	134.1	38.1
其他文化用品零售	397.2	13.1	125.1	2.7
医药及医疗器材专门零售	6522.5	2597.8	54478.8	7885.7
西药零售	6743.4	2597.8	54032.6	7830.0
中药零售	−220.9	0	446.2	55.7
医疗用品及器材零售				
汽车、摩托车、燃料及零配件专门零售	23332.2	4951.5	88659.4	25341.5
汽车新车零售	9507.1	3719.4	65107.7	15913.3
汽车零配件零售				
摩托车及零配件零售	−624.7	1.5	72.0	155.2
机动车燃油零售	14035.2	1224.1	23072.1	9095.5
机动车燃气零售	414.6	6.5	407.6	177.5
家用电器及电子产品专门零售	−1534.5	116.3	7872.6	1484.1
家用视听设备零售				
日用家电设备零售	−1560.3	61.8	3818.1	442.4
计算机、软件及辅助设备零售	478.9	28.3	2494.4	570.0
通信设备零售	−1309.9	2.1	1035.3	292.9
其他电子产品零售	856.8	24.1	524.8	178.8
五金、家具及室内装饰材料专门零售	−1273.2	0	1189.9	66.8
五金零售				
灯具零售				
家具零售	−1311.4	0	1050.6	52.3
卫生洁具零售	−46.7	0	126.2	4.9
木质装饰材料零售	84.9		13.1	9.6
陶瓷、石材装饰材料零售				
其他室内装饰材料零售				
货摊、无店铺及其他零售业	1167.1	485.3	1794.6	697.7
货摊纺织、服装及鞋零售				
互联网零售	210.7	4.9	115.3	110.3
旧货零售				
生活用燃料零售				
其他未列明零售业	956.4	480.4	1679.3	587.4

8-4　限额以上批发和零售业企业财务状况（续三十一）

单位：万元

指标	利润总额	所得税费用	应付职工薪酬（本年贷方累计发生额）	应交增值税
按登记注册类型分				
内资企业	94167.4	18413.2	237928.4	53647.6
国有独资公司	5597.8	1096.1	8470.2	2983.4
私营有限责任公司	10735.1	3582.1	78124.0	18982.5
其他有限责任公司	43183.5	13041.2	122472.0	22882.3
私营股份有限公司				
其他股份有限公司	34616.6	681.3	27420.4	8556.1
全民所有制企业（国有企业）	-120.9	0.4	967.4	57.4
集体所有制企业（集体企业）	3.6	0.9	14.6	0.1
个人独资企业	151.7	11.2	459.8	185.8
港澳台投资企业	-1647.9	390.2	8215.0	1904.5
港澳台投资有限责任公司	-1647.9	390.2	8215.0	1904.5
外商投资企业	-25380.0	5.4	1131.5	524.6
外商投资有限责任公司	-1140.5		318.0	22.4
其他外商投资企业	-24239.5	5.4	813.5	502.2
按控股情况分				
国有控股	184088.9	24505.9	267702.5	468971.9
集体控股	346.7	337.4	3850.6	796.9
私人控股	40764.8	10493.4	117711.9	66201.7
港澳台商控股	175.5	43.9	1289.3	507.7
外商控股	4397.2	1111.0	6853.9	4494.5
其他				
按经营形式分				
独立门店	237314.9	23820.4	256985.2	123229.8
连锁总店				
连锁直营店				
连锁加盟店	1046.4	0	7561.2	2335.9
其他	-8603.1	12671.2	132719.1	415375.4

8-4 限额以上批发和零售业企业财务状况（续三十二）

单位：万元

指标	利润总额	所得税费用	应付职工薪酬（本年贷方累计发生额）	应交增值税
按零售业态分				
有店铺零售	77517.0	12469.8	211110.2	47259.5
便利店	-3087.9	143.0	8155.9	2594.8
超市	1232.8	202.7	28042.4	4760.3
折扣店	98.3	367.9	1554.4	775.8
仓储会员店				
百货店	1611.7	501.7	9484.7	3028.4
购物中心	19700.1	3021.1	35332.3	3304.9
专业店	41665.4	2872.0	74970.3	19140.5
品牌专卖店	16213.3	5357.0	53315.5	13609.2
集合店	83.3	4.4	254.7	45.6
无店铺零售	-10377.5	6339.0	36164.7	8817.2
网络零售	8513.5	3817.3	4173.2	2160.7
邮寄零售	104.8	5.2	202.0	63.8
电话零售	-89.7	1.2	214.4	41.2
直销	-8209.6	3.7	9156.3	356.0
其他	-10696.5	2511.6	22418.8	6195.5
按单位规模分				
大型	62913.8	7721.3	119396.8	20324.9
中型	-3576.3	7260.8	95688.3	24433.7
小型	71.3	1638.7	30879.3	9293.8
微型	7730.7	2188.0	1310.5	2024.3

8-5 限额以上住宿业

指标	法人企业数（个）	从业人员期末人数（人）
总计	382	22399
住宿业	162	9463
按住宿业行业小类分		
旅游饭店	79	6773
一般旅馆	80	2601
经济型连锁酒店	45	1477
其他一般旅馆	35	1124
其他住宿业	3	89
按登记注册类型分		
内资企业	161	9226
国有独资公司	7	992
私营有限责任公司	108	4185
其他有限责任公司	39	3474
全民所有制企业（国有企业）	5	567
集体所有制企业（集体企业）	1	
个人独资企业	1	8
外商投资企业	1	237
外商投资有限责任公司	1	237
按控股情况分		
国有控股	37	3365
集体控股	2	257
私人控股	121	5165
外商控股	1	237
其他		
按经营形式分		
独立门店	116	7485
连锁总店（总部）	1	126
连锁直营店	1	69
连锁加盟店	38	1031
其他	6	752
按单位规模分		
大型	1	430
中型	21	3854
小型	131	4723
微型	8	17
按星级分		
一星	3	59
二星	3	69
三星	29	1795
四星	20	1887
五星	5	811
其他	102	4842

和餐饮业经营情况

营业额（万元）	床位数（个）	年末餐饮营业面积（平方米）
570841.6	47209	1275122
247514.4	41328	746326
176189.3	25303	484083
68995.8	15497	248243
46576.1	8916	104658
22419.7	6581	143585
2329	528	14000
243394.2	40835	744304
26440.2	3283	30403
121012.4	23723	393319
84910.0	12546	295410
10470.7	1203	22686
395.7		
165.2	80	2486
4120	493	2022
4120.2	493	2022
80300.8	12624	227199
4700.7	600	20000
149996.1	27105	490505
189327.6	31737	621907
3639.9	796	
2321.4	240	28242
35005.2	6200	76097
17220.3	2355	20080
7741.2	1500	19000
102200.1	10907	245288
125746.3	27769	458289
3430.2	646	17149
1331.0	453	12876
1853.2	446	12119
39849.5	10926	193312
39587.1	5790	123391
27985.5	1821	88050
136908.1	21892	316578

8-5 限额以上住宿业

指标	法人企业数（个）	从业人员期末人数（人）	营业额（万元）
餐饮业	220	12936	323327.2
按餐饮业行业小类分			
正餐服务	200	9111	241778.9
快餐服务	14	3391	64066.3
饮料及冷饮服务	3	267	13075.5
茶馆服务	1	55	867.2
咖啡馆服务	1	156	9773.1
其他饮料及冷饮服务	1	56	2435.2
餐饮配送及外卖送餐服务	2	145	3720
餐饮配送服务	2	145	3719.8
其他餐饮业	1	22	686.7
其他未列明餐饮业	1	22	686.7
按登记注册类型分			
内资企业	219	10629	281102.8
国有独资公司	2	140	3366.5
私营有限责任公司	159	7269	170112.8
其他有限责任公司	44	2643	97305.8
私营股份有限公司	1		0
股份合作企业	2	184	3163.7
个人独资企业	11	393	7154.0
港澳台投资企业	1	2307	42224
港澳台投资有限责任公司	1	2307	42224.4
按控股情况分			
国有控股	10	1330	41199.6
集体控股	1	21	314.9
私人控股	207	9122	229815.2
港澳台商控股	1	2307	42224.4
外商控股	1	156	9773.1
其他			
按经营形式分			
独立门店	199	8533	224838.9
连锁总店（总部）	2	2307	42224.4
连锁直营店	3	279	14508.0
其他	16	1817	41755.9
按单位规模分			
大型	2	3051	56353.8
中型	17	3231	94126.5
小型	171	6522	159920.6
微型	30	132	12926.3

和餐饮业经营情况（续一）

客房数（间）	床位数（个）	餐位数（位）	年末餐饮营业面积（平方米）
	5881		**528796**
	5881		480766
	0		39870
	0		7200
			2400
	0		4200
			600
	0		0
	0		0
	0		960
	0		960
	5881		500796
	74		3892
	2286		338996
	3521		141851
	0		2314
	0		13743
			28000
			28000
	3595		61387
	0		79
	2286		435130
			28000
	0		4200
	5881		449256
			28000
	0		6200
	0		45340
			35864
	4054		116164
	1827		356359
	0		20409

8-6 限额以上住宿业

指标	法人企业数（个）	执行《2006企业会计准则》企业数（个）	年初存货	流动资产合计
总计	382		17343.7	425395.8
住宿业	162		7063.1	286100.6
按住宿业行业小类分				
旅游饭店	79		4708.7	175018.2
一般旅馆	80		2241.1	108980.3
经济型连锁酒店	45		652.6	71681.0
其他一般旅馆	35		1588.5	37299.3
其他住宿业	3		113	2102
按登记注册类型分				
内资企业	161		7000.0	283981.8
国有独资公司	7		610.4	60744.4
私营有限责任公司	108		3684.8	106304.1
其他有限责任公司	39		2351.3	105397.9
全民所有制企业（国有企业）	5		341.4	11527.4
集体所有制企业（集体企业）	1			
个人独资企业	1		12.1	8.0
外商投资企业	1		63	2119
外商投资有限责任公司	1		63.1	2118.8
按控股情况分				
国有控股	37		2705.2	118348.7
集体控股	2		89.5	4460.9
私人控股	121		3971.8	150618.9
外商控股	1		63.1	2118.8
其他				
按经营形式分				
独立门店	116		5838.0	187775.5
连锁总店（总部）	1		339.7	42727.4
连锁直营店	1		100.9	16186.6
连锁加盟店	38		280.9	14933.3
其他	6		503.6	24477.8
按单位规模分				
大型	1		576.7	16807.2
中型	21		2166.1	118767.7
小型	131		4074.6	137818.5
微型	8		12.2	2153.9
按星级分				
一星	3		12.3	722.9
二星	3		89.4	852.9
三星	29		1436.4	59760.1
四星	20		967.1	47919.6
五星	5		254.8	5807.8
其他	102		4303.1	171037.3

和餐饮业企业财务状况

单位：万元

		固定资产	累计折旧		在建工程	资产总计
应收账款	存货	原价		本年折旧		
88929.6	18838.6	463679.4	231030.3	20227.0	23503.2	897354.3
53280.2	6703.5	395583.2	202329.1	15083.7	7118.6	652679.5
46251.8	4590.4	353586.5	181782.8	12630.2	7011.4	474602.0
6101.5	2017.4	38912.9	19731.9	2312.0	107.2	173644.9
4018.1	710.0	14025.9	8153.5	1186.8	12.0	113550.7
2083.4	1307.4	24887.0	11578.4	1125.2	95.2	60094.2
927	96	3084	814	142		4433
53182.1	6640.8	364210.1	179523.0	14472.7	7118.6	641885.3
1477.6	626.1	118276.6	44558.5	2981.1	798.6	144705.1
25872.7	3353.5	43600.9	21145.2	3663.3	937.4	157567.7
25630.1	2304.5	164555.3	83592.6	6922.3	5382.6	320164.1
201.7	356.7	37636.3	30173.9	903.9		19309.0
		141.0	52.8	2.1		139.4
98	63	31373	22806	611	0	10794
98.1	62.7	31373.1	22806.1	611.0	0	10794.2
9415.8	2537.6	276372.7	124109.2	9310.4	6159.6	386628.4
3240.7	92.1	2091.4	1544.5	4.7	0	5027.8
40464.4	3764.3	52662.4	27248.5	4415.2	959.0	233194.0
98.1	62.7	31373.1	22806.1	611.0	0	10794.2
49283.9	5418.6	345111.4	165727.3	13076.5	7112.4	523782.7
96.0	372.3	96.0	67.1	6.8		44611.1
939.6	121.1	238.3	7.8	7.8		16355.6
2243.5	324.7	7182.2	2991.9	802.7	6.2	34157.6
717.2	466.8	42955.3	33535.0	1189.9	0	33772.5
557.9	487.2	43563.4	18099.2	2242.9	4745.4	43181.4
21573.6	2316.5	196437.6	102010.8	5465.4	819.6	252185.5
31011.8	3652.9	121628.1	54900.1	6611.5	1553.6	337908.1
75.7	0.1	870.5	698.2	21.5	0	2369.4
312.9	0.2	299.5	189.3	4.8		1486.8
77.7	87.6	3967.7	1426.0	84.3	0	4058.6
19248.4	1236.0	101519.2	48451.9	3939.7	5327.3	207596.7
6845.4	961.7	73788.1	44990.6	2140.8	841.9	89134.7
1182.1	428.0	32597.5	17522.4	1061.7	0	22085.3
25613.7	3990.0	183411.2	89748.9	7852.4	949.4	328317.4

8-6 限额以上住宿业

指标	法人企业数（个）	执行《2006企业会计准则》企业数（个）	年初存货	流动资产合计
餐饮业	220		10280.6	139295.2
按餐饮业行业小类分				
正餐服务	200		9632.6	126916.2
快餐服务	14		450.0	6419.7
饮料及冷饮服务	3		22.0	1246.7
茶馆服务	1		6.7	33.0
咖啡馆服务	1		0	564.1
其他饮料及冷饮服务	1		15.3	649.6
餐饮配送及外卖送餐服务	2		176	4573
餐饮配送服务	2		176.0	4573.3
其他餐饮业	1		0	139.3
其他未列明餐饮业	1		0	139.3
按登记注册类型分				
内资企业	219		9893.5	136612.5
国有独资公司	2		266.5	2960.7
私营有限责任公司	159		4521.8	67979.5
其他有限责任公司	44		4676.6	61999.4
私营股份有限公司	1			
股份合作企业	2		112.6	778.2
个人独资企业	11		316.0	2894.7
港澳台投资企业	1		387	2683
港澳台投资有限责任公司	1		387.1	2682.7
按控股情况分				
国有控股	10		3557.0	43294.5
集体控股	1		3.3	6.9
私人控股	207		6333.2	92747.0
港澳台商控股	1		387.1	2682.7
外商控股	1		0	564.1
其他				
按经营形式分				
独立门店	199		8932.9	115147.8
连锁总店（总部）	2		387.1	2682.7
连锁直营店	3		15.3	1427.8
其他	16		945.3	20036.9
按单位规模分				
大型	2		387.1	3804.6
中型	17		3452.7	49683.9
小型	171		5859.1	78204.3
微型	30		581.7	7602.4

业和餐饮业企业财务状况（续一）

单位：万元

应收账款	存货	固定资产原价	累计折旧	本年折旧	在建工程	资产总计
35649.4	12135.1	68096.2	28701.2	5143.3	16384.6	244674.8
33297.7	11144.9	45395.1	19863.6	3964.5	15944.7	193311.4
675.3	798.0	12346.9	5831.9	657.0	439.9	33273.5
8.7	36.1	521.7	231.0	66.6	0	5719.9
7.4	21.8	328.9	125.7	52.9		848.5
0	0	1.5	1.1	0.3	0	4087.6
1.3	14.3	191.3	104.2	13.4	0	783.8
1668	156	9807	2760	450	0	12215
1667.7	156.1	9806.5	2759.5	450.0	0	12215.4
0	0	26.0	15.2	5.2	0	154.6
0	0	26.0	15.2	5.2	0	154.6
35639.2	11721.7	61007.7	25212.5	4922.8	15944.7	221223.0
2247.3	226.2	10584.7	2394.0	489.6	300.4	11454.2
12619.9	6507.7	29017.1	13046.9	1980.1	9971.6	115634.6
19939.6	4454.3	17411.6	6959	2343.6	5672.7	88059.4
0	77.0	1160.2	839.0	0	0	1119.8
832.4	456.5	2834.1	1973.6	109.5	0	4955.0
10	413	7089	3489	221	440	23452
10.2	413.4	7088.5	3488.7	220.5	439.9	23451.8
20456.7	3280.2	19207.6	3591.3	960.1	3739.7	68668.1
0	0.9	47.7	23.4	0	0	31.3
15182.5	8440.6	41750.9	21596.7	3962.4	12205.0	148436.0
10.2	413.4	7088.5	3488.7	220.5	439.9	23451.8
0	0	1.5	1.1	0.3	0	4087.6
34708.4	10465.7	54137.8	21214.9	4400.3	15944.7	189143.7
10.2	413.4	7088.5	3488.7	220.5	439.9	23451.8
76.9	28.9	298.4	132.3	40.7	0	5419.5
853.9	1227.1	6571.5	3865.3	481.8	0	26659.8
154.8	539.3	11392.1	5525.0	619.8	439.9	29832.3
19245.2	3394.7	13243.4	5751.6	654.9	3592.9	74051.3
12451.2	7490.0	40788.5	16458.0	3771.8	12351.8	130667.8
3798.2	711.1	2672.2	966.6	96.8	0	10123.4

8-6 限额以上住宿业

指标	流动负债合计	应付账款
总计	507395.0	125007.6
住宿业	324982.5	57650.5
按住宿业行业小类分		
旅游饭店	205950.1	44662.2
一般旅馆	115479.9	12259.8
经济型连锁酒店	80548.7	8957.3
其他一般旅馆	34931.2	3302.5
其他住宿业	3552.5	728.5
按登记注册类型分		
内资企业	317561.0	57336.3
国有独资公司	60803.8	4222.9
私营有限责任公司	145335.1	32605.7
其他有限责任公司	96045.9	19560.4
全民所有制企业（国有企业）	15246.7	934.5
集体所有制企业（集体企业）		
个人独资企业	129.5	12.8
外商投资企业	7421.5	314.2
外商投资有限责任公司	7421.5	314.2
按控股情况分		
国有控股	101366.8	11058.5
集体控股	4289.1	3702.7
私人控股	197474.1	41738.8
外商控股	7421.5	314.2
其他		
按经营形式分		
独立门店	209049.7	47777.0
连锁总店（总部）	38128.8	334.1
连锁直营店	25188.6	200.4
连锁加盟店	25602.4	3475.4
其他	27013.0	5863.6
按单位规模分		
大型	6200.3	503.2
中型	128518.5	21033.9
小型	174576.1	35142.2
微型	1256.6	134.9
按星级分		
一星	1378.1	256.6
二星	1773.6	81.3
三星	39499.2	4230.8
四星	58146.1	8368.6
五星	11514.9	3357.5
其他	212670.6	41355.7

和餐饮业企业财务状况（续二）

单位：万元

负债合计	所有者权益合计	实收资本	个人资本
719981.7	177372.6	1718824.9	1538447.5
502340.5	150339.0	161719.8	24664.2
354335.2	120266.8	140396.8	20113.3
144452.8	29192.1	19273.0	4550.9
95536.1	18014.6	12476.7	2317.2
48916.7	11177.5	6796.3	2233.7
3552.5	880.1	2050.0	
489195.9	152689.4	149180.1	24664.2
157016.1	-12311.0	38272.2	0
166632.5	-9064.8	36558.1	7954.4
150010.9	170153.2	71017.0	16709.8
15406.9	3902.1	3332.8	
129.5	9.9		
13144.6	-2350.4	12539.7	0
13144.6	-2350.4	12539.7	0
239242.0	147386.4	88897.2	127
4289.1	738.7	738.7	738.7
231082.0	2112.0	58683.5	23798.5
13144.6	-2350.4	12539.7	0
370422.7	153360.0	147501.5	22278.0
41337.0	3274.1	3000.0	
25188.6	-8833.0	800.0	
34155.6	2.0	7941.6	2086.2
31236.6	2535.9	2476.7	300.0
6200.3	36981.1	1000.0	0
250763.6	1421.9	84004.8	15039.2
229537.2	108370.9	75154.3	9425.0
1256.6	1112.8	700.0	200
1378.1	108.7	600.0	
1773.7	2284.9	2419.0	120.0
60500.9	147095.8	40442.7	16026.2
69918.1	19216.6	41982.9	2095.7
25300.2	-3214.9	10360.6	0
343469.5	-15152.1	65914.6	6422.3

8-6 限额以上住宿业

指标	流动负债合计	应付账款
餐饮业	**182412.5**	**67357.1**
按餐饮业行业小类分		
正餐服务	156774.4	62391.6
快餐服务	15102.9	1961.0
饮料及冷饮服务	1443.2	227.0
茶馆服务	605.0	131.1
咖啡馆服务	746.3	32.4
其他饮料及冷饮服务	91.9	63.5
餐饮配送及外卖送餐服务	8901.6	2762.3
餐饮配送服务	8901.6	2762.3
其他餐饮业	190.4	15.2
其他未列明餐饮业	190.4	15.2
按登记注册类型分		
内资企业	176503.9	66282.1
国有独资公司	14266.4	2545.5
私营有限责任公司	95271.9	24718.7
其他有限责任公司	63953.8	38328.7
私营股份有限公司		
股份合作企业	152.8	135.4
个人独资企业	2859.0	553.8
港澳台投资企业	5908.6	1075.0
港澳台投资有限责任公司	5908.6	1075
按控股情况分		
国有控股	54325.4	33106.5
集体控股	0.9	0
私人控股	121431.3	33143.2
港澳台商控股	5908.6	1075.0
外商控股	746.3	32.4
其他		
按经营形式分		
独立门店	152628.9	55799.8
连锁总店（总部）	5908.6	1075.0
连锁直营店	1011.3	157.5
其他	22863.7	10324.8
按单位规模分		
大型	11314.5	1283.0
中型	53044.7	35247.2
小型	110124.2	27905.7
微型	7929.1	2921.2

和餐饮业企业财务状况（续三）

单位：万元

负债合计	所有者权益合计	实收资本	个人资本
217641.2	27033.6	1557105.1	1513783.3
172907.1	20404.3	1552452.2	1512622.3
25913.3	7360.2	3352.9	1161.0
4416.1	1303.8	200.0	0
748.5	100.0	100.0	
3556.4	531.2	0	0
111.2	672.6	100.0	0
14214.3	−1998.9	1000.0	0
14214.3	−1998.9	1000.0	0
190.4	−35.8	100.0	0
190.4	−35.8	100.0	0
201632.0	19591.0	1555695.5	1513783.3
20579.1	−9124.9	1200.0	
104593.0	11041.6	1528291.5	1512570.6
72486.6	15572.8	25297.5	435.7
447.8	672.0	269.4	249.0
3525.5	1429.5	637.1	528
16009.2	7442.6	1409.6	
16009.2	7442.6	1409.6	
64638.1	4030.0	21369.6	0
10.9	20.4	20.4	0
133426.6	15009.4	1534305.5	1513783.3
16009.2	7442.6	1409.6	
3556.4	531.2	0	0
170517.7	18625.9	1550224.3	1512690.3
16009.2	7442.6	1409.6	
3840.7	1578.8	200.0	0
27273.6	−613.7	5271.2	1093
22114.9	7717.4	2409.6	1000
62292.8	11758.5	16548.5	4848.5
124693.0	5974.8	1536497.0	1506837.2
8540.5	1582.9	1650.0	1097.6

8-6 限额以上住宿业

指标	营业收入	主营业务收入	营业成本
总计	551707.8	536773.7	296374.1
住宿业	242838.0	238005.6	116283.8
按住宿业行业小类分			
旅游饭店	173216.9	169170.7	87906.4
一般旅馆	67321.2	66535.0	26958.8
经济型连锁酒店	45619.7	44946.8	17159.2
其他一般旅馆	21701.5	21588.2	9799.6
其他住宿业	2299.9	2299.9	1418.6
按登记注册类型分			
内资企业	238949.6	234117.2	115387.9
国有独资公司	25366.0	23853.2	15495.6
私营有限责任公司	117456.9	115979.9	49065.1
其他有限责任公司	85578.7	83736.1	47907.2
全民所有制企业（国有企业）	10382.8	10382.8	2837.2
集体所有制企业（集体企业）			
个人独资企业	165.2	165.2	82.8
外商投资企业	3888.4	3888.4	895.9
外商投资有限责任公司	3888.4	3888.4	895.9
按控股情况分			
国有控股	80980.9	77749.8	47382.2
集体控股	4167.0	4167.0	3310.9
私人控股	145405.1	143803.8	62732.2
外商控股	3888.4	3888.4	895.9
其他			
按经营形式分			
独立门店	186046.4	181961.2	96006.7
连锁总店（总部）	3434.0	3258.0	1707.6
连锁直营店	2179.0	2052.1	1108.4
连锁加盟店	33910.7	33808.5	12072.5
其他	17267.9	16925.8	5388.6
按单位规模分			
大型	12107.4	12107.4	5682.3
中型	97716.7	94833.1	48356.4
小型	123588.7	121639.9	60107.7
微型	1028.6	1028.6	174.8
按星级分			
一星	1283.3	1283.3	435.4
二星	1792.9	1783.0	413.8
三星	43253.6	42883.4	21523.3
四星	39040.3	37289.4	17288.0
五星	26542.0	25960.2	16297.9
其他	130925.9	128806.3	60325.4

和餐饮业企业财务状况（续四）

单位：万元

税金及附加	其他业务利润	销售费用	管理费用
4017.2	2666.5	130027.3	97740.2
3269.4	1739.8	51244.2	58101.1
2938.6	1737.5	29987.7	43003.2
305.6	2.3	20998.3	14718.6
223.8	2.3	15079.1	9653.7
81.8	0	5919.2	5064.9
25.2		258.2	379.3
3030.3	1739.8	49787.0	56429.5
1238.3	0	3772.8	4159.8
375.6	847.8	31296.8	28684.9
1204.6	892.0	12614.2	17973.1
211.3	0	2065.8	5573.1
0.5		37.4	38.6
239.1	0	1457.2	1671.6
239.1	0	1457.2	1671.6
2328.1	892	9248.3	15094.0
11.9	0	0	780.0
500.6	847.8	38739.1	35799.7
239.1	0	1457.2	1671.6
2792.4	1584.4	34509.0	42798.8
145.8		102.9	401.6
		1275.8	7.8
80.7	2.3	10391.0	9288.3
250.5	153.1	4965.5	5604.6
39.3	0	233.9	1225.8
1915.1	0	19871.5	21328.5
1122.4	1739.8	29282.1	30331.8
2.9	0	57.1	459.2
0.7		137.9	513.3
2.0	0	722.7	511.8
572.8	738.9	4376.4	8016.9
665.0	0	11137.8	9320.8
287.6	0	1693.2	7062.1
1741.3	1000.9	33176.2	32676.2

8-6 限额以上住宿业

指标	营业收入	主营业务收入	营业成本
餐饮业	308869.8	298768.1	180090.3
按餐饮业行业小类分			
正餐服务	229358.5	222059.7	135954.4
快餐服务	62999.3	60196.9	32525.8
饮料及冷饮服务	12358.9	12358.4	8744.3
茶馆服务	867.2	867.2	653.8
咖啡馆服务	9208.6	9208.6	7366.7
其他饮料及冷饮服务	2283.1	2282.6	723.8
餐饮配送及外卖送餐服务	3473.1	3473.1	2614.4
餐饮配送服务	3473.1	3473.1	2614.4
其他餐饮业	680.0	680.0	251.4
其他未列明餐饮业	680.0	680.0	251.4
按登记注册类型分			
内资企业	266645.4	259346.1	156312.6
国有独资公司	3119.8	3119.8	2510.7
私营有限责任公司	162939.1	162623.2	92111.4
其他有限责任公司	90488.3	83945.9	55833.5
私营股份有限公司			
股份合作企业	3030.0	3030.0	1677.2
个人独资企业	7068.2	6627.2	4179.8
港澳台投资企业	42224.4	39422.0	23777.7
港澳台投资有限责任公司	42224.4	39422.0	23777.7
按控股情况分			
国有控股	38987.0	32720.3	31952.8
集体控股	314.9	314.9	156.4
私人控股	218134.9	217102.3	116836.7
港澳台商控股	42224.4	39422.0	23777.7
外商控股	9208.6	9208.6	7366.7
其他			
按经营形式分			
独立门店	213179.7	205880.9	124581.6
连锁总店（总部）	42224.4	39422.0	23777.7
连锁直营店	13661.3	13660.8	9243.4
其他	39804.4	39804.4	22487.6
按单位规模分			
大型	55553.0	52750.6	27998.9
中型	88955.6	82683.9	57221.6
小型	154521.3	153902.4	86772.0
微型	9839.9	9431.2	8097.8

和餐饮业企业财务状况（续五）

单位：万元

税金及附加	其他业务利润	销售费用	管理费用
747.8	926.7	78783.1	39639.1
660.8	926.7	58915.1	32703.2
26.3	0	18323.7	4919.3
4.2	0	924.9	1193.9
1.4		51.8	145.9
2.5	0	0.4	630.4
0.3	0	872.7	417.6
56.1	0	239.0	792.7
56.1	0	239.0	792.7
0.4	0	380.4	30.0
0.4	0	380.4	30.0
737.1	926.7	69908.2	36377.4
98.7	0	988.2	647.4
399.3	734.8	48836.8	19908.2
199.3	191.9	16809.0	14763.6
7.6	0	1183.2	111.6
32.2	0	2091.0	946.6
10.7		8874.9	3261.7
10.7		8874.9	3261.7
228.9	0	2416.0	4037.7
3.5	0	148.4	7.3
502.2	926.7	67343.4	31702.0
10.7		8874.9	3261.7
2.5	0	0.4	630.4
671.6	926.7	54778.6	32444.2
10.7		8874.9	3261.7
2.8	0	1563.0	1084.7
62.7	0	13566.6	2848.5
10.7	0	16754.1	3495.7
220.5	0	19362.7	6220.1
477.6	926.7	41844.5	28715.9
39.0	0	821.8	1207.4

8-6 限额以上住宿业

指标	财务费用	利息收入
总计	561474.4	355.0
住宿业	556709.9	335.5
按住宿业行业小类分		
旅游饭店	555609.7	240.4
一般旅馆	1099.8	93.9
经济型连锁酒店	591.7	45.3
其他一般旅馆	508.1	48.6
其他住宿业	0.4	1.2
按登记注册类型分		
内资企业	556704.0	335.5
国有独资公司	4782.6	80.3
私营有限责任公司	550656.9	65.9
其他有限责任公司	1296.5	190.3
全民所有制企业（国有企业）	−40.3	−1.0
集体所有制企业（集体企业）		
个人独资企业	8.3	
外商投资企业	5.9	0
外商投资有限责任公司	5.9	0
按控股情况分		
国有控股	5544.4	252.6
集体控股	16.8	8.7
私人控股	551189.5	74.2
外商控股	5.9	0
其他		
按经营形式分		
独立门店	556135.8	348.8
连锁总店（总部）	186.7	1.4
连锁直营店	4.5	−2.3
连锁加盟店	425.6	0.4
其他	−42.7	−12.8
按单位规模分		
大型	−158.6	173.9
中型	6581.8	103.3
小型	550324	58.2
微型	9.4	0.1
按星级分		
一星	8.4	
二星	1.5	0.2
三星	376.6	153.5
四星	340.8	40.0
五星	49.5	10.8
其他	555933.1	131.0

和餐饮业企业财务状况（续六）

单位：万元

利息费用	投资收益	营业利润	营业外收入
39208.0	45.1	11785.1	2291.4
35062.5	85.6	6263.2	1361.8
34206.5	78.3	2552.3	1023.2
855.0	7.3	3469.8	336.7
375.6	0.6	2921.3	223.4
479.4	6.7	548.5	113.3
1.0		241.1	1.9
35062.5	85.6	6644.5	1330.1
4854.6	0	-3831.6	39.1
29189.1	7.8	5613.5	506.8
1003.7	77.8	5129.6	415.8
6.8		-264.6	368.4
8.3		-2.4	
0	0	-381.3	31.7
0	0	-381.3	31.7
5502.6	77.8	2131.3	433.8
8.1	0	47.4	7.9
29551.8	7.8	4730.2	601.6
0	0	-381.3	31.7
34642.4	85.0	2814.6	837.8
185.3		908.8	
5.0		-217.5	1.4
215.4	0.6	1655.9	187.9
14.4	0	1101.4	334.7
0	29.1	5364.2	43.2
6135.8	48.7	236.9	232.3
28918.4	7.8	601.3	796.5
8.3	0	325.2	3.0
8.3		187.6	23.5
1.3	0	121.7	4.3
492.6	35.8	8723.9	261.9
299.7	0	283.1	112.6
59.6	0	1321.5	39.8
34201.0	49.8	-4374.6	919.7

8-6 限额以上住宿业

指标	财务费用	利息收入
餐饮业	4764.5	19.5
按餐饮业行业小类分		
正餐服务	3562.6	14.1
快餐服务	846.5	5.2
饮料及冷饮服务	96.8	0
茶馆服务	24.6	
咖啡馆服务	69.2	0
其他饮料及冷饮服务	3.0	
餐饮配送及外卖送餐服务	258.7	0.5
餐饮配送服务	258.7	0.5
其他餐饮业	–0.1	–0.3
其他未列明餐饮业	–0.1	–0.3
按登记注册类型分		
内资企业	4244.8	18.6
国有独资公司	296.1	0.5
私营有限责任公司	3404.2	23.2
其他有限责任公司	478.5	–6.4
私营股份有限公司		
股份合作企业	–2.3	–0.5
个人独资企业	68.3	1.8
港澳台投资企业	519.7	0.9
港澳台投资有限责任公司	519.7	0.9
按控股情况分		
国有控股	261.4	–12.0
集体控股	–0.9	0.9
私人控股	3915.1	29.7
港澳台商控股	519.7	0.9
外商控股	69.2	0
其他		
按经营形式分		
独立门店	3686.5	15.1
连锁总店（总部）	519.7	0.9
连锁直营店	84.4	0
其他	473.9	3.5
按单位规模分		
大型	815.3	4.0
中型	2205.1	3.1
小型	1717.6	12.8
微型	26.5	–0.4

和餐饮业企业财务状况（续七）

单位：万元

利息费用	投资收益	营业利润	营业外收入
4145.5	-40.5	5521.9	929.6
3125.4	-40.5	-2210.8	948.7
817.5	0	6587.5	-46.1
0	0	1409.0	8.7
		-10.3	2.4
0	0	1143.3	5.9
		276.0	0.4
202.4	0	-281.7	13.7
202.4	0	-281.7	13.7
0.2	0	17.9	4.6
0.2	0	17.9	4.6
3626.7	-40.5	-487.6	879.7
296.1	0	-1215.2	8.4
3045.8	-23.9	-1644.6	473.2
234.4	0	2536.7	354.4
0	0	52.7	0
50.4	-16.6	-217.2	43.7
518.8		6009.5	49.9
518.8		6009.5	49.9
270.7	0	401.8	24.3
0	0	0.2	0
3356.0	-40.5	-2032.9	849.5
518.8		6009.5	49.9
0	0	1143.3	5.9
3196.6	-40.5	-2621.7	944.4
518.8		6009.5	49.9
0	0	1697.2	17.8
430.1	0	436.9	-82.5
817.5	0	6708.1	-66.7
2022.8	0	3850.5	208.8
1279.8	-44.5	-4735.7	766.7
25.4	4.0	-301.0	20.8

8-6 星级住宿业和限额以上餐饮业企业财务状况（续八）

单位：万元

指标	利润总额	所得税费用	应付职工薪酬（本年贷方累计发生额）
总计	13060.6	3129.3	137145.7
住宿业	7273.2	1630.5	65250.8
按住宿业行业小类分			
旅游饭店	3276.5	1390.0	50365.0
一般旅馆	3755.6	236.8	14173.0
经济型连锁酒店	3115.8	67.7	8397.3
其他一般旅馆	639.8	169.1	5775.7
其他住宿业	241.1	3.7	712.8
按登记注册类型分			
内资企业	7627.0	1630.5	63292.5
国有独资公司	−3850.5	−0.5	7271.1
私营有限责任公司	5999.6	147.2	25750.6
其他有限责任公司	5459.6	1483.3	25963.8
全民所有制企业（国有企业)	20.7	0.2	4284.1
集体所有制企业（集体企业）			
个人独资企业	−2.4	0.3	22.9
外商投资企业	−353.8	0	1958.3
外商投资有限责任公司	−353.8	0	1958.3
按控股情况分			
国有控股	2355.1	1447.1	25361.8
集体控股	49.0	0	1302.8
私人控股	5252.4	183.4	32911.8
外商控股	−353.8	0	1958.3
其他			
按经营形式分			
独立门店	3376.3	1527.4	52789.4
连锁总店（总部）	907.9		1055.5
连锁直营店	−216.1		452.0
连锁加盟店	1823.2	63.2	5537.3
其他	1381.9	39.9	5416.6
按单位规模分			
大型	5381.8	975.8	4124.5
中型	408.4	342.8	28619.6
小型	1184.7	300.9	28544.5
微型	327.8	11	246.1
按星级分			
一星	211.1	0.3	214.7
二星	126.0	12.0	324.2
三星	8934.0	1394.2	13318.7
四星	339.9	83.7	11089.7
五星	1361.2	6.9	9736.6
其他	−3699.0	133.4	30566.9

8-6 星级住宿业和限额以上餐饮业企业财务状况（续九）

单位：万元

指标	利润总额	所得税费用	应付职工薪酬（本年贷方累计发生额）
餐饮业	**5787.4**	**1498.8**	**71894.9**
按餐饮业行业小类分			
正餐服务	-1562.0	212.4	51428.1
快餐服务	6226.8	972.2	17034.6
饮料及冷饮服务	1399.8	314.2	2236.6
茶馆服务	-8.1		319.1
咖啡馆服务	1148.7	266.3	1571.8
其他饮料及冷饮服务	259.2	47.9	345.7
餐饮配送及外卖送餐服务	-299.7	0	1082.0
餐饮配送服务	-299.7	0	1082.0
其他餐饮业	22.5	0	113.6
其他未列明餐饮业	22.5	0	113.6
按登记注册类型分			
内资企业	-236.6	580.3	56695.8
国有独资公司	-1257.3	0	1092.3
私营有限责任公司	-1595.0	425.4	35555.8
其他有限责任公司	2746.3	145.8	16946.2
私营股份有限公司			
股份合作企业	52.5	3.1	964.4
个人独资企业	-183.1	6	2137.1
港澳台投资企业	6024.0	918.5	15199.1
港澳台投资有限责任公司	6024.0	918.5	15199.1
按控股情况分			
国有控股	366.6	1.6	8540.6
集体控股	0	3.1	109.1
私人控股	-1751.9	309.3	46474.3
港澳台商控股	6024.0	918.5	15199.1
外商控股	1148.7	266.3	1571.8
其他			
按经营形式分			
独立门店	-2010.6	217.7	48741.4
连锁总店（总部）	6024.0	918.5	15199.1
连锁直营店	1697.3	328.7	2232.6
其他	76.7	33.9	5721.8
按单位规模分			
大型	6340.1	918.5	15329.8
中型	4015.0	322.7	18868.4
小型	-4273.6	256.2	36350.1
微型	-294.1	1.4	1346.6

8-7 各种物价总指数

（上年=100）

年份	居民消费价格总指数	商品零售价格指数	农产品收购价格指数
1979	100.8	100.9	
1980	105.1	105.3	
1981	101.8	101.7	
1982	101.0	101.1	
1983	100.4	100.0	
1984	102.7	101.5	
1985	112.7	113.0	
1986	105.7	106.0	
1987	109.8	109.8	
1988	124.5	125.1	
1989	116.1	116.3	
1990	101.3	99.5	
1991	106.3	105.6	
1992	107.2	106.0	
1993	115.7	113.2	112.0
1994	123.1	121.9	124.0
1995	119.0	115.5	124.1
1996	110.2	105.7	95.4
1997	103.5	101.5	104.4
1998	99.6	98.5	87.8
1999	96.9	97.5	97.3
2000	99.3	99.0	108.5
2001	102.1	99.1	102.4
2002	99.3	98.8	89.9
2003	100.9	99.2	107.5
2004	101.1	101.0	
2005	100.6	98.8	
2006	101.7	100.3	
2007	105.3	103.1	
2008	107.2	107.2	
2009	99.6	100.5	
2010	103.8	103.9	
2011	105.4	105.4	
2012	102.4	102.4	
2013	103.5	102.7	
2014	102.2	101.8	
2015	101.3	100.6	
2016	100.8	100.7	
2017	101.5	101.8	
2018	101.7	101.7	
2019	102.2	102.0	
2020	102.0	101.4	
2021	101.3	102.0	
2022	102.3	103.8	
2023	100.6		

8-8 居民消费价格分类指数

（上年=100）

指标	2016年	2017年	2018年	2019年	2020年	2021年	2022年	2023年
居民消费价格总指数	100.8	101.5	101.7	102.2	102.0	101.3	102.3	100.6
一、食品烟酒	101.8	100.1	101.3	105.6	105.8	100.9	103.6	100.4
食品	102.4	99.7	101.2	108.0	107.6	99.6	103.1	100.5
粮食	100.6	100.7	100.0	100.8	102.8	101.5	105.3	104.5
鲜菜	106.5	95.7	102.0	105.8	113.3	102.8	99.5	94.5
畜肉类	104.5	96.7	98.5	120.3	125.2	86.3	93.5	92.1
其中：猪肉	109.2	92.7	93.6	130.6	135.2	72.6	87.5	86.7
牛肉	100.7	101.5	101.1	110.2	112.1	102.7	101.3	92.8
羊肉	93.2	95.8	111.5	114.5	110.8	107.6	99.8	97.0
水产品	101.6	102.0	103.1	100.8	101.3	107.7	99.0	95.2
蛋类	97.3	95.7	112.9	106.3	91.4	114.1	111.1	100.3
奶类	100.3	101.1	102.2	101.6	99.8	101.0	100.7	98.6
鲜果	95.2	107.0	103.4	118.1	83.0	109.2	114.6	107.5
卷烟	100.5	100.0	100.0	100.0	100.0	95.6	99.7	101.2
酒类	99.9	101.9	104.6	102.1	101.0	106.8	108.5	101.9
二、衣着	101.6	101.2	101.2	101.3	99.7	101.4	100.3	100.6
三、居住	100.5	102.2	102.8	99.9	99.9	101.4	101.6	99.3
四、生活用品及服务	100.2	100.9	100.7	101.2	100.8	100.5	100.7	100.2
五、交通和通信	99.2	100.9	100.5	99.6	97.7	103.6	105.3	100.3
1.交通	98.8	101.6	101.2	100.4	96.7	104.9	107.2	100.5
2.通信	99.7	99.6	99.3	98.4	99.6	100.4	100.3	99.8
六、教育文化和娱乐	99.9	102.2	100.0	100.8	102.2	100.3	100.7	102.7
1.教育	100.0	102.1	100.0	101.4	103.6	100.8	100.6	103.0
2.文化娱乐	99.7	102.3	100.0	99.9	99.9	99.3	100.9	102.2
七、医疗保健	101.2	107.2	108.0	102.5	100.3	100.2	100.5	102.0
八、其他用品和服务	101.1	99.8	100.0	102.5	104.6	101.3	100.8	104.0

注：自2016年起，居民消费价格指标体系发生变化。

8-9 居民消费价格指数

（上年=100）

指标	2016年	2017年	2018年	2019年	2020年	2021年	2022年	2023年
居民消费价格总指数	100.8	101.5	101.7	102.2	102.0	101.3	102.3	100.6
一、食品烟酒	101.8	100.1	101.3	105.6	105.8	100.9	103.6	100.4
1.食品	102.4	99.7	101.2	108.0	107.6	99.6	103.1	100.5
粮食	100.6	100.7	100.0	100.8	102.8	101.5	105.3	104.5
薯类	117.6	107.6	99.9	100.6	107.0	90.9	111.8	109.0
豆类	102.9	99.9	99.6	101.1	103.5	104.0	101.5	104.3
食用油	101.2	103.4	101.7	102.5	105.4	102.3	107.0	101.5
菜及食用菌	106.2	96.5	102.0	105.3	112.2	102.4	100.1	95.2
鲜菜	106.5	95.7	102.0	105.8	113.3	102.8	99.5	94.5
畜肉类	104.5	96.7	98.5	120.3	125.2	86.3	93.5	92.1
猪肉	109.2	92.7	93.6	130.6	135.2	72.6	87.5	86.7
牛肉	100.7	101.5	101.0	110.2	112.1	102.7	101.3	92.8
禽肉类	102.9	97.6	105.0	115.9	111.8	92.8	104.3	104.7
水产品	101.6	102.0	103.1	100.8	101.3	107.7	99.0	95.2
蛋类	97.3	95.7	112.9	106.3	91.4	114.1	111.1	100.3
鸡蛋	96.9	95.2	113.3	105.9	90.0	114.6	111.4	100.3
奶类	100.3	101.1	102.2	101.6	99.8	101.0	100.7	98.6
干鲜瓜果类	97.7	105.2	102.0	113.4	90.9	107.1	111.5	106.9
糖果糕点类	100.6	100.5	101.4	100.7	101.9	101.9	104.4	104.2
调味品	100.9	104.1	101.0	99.4	101.5	100.5	103.9	103.9
其他食品类	104.5	98.8	100.2	102.8	103.1	101.1	105.0	102.1
2.茶及饮料	99.7	102.0	103.4	101.0	100.7	102.6	100.4	103.8
茶叶	100.0	100.0	100.0	100.0	101.5	107.5	100.4	100.3
3.烟酒	100.2	100.8	101.9	100.9	100.4	99.9	103.3	101.5
卷烟	100.5	100.0	100.0	100.0	100.0	95.6	99.7	101.2
酒类	99.9	101.9	104.6	102.1	101.0	106.8	108.5	101.9
4.在外餐饮	101.1	100.8	100.9	101.4	103.1	103.7	104.9	99.8
二、衣着	101.6	101.2	101.2	101.3	99.7	101.4	100.3	100.6
1.服装	103.0	100.5	100.6	101.5	99.4	101.9	101.1	101.3
2.衣着材料及配件	100.2	97.4	97.9	102.7	96.4	98.0	100.2	100.0
3.其他衣着材料及配件	101.8	105.4	98.8	99.5	100.4	100.6	102.4	100.0
4.衣着服务费	102.1	108.8	108.6	107.2	102.5	101.5	104.5	100.0
5.鞋类	97.2	102.3	103.0	100.1	100.4	98.6	96.4	97.2
三、居住	100.5	102.2	102.8	99.9	99.9	101.4	101.6	99.3
1.租赁房房租	100.7	103.0	102.2	98.3	99.3	100.1	98.8	98.0
2.住房保养维修及管理	100.0	102.8	103.2	100.5	98.7	102.8	102.1	100.3
3.水电燃料	100.0	101.4	103.8	100.3	100.0	105.2	107.5	101.6
4.自有住房	100.9	102.3	102.1	100.0	100.5	100.5	100.6	98.8

8-9 居民消费价格指数（续一）

（上年=100）

指标	2016年	2017年	2018年	2019年	2020年	2021年	2022年	2023年
四、生活用品及服务	100.2	100.9	100.7	101.2	100.8	100.5	100.7	100.2
1.家具及室内装饰品	100.8	100.9	101.1	100.6	100.2	100.1	97.1	99.8
家具	100.7	101.0	101.1	100.4	100.3	100.0	96.9	99.4
室内装饰品	101.4	99.4	101.0	102.8	99.8	100.6	98.2	101.6
2.家用器具	99.7	100.8	100.6	99.5	99.9	101.8	102.0	99.3
3.家用纺织品	100.2	98.1	99.6	102.2	99.9	100.0	100.0	100.0
床上用品	100.0	97.3	98.9	102.3	99.7	99.9	100.0	100.0
4.家庭日用杂品	100.1	101.4	101.0	102.3	101.1	100.0	100.9	100.5
5.个人护理用品	100.6	100.9	100.3	100.9	101.2	99.2	103.0	101.2
6.家庭服务	100.0	102.6	101.4	101.9	102.3	101.0	101.0	101.0
五、交通和通信	99.2	100.9	100.5	99.6	97.7	103.6	105.3	100.3
1.交通	98.8	101.6	101.2	100.4	96.7	104.9	107.2	100.5
交通工具	100.0	100.4	100.8	99.6	99.1	99.7	102.1	100.9
2.通信	99.7	99.6	99.3	98.4	99.6	100.4	100.3	99.8
通信工具	99.0	98.5	97.3	94.0	98.3	102.0	101.4	99.4
通信服务	100.0	100.0	100.0	100.0	100.0	100.0	100.0	100.0
六、教育文化和娱乐	99.9	102.2	100.0	100.8	102.2	100.3	100.7	102.7
1.教育	100.0	102.1	100.0	101.4	103.6	100.8	100.6	103.0
教育用品	100.1	100.5	99.7	99.6	99.6	101.8	103.6	101.9
教育服务	100.0	102.3	100.0	101.7	104.1	100.8	100.4	103.1
2.文化娱乐	99.7	102.3	100.0	99.9	99.9	99.3	100.9	102.2
文娱耐用消费品	97.9	101.2	99.7	99.7	99.3	100.3	102.5	101.0
其他文娱用品	102.2	102.1	100.4	100.2	100.8	100.4	100.4	100.4
书报杂志及音像制品	101.5	100.1	100.0	100.0	100.0	100.0	100.0	100.0
文化娱乐服务	100.1	103.0	100.4	100.0	97.5	99.9	100.6	99.0
旅游	99.1	102.8	99.7	99.7	101.7	97.5	100.9	108.0
七、医疗保健	101.2	107.2	108.0	102.5	100.3	100.2	100.5	102.0
1.药品及医疗器具	102.8	110.0	107.1	105.5	100.7	100.5	101.4	103.9
中药	102.4	119.5	111.9	103.3	100.7	101.2	105.5	109.8
西药	102.2	104.0	103.7	107.2	101.2	100.5	100.4	102.5
滋补保健品	108.3	117.6	108.9	104.7	98.9	100.0	100.0	100.0
医疗卫生器具	102.6	106.5	105.1	102.0	99.4	100.0	98.7	104.5
保健器具	101.0	99.4	104.3	107.2	100.7	99.9	99.4	100.0
2.医疗服务	100.0	104.9	108.8	100.0	100.0	100.0	100.0	100.9
八、其他用品和服务	101.1	99.8	100.0	102.5	104.6	101.3	100.8	104.0

8-10 商品零售价格指数

（上年=100）

指标	2016年	2017年	2018年	2019年	2020年	2021年	2022年
商品零售价格指数	100.7	101.8	101.7	102.0	101.4	102.0	103.8
一、食品	102.1	100.0	101.3	106.6	106.6	100.9	103.6
1.粮食	100.5	100.7	99.9	100.8	102.9	101.7	105.4
2.薯类	117.6	107.6	99.9	100.6	107.0	90.9	111.8
3.豆类	102.9	99.9	99.6	101.1	103.5	103.9	101.4
4.食用油	101.2	103.4	101.7	102.5	105.4	102.2	106.9
5.菜及食用菌	106.2	96.5	102.0	105.3	112.2	102.4	100.1
6.畜肉类	104.5	96.7	98.6	120.3	125.1	86.5	92.8
7.禽肉类	102.9	97.6	105.0	115.9	111.8	93.3	104.4
8.水产品	101.8	101.9	103.2	100.8	101.5	105.6	99.4
9.蛋类	97.3	95.7	112.9	106.3	91.4	112.2	109.9
10.奶类	100.3	101.3	102.2	101.8	99.8	101.3	100.8
11.干鲜瓜果类	97.7	105.2	102.0	113.4	90.9	107.0	111.4
12.糖果糕点类	100.6	100.5	101.5	100.7	101.8	101.6	103.6
13.调味品	100.7	104.5	101.2	99.4	101.5	99.8	103.3
14.其他食品类	103.6	98.6	100.4	103.4	103.4	100.6	104.8
15.餐饮业零售	101.1	100.8	100.9	101.4	103.1	103.7	105.4
二、饮料、烟酒	100.1	100.9	102.0	101.0	100.5	100.8	102.7
1.茶及饮料	99.7	101.3	102.4	101.3	100.7	102.5	100.4
2.卷烟	100.5	100.0	100.0	100.0	100.0	95.6	99.7
3.酒类	99.9	101.9	104.6	102.1	101.0	107.1	107.9
三、服装、鞋帽	101.4	101.2	100.8	101.1	99.8	101.3	100.3
1.服装	103.1	100.6	100.6	101.6	99.4	102.1	101.1
2.鞋帽袜	97.9	102.5	101.5	100.0	100.5	98.5	97.0
3.其他衣着配件	100.3	101.5	100.2	100.0	100.0	100.6	102.4
四、纺织品	100.1	97.3	98.5	102.3	99.0	100.1	100.6
1.服装材料	100.2	97.4	97.9	102.7	96.4	101.8	107.3
2.床上用品	100.0	97.3	98.7	102.2	99.7	99.9	100.0

8-10 商品零售价格指数（续一）

（上年=100）

指标	2016年	2017年	2018年	2019年	2020年	2021年	2022年
五、家用电器及音像器材	98.6	101.1	100.2	99.4	99.5	101.1	102.2
1.家庭设备	99.6	100.8	100.6	99.5	99.9	101.5	101.6
2.文娱用耐用消费品	96.2	102.0	99.5	98.8	98.5	100.1	104.0
3.专业音像器材	99.5	100.0	100.0	100.0	100.0	100.0	100.5
六、文化办公用品	100.4	102.7	101.1	99.8	100.3	101.3	101.1
七、日用品	100.1	101.5	100.8	101.5	100.5	100.2	101.1
1.日用百货	100.3	102.4	101.5	99.7	98.8	101.1	101.2
2.厨具餐具茶具	100.4	100.9	99.8	99.8	100.0	97.1	102.1
3.清洗用品	100.0	105.0	99.3	107.3	104.3	101.9	100.3
4.其他日用品	99.8	99.2	101.5	101.8	100.8	100.1	101.0
八、体育娱乐用品	103.4	101.0	99.5	101.2	101.1	100.4	101.0
九、交通、通信用品	99.7	99.3	99.6	98.1	99.3	100.2	100.3
1.交通运输机械	100.0	99.8	100.9	99.8	99.8	99.9	100.1
2.通信器材	99.4	98.7	97.6	95.2	98.5	102.0	101.8
十、家具	100.7	101.0	101.1	100.4	100.3	100.0	96.4
十一、化妆品	100.6	101.0	100.4	101.1	101.4	98.8	102.7
十二、金银饰品	103.3	99.2	95.2	108.6	117.5	100.4	100.4
十三、中西药品及医疗保健用品	102.6	109.6	106.8	105.2	100.6	100.7	101.8
1.医疗卫生器具	102.6	106.5	105.1	102.0	99.4	100.0	98.7
2.中药	102.4	119.5	111.9	103.3	100.7	101.7	105.9
3.西药	102.2	104.0	103.6	107.0	101.1	100.4	100.4
4.保健器具及用品	106.3	113.0	107.9	105.3	99.3	100.0	99.9
十四、书报杂志及电子出版物	100.7	100.2	99.9	99.9	99.8	100.9	101.6
1.教材及参考书	100.1	100.4	99.7	99.7	99.6	101.6	103.1
2.书报杂志及音像制品	101.5	100.1	100.0	100.0	100.0	100.0	100.0
十五、燃料	97.3	106.3	106.5	98.8	92.9	113.6	119.2
十六、建筑材料及五金电料	100.1	105.8	104.9	100.6	99.5	100.9	100.5

主要统计指标解释

社会消费品零售总额 指企业（单位、个体户）通过交易直接售给个人、社会集团非生产、非经营用的实物商品金额，以及提供餐饮服务所取得的收入金额。个人包括城乡居民和入境人员，社会集团包括机关、社会团体、部队、学校、企事业单位、居委会或村委会等。

批发业 指向其他批发或零售单位（含个体经营者）及其他企事业单位、机关团体等批量销售生活用品、生产资料的活动，以及从事进出口贸易和贸易经纪与代理的活动，包括拥有货物所有权，并以本单位（公司）的名义进行交易活动，也包括不拥有货物的所有权，收取佣金的商品代理、商品代售活动；本类还包括各类商品批发市场中固定摊位的批发活动，以及以销售为目的的收购活动。

零售业 指百货商店、超级市场、专门零售商店、品牌专卖店、售货摊等主要面向最终消费者（如居民等）的销售活动，以互联网、邮政、电话、售货机等方式的销售活动，还包括在同一地点，后面加工生产，前面销售的店铺（如面包房）；谷物、种子、饲料、牲畜、矿产品、生产用原料、化工原料、农用化工产品、机械设备（乘用车、计算机及通信设备除外）等生产资料的销售不作为零售活动；多数零售商对其销售的货物拥有所有权，但有些则是充当委托人的代理人，进行委托销售或以收取佣金的方式进行销售；零售业按销售渠道分为有店铺零售和无店铺零售，其中有店铺零售分为综合零售和专门零售。

住宿业 指为旅行者提供短期留宿场所的活动，有些单位只提供住宿，也有些单位提供住宿、饮食、商务、娱乐一体的服务，不包括主要按月或按年长期出租房屋住所的活动。

餐饮业 指通过即时制作加工、商业销售和服务性劳动等，向消费者提供食品和消费场所及设施的服务。

批发和零售业商品购进、销售、库存额 指各种登记注册类型的批发和零售业企业（单位）以本企业（单位）为总体的，从国内、国外市场购进的商品总量，销售和出口的商品总量，库存的商品总量等情况。该指标可以反映商品流转过程中商品的购进、销售、库存之间的比例关系和存在的问题。

商品购进额 指从本企业以外的单位和个人购进（包括从国外直接进口）作为转卖或加工后转卖的商品金额（含增值税），本指标反映批发和零售业从国内外市场上购进商品的总价。商品购进包括：（1）从工农业生产者、批发和零售业、住宿和餐饮业、出版社或报社的出版发行部门和其他服务业等企事业单位和个体经营户购进的商品；（2）从机关、社会团体购进的商品；（3）从海关、市场管理部门购进的缉私和没收的商品；（4）从居民收购的废旧商品等。不包括：（1）企业为本单位自身经营用，不是作为转卖而购进的商品，如材料物资、包装物、低值易耗品、办公用品等；（2）未通过买卖行为而收入的商品，如接受其他部门移交的商品、借入的商品、收入代其他单位保管的商品、其他单位赠送的样品、加工回收的成品等；（3）经本单位介绍，由买卖双方直接结算，本单位只收取手续费的业务；（4）销售退回和买方拒付货款的商品；（5）商品溢余；（6）期货交易商品。

商品销售额 指对本单位以外的单位和个人出售的商品金额（包括售给本单位消费用的商品，含增值税），在批发和零售业中，本指标反映在国内市场上销售商品以及出口商品的总价。商品销售包括：（1）售给个人和社会集团消费用的商品；（2）售给农业、工业、建筑业、服务业等国民经济各行业用于生产、经营用的商品，包括售予批发和零售业作为转卖或加工后转卖的商品；（3）对国（境）外直接出口的商品。商品销售不包括：（1）未通过买卖行为付出的商品，如因机构变动移交给其他企业单位的商品、借出的商品、归还受其他单位委托代保管的商品、付出的加工原料和赠送给其他单位的样品等；（2）促销返券所销售的，不计入营业收入的商品；（3）经本单位介绍，由买卖双方直接结算，本单位只收取手续费的业务；（4）未发生所有权转移的商品预付卡销售，如加油卡；（5）汽车维修、电话卡销售等服务性经济活动；（6）购货退回的商品；（7）商品损耗和损失；（8）出售本单位自用的废旧物资；（9）期货交易商品；（10）自来水供应企业、电力企业、天然气供应企业提供的水、电、气。

商品库存额 对于批发和零售业法人单位和个体经营户，是指报告期末取得所有权的全部商品金额（含增值税）；对于批发和零售业产业活动单位，是指报告期末实际在库且归属法人具有所有权的全部商品金额（含增值税）。这个指标反映批发和零售业的商品库存情况，以及对市场商品供应的保证程度。库存商品包括：（1）存放在本单位（如门市部、批发站、采购站、经营处）的仓库、货场、货柜和货架中的商品；（2）挑选、整理、包装中的商品；（3）已记入购进而尚未运到本单位的商品，即发货单或银行承兑凭证已到而货未到的商品；（4）寄放他处的商品，如因购货方拒绝付款而暂时存在购货方的商品；（5）委托其他单位代销（未作销售或调出）尚未售出的商品；（6）代其他单位购进尚未交付的商品。库存商品不包括：（1）所有权不属于本单位的商品，如商品已作销售但买方尚未取走的商品，代替他人保管、运输、加工的商品，代其他单位销售（未做购进或调入）而未售出的商品；（2）委托外单位加工的商品，包括本单位所属加工厂和其他生产单位加工生产尚未收回成品的商品；（3）外贸企业代理其他单位从国外进口，尚未付给订货单位的商品；（4）代国家储备部门保管的商品。

营业额 指住宿和餐饮业单位在经营活动中，因提供服务或销售商品等取得的全部收入（含增值税），收入主要来源于提供客房、餐费服务、商品销售和其他服务，如商务服务。不包括多产业法人企业附营的其他行业产业活动单位的餐费收入、商品销售收入等各项收入。

客房收入 指住宿和餐饮业单位在经营活动中因提供住宿服务取得的收入（含增值税）。不包括多产业法人企业附营的其他行业产业活动单位的客房收入。

餐费收入 指本单位为顾客提供就餐服务取得的收入（含增值税）。包括：经烹饪、调制加工后出售的各种食品，如主食、炒菜、凉拌菜等的收入。不包括多产业法人企业附营的其他行业产业活动单位的餐费收入。

住宿和餐饮业年末餐饮营业面积 指住宿和餐饮业企业对外提供餐饮服务的就餐面积和从事食品加工、烹饪、调制的厨房面积，不包括办公用房和仓库等面积。按年末实有建筑面积统计。

客房数 指本单位提供住宿服务的房间数，该指标按报告期内正常情况下的实有数统计。

床位数　指本单位供应旅客使用的床位数，不包括临时加床和门店内部工作人员使用的床位。该指标按报告期内正常情况下的实有数统计。

餐位数　指本单位为顾客提供就餐服务时，正常可同时容纳就餐人员的餐位数量，不包括临时加的餐位。该指标按报告期内正常情况下的实有数统计。

统计资料

九、财政、金融

9-1 财政收入

单位：万元

年份	财政收入	一般公共预算收入	增值税	营业税	企业所得税	上划中央增值税、消费税收入
1994	158204	88841		29482	6132	69363
1995	186819	100866		36131	7963	85953
1996	208080	119915		45585	7081	88165
1997	231957	134178	26525	52192	8389	97779
1998	254583	150415	28794	56681	9406	104168
1999	267742	169540	27113	60673	16055	98202
2000	273425	166061	28781	66193	14353	107364
2001	347000	196111	33546	71218	18566	150889
2002	388905	210615	37123	90082	7358	178290
2003	729368	205660	21219	75850	7971	349323
2004	845186	249521	24031	84757	10948	421051
2005	961312	289256	23790	103951	14596	416381
2006	1061856	331417	25586	123385	18088	534057
2007	1340643	466256	33588	139944	23123	531790
2008	1524443	508618	35550	173450	33069	599240
2009	2548033	570385	87798	153147	36392	
2010	3041332	727579	101434	192306	43517	
2011	3506307	864897	96466	225601	63866	
2012	4060754	1037303	103850	272035	77186	
2013	3948217	1244956	125849	342964	79587	
2014	4674809	1523299	200393	381938	99058	
2015	5938067	1851917	239829	431860	140048	2504777
2016	6067450	2154794	452089	239810	138455	1434457
2017	6716478	2342001	703505	4162	197526	1679349
2018	7215296	2533169	764199	2362	212223	1790347
2019	6795136	2332261	649765		177667	2689425
2020	7041458	2471310	606191		168209	2821580
2021	8032719	2767279	752186		212706	3151353
2022	6610649	2209765	383916		181985	2777799
2023	7098995	2553279	804397		165207	2893135

注：自2003年后财政体制调整，收入范围重新划分，与往年不可比；财政收入为地区财政收入。

9-2 一般公共

指标	2007年	2008年	2009年	2010年	2011年
收入总计	**466256**	**508618**	**570385**	**727579**	**864897**
税收收入	344345	431291		581002	699729
增值税	33588	35550		101434	96466
营业税	139944	173450		192306	225601
企业所得税	23123	33069		43517	63866
个人所得税	9917	13817	16422	21579	25422
资源税	1806	2364	1053	1533	1427
城市维护建设税	56368	65902	80260	94490	100901
房产税	29883	36997	37709	38995	43107
印花税	11408	15852	21364	24716	22570
城镇土地使用税	12566	13039	14126	12521	43680
土地增值税	3401	19508	248	10357	20962
车船使用税	1101	2633	5464	7339	8958
耕地占用税	2041	1338	7070	3148	4775
契税	19297	17874	22781	29084	42034
烟叶税				3	2
环境保护税					
非税收入	121911	77327	86558	146577	165168
专项收入	30380	33658	37283	46780	50081
行政性收费收入	17012	17638	19585	29053	44300
罚没收入	10821	9580	11121	11779	15872
国有资本经营收入			3765	50905	19055

预算收入

单位：万元

2012年	2013年	2014年	2015年	2016年	2017年	2018年	2019年
1037303	1244956	1523299	1851917	2154794	2342001	2533169	2332261
846790	983678	1210190	1446701	1584154	1746866	1926234	1773252
103850	125849	200393	239829	452089	703505	764199	649765
272035	342964	381938	431860	239810	4162	2362	
77186	79587	99058	140048	138455	197526	212223	177667
27876	30181	38340	50858	56634	71168	84864	61328
1364	1659	1817	2796	1617	3590	4444	5730
119971	134495	159318	222497	201214	215927	236273	229773
53326	56210	64241	83397	97333	105818	124139	122251
29060	39021	35137	39151	46717	47221	60610	57928
49831	49563	53680	61279	63187	62414	75156	72308
22447	35180	54162	68733	120055	162681	174620	150517
13249	18603	24295	29010	32198	34935	38287	39800
4432	12069	18452	10477	14300	27424	22895	18915
42163	58294	79356	66766	120540	110488	124079	182964
	3	3		5	7	4	7
						2079	2638
220513	261278	313109	405216	570640	595135	606935	559009
56129	68089	74015	162745	202464	254401	271622	255930
51418	53114	61366	58165	73141	75514	44583	46108
22063	27556	36493	43549	62575	75284	67267	57923
37074	31157	11911	832	20			18875

9-2 一般公共预算收入（续一）

单位：万元

指标	2020年	2021年	2022年	2023年
收入总计	2471310	2767279	2209765	2553279
税收收入	1761515	2028335	1575198	1975270
增值税	606191	752186	383916	804397
企业所得税	168209	212706	181985	165207
个人所得税	56208	68000	61246	66286
资源税	4952	6241	6940	5623
城市维护建设税	217847	264085	231831	228783
房产税	135504	150390	146023	166220
印花税	72354	80674	67889	75238
城镇土地使用税	72773	66119	77739	74710
土地增值税	183656	153269	123008	98494
车船税	41569	43293	45930	51341
耕地占用税	15992	17571	19878	19371
契税	183456	210305	223869	214780
烟叶税	3	18		
环境保护税	2782	3127	2884	3811
非税收入	709795	738944	634567	578009
专项收入	296487	315717	245801	243934
行政性收费收入	64784	64853	46430	61885
罚没收入	79963	76671	87941	57224
国有资本经营收入	7374	2988	60361	10890
国有资源（资产）有偿使用收入	172811	182302	143467	156479

注：2022年，“车船使用税”指标名称变更为“车船税”。

9-3 一般公共预算支出

单位：万元

指标	2003年	2004年	2005年	2006年
支出总计	365731	409025	502206	631321
基本建设支出	28185	35602		54676
企业挖潜改造资金	22076	5095		9867
地质勘探费				
科技三项费用	2345	3569		7009
流动资金				
农业支出	6827	8593	10004	19276
林业支出	7223	7868	9047	11776
水利气象支出	7635	6599	10661	14447
工业交通等部门事业费	1059	1576	1645	1747
流通部门事业费	254	292	430	536
文体、广播事业费	10139	10624	13419	16962
教育支出	61438	71816	91528	111219
科学支出	1571	1762	2161	2543
医疗卫生支出	20613	22426	26373	35598
其他部门的事业费	12769	18702	17016	20766
抚恤和社会福利救济费	19023	19815	24735	30485
行政事业单位离退休支出	549	481	542	570
社会保障补助支出	28630	27884	47617	49560
国防支出	18	38	17	57
行政管理费	38870	45737	52876	67078
外交外事支出	78	113	110	192
公检法司支出	25536	29579	36585	46360
城市维护费	30541	45287	50979	65896
政策性补贴支出	4562	805	834	3156
支援不发达地区支出	4790	4997	4132	4184
海域开发建设和场地使用费支出		60	15	10
车辆税费支出		6		147
债务利息支出		15	84	36
专项支出	11121	14339	18112	23498
其他支出	19879	25345	28897	33657

9-3　一般公共预算支出（续一）

单位：万元

指标	2007年
支出总计	**832982**
一般公共服务	144351
教育	181881
普通教育	138147
职业教育	14482
教育费附加及基金支出	21397
文化体育与传媒	17512
文化	7271
体育	4900
广播影视	3808
社会保障和就业	90416
财政对社会保险基金的补助	22275
就业补助	15879
城市居民最低生活保障	15392
农村最低生活保障	659
医疗卫生	60501
医疗保障	26362
疾病预防控制	3212
环境保护	16457
污染防治	12762
城乡社区事务	76188
城乡社区公共设施	26034
城乡社区环境卫生	21733
农林水事务	58211
交通运输	13790
工业商业金融等事务	55395
金融业	30005
其他支出	36549

9-3 一般公共预算支出（续二）

单位：万元

指标	2008年	2009年	2010年	2011年	2012年	2013年	2014年	2015年
支出总计	995551	1198342	1469264	1751935	2025976	2423426	2801041	3440019
一般公共服务	147991	150832	164577	191937	270651	391780	542923	470881
国防					224	1467	389	124
公共安全					163637	172709	184720	223819
教育	230436	269714		339636	403815	429490	514802	671067
普通教育	179405	209232		259615	309585	237675	388165	483052
职业教育	19529	21123	21652	29066	30761	3792	40803	47911
教育费附加安排的支出	22239	29024	37458	38875	50002	34784	67352	86367
科学技术					27991	30475	31618	41362
文化体育与传媒	21662	24567	31667	40698	43910	51481	56385	59315
文化	9282	12155	17073	14860	18695	6194	22234	26399
体育	3832	4108	3608	7510	9947	1581	8801	7741
广播影视	4086	4276	4268	4366	6623	1568	10123	12015
社会保障和就业	123990	202626	148461	221973	205137	276882	274106	326832
财政对社会保险基金的补助	38549	26446	31650	77279	52607	25956	82083	104935
就业补助	15210	18755	22705	22837	25873	26146	44653	47637
城市居民最低生活保障	26272	29981	33206	42639	36952	44006	37615	30488
农村最低生活保障	3595	6171	7488	13329	11647	16088	15361	16740
医疗卫生	76675	108026	125120	172782	171908	211656	257520	317352
医疗保障	38726	54377	63315	84615	85246	47678	130094	148846
疾病预防控制	4477	4762	3792	5971				42343
节能环保	17834	32468	75531	63347	78637	82492	96708	173156
污染防治	8997	13461	46206	35749	33777	25512	48082	39360
城乡社区事务	112333	101510	149730	179934	220596	202564	228069	380286
城乡社区公共设施	36637	21125	47479	34864	65622	19546	30080	92414
城乡社区环境卫生	30141	33108	37404	45381	54246	43273	70685	96757
农林水事务	65634	93703	139150	135491	166182	171220	175391	279445
交通运输	15788	20897	24051	46537	54236	61352	66171	79279
资源勘探电力信息等事务					59422	96197	78248	54318
商业服务业等事务					21766	13914	24638	20933
金融监管等事务支出					1106	245	11666	30
国土资源气象等事务					25248	33488	39417	31028
住房保障支出					48690	56855	65684	100205
粮油物资储备事务					3111	2382	1888	3281
国债还本付息支出					4942	1712	2569	1609
其他支出	55562	32662	32912	46350	54767	135065	148129	205697

9-3 一般公共预算支出（续三）

单位：万元

指标	2016年	2017年	2018年	2019年
支出总计	**4241597**	**4293614**	**4656417**	**4566617**
一般公共服务	501813	571899	631158	714154
国防	1024	252	4110	310
公共安全	308008	358153	322399	312430
教育	740910	803250	799798	882874
普通教育	538385	593941	562557	598262
职业教育	51238	89540	74861	122229
教育费附加安排的支出	86033	94517	90116	82962
科学技术	45156	67851	60572	78947
文化体育与传媒	69795	74210	69148	71996
文化和旅游	36286	35788	28266	35354
体育	7781	7532	9231	7235
广播影视	10288	13563	13770	9459
社会保障和就业	390553	382079	457801	499315
财政对社会保险基金的补助	165891	10929	19248	12909
就业补助	39336	30442	31734	31009
城市居民最低生活保障	31194	15083	19087	16787
农村最低生活保障	19351	17359	22283	20981
卫生健康支出	371618	396693	400375	381588
医疗保障	158627	116538	111005	110122
疾病预防控制	12122	15138	15260	18085
节能环保	104739	83264	134739	62390
污染防治	32179	27981	30839	21907
城乡社区事务	675652	588078	657737	710404
城乡社区公共设施	136535	212605	152996	224230
城乡社区环境卫生	108568	118927	133551	111334
农林水事务	347807	367586	478290	405006
交通运输	151360	131061	135357	142323
资源勘探电力信息等事务	76718	34554	70963	43643
商业服务业等事务	50652	30903	30912	21679
金融监管等事务支出			0	551
国土资源气象等事务	49135	60004	71463	31470
住房保障支出	134776	160328	140441	93423
粮油物资储备事务	7782	6589	22471	9074
债务付息支出	15793	20196	31054	35963
其他支出	198060	156580	137514	44585

注：2018年部分指标名称及范围有调整。

9-3　一般公共预算支出（续四）

单位：万元

指标	2020年	2021年
支出总计	**4862409**	**4845890**
一般公共服务	614002	593646
国防	2745	2248
公共安全	323907	327225
教育	824400	812928
普通教育	650569	599625
职业教育	63125	63885
教育费附加安排的支出	61496	116485
科学技术	76095	64665
文化体育与传媒	60974	56066
文化和旅游	32058	30260
体育	7494	8917
广播电视	8774	8894
社会保障和就业	598499	566697
财政对基本养老保险基金的补助	42153	47269
就业补助	37252	35072
城市最低生活保障	22271	20155
农村最低生活保障	17188	17731
卫生健康	417778	431851
财政对基本医疗保险基金的补助	115340	126207
疾病预防控制	20346	16477
节能环保	65168	96676
污染防治	25119	52028
城乡社区事务	616927	666655
城乡社区公共设施	255553	234414
城乡社区环境卫生	102663	99887
农林水事务	367807	350361
交通运输	257090	223214
资源勘探工业信息等事务	45149	127195
商业服务业等事务	32510	14767
金融支出	3241	61360
自然资源气象等事务	40540	42709
住房保障支出	149251	199254
粮油物资储备事务	25681	10663
灾害防治及应急管理	33672	38328
债务还本付息支出	41277	42495
债务发行费用支出	356	94
其他支出	265340	116793

注：2020年部分指标名称及范围有调整。

9-3 一般公共预算支出（续五）

单位：万元

指标	2022年	2023年
支出总计	4987969	5029172
一般公共服务	517691	482975
国防	1946	1466
公共安全	327121	330543
教育	802339	787472
普通教育	599834	614566
职业教育	63199	61415
教育费附加安排的支出	106704	68719
科学技术	72630	77481
文化旅游体育与传媒	54713	51238
文化和旅游	25517	25948
体育	10112	6641
广播电视	11292	11075
社会保障和就业	619300	733970
财政对基本养老保险基金的补助	49152	71499
就业补助	38266	40583
城市居民最低生活保障	21767	20728
农村最低生活保障	18175	20210
卫生健康	498950	508367
财政对基本医疗保险基金的补助	126599	137415
疾病预防控制机构	32216	16943
节能环保	122144	215424
污染防治	83412	163461
城乡社区事务	472256	458149
城乡社区公共设施	206524	168033
城乡社区环境卫生	97226	83878
农林水	354197	383705
交通运输	487588	246868
资源勘探工业信息等	146056	202505
商业服务业等	15548	16111
金融	52068	12785
自然资源海洋气象等	31100	34388
住房保障	205613	242683
粮油物资储备	10378	10885
灾害防治及应急管理	52280	59783
债务付息支出	48579	54524
债务发行费用支出	358	817
其他支出	95114	117033

注：表中部分指标名称根据2022年政府收支分类科目进行调整。

9-4 财政收入占地区生产总值比重

年份	财政收入（万元）	一般公共预算收入（万元）	地区生产总值（万元）	财政收入占地区生产总值比重（%）	一般公共预算收入占地区生产总值比重（%）
1999	267742	169540	2674592	10.01	6.34
2000	273425	166061	3003209	9.1	5.53
2001	347000	196111	3416836	10.16	5.74
2002	388905	210615	3864069	10.06	5.45
2003	729368	205660	4408531	16.54	4.67
2004	845186	249521	5081461	16.63	4.91
2005	961312	289256	5766454	16.67	5.02
2006	1061856	331417	6494190	16.35	5.10
2007	1340643	466256	7463258	17.96	6.25
2008	1524443	508618	8681365	17.56	5.86
2009	2548033	570385	9388509	27.14	6.08
2010	3041332	727579	11295852	26.92	6.44
2011	3506307	864352	13916631	25.20	6.21
2012	4060754	1037303	16131559	25.17	6.43
2013	3948217	1244956	18102413	21.81	6.88
2014	4674809	1523299	19777719	23.64	7.70
2015	5938067	1851917	21022500	28.25	8.81
2016	6067450	2154794	22074224	27.49	9.76
2017	6716478	2342001	24450830	27.47	9.58
2018	7215296	2533169	26601946	27.12	9.52
2019	6795136	2332261	28525100	23.82	8.18
2020	7041458	2471310	28775300	24.47	8.59
2021	8032719	2767279	32272762	24.89	8.57
2022	6610649	2209765	33262100	19.87	6.64
2023	7098995	2553279	34872621	20.36	7.32

9-5 区县级财政收支

单位：万元

地区	财政收入	财政支出
城关区	386725	636346
七里河区	137598	281227
西固区	107759	211754
安宁区	127968	214292
红古区	52252	176440
永登县	71091	347283
皋兰县	41704	205461
榆中县	55478	382982
兰州新区	393390	785500

9-6 金融机构人民币信贷收支表

单位：万元

指标	2020年	2021年	2022年	2023年
一、各项存款	90447697	95254036	100716053	104072194
（一）境内存款	90318475	95162658	100621971	103977896
1.住户存款	38596270	40829699	45692581	51301717
（1）活期存款	11752452	11795814	13937718	14182597
（2）定期及其他存款	26843818	29033884	31754863	37119120
2.非金融企业存款	31259847	29706461	28178185	25530697
（1）活期存款	19493992	16865862	16378409	13938302
（2）定期及其他存款	11765855	12840599	11799775	11592395
3.机关团体存款	15327496	15331740	17976265	18236825
4.财政性存款	2279619	3138219	3523648	3907397
5.非银行业金融机构存款	2855244	6156539	5251292	5001260
（二）境外存款	129222	91377	94082	94298
二、金融债券	998927	759446	259457	339186
其中：境外发行				
三、卖出回购资产	103224	110700	230000	100000
四、借款及非银行业金融机构拆入	176058	9047	9047	9047
五、联行往来（净）	50259926	54901923	60347010	65346664
六、应付及暂收款	3037792	3410175	3980194	4000557
七、各项准备	3769297	4473610	4745039	8612186
八、所有者权益	10197310	10617828	11094850	8161205
其中：实收资本	4927526	4927526	4984608	4534735
九、其他	3982632	5284500	5666733	5621173

9-6 金融机构人民币信贷收支表（续一）

单位：万元

指标	2020年	2021年	2022年	2023年
一、各项贷款	129549786	140602631	149117070	157835829
（一）境内贷款	129417975	140476532	149041938	157764859
1.住户贷款	20972134	24499221	24610812	25776446
（1）短期贷款	4548650	5630541	5071181	5469613
消费贷款	2923108	4024048	3445144	3572897
经营贷款	1625541	1606493	1626037	1896716
（2）中长期贷款	16423484	18868680	19539631	20306833
消费贷款	14566989	16961863	17625657	18358024
经营贷款	1856495	1906817	1913975	1948808
2.企（事）业单位贷款	108335841	115578311	124281126	131747713
（1）短期贷款	19289648	18488783	17201252	17967951
（2）中长期贷款	74697493	81776991	89353358	95794407
（3）票据融资	8456875	8068495	9549846	9284631
（4）融资租赁	5551026	6853572	7967811	8392766
（5）各项垫款	340799	390470	208858	307959
3.非银行业金融机构贷款	110000	399000	150000	240700
（二）境外贷款	131811	126098	75132	70969
二、债券投资	17999174	18682494	23202408	23150658
其中：境外债券				
三、股权及其他投资	10605158	10483217	10471506	10306273
四、买入返售资产	1936969	1923455	900633	1320643
五、存放非银行业金融机构款项	10	156236	171898	226950
六、联行往来（净）				
其中：境内存放二级准备金	245099	251386	252416	243572
七、金银占款				
八、中央银行外汇占款				
九、应收及预付款	1775792	1902421	2147879	2426809
十、投资性房地产	572	3831	3661	4588
十一、固定资产	1105404	1066979	1033329	990461

9-7 金融机构本外币信贷收支表

单位：万元

指标	2020年	2021年	2022年	2023年
一、各项存款	90838825	95776482	101091218	104460888
（一）境内存款	90697774	95557479	100972064	104356900
1.住户存款	38847072	41075627	45947922	51536164
（1）活期存款	11895245	11935902	14076913	14298828
（2）定期及其他存款	26951826	29139725	31871010	37237336
2.非金融企业存款	31339231	29830349	28259818	25661675
（1）活期存款	19566902	16982505	16446131	13974953
（2）定期及其他存款	11772329	12847844	11813686	11686722
3.机关团体存款	15374927	15354591	17986576	18248187
4.财政性存款	2279619	3138219	3523648	3907397
5.非银行业金融机构存款	2856926	6158693	5254100	5003478
（二）境外存款	141050	219003	119153	103987
二、金融债券	998927	759446	259457	339186
其中：境外发行				
三、卖出回购资产	103224	110700	230000	100000
四、借款及非银行业金融机构拆入	257380	76959	73000	67863
五、联行往来（净）	51750032	55461500	60732333	65508697
六、应付及暂收款	3052097	3435439	4035072	4027168
七、各项准备	3933833	4612361	4876504	8706675
八、所有者权益	10258956	10781629	11249937	8344155
其中：实收资本	4927526	4927526	4984608	4534735
九、其他	4485434	5749226	5803736	5739402

9-7 金融机构本外币信贷收支表（续一）

单位：万元

指标	2020年	2021年	2022年	2023年
一、各项贷款	131675974	142318278	150161899	158617287
（一）境内贷款	130523717	141229635	149395599	157928162
1.住户贷款	20973228	24499920	24611759	25777612
（1）短期贷款	4549271	5631153	5072076	5470767
消费贷款	2923729	4024660	3446039	3574050
经营贷款	1625541	1606493	1626037	1896716
（2）中长期贷款	16423957	18868767	19539683	20306845
消费贷款	14567196	16961950	17625708	18358037
经营贷款	1856761	1906817	1913975	1948808
2.企（事）业单位贷款	109440489	116330715	124633840	131909850
（1）短期贷款	19890897	18816221	17336443	17968294
（2）中长期贷款	75200892	82201824	89570756	95955949
（3）票据融资	8456875	8068495	9549846	9284631
（4）融资租赁	5551026	6853572	7967811	8392766
（5）各项垫款	340799	390603	208983	308209
3.非银行业金融机构贷款	110000	399000	150000	240700
（二）境外贷款	1152257	1088643	766300	689126
二、债券投资	18377624	18892832	23432177	23384272
其中：境外债券		44630	48752	49579
三、股权及其他投资	10605158	10483217	10471506	10306273
四、买入返售资产	1936969	1923455	900633	1320643
五、存放非银行业金融机构款项	191229	159461	177266	229106
六、联行往来（净）				
其中：境内存放二级准备金	245099	251386	252416	243572
七、金银占款				
八、中央银行外汇占款				
九、应收及预付款	1785776	1915688	2170786	2441403
十、投资性房地产	572	3831	3661	4588
十一、固定资产	1105404	1066979	1033329	990461

9-8 分区县金融机构人民币信贷统计表

单位：万元

地区	各项存款余额	各项贷款余额
全市合计	104072194	157835829
城关区	62562160	80862463
七里河区	10781952	9925353
西固区	6465634	3969633
安宁区	6287190	4897192
红古区	1609214	1152613
永登县	2213172	2023311
皋兰县	2019835	3606591
榆中县	3698200	3991013
兰州新区	2475193	6852497
省本部	5959643	40555162

9-9 分区县金融机构本外币信贷统计表

单位：万元

地区	各项存款余额	各项贷款余额
全市合计	104460888	158617287
城关区	62818862	81032830
七里河区	10817497	9932521
西固区	6492721	3969715
安宁区	6304891	4897292
红古区	1609785	1152621
永登县	2213195	2023313
皋兰县	2019883	3606591
榆中县	3698464	3991015
兰州新区	2478115	6852499
省本部	6007475	41158890

主要统计指标解释

一般公共预算收入 是通过一定的形式和程序，由各级财政部门组织并纳入预算管理的各项收入。

税收收入 包括增值税、消费税、土地增值税、城市维护建设税、资源税、城市土地使用税、房产税、印花税、个人所得税、企业所得税、关税、契税和耕地占用税等。

非税收入 反映各级政府及其所属部门和单位依法利用行政权力、政府信誉、国家资源、国有资产或提供特定公共服务征收、收取、提取、募集的除税收和政府债务收入以外的财政收入。主要包括：专项收入、行政事业性收费收入、罚没收入、国有资本经营收入、国有资源（资产)有偿使用收入、捐赠收入、政府住房基金收入、其他收入等。

一般公共预算支出 是各级财政部门对集中的一般预算收入有计划地分配和使用而安排的支出。主要包括：

（1）一般公共服务支出：反映政府提供一般公共服务的支出。

（2）外交支出：反映政府外交事务支出。包括外交行政管理，驻外机构、对外援助、国际组织、对外合作与交流、边界勘界联检等方面的支出。人大、政协、政府及所属各总部门（除国家领导人、外交部门）的出国费、招待费列相关功能科目，不在本科目反映。

（3）国防支出：反映政府用于国防方面的支出。

（4）公共安全支出：反映政府维护社会公共安全方面的支出。有关事务包括武装警察、公安、国家安全、检察、法院、司法行政、监狱、劳教、国家保密等。

（5）教育支出：反映政府教育事务支出。有关具体事务包括教育行政管理、普通教育、职业教育、成人教育、留学教育、特殊教育、干部继续教育等。

（6）科学技术支出：反映科学技术方面的支出。

（7）文化旅游体育与传媒支出：反映政府在文化、旅游、文物、体育、广播电视、电影、新闻出版等方面的支出。

（8）社会保障和就业支出：反映政府在社会保障与就业方面的支出。有关事项包括人力资源和社会保障管理事务、民政管理事务、财政对社会保险基金的补助、补充全国社会保障基金、行政事业单位养老支出、企业改革补助、就业补助、抚恤、最低生活保障、临时救助、红十字事业等。

（9）卫生健康支出：反映政府卫生健康方面的支出。有关事项包括卫生健康行政管理事务、公立医院、公共卫生、中医药、医疗救助等。

（10）节能环保支出：反映政府节能环保支出。具体事项包括环境保护管理事务、环境监测与监察、污染防治、自然生态保护、天然林保护、退耕还林还草、风沙荒漠治理、退牧还草、能源节约利用、污染减排、可再生能源、循环经济等。

（11）城乡社区支出：反映政府城乡社区事务支出。具体事项包括城乡社区管理事务、城乡社区规划与管理、城乡社区公共设施、城乡社区环境卫生、建设市场管理与监督等。

（12）农林水支出：反映政府农林水事务支出。具体事项包括农业农村行政管理、对外交流与合作、林业和草原、技术推广与转化、水利、国际河流治理与管理、巩固脱贫衔接乡村振兴、农村综合改革、普惠金融发展支出等。

（13）交通运输支出：反映交通运输和邮政业方面的支出。有关事务包括公路水路运输、交通运输信息化建设、铁路运输、民用航空运输、机场建设、邮政业支出、车辆购置税支出等。

（14）资源勘探工业信息等支出：反映用于资源勘探、制造业、建筑业、工业信息等方面的支出。

（15）商业服务业等支出：反映商业服务业等方面的支出。

（16）金融支出：反映金融方面的支出。

（17）援助其他地区支出：反映援助方政府安排并管理的对其他地区各类援助、捐赠等资金支出。

（18）自然资源海洋气象等支出：反映政府用于自然资源、海洋、测绘、气象等公益服务事业方面的支出。

（19）住房保障支出：集中反映政府用于住房方面的支出。有关事务包括保障性安居工程支出、沉陷区治理、住房改革支出、城乡社区住宅等。

（20）粮油物资储备支出：反映政府用于粮油物资储备方面的支出。

（21）灾害防治及应急管理支出：反映政府用于自然灾害防治、安全生产监管及应急管理等方面的支出。具体包括应急管理事务、消防救援事务、矿山安全、地震事务、防震减灾基础管理等。

（22）其他支出：反映不能划分到上述功能科目的其他政府支出。

（23）转移性支出：反映政府间的转移支付以及不同性质资金之间的调拨支出。

（24）债务还本支出：反映归还债务本金所发性的支出。

（25）债务付息支出：反映用于归还债务利息所发性的支出。

信贷资金　指金融机构以信用方式积聚和分配的货币资金。金融机构信贷资金的来源有各项存款、金融债券、对国际金融机构负债、流通中现金、其他项目等；信贷资金的运用有各项贷款、有价证券及投资、金银占款、外汇占款、财政借款及在国际金融机构中的资产等。

存款　指企业、机关、团体或居民根据资金必须收回的原则，把货币资金存入银行或其他信贷机构保管并取得一定利息的一种信用活动形式。根据存款对象或性质的不同可划分为企业存款、财政存款、机关团体存款、城乡储蓄存款、农业存款、信托及委托类存款、其他存款等科目。它是银行信贷资金的主要来源。

贷款　指银行或其他信贷机构根据资金必须归还的原则，按一定利率，为企业、个人等提供资金的一种信用活动形式。我国银行贷款分为短期贷款、委托及信托类贷款、其他贷款等。

统计资料

兰州统计年鉴 LANZHOU STATISTICAL YEARBOOK 2024

十、劳动、工资

10-1 就业基本情况

单位：万人

指标	2000年	2010年	2011年	2012年	2013年
从业人员合计	**145.67**	**176.48**	**179.72**	**181.95**	**196.26**
第一产业	45.43	40.78	41.19	40.75	39.64
第二产业	43.88	47.16	47.25	47.16	52.50
第三产业	56.36	88.54	91.28	94.04	104.12
从业人员构成	**100.00**	**100.00**	**100.00**	**100.00**	**100.00**
第一产业	31.39	23.11	22.92	22.40	20.20
第二产业	30.12	26.72	26.29	25.92	26.75
第三产业	38.69	50.17	50.79	51.68	53.05
按城乡分从业人员	**145.67**	**176.48**	**179.72**	**181.95**	**196.26**
城镇从业人员	64.06	105.33	108.99	110.93	127.01
国有单位	51.78	40.43	38.80	39.13	36.46
城镇集体单位	9.06	1.91	1.92	2.02	2.55
股份合作单位	3.22	0.23	0.19	0.19	0.13
联营单位		0.25	0.04	0.03	0.20
有限责任公司		8.19	11.00	11.63	20.06
股份有限公司		3.83	4.09	4.48	8.10
私营企业	6.38	30.67	31.48	29.07	31.66
港澳台商投资单位		0.27	0.05	0.13	0.66
外商投资单位		0.36	0.40	0.50	1.04
其他		0.27	0.27	0.21	0.40
个体	6.44	18.92	20.75	23.54	25.75
乡村从业人员	68.79	71.15	70.73	71.02	69.25
城镇单位从业人数	**64.06**	**55.74**	**56.76**	**58.32**	**69.60**
国有单位	51.78	37.63	38.80	39.13	36.46
城镇集体单位	9.06	1.91	1.92	2.02	2.55
其他单位	3.22	16.20	16.04	17.17	30.59
城镇单位女性从业人员		**18.28**	**18.17**	**19.96**	**23.14**
城镇登记失业人数	**2.96**	**2.37**	**2.15**	**1.44**	**1.44**
城镇登记失业率（%）	**2.60**	**3.12**	**2.94**	**1.63**	**1.71**
下岗失业人员再就业人数	**0.96**	**1.00**	**2.72**	**3.17**	**1.41**

10-1 就业基本情况（续一）

单位：万人

指标	2014年	2015年	2016年	2017年	2018年	2019年
从业人员合计	205.05	208.09	215.6	224.14	225.25	228.26
第一产业	39.51	38.73	39.04	40.56	39.39	36.96
第二产业	53.73	55.25	59.50	61.18	56.32	57.49
第三产业	111.81	114.11	117.06	122.4	129.54	133.81
从业人员构成	100.00	100.00	100.00	100.00	100.00	100.00
第一产业	19.27	18.61	18.11	18.1	17.49	16.19
第二产业	26.20	26.55	27.60	27.3	25	25.19
第三产业	54.53	54.84	54.29	54.6	57.51	58.62
按城乡分从业人员	205.05	208.09	215.6	224.14	225.25	228.26
城镇从业人员	136.03	137.19	144.62	153.74	154.61	162.86
国有单位	36.26	36.61	42.59	40.75	35.06	32.61
城镇集体单位	2.08	1.89	1.74	1.53	1.02	1.06
股份合作单位	0.08	0.09	0.08	0.07	0.15	0.17
联营单位	0.19	0.05	0.03	0.03	0.03	0.06
有限责任公司	22.72	23.16	23.00	26.2	32.19	28.2
股份有限公司	8.13	8.02	8.14	10.43	8.31	8.75
私营企业	35.89	35.28	36.29	37.56	42.01	52.35
港澳台商投资单位	0.61	0.57	0.61	0.55	0.45	0.43
外商投资单位	1.08	0.88	0.86	1.04	1.02	1.04
其他	0.23	0.21	0.18	0.21	0.29	1.34
个体	28.76	30.44	31.08	35.37	34.08	36.85
乡村从业人员	69.02	70.89	70.98	70.4	70.64	65.4
城镇单位从业人数	71.37	71.47	77.25	80.81	78.52	73.66
国有单位	36.26	36.61	42.59	40.75	35.06	32.61
城镇集体单位	2.08	1.89	1.74	1.53	1.02	1.06
其他单位	33.03	32.97	32.91	38.53	42.44	39.99
城镇单位女性从业人员	24.19	24.08	25.96	27.91	26.79	26.36
城镇登记失业人数	1.52	1.46	1.73	1.55	1.79	3.09
城镇登记失业率（%）	1.77	1.77	2.17	2.04	2.09	3.38
下岗失业人员再就业人数	2.19	2.5	2.46	1.9	4.81	3.75

10-1 就业基本情况（续二）

单位：万人

指标	2020年	2021年	2022年	2023年
从业人员合计	227.00			
第一产业	36.44			
第二产业	56.84			
第三产业	133.72			
从业人员构成	100.00			
第一产业	16.05			
第二产业	25.04			
第三产业	58.91			
城镇单位从业人数	78.5	79.04	76.61	67.53
城镇单位女性从业人员	29.79	29.88	29.21	27.77
城镇登记失业人数	2.87	3.13	3.51	_
城镇登记失业率（%）	3.06	3.26	_	_
下岗失业人员再就业人数	2.96	3.16	3.16	3.00

10-2 从业人员

单位：万人

年份	从业人员合计	单位从业人员	农村劳动者
1979	103.23	61.66	41.52
1980	106.56	59.93	44.43
1981	108.90	63.00	45.18
1982	115.51	64.20	50.78
1983	118.74	66.22	51.65
1984	123.35	67.01	54.36
1985	127.98	71.05	54.36
1986	132.58	73.38	56.68
1987	135.35	75.47	57.55
1988	138.54	76.36	58.68
1989	140.17	76.37	60.40
1990	143.97	79.34	61.77
1991	151.47	84.86	62.78
1992	157.36	87.58	63.86
1993	160.12	87.30	64.89
1994	160.89	88.14	65.46
1995	161.22	87.40	65.99
1996	162.27	86.26	66.57
1997	160.26	82.64	67.23
1998	160.37	82.53	67.48
1999	152.32	65.17	67.61
2000	145.70	64.06	68.79
2001	141.40	59.04	69.17
2002	153.36	59.42	80.07
2003	154.23	60.01	78.25
2004	150.04	59.34	66.90
2005	150.75	57.06	70.36
2006	150.63	56.71	70.83
2007	153.98	56.46	70.54
2008	157.15	53.15	70.56
2009	162.72	54.68	70.69
2010	176.48	55.74	71.15
2011	179.72	56.76	70.73
2012	181.95	58.32	71.02
2013	196.26	69.60	69.25
2014	205.05	71.37	69.02
2015	208.09	71.47	70.89
2016	215.60	77.25	70.98
2017	224.14	80.81	70.4
2018	225.24	78.52	70.64
2019	228.26	73.66	65.4
2020	227.00	78.5	65.42
2021		79.04	65.2
2022		76.61	65.67
2023		67.53	64.56

10-2 从业人员（续一）

单位：万人

年份	从业人员				构成（%）		
		第一产业	第二产业	第三产业	第一产业	第二产业	第三产业
1979	103.23						
1980	106.56						
1981	108.90						
1982	115.51						
1983	118.74						
1984	123.35						
1985	127.98						
1986	132.58	38.80	56.39	37.79	29.27	42.53	28.50
1987	135.35	41.60	56.40	37.35	30.74	41.67	27.60
1988	138.54	43.76	58.13	37.64	31.59	41.96	27.17
1989	140.17	43.56	57.86	38.76	31.08	41.28	27.65
1990	143.97	44.99	58.54	40.44	31.25	40.66	28.09
1991	151.47	45.80	61.31	44.36	30.24	40.48	29.29
1992	157.36	46.46	63.86	47.03	29.52	40.58	29.89
1993	160.12	43.43	64.83	51.86	27.12	40.49	32.39
1994	160.89	43.53	61.48	55.88	27.06	38.21	34.73
1995	161.22	43.61	61.96	55.64	27.05	38.43	34.51
1996	162.27	43.57	60.48	58.23	26.85	37.27	35.88
1997	160.26	44.44	58.16	57.66	27.73	36.29	35.98
1998	160.37	44.80	55.49	60.08	27.94	34.40	37.46
1999	152.32	44.60	45.91	61.80	29.28	30.14	40.57
2000	145.70	45.43	43.88	56.36	31.18	30.12	38.70
2001	141.40	45.56	39.88	55.91	32.22	28.20	39.58
2002	142.96	45.04	40.09	57.83	31.51	28.04	45.45
2003	145.63	44.72	42.78	58.13	30.71	29.73	39.92
2004	150.04	41.65	48.09	59.00	27.75	32.93	39.32
2005	150.75	44.68	43.18	62.89	29.64	28.64	41.72
2006	150.63	42.81	44.92	62.90	28.42	29.82	41.76
2007	153.98	42.04	45.86	66.08	27.26	29.73	43.01
2008	157.15	41.75	42.37	73.03	26.57	26.96	46.47
2009	162.72	41.08	44.72	76.92	25.25	27.48	47.27
2010	176.48	40.78	47.16	88.54	23.11	26.72	50.17
2011	179.72	41.19	47.25	91.28	22.92	26.29	50.79
2012	181.95	40.75	47.16	94.04	22.40	25.92	51.68
2013	196.26	39.64	52.50	104.12	20.20	26.75	53.05
2014	205.05	39.51	53.73	111.81	19.27	26.20	54.53
2015	208.09	38.73	55.25	114.11	18.61	26.55	54.84
2016	215.60	39.04	59.50	117.06	18.11	27.60	54.29
2017	224.14	40.56	61.18	122.4	18.1	27.3	54.6
2018	225.25	39.39	56.32	129.54	17.49	25.00	57.51
2019	228.26	36.96	57.49	133.81	16.19	25.19	58.62
2020	227.00	36.44	56.84	133.72	16.05	25.04	58.91
2021							
2022							
2023							

10-3 全市城镇非私营单位从业人员

单位：万人

指标	从业人员	在岗职工
合计	67.53	62.70
农、林、牧、渔业	0.23	0.22
采矿业	0.94	0.92
制造业	7.68	7.58
电力、煤气和水生产和供应业	5.19	5.16
建筑业	6.43	5.38
批发和零售业	3.70	3.54
交通、仓储和邮政业	3.06	2.98
住宿和餐饮业	1.23	1.06
信息传输、计算机服务和软件	1.84	1.83
金融业	4.27	3.45
房地产业	3.15	3.05
租赁和商务服务业	2.67	2.10
科学研究技术服务和地质勘探业	3.74	3.61
水利、环境和公共设施管理	1.67	1.48
居民服务和其他服务业	0.10	0.09
教育	7.99	7.49
卫生、社会保障和社会福利业	4.86	4.61
文化、体育和娱乐业	0.99	0.97
公共管理和社会组织	7.80	7.17
按三次产业分		
第一产业	0.23	0.22
第二产业	20.23	19.04
第三产业	47.07	43.43

10-4 城镇非私营单位从业人员劳动报酬和在岗职工工资

单位：万元

指标	单位从业人员工资总额	在岗职工工资总额
工资总额	7234931	6984203
按国民经济行业分		
农、林、牧、渔业	18153	17850
采矿业	80636	80183
制造业	857412	851562
电力、热力、燃气及水生产和供应业	599071	598423
建筑业	607751	542402
批发和零售业	316334	308156
交通运输、仓储和邮政业	251777	246268
住宿和餐饮业	65081	62400
信息传输、软件和信息技术服务业	204843	202674
金融业	557512	500460
房地产业	189815	185801
租赁和商务服务业	185753	154843
科学研究、技术服务业	520281	510847
水利、环境和公共设施管理业	108203	102037
居民服务、修理和其他服务业	6242	5968
教育	1055589	1032266
卫生和社会工作	626273	616824
文化、体育和娱乐业	104221	103614
公共管理、社会保障和社会组织	879984	861624

注：自2019年起，本表不包含铁路民航数据（按照国家统一方案执行，铁路局数据国家不返到市州一级）。

10-5 城镇非私营单位从业人员平均劳动报酬和在岗职工平均工资

指标	单位从业人员平均劳动报酬（元）	在岗职工平均工资
职工平均工资	106850	111014
按国民经济行业分组		
农、林、牧、渔业	79088	80804
采 矿 业	86969	87948
制 造 业	110901	111633
电力、热力、燃气及水生产和供应业	115313	115713
建筑业	93489	98458
批发和零售业	85527	87466
交通运输、仓储和邮政业	82206	82641
住宿和餐饮业	51916	58529
信息传输、软件和信息技术服务业	110762	110573
金融业	130429	144343
房地产业	58204	59197
租赁和商务服务业	69096	72942
科学研究、技术服务业	138050	140145
水利、环境和公共设施管理业	64452	68865
居民服务、修理和其他服务业	62874	65539
教育	133573	139461
卫生和社会工作	130826	136122
文化、体育和娱乐业	104282	105199
公共管理、社会保障和社会组织	112782	119600

10-6 城镇非私营在岗职工平均工资及指数

年份	平均货币工资（元）				指数（上年=100）			
	合计	国有单位	城镇集体单位	其他单位	合计	国有单位	城镇集体单位	其他单位
1979	834	839	632		110.32	107.56	109.34	
1980	872	912	674		104.56	108.7	106.65	
1981	908	935			104.13	102.52	99.7	
1982	939	972			103.41	103.96	101.64	
1983	987	1025		562	105.11	105.45	103.51	
1984	1226	1256		665	124.21	122.54	140.59	118.33
1985	1388	1433	1088	829	113.21	114.09	109.46	124.66
1986	1562	1634	1105	1827	112.54	114.03	101.56	220.39
1987	1700	1773	1222	1831	108.83	108.51	110.59	100.22
1988	2010	2081	1531	2331	118.24	117.31	125.29	127.31
1989	2248	2332	1706	2472	111.84	112.06	111.43	106.05
1990	2507	2618	1866	2928	111.52	112.26	109.38	118.45
1991	2664	2799	2058	2746	106.26	106.91	110.29	93.78
1992	3031	3216	2289	3078	113.78	114.9	111.22	112.09
1993	3241	3434	2462	3109	106.93	106.78	107.56	101.01
1994	4618	4849	3588	5039	142.49	141.21	145.74	162.08
1995	5564	5776	4336	7785	120.49	119.12	120.85	154.49
1996	6188	6402	4981	8176	111.21	110.84	114.88	105.02
1997	6578	6820	5085	8712	106.3	106.53	102.09	106.56
1998	6828	6971	5785	7454	103.8	102.21	113.77	85.56
1999	7836	8071	6466	8031	114.76	115.78	111.77	107.74
2000	9147	9239	8622	9257	116.73	114.47	133.34	115.27
2001	10452	10608	8124	11266	114.27	114.82	94.22	121.7
2002	11861	12412	7558	11610	113.48	117.01	93.03	103.05
2003	13489	13860	9056	13664	113.73	111.67	119.82	117.69
2004	14854	15363	9289	13713	110.12	110.84	102.57	100.36
2005	16960	17839	11386	15209	114.18	116.12	122.58	110.91
2006	19090	21276	13598	16244	112.56	119.27	119.43	106.81
2007	22569	25081	13570	19666	118.22	117.88	99.79	121.07
2008	26118	28506	17547	22914	115.73	113.66	129.31	116.52
2009	28995	32260	20504	23393	111.02	113.17	116.85	102.09
2010	33966	36978	25891	28947	117.14	114.62	126.27	123.74
2011	38965	41816	31636	33858	114.72	113.08	122.19	116.97
2012	44492	48081	33889	38538	114.18	114.98	107.12	113.82
2013	48017	52375	34370	44514	107.92	108.93	101.42	115.51
2014	54005	60571	37996	48810	112.47	115.65	110.55	109.65
2015	60330	70847	42259	53178	111.71	116.97	111.22	108.95
2016	67011	77889	42327	56189	111.07	109.94	100.16	105.66
2017	72286	85128	52332	60394	107.87	109.29	123.64	107.48
2018	85575	95484	62247	75527	118.38	112.17	118.95	125.06
2019	88393	101541	64758	77677	103.29	106.34	104.03	102.85
2020	93847				106.17			
2021	96793				103.14			
2022	100596				103.93			
2023	111014				110.36			

主要统计指标解释

职工工资总额 指各单位在一定时期内直接支付给本单位全部职工的劳动报酬总额。工资总额的计算原则应以直接支付给职工的全部劳动报酬为根据。各单位支付给职工的劳动报酬以及其他根据有关规定支付的工资，不论是计入成本的还是不计入成本的，不论是按国家规定列入计征奖金税项目的，还是未列入计征奖金税项目的，不论是以货币形式支付的还是以实物形式支付的，均包括在工资总额内。

职工平均工资 指企业、事业、机关单位的职工在一定时期内平均每人所得的货币工资额。它表明一定时期职工工资收入的高低程度，是反映职工工资水平的主要指标。计算公式为：

职工平均工资=报告期实际支付的全部职工工资总额/报告期全部职工平均人数

城镇单位从业人员劳动报酬 指各单位在一定时期内直接支付给本单位全部从业人员的劳动报酬总额。包括在岗职工工资总额和其他从业人员的劳动报酬总额。

单位从业人员 指报告期末最后一日在本单位工作，并取得工资或其他形式劳动报酬的人员数。该指标为时点指标，不包括最后一日当天及以前已经与单位解除劳动合同关系的人员，是在岗职工、劳务派遣人员及其他就业人员之和。就业人员不包括：（1）离开本单位仍保留劳动关系，并定期领取生活费的人员；（2)在本单位实习的各类在校学生；（3）本单位以劳务外包形式使用的人员，如：建筑业整建制使用的人员。

城镇登记失业人员 指有非农业户口，在一定的劳动年龄内，有劳动能力，无业而要求就业，并在当地就业服务机构进行求职登记的人员。

城镇登记失业率 指城镇登记失业人数与城镇单位就业人员（扣除使用的农村劳动力、聘用的离退休人员、港澳台及外方人员)、城镇单位中的不在岗职工、城镇私营业主、个体户主、城镇私营企业和个体就业人员、城镇登记失业人员之和的比。计算公式为：

城镇登记失业率=城镇登记失业人数/（城镇单位就业人数+城镇私营企业及个体就业人数+城镇登记失业人数）*100%

职工 指在国有经济、城镇集体经济、联营经济、股份制经济、外商和港、澳、台投资经济、其他经济单位及其附属机构工作，并由其支付工资的各类人员，不包括返聘的离休人员、民办教师、在国有经济单位工作的外方人员和港、澳、台人员（1998年以后的数据无均为在岗职工数据，其他相关指标如职工工资总额，职工平均工资等指标也从1998年按此口径进行了相应调整）。

国有单位职工 指在国有经济单位及其附属机构工作，并由其支付工资的各类人员。

城镇集体单位职工 指在城镇集体经济单位及其管理部门工作，并由其支付工资的各类人员。

其他单位职工 指在联营经济、股份制经济、外商投资经济、港、澳、台投资经济单位工作，并由其支付工资的各类人员。

在岗职工 指在本单位工作并由单位支付工资的人员，以及有工作岗位，但由于学习、病伤产假等原因暂未工作，仍由单位支付工资的人员。

十一、教育、科技文化

11-1 平均每万人在校学生数

单位：人

年份	大学生	中学生	小学生
1957	63	196	1184
1962	82	189	
1965	63	258	
1970	65	617	
1975	40	747	
1978	53	853	1819
1979	58	790	1778
1980	71	749	1724
1981	82	643	1577
1982	67	662	1458
1983	70	699	1297
1984	83	705	1252
1985	100	720	1197
1986	117	728	1123
1987	117	692	1057
1988	121	636	1002
1989	118	560	981
1990	112	533	952
1991	108	525	925
1992	113	518	933
1993	132	484	900
1994	130	472	1004
1995	144	484	1029
1996	148	500	1058
1997	153	507	1083
1998	160	519	1078
1999	186	544	1042
2000	249	586	1002
2001	308	634	961
2002	688	655	917
2003	660	682	877
2004	526	726	842
2005	580	688	810
2006	537	709	803
2007	546	687	794
2008	622	645	728
2009	1049	628	684
2010	1103	615	673
2011	1158	580	646
2012	1210	573	633
2013	1468	562	631
2014	1497	554	633
2015	1494	528	646
2016	1501	516	656
2017	1558	509	670
2018	1627	503	688
2019	1644	497	705
2020	1301	381	562
2021	1353	390	582
2022	1469	524	782
2023	1160	548	835

11-2 各类学校基本情况

单位：人

指标	学校（所）	毕业生数	招生数	在校学生数	教职工数	专任教师数
普通高等学校	31	143616	161020	513322	33325	25428
普通中等专业学校	41	8613	9934	26904	2644	2125
中等技术学校	24	4349	5208	15694	1563	1205
中等师范学校	1	0	0	0	29	17
普通中学	212	56873	65436	184612	21098	19157
高中	67	21521	25507	70579	9861	8617
初中	145	35352	39929	114033	11237	10540
中等职业学校	41	8613	9934	26904	2644	2125
技工学校						
小学	389	39751	55781	281341	15969	15633
特殊教育学校	6	374	265	1759	276	193
幼儿园	827	52835	39807	126480	17473	9402
成人中等专业学校	5	1066	1286	2493	86	58
成人高等学院	2				132	112
民办高等院校	1				177	116

注：1.高等院校数及在校学生数变动原因：按照教育部门办学层次划分，2021年在兰高等院校31所，其中28所普通高等学校、3所成人高等学校；2021年及以后年度统计年鉴统计口径普通高等学校数，未含3所成人高等学校。

2.中等职业学校变动原因：根据教育部相关统计制度规定，2021年及以后年度此项指标包含职业高中、普通中等专业学校及成人中等专业院校；2020年年鉴中此项指标的统计口径为普通中等专业学校。

11-3 各类学校女生和女教师数

单位：人

指标	2010年	2015年	2016年	2017年	2018年	2019年	2020年	2021年	2022年	2023年
女生数										
普通中学	96392	82547	81601	80808	80546	80230	80215	81539	84427	53303
职业中学	7530	1364	1432	1701	2033	2164	2271	2333	13991	11973
小学	101854	97198	98990	101703	105868	109517	115463	119836	124876	133954
女学生占学生总数（%）										
普通中学	48.46	48.53	48.88	48.89	48.8	48.61	48.24	48.02	47.8	46.74
职业中学	56.43	47.63	46.74	51	46.44	45.37	45.06	1.13	42.63	44.5
小学	46.8	46.73	46.69	46.7	46.84	46.83	47.11	47.22	47.39	47.61
女教师										
普通中学	6990	7566	7722	7761	9727	10289	10471	9452	9713	12109
职业中学	528	211	194	198	317	283	205	227	1069	1328
小学	8812	9134	9569	10036	9468	10396	10709	12762	13106	11773
女教师占教师数（%）										
普通中学	50.61	54.18	55.18	55.89	56.67	57.70	60.25	51.41	59.71	63.21
职业中学	58.8	54.81	55.91	55.62	49.07	47.25	48.12	1.11	51.64	50.23
小学	61.41	64.85	66.61	68.4	69.01	70.80	72.74	85.56	74.33	75.31

11-4 分县区学校基本情况

指标	兰州市	城关区	七里河区	西固区	安宁区
小学					
学校个数（个）	389	75	56	30	23
在校学生数（个）	281341	93704	42264	25859	29864
招生数（人）	55781	19092	8107	5129	6586
毕业生数（人）	39751	12844	6020	3723	3635
专任教师数（人）	15633	4281	2391	1377	1267
小学学龄人口入学率（%）	100	100	100	100	100
普通中学					
学校个数（个）	212	50	25	25	17
初中在校学生数（人）	114033	35482	15471	10349	11152
招生数（人）	39929	12613	5497	3629	3806
毕业生数（人）	35352	11481	4618	3311	3513
初中学龄人口入学率（%）	100	100	100	100	100
高中在校学生数（人）	70579	18682	7777	10352	5361
招生数（人）	25507	6709	3145	3667	1847
毕业生数（人）	21521	6262	1933	3147	1766
普通中学专任教师数（人）	16586	4709	1929	1902	1436
特殊教育学校					
学校个数（个）	6	2	1	0	0
在校学生数（人）	1759	478	321	90	110
毕业生数（人）	374	76	78	26	25
幼儿园					
园数（所）	827	254	167	71	78
班数（个）	4942	1521	832	422	512
幼儿数（人）	126480	40485	21076	10892	13680
教职员工数（人）	17473	6284	2886	1699	2003

11-4 分县区学校基本情况（续一）

指标	红古区	永登县	皋兰县	榆中县	兰州新区
小学					
学校个数（个）	24	57	16	71	37
在校学生数（个）	10008	14975	5734	32467	26466
招生数（人）	1830	2268	1027	6277	5465
毕业生数（人）	1590	3066	979	4799	3095
专任教师数（人）	525	1843	511	2035	1403
小学学龄人口入学率（%）	100	100	100	100	100
普通中学					
学校个数（个）	9	26	9	30	21
初中在校学生数（人）	4517	8958	2622	15695	9787
招生数（人）	1542	2925	914	5496	3507
毕业生数（人）	1414	2780	949	4909	2377
初中学龄人口入学率（%）	100	100	100	100	100
高中在校学生数（人）	2711	6168	2227	10185	7116
招生数（人）	938	2265	782	3481	2673
毕业生数（人）	845	1866	701	3018	1983
普通中学专任教师数（人）	689	1499	567	2449	1406
特殊教育学校					
学校个数（个）	0	1	0	1	1
在校学生数（人）	112	192	51	252	153
毕业生数（人）	26	49	9	63	22
幼儿园					
园数（所）	20	53	26	90	68
班数（个）	136	299	142	565	513
幼儿数（人）	4218	5757	2665	14759	12948
教职员工数（人）	462	618	305	1697	1519

11–5　全社会科技活动基本情况

年份	有 R&D 活动的单位数（个）	R&D 人员（人）	R&D 经费内部支出（亿元）	R&D 经费内部支出占 GDP 比重（%）
2018	211	22037	52.37	1.97
2019	129	27832	63.92	2.25
2020	230	26707	61.21	2.12
2021	246	31347	70.83	2.19
2022	256	30780	81.40	2.43
2023	262	34731	83.62	2.40

11–6　规模以上工业企业科技活动基本情况

年份	有 R&D 活动的单位数（个）	R&D 人员（人）	R&D 经费内部支出（亿元）	新产品销售收入（亿元）
2018	68	3660	9.07	98.69
2019	86	4584	12.17	79.45
2020	68	3917	11.58	74.25
2021	73	4639	16.26	152.58
2022	84	5359	22.83	181.83
2023	91	4576	19.62	212.00

11-7 科技成果

指标	2000年	2010年	2015年	2020年	2021年	2022年	2023年
基本情况（项）	106	714	538	1555	1114	1229	1654
鉴定项目数	41	704	78	18	18	19	11
登记项目数	41	714	538	1555	1114	1229	1654
奖励项目数	24						
成果水平（项）	41	714	379	932	668		544
国际领先	2	9	5	5	3		
国际先进	3	111	18	18	11		
国内领先	11	501	48	68	55		14
国内先进	16	91	7	40	13		2
其他	9	7	301	801	586	621	528
应用领域（项）	21	273	194	932		273	245
工业(交通、邮电、建筑、地质)	15	74	56	92	134	59	64
农业（林、牧、渔）	6	199	138	222	181	214	181

注：表中“应用领域（项）”2020年数据为全行业科技成果应用数，以前年度为工业和农业的合计数。

11-8 专利申请情况

单位：项

指标	申请量									
	2014年	2015年	2016年	2017年	2018年	2019年	2020年	2021年	2022年	2023年
总计	4288	5703	7488	7793	10708	13728	14050		10120	
按种类分										
发明专利	2071	2416	3083	2560	3242	4287	3843		1904	
实用新型	2059	3019	4002	4783	7034	8844	9459		7503	
外观设计	158	268	403	450	432	597	748		713	
按对象分										
大专院校	1045	1314	2559	2886	3533	4162	4445		3069	
科研单位	766	1180	1281	1202	1280	1317	1324		1185	
工矿企业	870	1156	1498	1797	2472	4547	3983		3801	
机关团体	85	106	160	236	555	5750	473		442	
个人	1522	1947	1982	1672	2868	2952	3825		1623	

注：国家知识产权局未反馈2023年数据。

11-9 专利授权情况

单位：项

指标	授权量									
	2014年	2015年	2016年	2017年	2018年	2019年	2020年	2021年	2022年	2023年
总计	2139	2914	3505	4244	5206	6358	9289	11426	10120	9742
按种类分										
发明专利	589	848	867	907	893	840	1165	1756	1904	2683
实用新型	1392	1930	2334	2988	4001	5099	7538	8960	7503	6427
外观设计	158	136	304	349	312	419	586	710	713	632
按对象分										
大专院校	554	814	1153	1550	1938	2119	3008	4002	3069	2724
科研单位	354	653	679	658	592	672	744	1143	1185	1179
工矿企业	679	764	826	1065	1481	1992	3125	3525	3801	4514
机关团体	78	77	94	123	208	437	434	442	442	397
个人	474	606	753	848	987	1138	1978	2314	1623	928

注：国家知识产权局未反馈2022年数据。

11-10 文化事业基本情况

指标	2000年	2010年	2015年	2016年	2017年	2018年	2019年	2020年	2021年	2022年	2023年
文化事业机构数（个）	**28**	**16**	**32**	**32**	**55**	**48**	**47**	**50**	**48**	**38**	**39**
文化部门	28	16	32	32	55	48	47	50	48	38	39
文化事业人员数（人）	**1159**	**1187**	**1167**	**1277**	**1340**	**1167**	**1218**	**1179**	**1096**	**960**	**962**
文化部门	1159	1187	1167	1277	1340	1167	1218	1179	1096	960	962
各类文化艺术事业单位数（个）	**28**	**16**	**32**	**32**	**43**	**32**	**32**	**41**	**43**	**33**	**33**
文化馆、艺术馆	1	9	9	9	9	9	9	9	9	9	9
公共图书馆	1	8	8	8	8	8	8	8	8	8	8
博物馆	2	4	11	11	11	12	12	29	29	29	29
电影院	20	7	0	31	34	36	43	45		53	52
艺术表演场所	2	2	1	2	2	2	2	2	4	2	2
艺术表演团体	4	4	4	1	1	1	1	2	4	2	2

11-11 广播电视

指标	2010年	2015年	2016年	2017年
广播电台（座）	1	1	1	1
中短波广播发射和转播台（座）	1	1	1	1
中短波广播发射功率（千瓦）	10	10	10	10
发射台及转播台（座）	15	9	9	9
发射机功率（千瓦）	26.31	28	28	28
节目（套）	6	3	3	3
广播电台平均每日播出时间（时、分）		19:10:00	19:10:00	19:10:00
制作广播节目（小时）				
新闻节目	2:00	2:40:00	2:40:00	2:40:00
专题节目	3:00:00	3:50:00	3:50:00	3:50:00
教育节目	5:00:00	1:00:00	1:00:00	1:00:00
文艺节目	4:00:00	8:00:00	8:00:00	8:00:00
服务节目	11:00:00	11:00:00	11:00:00	11:00:00
县广播电视台（座）	3			
广播人口覆盖率（%）	98.27	98.6	99.64	99.64
电视台（座）		1	1	1
发射台及转播台（座）	8	9	9	9
发射机功率（千瓦）	26.5	20	20	20
节目（套）	8	4	4	4
电视台平均每日播出时间（时、分）	11:00	19:00:00	19:00:00	19:00:00
制作电视节目（小时）				
新闻节目	2:00:00	3:10:00	3:10:00	3:10:00
专题节目	3:00:00	1:00:00	1:00:00	1:00:00
文艺节目	4:00:00	0:30:00	0:30:00	0:30:00
服务节目	11:00:00	2:50:00	2:50:00	2:50:00
电视人口覆盖率（%）	98.55	98.55	99.7	99.7

事业基本情况

2018年	2019年	2020年	2021年	2022年	2023年
1	1	1	1	1	1
1	1	1	1	1	1
10	10	10	10	10	10
9	9	9	9	9	9
28	33	33	33	33	33
3	3	3	3	3	3
19:10:00	19:10:00	19:10:00	19:00:00	18:00:00	18:30:00
2:20:00	5:30:00	7:10:00	5:24:00	5:20:00	2:20:00
3:20:00	4:50:00	10:10:00	14:15:00	14:15:00	4:30:00
0:50:00	0:20:00	2:40:00	4:40:00	4:40:00	1:00:00
8:50:00	23:50:00	23:50:00	13:00:00	13:00:00	4:50:00
11:00:00	13:30:00	6:30:00	16:50:00	16:50:00	5:00:00
99.64	90	90	90	90	90
1	1	1	1	1	1
9	9	9	1	1	1
20	20	20	33	20	20
4	4	4	3	3	3
19:00:00	19:00:00	19:00:00	19:00:00	19:00:00	20:45:00
3:00:00	3:20:00	2:10:00	11:30:00	11:30:00	1:10:00
1:00:00	2:40:00	1:10:00	13:30:00	13:30:00	1:05:00
0:28:00	0:20:00	1:30:00	11:30:00	11:30:00	0:00:00
2:20:00	0:30:00	0:30:00	5:30:00	5:30:00	1:00:00
99.7	99.75	99.7	99.7	99.7	99.7

11-12 文化产业基本情况

指标	2010年	2015年	2016年	2017年	2018年	2019年	2020年	2021年	2022年
文化产业增加值（亿元）	19.70	48.17	56.71	63.76	70.76	75.36	77.51	95.46	97.46
文化产业增加值占GDP比重（%）	1.79	2.30	2.50	2.53	2.59	2.66	2.68	2.95	2.90
文化产业法人单位机构数（个）	871	3171	3194		5014	5585	5886	6113	
从业人员（人）		48513	54301		42010				
资产总计（亿元）	152.98	213.53	236.48		546.07				

主要统计指标解释

普通高等学校 指按照国家规定的设置标准和审批程序批准举办，通过国家统一招生考试，招收高中毕业生为主要培养对象，实施高等教育的全日制大学、独立设置的学院和高等专科学校、短期职业大学。

成人高等学校 指按照国家有关规定审批，招收通过全国成人高教统一招生考试的具有高中毕业或同等学历的在职从业人员，利用脱产、半脱产、业余或函授等多种形式对其实施高等学历教育，培养高等教育专科或本科毕业水平的专门人才，修业年限、课程设置和总学时数均按高等学历教育要求付诸实施的学校。包括广播电视大学、职工高等学校、农民高等学校、管理干部学院、教育学院、独立设置的函授学院等。

小学学龄儿童入学率 指调查范围内已入学学习的学龄儿童占校内外学龄儿童总数（包括智力障碍儿童，不包括盲聋哑儿童）的比重。计算公式为：

小学学龄儿童入学率=已入学的小学学龄儿童数／校内外小学学龄儿童总数×100%

科技活动 指在自然科学、农业科学、医药科学、工程与技术科学、人文与社会科学领域（简称科学技术领域）中，与科技知识的产生、发展、传播和应用密切相关的有组织的活动。可分为研究与试验发展（R&D）、研究与试验发展成果应用及相关的科技服务三类活动。

科技活动人员 指直接从事科技活动以及专门从事科技活动管理和为科技活动提供直接服务的人员。累计从事科技活动的实际工作时间占全年制度工作时间10%及以上的人员。（1）直接从事科技活动的人员包括：在独立核算的科学研究与技术开发机构、高等学校、各类企业及其他事业单位内设的研究室、实验室、技术开发中心及中试车间（基地）等机构中从事科技活动的研究人员、工程技术人员、技术工人及其他人员；虽不在上述机构工作，但编入科技活动项目（课题）组的人员；科技信息与文献机构中的专业技术人员；从事论文设计的研究生等。（2）专门从事科技活动管理和为科技活动提供直接服务的人员包括：独立核算的科学研究与技术开发机构、科技信息与文献机构、高等学校、各类企业及其他事业单位主管科技工作的负责人，专门从事科技活动的计划、行政、人事、财务、物资供应、设备维护、图书资料管理等工作的各类人员，但不包括保卫、医疗保健人员、司机、食堂人员、茶炉工、水暖工、清洁工等为科技活动提供间接服务的人员。

科学家与工程师 指科技活动人员中具有高、中级技术职称（职务）的人员和不具有高、中级的技术职称（职务）的大学本科及以上学历人员。

专业技术人员 指从事专业技术工作和专业技术管理工作的人员，即企事业单位中已经聘任专业技术职务从事专业技术工作和专业技术管理工作的人员，以及未聘任专业技术职务，现在专业技术岗位上工作的人员。包括工程技术人员，农业技术人员，科学研究人员，卫生技术人员，教学人员，经济人员，会计人员，统计人员，翻译人员，图书资料、档案、文博人员，新闻出版人员，律师、公证人员，广播电视播音人员，工艺美术人员，体育人员，艺术人员及企业政治思想工作人员，共十七个专业技术职务类别。

科技活动经费筹集 指从各种渠道筹集到的计划用于科技活动的经费，包括政府资金、企业资金、事业单位资金、金融机构贷款、国外资金和其他资金等。

政府资金 指从各级政府部门获得的计划用于科技活动的经费，包括科学事业费、科技三项费、科研基建费、科学基金、教育等部门事业费中计划用于科技活动的经费以及政府部门预算外资金中计划用于科技活动的经费等。

企业资金 指从自有资金中提取或接受其他企业委托的，科研院所和高校等事业单位接受企业委托获得的，计划用于科研和技术开发的经费。不包括来自政府、金融机构及国外的计划用于科技活动的资金。

金融机构贷款 指从各类金融机构获得的用于科技活动的贷款。

科技活动经费内部支出 指报告年内用于科技活动的实际支出包括劳务费、科研业务费、科研管理费，非基建投资购建的固定资产、科研基建支出以及其他用于科技活动的支出。不包括生产性活动支出、归还贷款支出及转拨外单位支出。

劳务费 指以货币或实物形式直接或间接支付给从事科技活动人员的劳动报酬及各种费用。包括各种形式的工资、津贴、奖金、福利、离退休人员费用、人民助学金等。

固定资产购建费 指报告年内使用非基建投资购建的固定资产和用于科研基建投资的实际支出额，即固定资产实际支出和科研基建投资实际完成额之和。固定资产是指长期使用而不改变原有实物形态的主要物资设备、图书资料、实验材料和标本以及其他设备和家具、房屋、建筑物。

新产品 指采用新技术原理、新设计构思研制、生产的全新产品，或在结构、材质、工艺等某一方面比原有产品有明显改进，从而显著提高了产品性能或扩大了使用功能的产品。既包括政府有关部门认定并在有效期内的新产品，也包括企业自行研制开发，未经政府有关部门认定，从投产之日起一年之内的新产品。

文化事业机构 指从事专业文化工作和为专业文化工作服务的独立建制的单位。不包括这些单位另外举办独立核算的其他机构和各部门的业余文化组织。

艺术表演团体 指从事戏曲、音乐、舞蹈、杂技等专业艺术表演，有独立账户的单位，不包括半工半艺、半农半艺和民间职业剧团。

电影放映单位 指具有放映机器设备、固定或不固定的放映场所与专职或兼职的放映技术人员，经有关部门登记批准，经常为一定的观众对象放映电影的机构。包括经批准对外开放进行营业、并与电影发行放映管理机构分账的专用放映单位和军委系统租片单位。

艺术表演观众人数（人次） 指售票、包场演出或民族地区免费演出的艺术表演观众人次数，不包括彩排审查和内部观摩演出的观看人次数。

统计资料

十二、卫生、司法

12-1　卫生机构数

单位：个

年份	总计	医院	卫生院	门诊部、所	专科防治所、站	卫生防疫机构	妇幼保健所、站	医学科学研究机构
1979	758	141	85	590	3	11	9	1
1980	787	141		620	2	11	9	1
1981	827	145		653	4	11	9	1
1982	842	145		666	4	11	9	1
1983	870	145		696	4	11	9	1
1984	881	146		705	5	12	9	1
1985	839	116		685	5	9	7	1
1986	874	119	86	713	7	10	7	1
1987	903	128	87	731	8	10	7	1
1988	848	121	86	682	8	10	7	1
1989	895	125	87	723	8	10	7	1
1990	874	130	86	697	8	11	8	1
1991	882	129	86	706	7	11	8	1
1992	875	133	70	695	7	11	8	1
1993	956	151	70	755	8	13	8	2
1994	955	164	86	741	8	14	8	2
1995	957	165	85	740	8	14	8	2
1996	233	177		6	7	13	8	2
1997	243	179		153	7	13	8	2
1998	242	174		107	7	13	8	2
1999	241	170		201	7	13	8	2
2000	241	170		231	7	13	8	2
2001	238	171		194	7	13	8	2
2002	286	94	84	57	4	11	10	2
2003	295	101	84	59	3	11	10	2
2004	295	100	80	62	3	11	10	2
2005	285	99	71	86	2	11	10	2
2006	290	97	71	58	2	12	10	2
2007	1646	91	69	51	2	12	10	2
2008	1456	91	69	46	2	11	10	2
2009	1534	90	69	39	2	11	10	2
2010	2257	94	69	34	2	11	10	2
2011	2362	96	71	30	2	11	10	2
2012	2359	98	68	31	2	11	10	2
2013	2288	98	67	30	2	11	10	2
2014	2393	98	69	899	2	11	10	2
2015	2385	95	69	898	2	11	10	2
2016	2408	105	67	890	2	11	10	
2017	2464	127	67	945	2	10	10	1
2018	2211	125	67	808	2	10	10	0
2019	2277	129	67	850	2	10	10	0
2020	2245	116	67	849	2	10	10	0
2021	2305	126	66	905	2	10	10	0
2022	2059	118	62	779	2	10	10	0
2023	2279	117	61	938	2	11	10	0

注：卫生机构包括村卫生室。

12-2 卫生机构人数

单位：人

年份	总计	卫生技术人员						每千人口医生数
			医生				护师、护士	
				中医师	西医师	中、西医师		
1979	18993	13754		759	2448	2214	2657	2.58
1980	19769	14438		820	3559	1704	2930	2.84
1981	20898	15727		435	3887	2132	2696	2.99
1982	21657	16195		437	3807	2337	2829	2.97
1983	22582	16810	6994	500	4108	2386	2924	3.14
1984	23170	17329	7106	480	4000	2493	3584	3.15
1985	21468	16009	6784	522	4005	2182	3398	2.97
1986	22244	16594	6916	486	4071	2261	3519	2.96
1987	23090	17547	7403	691	4361	2255	3745	3.12
1988	23448	17949	7405	850	5444	1111	4624	3.06
1989	23680	17832	7699	988	5646	941	4942	3.12
1990	24295	18655	8326	1240	5978	969	5162	3.31
1991	24911	18964	8403	1196	5980	1080	5214	3.3
1992	25476	19467	8790	1239	6257	1151	5586	3.4
1993	27343	20906	9432	1299	6731	1105	5995	3.61
1994	27615	20923	9351	1416	6635	1137	6123	3.52
1995	28085	21344	9585	1410	6753	1240	6321	3.54
1996	24102	17581	7197	1029	5304	755	5627	2.61
1997	24378	17622	7195	1002	5288	776	5510	2.57
1998	24145	17527	7143	968	5210	857	5563	2.16
1999	23699	17125	6926	964	5124	728	5572	3.23
2000	21958	16650	6860	960	5092	705	5579	2.96
2001	21849	16778	6903	916	5203	661	5809	1.93
2002	20600	16319	6604				5996	2.19
2003	21138	16746	6818				5980	2.24
2004	20989	16485	6703				5876	2.75
2005	22387	18738	7951				6922	2.58
2006	25353	20651	8801				7310	2.82
2007	25778	20573	8890				7361	2.78
2008	25419	20721	8971				7427	2.79
2009	27312	22372	9440				8269	2.92
2010	29769	24388	10060				9195	3.11
2011	33448	26363	10745				10230	2.97
2012	34558	27914	11308				10943	3.07
2013	35326	28489	11349				11595	3.12
2014	39063	30859	12252				12967	3.34
2015	39758	30967	12354				13107	3.35
2016	40835	32153	13123				13917	3.54
2017	44089	35251	13692				16054	3.67
2018	45229	36775	13954				17112	3.72
2019	48752	39723	14337				19308	3.78
2020	49890	41516	14883				20492	3.4
2021	53429	44867	16036				22437	3.66
2022	53494	45040	15752				22319	3.57
2023	56454	47803	16958				23572	4.15

12-3 卫生机构床位数

单位：张

年份	总计	医院	卫生院	疗养院、所	其他卫生事业机构	每千人口医院床位数
1979	9442	8975	697	100		3.79
1980	9678	9117		100	100	3.75
1981	9895	9197		100	100	3.76
1982	10291	9678		100	100	3.81
1983	10567	9780		100	100	3.88
1984	10840	10056		100	113	3.89
1985	9711	9199	648		160	4.02
1986	10033	9395	621		159	4
1987	10508	9874	627	113	162	4.16
1988	10921	10329	616		150	1.27
1989	11303	10869	625	20	150	4.6
1990	11772	11181	645	30	150	4.5
1991	12450	11711	643	30	150	4.6
1992	12650	11990	693	30	150	4.9
1993	13552	12974				5.2
1994	13743	13219	720			5.2
1995	14098	13467	855		181	5.3
1996	13786	13589			170	4.9
1997	13857	13628			205	4.9
1998	14263	14113			150	5.9
1999	14192	13947			201	4.88
2000	14164	13862			195	4.8
2001	14373	14032			203	4.78
2002	14921	13720	1043		52	4.56
2003	15366	14484	1060		58	5.05
2004	16260	14484	1016		58	4.32
2005	14825	13303	917		871	4.79
2006	15658	13877	977		965	5
2007	17045	13624	2260			4.27
2008	24207	13071	8149			4.06
2009	21873	13728	1113			4.24
2010	25498	15788	1128			4.35
2011	25411	17292	1152			4.76
2012	27545	18734	1202			5.16
2013	23614	20281	1160			5.57
2014	24873	21577	1176			5.89
2015	22774	21230	1179			5.75
2016	26538	22822	1209			6.16
2017	29164	25382	1207			7.82
2018	30655	26886	1123			7.16
2019	31409	27532	1084			8.29
2020	32160	28452	1078			6.51
2021	33428	29638	1081			6.76
2022	34920	29765	971			6.74
2023	36070	30935	876			7.57

12-4 医院、卫生院诊疗人次及入院人数

指标	诊疗人次（万人次）	门、急诊	入院人数（万人）	每百诊次的入院人数（人）	每百门、急诊次的入院人数（人）
医院、卫生院合计	**1623.69**	**1553.74**	**98.95**	**6.09**	**6.37**
县及县以上医院合计	1562.68	1495.87	97.76	6.26	6.54
卫生部门	1333.22	1270.85	86.20	6.47	6.78
集体所有制	13.1	13.1	0.82	6.27	6.27
其他医院	29.43	29.16	1.72	5.83	5.88
卫生院	61.01	57.88	1.19	1.95	2.05

12-5 各区县医院、卫生院基本情况

地区	医院、卫生院（个）	医院、卫生院床位数（张）	医院、卫生院技术人员数（人）
兰州市	**178**	**31811**	**35157**
城关区	46	15878	19180
七里河区	30	7088	7148
西固区	14	2127	2469
安宁区	12	574	808
红古区	11	1157	965
永登县	26	1896	1618
皋兰县	6	615	569
榆中县	33	2476	2400

12-6 各区县卫生机构基本情况

地区	卫生机构数（个）	医院（个）	卫生机构床位数（张）	每千人口床位数（张）	卫生机构技术人员（人）
兰州市	**2279**	**117**	**36070**	**8.83**	**47803**
城关区	547	46	16492	10.96	23630
七里河区	334	24	9837	13.60	11200
西固区	217	6	2219	5.36	3563
安宁区	223	10	841	1.77	2089
红古区	90	8	1367	9.72	1347
永登县	349	11	2136	8.05	2152
皋兰县	90	2	629	6.81	784
榆中县	429	10	2549	5.41	3038

12-7 社会福利事业单位基本情况

指标	院数（个）	工作人员（人）	床位（张）	收养人员（人）
社会福利事业单位				
社会福利院	1	185	600	317
儿童福利院	1	178	360	191
社会福利精神病院	1	197	300	293
城镇、乡村集体办养老院	**3**	**36**	**188**	**71**

12-8 工会组织情况

年份	工会基层组织数（个）	已建立工会组织的基层单位的职工与会员人数（万人）				工会专职干部人员数（人）
		职工人数	女职工	会员人数	女会员	
2001	1077	36.04		34	14.81	848
2002	997	45.14		35	15.25	839
2003	2456	30.36		35	10.88	894
2004	648	24.08		34	10.20	864
2005	3850	37.90		36.21	13.89	1316
2006	2261	42.73	18.75	39.03	17.79	978
2007	2790	51.28	19.85	39.15	19.03	299
2008	3189	60.32	23.45	48.5	22.46	850
2009	2490	64.74	23.61	62.93	23.09	1020
2010	2949	69.09	26.73	68	26.44	696
2011	3819	69.99	27.98	69.06	27.68	1045
2012	4602	71.05	29.35	70.01	29.08	1153
2013	5022	75.35	29.94	73.78	29.80	1167
2014	5387	71.67	28.36	70.01	27.97	1277
2015	5670	66.54	27.14	64.88	26.78	1123
2016	5857	68.82	28	66.53	27.19	1072
2017	5982	71.05	28.77	68.84	27.95	1115
2018	6184	73.59	29.88	71.44	28.99	1095
2019	6089	74.03	29.32	72.3	28.45	906
2020	6043	74.15	29.88	72.57	28.90	922
2021	6043	72.76	29.37	70.98	28.39	970
2022	5548	64.18	25.81	62.57	24.89	886
2023	5624	60.80	24.90	59.50	24.50	895

12-9 优抚救济对象得到国家抚恤、补助、救助人员情况

指标	2010年	2015年	2020年	2021年	2022年	2023年
抚恤人数（人）	6244	11228	–	–	–	–
烈属定期抚恤人数	121	101	–	–	–	–
牺牲病故定期抚恤人数	144	77	–	–	–	–
革命伤残人员抚恤人数	2167	2340	–	–	–	–
优抚对象定补人数（人）		8644	–	–	–	–
在乡复员军人	1302	463	–	–	–	–
在乡退伍军人	593	278	–	–	–	–
其他人员	1912	25	–	–	–	–
社会救助对象（万人）	20.84	41.66	7.31	6.94	6.74	11.13
临时救助对象（万人次）	1.6	0.81	3.67	2.09	5.02	4.51
农村对象（人）	3997	94300	38244	36900	40051	39487
集中供养五保户（人）	265	263	296	301	850	846
救济灾民人数（万人）	18	10.57	1.76	1.34	2.6	3.34
灾民生活救济费支出（万元）	1115	2139	291	103	453	833

12-10 各区县城乡居民最低生活保障情况

地区	城镇低保人数（人）	城镇保障资金（万元）	农村低保人数（人）	农村保障资金（万元）
兰州市	**24842**	**20777**	**35751**	**15827**
城关区	5713	5134	433	299
七里河区	4031	3373	2331	1059
西固区	2363	2192	1380	637
安宁区	1562	1315	1207	503
红古区	7391	5997	1655	691
永登县	1002	707	13296	6054
皋兰县	1886	1373	4237	1845
榆中县	894	686	11212	4740

12-11 律师、公证及调解基本情况

指标	2010年	2015年	2020年	2021年	2022年	2023年
公证情况						
公证处（个）	9	9	9	9	9	9
公证员（人）	72	99	41	56	175	181
取得公证员资格	34	39	47	56	59	76
办理国内公证（件）	19277	22708	47577	52435	41864	67222
民事	10916	19338	44146	49714	36632	60986
经济合同	8361	3370	3431	1314	5232	6236
办理涉外公证（件）	5823	5520	6152	6579	4842	4782
人民调解工作						
司法助理员（人）	170	217	267	262	104	106
调解委员会（个）	1923	1947	1492	1279	1308	1506
调解人员（人）	9536	10901	6743	5791	6131	6960
调解纠纷（件）	9236	33079	11464	9466	11702	22354
律师工作						
律师事务所（个）	74	102	151	164	169	175
律师人员（人）	630	884	1845	2068	2398	2588
专职	595	840	1754	1961	2292	2470
兼职	35	44	91	107	106	118

主要统计指标解释

医院 指设有固定床位，能收容病人住院并能为病人提供医疗、护理服务的医疗机构，包括县及县以上医院、农村乡卫生院和其他医院三部分。医院按所属性质不同分为卫生部门、工业及其他部门和集体经济单位三类。县及县以上医院按业务性质不同分为综合医院和专科医院。

卫生技术人员 指卫生事业机构支付工资的全部职工中现任职务为卫生技术工作的专业人员，包括中医师、西医师、中西医结合高级医师、护师、中药师、西药师、检验师、其他技师、中医士、西医生、护士、助产士、中药剂士、西药剂士、检验士、其他技士、其他中医、护理员、中药剂员、西药剂员、检验员和其他初级卫生技术人员。

医生 指经卫生部门审查合格，从事医疗工作的专业人员。分为中医医生和西医医生。包括卫生技术人员中的中医师、西医师、中西医结合高级医师、中医士、西医士和其他中医。

社会福利事业单位 指集中收养社会孤老、残、幼的机构，包括由民政部门管理的社会福利院、儿童福利院、精神病人福利院和城镇集体举办的福利院及农村集体举办的敬老院。

社会福利事业单位收养人数 包括民政部门管理和城镇、农村集体举办的社会福利事业单位中收养的老人、少年儿童、缺乏生活自理能力的残疾人员和精神病人。

社会福利企业单位 指以安置城镇有一定劳动能力的盲、聋、哑和肢体残疾人员就业为目的，享受国家减免税待遇的国有或集体企业。包括福利工厂、福利商业和服务业、假肢厂和安置农场等单位。

律师 指受聘参加法律顾问处工作，担任法律顾问、刑（民）事代理人、刑事辩护人，办理非诉讼事件、解答法律询问，代写法律事务文书等主要从事律师业务的专职法律工作者和兼职律师。

公证人员 指在国家公证机关依法办理公证事务的司法人员，包括公证员、助理公证员和在公证处工作的其他人员。

办理公证文书 指公证处在一定时期内办结的公证文书件数。公证文书按司法部规定或批准的格式制作，包括国内公证和涉外公证两部分。国内公证分为经济合同公证和民事法律关系公证两大类。

调解人员 指在人民调解委员会担负调解民间一般民事纠纷和轻微违法行为引起纠纷的工作人员，包括调解委员会的委员和调解小组的调解员。

调解民间纠纷 指调解委员会依照法律规定，根据自愿原则，用说服教育的方法调解民间发生的有关民事权利和义务的争执，促成当事双方达到协议和谅解，解决纠纷。包括婚姻家庭纠纷，财产权益纠纷等，不包括法院受理调解的民事案件数。

离休、退休、退职人员 指正式办理了离休、退休、退职手续，并享受相应的离休、退休、退职待遇的人员。

保险福利费用 指企业、事业、机关单位在工资以外实际支付给职工和离休、退休、退职人员个人以及用于集体的劳动保险和福利费用。

统计资料

兰州统计年鉴 LANZHOU STATISTICAL YEARBOOK 2024

十三、人民生活

13-1 人民物质文化生活情况

指标	2000年	2010年	2011年	2012年	2013年	2014年	2015年	2016年	2017年	2018年	2019年
就业											
每一农村劳动力负担人数（人）	2.00	2.0	2.0	2.15	1.5	1.6	1.5	1.44	1.43	1.5	1.5
每一城镇就业者负担人数（人）	1.81	2.05	2.22	2.13	2.14	1.9	1.84	1.95	1.39	1.37	1.4
城镇登记失业率（%）	1.50	3.12	2.72	1.63	1.71	1.77	1.77	2.17	2.04	2.09	3.38
收入											
农村居民人均可支配收入（元）	2005	4587	5252	6224	7114	8067	9621	10391	11305	12368	13605
城镇居民人均可支配收入（元）	5850	14062	15953	18443	20767	23030	27088	29661	32331	35014	38095
从业人员人均劳动报酬（元）	9147	33340	37754	43658	46621	51928	58967	64551	69555	82480	83542
人均消费水平（元）											
农村居民	2198	5136	5922	6063		7279	7940	8717	9442	9697	11245
城镇居民	5667	13321	14794	14168	15749	17236	20156	22893	24071	26130	27035
储蓄											
城乡居民年底储蓄存款余额（亿元）	297.99	1295.95	1480.16	1743.18	2021.56	2262.94	2477.26	2647.58	2726.97	2916.94	3594.48
平均每人储蓄存款余额（元）	10306	40052	45781	54067	62875	70356	76957	81657	83765	88804	108293.56
住房面积（平方米）											
农村平均每人居住面积	17.29	24.00	24.00	31.00	33.99	31.00	32.42	32.86	33	34.2	32.2
城市平均每人使用面积	12.10	18.46	18.42	19.08	22.45	33.50	34.67	36.18	36.42	41.24	40.2
交通											
城市每万人拥有出租车（辆）	55.00	20.38	20.84	20.95		20.71	22.26	29.56	29.64	31.38	31.83
城市每万人拥有公共车辆（辆）	5.00	10.21	10.31	11.95		7.56	7.42	8.64	8.6	10.1	9.37
城市公用事业											
自来水普及率（%）	94.68	94.96	94.61					82.0	85.0	90.2	90.48
用气普及率（%）	66.18	89.37	88.98	88.71	90.1	86.93	87.3	87.64	87.65	92.93	91.3
人均公共绿地面积（平方米）	2.56	8.63	8.7	8.88	10.46	10.9	9.41	9.52	12.53	13.54	13.06
文化											
城镇每百户有彩色电视机（台）	110.00	108.33	104.65	105.33	99.73	105.03	107	109.61	110.09	105	104.7
农村每百户有彩色电视机（台）	85.00	112.16	111.81	105.12	111.14	116.33	110.8	113.80	115.63	120	122.6
广播综合人口覆盖率（%）	97.00	98.27	98.56	98.58	98.60	98.60	99.00	99.64	99.64	87	99.74
电视综合人口覆盖率（%）	98.00	98.55	98.55	98.55	98.55	98.55	99.00	99.70	99.7	99.7	99.75
教育											
学龄儿童入学率（%）	99.30	99.99	99.99	99.99	99.99	100.0	100.0	100.0	96.5	100.0	100.0
每万人口中在校大学生数（人）	249	704	808	1210	1468	1497	1494	1501	1558	1627	1644
卫生											
每千人有医院病床数（张）	4.80	7.05	7.02	5.49	5.57	5.89	5.75	6.16	7.82	7.16	8.29
每千人有医生数（人）	2.96	3.11	2.97	3.11	3.12	3.34	3.35	3.54	3.67	3.72	3.78

13-1 人民物质文化生活情况（续一）

指标	2020年	2021年	2022年	2023年
就业				
城镇登记失业率（%）	3.06	3.26	—	—
收入				
农村居民人均可支配收入（元）	14652	16191	17178	18604
城镇居民人均可支配收入（元）	40152	43244	45277	48039
从业人员人均劳动报酬（元）	89294	92050	97647	106850
人均消费支出（元）				
农村居民	11551	12600	13239	14247
城镇居民	25892	28376	29465	30981
储蓄				
金融机构人民币住户存款余额（亿元）	3859.63	4082.97	4569.26	5130.17
现住房建筑面积（平方米）				
农村人均现住房建筑面积	34.5	37.5	40.0	37.9
城镇人均现住房建筑面积	45.2	39.5	33.3	40.2
交通				
城市每万人拥有出租车（辆）	32.23	31.64	30.91	34.91
城市每万人拥有公共车辆（辆）	9.55	9.48	9.13	8.53
城市公用事业				
供水普及率（%）	95.65	98.90	99.79	100.0
燃气普及率（%）	96.29	98.01	97.8	97.05
人均公共绿地面积（平方米）	13.19	11.47	13.94	13.1
文化				
城镇每百户有彩色电视机（台）	103.8	100.3	101.2	67.8
农村每百户有彩色电视机（台）	119.1	114.8	120.7	19.3
广播综合人口覆盖率（%）	90.0	90.0	90.0	99.9
电视综合人口覆盖率（%）	99.7	99.7	99.7	100.0
教育				
学龄儿童入学率（%）	100.0	100.0	100.0	100.0
每万人口中在校大学生数（人）	1301	1353	1469	1160
卫生				
每千人有医院病床数（张）	6.51	6.76	6.74	7.57
每千人有医生数（人）	3.40	3.66	3.57	4.15

13-2 城镇居民家庭生活基本情况

年份	每一城市就业者负担人数（人）	城镇居民人均生活费收入（元）	城镇居民人均可支配收入（元）	城镇居民人均消费性支出（元）		人均居住面积（平方米）
					食品	
1979		378	378	356		
1980	1.94	488	448	414	237	
1981	1.74	488	488	464	254	
1982	1.71	514	514	476	274	
1983	1.70	530	530	513	302	
1984	1.69	637	637	595	346	
1985	1.75	731	731	705	369	
1986	1.76	863	863	821	428	
1987	1.78	943	943	915	474	
1988	1.76	1143	1142	1241	593	
1989	1.79	1322	1322	1250	694	
1990	1.79	1432	1432	1238	704	
1991	1.84	1660	1660	1479	819	8.07
1992	1.80	1883	2028	1607	884	8.26
1993	1.74	2280	2463	2029	1032	8.18
1994	1.87	2873	3085	2626	1397	8.68
1995	1.87	3278	3540	3118	1677	8.81
1996	1.98	3565	3804	3307	1752	8.90
1997	2.17		3906	3197	1694	10.33
1998	2.22		4554	3567	1776	10.77
1999	2.04		5128	4506	1914	13.60
2000	1.72		5850	5048	1927	12.10
2001	1.56		6325	5238	2004	12.19
2002	2.05		6555	5688	2098	14.51
2003	2.04		7094	5679	2176	15.04
2004	1.81		7683	6483	2450	15.67
2005	2.02		8529	7181	2570	16.69
2006	2.14		9418	7469	2662	17.98
2007	1.97		10271	8050	3014	17.00
2008	2.02		11677	9034	3430	17.63
2009	1.99		12761	9653	3696	17.80
2010	2.05		14062	10930	4244	18.46
2011	2.22		15953	12352	4714	18.42
2012	2.13		18443	14168	5281	19.08
2013	2.14		20767	15749	5692	22.45
2014			23030	18853	6070	33.5
2015			27088	20156	6278	34.67

注：2002年以后人均居住面积口径为使用面积,1997年后取消城市居民人均生活费收入指标。

13-2 城镇居民家庭生活基本情况（续一）

年份	城镇居民人均可支配收入（元）	城镇居民人均消费支出（元）		人均现住房建筑面积（平方米）
			食品	
2016	29661	22893	4570	36.2
2017	32331	24071	4758	36.4
2018	35014	26130	4442	41.2
2019	38095	27035	4688	40.2
2020	40152	25892	4953	45.2
2021	43244	28376	5148	39.5
2022	45277	29465	5463	33.3
2023	48039	30981	4765	40.2

13-3 城镇居民人均可支配收入和消费支出情况

单位：元

指标	2016年	2017年	2018年	2019年	2020年	2021年	2022年	2023年
可支配收入	29661	32331	35014	38095	40152	43244	45277	48039
工资性收入	16577	18099	19850	21383	23101	24956	25996	27818
经营净收入	768	897	1069	1232	1427	1513	1605	1746
财产净收入	3851	4139	4225	4468	4611	4986	5291	5529
转移净收入	8465	9196	9870	11012	11013	11789	12384	12947
消费支出	22893	24071	26130	27035	25892	28376	29465	30981
食品烟酒	7018	7355	7414	8104	7819	8773	9186	9490
衣着	1841	1931	1899	2081	1772	1878	1880	1973
居住	4647	4682	6376	6681	7086	7593	7780	7860
生活用品及服务	1584	1450	1629	1528	1690	1863	1911	2095
交通通信	2471	2985	2700	2905	2652	2900	3053	3301
教育文化娱乐	2841	2953	2575	2584	2639	2959	3118	3449
医疗保健	1857	2189	2461	2312	1673	1830	1915	2129
其他用品及服务	635	526	1076	839	560	580	622	683

13-4 城镇居民人均总支出

单位：元

指标	2016年	2017年	2018年	2019年	2020年	2021年	2022年	2023年
总支出	28232	30042	33860	33920	31161	38696	38972	39783
消费支出	22893	24071	26130	27035	25892	28376	29465	30981
生产经营费用支出	642	703	350	355	488	2907	1438	1399
第一产业经营费用支出	68	84	205	90	75	86	70	745
第二产业经营费用支出	14	7	0	0	4	0	25	49
第三产业经营费用支出	561	613	145	264	409	2821	1343	604
财产性支出	5	13	158	251	211	215	198	291
转移性支出	1130	1445	2046	1675	1978	2174	2777	1868
部分商业保险支出	105	77	137	188	88	165	213	118
购置资产及非经常转移性支出	2466	2328	3578	3259	1770	3478	2357	2500
借贷性支出	991	1404	1461	1157	735	1380	2523	2626

13-5 城镇居民按收入五等份分组的人均可支配收入及构成

指标	20%低收入组家庭人均可支配收入	20%中间偏下收入组家庭人均可支配收入	20%中间收入组家庭人均可支配收入	20%中间偏上收入组家庭人均可支配收入	20%高收入组家庭人均可支配收入
人均可支配收入（元）	18793	31529	42555	60402	111441
工资性收入	11446	17579	23445	37355	63100
经营净收入	1889	2851	1384	950	1170
财产净收入	1183	5718	9951	5192	7811
转移净收入	4276	5381	7774	16905	39361
构成（%）	100.0	100.0	100.0	100.0	100.0
工资性收入	60.9	55.8	55.1	61.8	56.6
经营净收入	10.0	9.0	3.3	1.6	1.0
财产净收入	6.3	18.1	23.4	8.6	7.0
转移净收入	22.8	17.1	18.3	28.0	35.3

13-6 城镇居民人均购买的主要商品数量

指标	计量单位	2016年	2017年	2018年	2019年	2020年	2021年	2022年	2023年
面粉	千克	34.3	29.0	22.8	20.6	23.5	30.0	27.5	21.5
大米	千克	22.6	19.9	15.8	13.6	15.8	21.0	18.4	12.2
食用植物油	千克	12.1	11.9	9.3	8.9	8.6	10.6	9.7	9.6
鲜菜	千克	130.1	121.9	118.2	123.6	124.3	144.6	134.4	111.4
猪肉	千克	12.6	12.8	16.1	14.2	13.2	19.0	19.9	18.6
牛肉	千克	3.3	2.8	2.4	2.9	3.2	3.0	3.5	2.5
羊肉	千克	3.3	2.2	2.3	2.4	1.8	2.1	3.1	2.1
禽类	千克	5.7	6.1	5.7	6.7	7.0	6.9	6.5	6.4
水产品	千克	5.6	6.0	6.0	8.2	6.5	6.5	6.5	7.1
鲜蛋	千克	10.9	11.0	11.4	13.2	14.9	15.6	17.3	14.5
啤酒	千克	3.1	3.1	3.5	3.6	3.9	4.0	0.3	26.0
水	吨	38.2	35.8	36.7	32.8	36.0	33.0	37.4	38.3
电	千瓦小时	628.9	643.7	572.6	559.5	526.6	582.6	611.4	537.7
管道天然气	立方米	100.8	84.8	128.0	135.6	136.9	161.5	150.3	385.0

13-7 城镇居民平均每百户年末主要耐用消费品拥有量

指标	计量单位	2017年	2018年	2019年	2020年	2021年	2022年	2023年
家用汽车	辆	24.4	37.5	34.8	34.8	35.9	40.6	36.3
摩托车	辆		10.0	6.7	7.5	2.0	2.1	0.3
电冰箱（柜）	台	99.2	99.2	99.5	99.5	100.4	101.5	101.3
洗衣机	台	101.7	101.3	101.2	101.7	100.3	101.0	19.5
热水器	台		79.7	81.5	78.5	80.4	84.7	78.2
空调	台	11.8	13.8	13.8	18.5	17.2	22.0	26.4
彩色电视机	台	110.1	105.2	104.7	103.8	100.3	101.2	67.8
照相机	台	27.9	16.3	17.0	20.3	15.6	16.2	8.3
计算机	台	68.5	60.8	62.2	81.0	54.1	70.9	49.9
固定电话	部		30.2	20.8	24.8	10.3	10.2	2.8
移动电话	部	239.0	252.7	252.3	254.7	233.5	234.2	222.0

13-8 历年各县区城镇居民人均可支配收入

单位：元

地区	2015年	2016年	2017年	2018年	2019年	2020年	2021年	2022年	2023年
兰州市	**27088**	**29661**	**32331**	**35014**	**38095**	**40152**	**43244**	**45277**	**48039**
城关区	30535	33399	36449	39401	42908	45233	48716	51055	54475
七里河区	25737	28260	30814	33456	36468	38550	41557	43635	46471
西固区	29677	32586	35530	38536	42043	44360	47865	50210	53374
安宁区	27232	29846	32574	35369	38552	40669	43841	45989	49071
红古区	23559	25716	28005	30346	32956	34611	37137	38808	41020
永登县	15246	16618	17998	23489	25462	26763	28798	30122	31960
皋兰县	14099	15375	16716	22385	24355	25651	27575	28788	30400
榆中县	14025	15322	16671	23769	25789	27138	29146	30516	32317

13-9 各县区城镇居民人均可支配收入

单位：元

地区	可支配收入				
		工资性收入	经营净收入	财产净收入	转移净收入
城关区	54475	27676	632	9615	16552
七里河区	46471	30741	1566	2850	11315
西固区	53374	26503	162	4536	22173
安宁区	49071	33353	280	3918	11520
红古区	41020	29964	3320	772	6964
永登县	31960	16095	7243	1090	7531
皋兰县	30400	21400	3832	789	4379
榆中县	32317	20279	6679	1974	3385

13-10 农村居民家庭生活基本情况

年份	人均可支配收入（元）	人均生活费支出（元）	人均居住面积（平方米）
1979	92.17	79.17	
1980	96.03	82.17	
1981	99.38	91.1	
1982	107.55	88.31	
1983	181.6	142.75	
1984	261.27	201.45	
1985	352.77	269.54	
1986	385.85	333.1	11.97
1987	411.65	356.64	13.29
1988	461	412.41	14
1989	490	452.46	14.1
1990	563	460.39	17.2
1991	603	521.48	15.7
1992	650	531.16	17.4
1993	723	575.83	16.27
1994	882	748.2	16.52
1995	1142	1121.29	17.21
1996	1366	1219	17.4
1997	1563	1190	18.12
1998	1738	1168.87	19.59
1999	1923.66	1137.29	16.91
2000	2005	1409.97	17.21
2001	2134	1444.24	16.59
2002	2268	1494.02	16.69
2003	2397.63	1540.08	24.74
2004	2550	1872	20.34
2005	2712.69	1693.49	22.32
2006	2898.31	2136.65	21.94
2007	3102.64	2420.03	22.37
2008	3502.73	2842.78	22.9
2009	4001.04	3317.33	24.26
2010	4587	3686	25
2011	5252	4331	24
2012	6224	5019	31
2013	7114.08	6186.26	33.99
2014	8067.3	7130.27	31
2015	9621	7939.80	32

注：自2015年起，“农民人均纯收入”变更为“农村居民人均可支配收入”。

13-10 农村居民家庭生活基本情况（续一）

年份	人均可支配收入（元）	人均消费支出（元）	人均现住房建筑面积（平方米）
2016	10391	8717	32.9
2017	11305	9442	33.3
2018	12368	9697	34.2
2019	13605	11245	32.2
2020	14652	11551	34.5
2021	16191	12600	37.5
2022	17178	13239	40.0
2023	18604	14247	37.9

注：因2020年样本轮换，2021年人均现住房建筑面积与往年不可比。

13-11 农村居民人均可支配收入和消费支出情况

单位：元

指标	2016年	2017年	2018年	2019年	2020年	2021年	2022年	2023年
可支配收入	**10391**	**11305**	**12368**	**13605**	**14652**	**16191**	**17178**	**18604**
工资性收入	5053	5475	6163	6874	7378	8531	9015	9669
经营净收入	3662	4006	4155	4436	4714	4954	5291	5865
财产净收入	157	174	226	256	309	348	370	389
转移净收入	1518	1650	1824	2038	2251	2356	2501	2680
消费支出	**8717**	**9442**	**9697**	**11245**	**11551**	**12600**	**13239**	**14247**
食品烟酒	2868	2980	3130	3565	3560	4138	4350	4629
衣着	662	669	672	725	701	753	804	861
居住	1665	2043	2102	2265	2501	2550	2637	2849
生活用品及服务	478	489	500	578	546	581	616	691
交通通信	1031	944	1046	1467	1605	1627	1735	1874
教育文化娱乐	1154	1242	1102	1252	1409	1563	1599	1718
医疗保健	712	923	961	1162	986	1127	1216	1332
其他用品及服务	147	153	183	232	243	261	284	293

13-12　农村居民人均总支出

单位：元

指标	2016年	2017年	2018年	2019年	2020年	2021年	2022年	2023年
总支出	13250	15297	13972	21134	16713	17493	17047	21489
消费支出	8717	9442	9697	11245	11551	12600	13239	14247
生产经营费用支出	2473	3923	1719	7070	1753	1907	1862	3508
第一产业经营费用支出	1021	1212	1116	3063	1078	1390	1401	3241
第二产业经营费用支出	6	0	2	12	0	17	0	63
第三产业经营费用支出	1446	2711	601	3995	675	500	461	204
财产性支出	11	9	20	5	7	28	16	36
转移性支出	223	227	392	369	406	499	458	611
部分商业保险支出	47	99	78	47	94	116	28	53
购置资产及非经常性转移支出	1622	1514	1659	1528	2416	1309	1155	2181
借贷性支出	157	83	407	871	484	1034	291	854

13-13　农村居民按收入五等份分组的人均可支配收入及构成

指标	20%低收入组家庭人均可支配收入	20%中间偏下收入组家庭人均可支配收入	20%中间收入组家庭人均可支配收入	20%中间偏上收入组家庭人均可支配收入	20%高收入组家庭人均可支配收入
人均可支配收入（元）	3984	10085	15262	22096	41552
工资性收入	2869	3556	8614	13695	19878
经营净收入	23	4295	3729	5894	15168
财产净收入	44	1	253	83	1620
转移净收入	1049	2233	2667	2424	4885
构成（%）	100.0	100.0	100.0	100.0	100.0
工资性收入	72.0	35.3	56.4	62.0	47.8
经营净收入	0.6	42.6	24.4	26.7	36.5
财产净收入	1.1	0.0	1.7	0.4	3.9
转移净收入	26.3	22.1	17.5	11.0	11.8

13-14 农村居民平均每百户年末主要耐用消费品拥有量

指标	计量单位	2017年	2018年	2019年	2020年	2021年	2022年	2023年
家用汽车	辆	20.7	33.8	30.1	36.6	41.3	41.2	46.9
摩托车	辆	60.2	45.1	43.6	39.8	34.2	26.2	0.4
电冰箱（柜）	台	77.6	99.6	101.8	101.1	99.1	99.3	101.5
洗衣机	台	98.2	101.3	102.3	100.0	100.5	101.2	71.2
热水器	台	28.6	36.8	33.3	42.6	41.0	46.5	39.7
空调	台	3.2	5.1	2.2	4.5	2.3	2.4	22.4
彩色电视机	台	115.6	120.0	122.6	119.1	114.8	120.7	19.3
照相机	台	4.4	3.2	0.9	1.5	0.4	0.7	1.1
计算机	台	24.2	21.7	27.5	26.0	20.8	28.5	19.8
固定电话	部	30.7	13.0	9.1	6.2	15.5	12.9	2.1
移动电话	部	268.1	303.2	306.8	295.1	296.6	306.6	302.2

13-15 农村居民人均主要消费品消费量

单位：千克

指标	2016年	2017年	2018年	2019年	2020年	2021年	2022年	2023年
粮食	143	143.9	144.6	156.9	151.5	162.3	130.5	140.8
油脂类	9.7	10.6	10.7	12.1	9.7	11.5	10.0	9.8
蔬菜及菜制品	72.7	62.9	72.9	106.9	78.9	89.4	83.2	109.2
肉类	18.4	18	20.2	20.5	15.3	22.1	22.8	25.7
禽类	2.7	2.5	2.5	3.1	4.5	3.8	3.2	3.9
水产品	1.1	1.1	1.4	1.5	1.5	1.4	1.3	2.0
蛋类及蛋制品	6.9	6.7	7.7	9.4	9.5	8.7	8.4	9.4
奶和奶制品	11	10.5	10.5	14.3	11.3	12.7	10.3	9.4
干鲜瓜果类	38.3	38.4	38.4	46.9	45.1	46.8	38.1	
糖果糕点类	5	5	5.9	6.4	6.7	6.6	3.2	
酒	9.8	10.4	7.7	10.3	7.7	8.3	0.4	

13-16 历年各区县农村居民人均可支配收入

单位：元

地区	2015年	2016年	2017年	2018年	2019年	2020年	2021年	2022年	2023年
兰州市	9621	10391	11305	12368	13605	14652	16191	17178	18604
城关区	19252	20780	22442	2484	26981	28948	31930	33782	36147
七里河区	14365	15506	16904	18527	20435	21941	24267	25771	27678
西固区	14290	15448	16823	18387	20263	21816	24084	25553	27496
安宁区									
红古区	15023	16180	17540	19207	21108	22689	25071	26551	28940
永登县	8287	8974	9716	10649	11692	12602	13950	14829	16238
皋兰县	8375	9076	9843	10769	11813	12730	14092	14952	16223
榆中县	8100	8763	9534	10459	11505	12423	13764	14617	16021

13-17 各县区农村居民人均可支配收入

单位：元

地区	可支配收入				
		工资性收入	经营净收入	财产净收入	转移净收入
城关区	36147	17763	538	10671	7175
七里河区	27678	13318	11455	218	2687
西固区	27496	17217	4725	549	5005
安宁区					
红古区	28940	11574	12150	297	4918
永登县	16238	6057	6166	35	3980
皋兰县	16223	8879	6218	72	1054
榆中县	16021	7617	6187	84	2133

主要统计指标解释

燃气普及率 指报告期末城区使用燃气的城市人口数与城市人口总数的比率。其中燃气包括人工煤气、天然气、液化石油气三种。

可支配收入 指调查户在调查期内获得的、可用于最终消费支出和储蓄的总和，即调查户可以用来自由支配的收入。可支配收入既包括现金，也包括实物收入。按照收入的来源，可支配收入包含四项，分别为：工资性收入、经营净收入、财产净收入和转移净收入。

计算公式为：可支配收入=工资性收入+经营净收入+财产净收入+转移净收入

其中：经营净收入=经营收入-经营费用-生产性固定资产折旧-生产税

财产净收入=财产性收入-财产性支出

转移净收入=转移性收入-转移性支出

工资性收入 指就业人员通过各种途径得到的全部劳动报酬和各种福利，包括受雇于单位或个人、从事各种自由职业、兼职和零星劳动得到的全部劳动报酬和福利。

经营净收入 指住户或住户成员从事生产经营活动所获得的净收入，是全部经营收入中扣除经营费用、生产性固定资产折旧和生产税之后得到的净收入。计算公式具体为：

经营净收入=经营收入-经营费用-生产性固定资产折旧-生产税

财产净收入 指住户或住户成员将其所拥有的金融资产、住房等非金融资产和自然资源交由其他机构单位、住户或个人支配而获得的回报并扣除相关的费用之后得到的净收入。财产净收入包括利息净收入、红利收入、储蓄性保险净收益、转让承包土地经营权租金净收入、出租房屋净收入、出租其他资产净收入和自有住房折算净租金等。

转移性收入 指国家、单位、社会团体对住户的各种经常性转移支付和住户之间的经常性收入转移。包括养老金或退休金、社会救济和补助、政策性生产补贴、政策性生活补贴、经常性捐赠和赔偿、报销医疗费、住户之间的赡养收入，以及本住户非常住成员寄回带回的收入等。

转移性收入不包括住户之间的实物馈赠。

计算公式为：转移净收入=转移性收入 - 转移性支出

养老金或离退休金 指根据国家有关文件规定或合同约定，在劳动者年老或丧失劳动能力后，根据他们对社会、单位所作的贡献和所具备的享受养老保险资格或退休条件，按月以货币形式或实物产品及服务给予的待遇，主要用于保障因年老或疾病丧失劳动能力的劳动者的基本生活需要。包括离退休人员的养老金或离退休金、生活补贴，农民享有的新型农村养老保险金，城镇居民享有的社会养老保险金，国家或地方政府给予城镇无保障老人的养老金，因工致伤离退休人员的护理费，退休人员异地安家补助费、取暖补贴、医疗费、旅游补贴、书报费、困难补助以及在原工作单位所得的各种其他收入，相当于现金的购物卡券也包含在内。也包括发给的实物和购买指定物品的票证、购物卡券，应同时计入相应的实物产品和服务项目中。

转移性支出 指调查户对国家、单位、住户或个人的经常性或义务性转移支付。包括缴纳的税款、各项社会保障支出、赡养支出、经常性捐赠和赔偿支出以及其他经常转移支出等。

社会保障支出 指调查户家庭成员参加国家法律、法规规定的社会保障项目中由单位和个人共同缴纳的保障支出。包括养老保险、医疗保险、失业保险、工伤保险、生育保险以及其他社会保障支出。

消费支出 指住户用于满足家庭日常生活消费需要的全部支出，包括用于消费品的支出和用于服务性消费的支出。根据用途不同，消费支出可划分为食品烟酒、衣着、居住、生活用品及服务、交通通信、教育文化娱乐、医疗保健、其他用品及服务八大类。根据来源不同，消费支出可划分为现金消费支出、实物消费支出（含自产自用、来自单位、来自政府和其他社会组织）。

食品烟酒 指用于各种食品和烟草、酒类的支出，包括食品和烟酒两个中类。

衣着 指与居民穿着有关的支出，包括服装、服装材料、鞋类、其他衣类及配件、衣着相关加工服务的支出。

居住 指与居住有关的支出，包括房租、水、电、燃料、物业管理等方面的支出，也包括自有住房折算租金。

生活用品及服务 指家庭及个人的各类生活品及家庭服务。包括家具及室内装饰品、家用器具、家用纺织品、家庭日用杂品、个人用品和家庭服务。

交通通信 指用于交通和通信工具及相关的各种服务费、维修费和车辆保险等支出。

教育文化娱乐 指用于教育和文化娱乐方面的支出。

医疗保健 指用于医疗和保健的药品、用品和服务的总费用。包括医疗器具及药品，以及医疗服务。

其他用品及服务 指无法直接归入上述各类支出的其他用品与服务支出。

统计资料

十四、市州主要经济指标

14-1 地区生产总值

地区	地区生产总值（亿元）	第一产业增加值	第二产业增加值	第三产业增加值	地区生产总值构成（%）	第一产业增加值	第二产业增加值	第三产业增加值
全 国	1260582	89755	482589	688238	100.0	7.1	38.3	54.6
全 省	11863.8	1641.3	4080.8	6141.8	100.0	13.8	34.4	51.8
兰州市	3487.3	73.1	1120.6	2293.6	100.0	2.1	32.1	65.8
嘉峪关市	382.8	7.1	248.4	127.3	100.0	1.9	64.9	33.2
金昌市	567.7	34.9	403.5	129.3	100.0	6.1	71.1	22.8
白银市	672.3	124.8	264.4	283.1	100.0	18.6	39.3	42.1
天水市	856.8	172.5	217.7	466.7	100.0	20.1	25.4	54.5
武威市	708.1	232.4	127.9	347.8	100.0	32.8	18.1	49.1
张掖市	608.0	178.4	119.6	310.1	100.0	29.3	19.7	51.0
平凉市	668.6	164.0	191.0	313.6	100.0	24.5	28.6	46.9
酒泉市	908.7	151.4	403.8	353.5	100.0	16.7	44.4	38.9
庆阳市	1100.4	136.5	594.6	369.2	100.0	12.4	54.0	33.6
定西市	600.1	123.7	105.8	370.6	100.0	20.6	17.6	61.8
陇南市	602.7	116.0	157.4	329.3	100.0	19.2	26.1	54.6
临夏州	439.7	82.6	93.5	263.6	100.0	18.8	21.3	59.9
甘南州	260.8	44.0	32.7	184.1	100.0	16.9	12.5	70.6

14-2 地区生产总值指数

（上年=100）

地区	地区生产总值	第一产业增加值	第二产业增加值	第三产业增加值
全 国	105.2	104.1	104.7	105.8
全 省	106.4	105.9	106.5	106.4
兰州市	104.4	105.0	100.4	106.2
嘉峪关市	108.7	105.6	107.1	111.7
金昌市	111.5	104.7	113.5	108.5
白银市	107.0	105.6	109.5	105.8
天水市	105.4	106.3	101.7	106.7
武威市	107.0	106.4	107.6	107.1
张掖市	105.5	106.0	101.0	106.7
平凉市	105.6	106.0	102.9	106.6
酒泉市	108.9	106.6	110.8	108.1
庆阳市	108.5	105.8	111.1	106.6
定西市	106.6	105.5	111.0	105.9
陇南市	106.6	106.2	108.4	106.1
临夏州	106.5	105.5	112.6	105.0
甘南州	106.0	103.8	115.9	105.0

14-3 工业、建筑业、投资

地区	全部工业增加值			建筑业增加值		固定资产投资
			规模以上工业增加值			
	总量（亿元）	增速（%）	增速（%）	总量（亿元）	增速（%）	增速（%）
全　国	399103	4.2	4.6	85691	7.1	2.8
全　省	3389.6	6.8	7.6	707.7	5.9	5.9
兰州市	914.6	2.1	0.2	211.1	–4.9	–7.4
嘉峪关市	242.7	7.7	9.8	6.4	0.2	13.3
金昌市	378.7	14.0	16.9	25.3	7.1	24.2
白银市	214.1	7.8	7.2	50.4	16.2	13.4
天水市			5.3			–12.8
武威市	86.7	0.9	1.0	41.2	22.8	17.4
张掖市	78.1	4.1	6.4	42.0	–3.5	2.1
平凉市	153.0	3.7	0.6	38.0	0.4	–6.2
酒泉市	358.2	9.6	11.6	46.1	21.1	21.4
庆阳市	555.9	11.0	12.6	44.8	16.2	21.6
定西市	56.6	10.0	7.0	49.3	12.0	12.5
陇南市			6.5		18.4	16.2
临夏州	34.1	3.5	0.1	59.5	18.4	30.0
甘南州	22.1	8.5	4.5	10.7	35.5	–3.9

14-4 社会消费品零售总额、财政收支

地区	社会消费品零售总额		一般公共预算收入		一般公共预算支出	
	总量（元）	增速（%）	总量（元）	增速（%）	总量（元）	增速（%）
全　国	471495	7.2	216784	6.4	274574	5.4
全　省	4329.7	10.4	1003.5	10.6	4518.5	6.1
兰州市	1796.3	12.4	255.3	15.5	502.9	0.8
嘉峪关市	95.0	10.0	27.1	41.7	41.3	28.2
金昌市	111.9	7.1	31.0	8.0	85.6	11.1
白银市	206.7	4.7	38.5	18.4	218.1	2.0
天水市	305.8	9.4	46.3	2.1	350.6	9.2
武威市	184.9	10.7	32.4	16.5	256.0	8.0
张掖市	270.9	10.4	34.9	11.5	196.8	1.0
平凉市	215.2	9.1	37.3	12.3	274.0	5.3
酒泉市	345.4	11.4	55.8	49.6	208.6	13.9
庆阳市	206.4	3.3	77.9	10.8	347.7	9.1
定西市	216.3	7.4	32.6	9.6	334.9	7.0
陇南市	199.7	10.9	31.9	14.9	349.5	9.7
临夏州	124.2	14.3	22.1	5.5	334.2	4.2
甘南州	50.7	8.5	14.4	47.3	237.3	2.4

14-5 城乡居民人均可支配收入、居民消费价格指数

地区	城镇居民人均可支配收入		农村居民人均可支配收入		居民消费价格指数（上年=100）
	总量（元）	增速（%）	总量（元）	增速（%）	
全　国	51821	5.1	21691	7.7	100.2
全　省	39833	6.0	13131	7.9	100.5
兰州市	48039	6.1	18604	8.3	100.6
嘉峪关市	52761	6.3	28518	8.5	100.5
金昌市	50082	5.9	21258	8.2	100.7
白银市	39455	6.1	13752	8.0	100.2
天水市	35453	5.7	11520	7.5	100.7
武威市	37535	6.5	17266	8.6	99.4
张掖市	34373	6.2	20400	8.2	101.4
平凉市	36959	6.0	12503	8.1	100.5
酒泉市	47352	6.6	25405	8.5	101.1
庆阳市	39878	6.1	13246	7.9	100.3
定西市	33035	6.3	11228	7.7	99.8
陇南市	31813	6.4	10854	8.4	100.7
临夏州	27216	5.6	10446	8.0	100.1
甘南州	32745	6.8	11765	8.1	100.2

统计资料

十五、全国主要指标

15-1 地区生产总值

地区	地区生产总值		第一产业增加值		第二产业增加值		第三产业增加值	
	总量（亿元）	增速（%）	总量（亿元）	增速（%）	总量（亿元）	增速（%）	总量（亿元）	增速（%）
直辖市								
北　京	43760.7	5.2	105.5	-4.6	6525.6	0.4	37129.6	6.1
上　海	47218.7	5.0	96.1	-1.5	11613.0	1.9	35509.6	6.0
天　津	16737.3	4.3	268.5	1.2	5982.62	3.2	10486.2	4.9
重　庆	30145.8	6.1	2074.7	4.6	11699.1	6.5	16372.0	5.9
省会城市								
兰　州	3487.3	4.4	73.1	5.0	1120.6	0.4	2293.6	6.2
*西　安	12010.8	5.2	325.2	3.4	4146.9	6.2	7538.6	4.7
西　宁	1801.1	8.6	65.1	4.7	692.6	14.0	1043.5	5.8
银　川	2685.6	7.2	99.5	8.2	1302.9	10.1	1283.3	4.6
乌鲁木齐	4168.5	6.0	33.1	13.7	1146.7	0.9	2988.6	7.8
*成　都	22074.7	6.0	594.9	3.0	6370.9	3.0	15109.0	7.5
贵　阳	5154.8	6.0	207.5	4.0	1805.3	5.8	3142.0	6.2
昆　明	7864.8	3.3	353.4	4.1	2281.9	-2.3	5229.5	5.9
南　宁	5469.1	4.0	636.4	4.5	1194.6	1.1	3638.1	4.8
呼和浩特	3801.6	10.0	167.5	7.7	1337.7	15.4	2296.3	7.6
*哈尔滨	5576.3	3.1	631.1	-1.4	1293.6	-0.6	3652.5	5.1
石家庄	7534.2	6.1	576.9	4.1	2309.2	7.2	4648.1	5.9
太　原	5573.7	3.8	46.0	-3.9	2341.7	2.2	3186.1	4.8
*沈　阳	8122.1	6.1	334.4	5.0	2953.1	7.2	4834.5	5.5
*长　春	7002.1	6.6	531.0	4.8	2616.5	6.8	3854.6	6.7
合　肥	12673.8	5.8	377.2	3.5	4642.2	7.1	7654.4	5.1
福　州	12928.5	5.2	721.6	4.0	4675.1	4.8	7531.8	5.5
南　昌								
*济　南	12757.4	6.1	429.5	4.1	4312.0	7.8	8015.9	5.2
郑　州	13617.8	7.4	172.2	1.0	5373.4	11.1	8072.2	5.1
长　沙	14332.0	4.8	451.9	3.5	5365.5	5.6	8514.6	4.3
*武　汉	20011.7	5.7	474.4	4.2	6800.9	5.1	12736.4	6.2
海　口	2358.4	9.3	103.5	4.5	432.9	7.6	1822.0	9.9
杭　州	20059.0	5.6	347.0	3.7	5667.0	1.8	14045.0	7.2
*南　京	17421.4	4.6	317.8	1.7	5929.0	2.8	11174.7	5.6
*广　州	30355.7	4.6	317.8	3.5	7775.7	2.6	22262.2	5.3
其他城市								
*大　连	8752.9	6.0	595.9	4.9	3715.3	9.0	4441.7	3.8
苏　州	24653.4	4.6	195.2	3.1	11541.4	3.6	12916.8	5.5
无　锡	15456.2	6.0	136.5	2.4	7376.9	6.9	7942.8	5.3
*厦　门	8066.5	3.1	27.7	-4.0	2867.9	-2.8	5170.8	7.0
*深　圳	34606.4	6.0	24.7	2.6	13015.3	6.5	21566.4	5.6
*青　岛	15760.3	5.9	492.8	4.1	5268.4	5.6	9999.2	6.1
*宁　波	16452.8	5.5	383.8	4.7	7540.5	5.7	8528.5	5.3
威　海	3513.5	5.7	368.7	4.6	1331.6	6.4	1813.3	5.3
烟　台	10162.5	6.6	696.2	4.7	4278.3	7.6	5188.0	6.1

注：加*号为副省级城市，下同。

15-2 建筑业、工业

地区	建筑业增加值		工业增加值		规模以上工业增加值	
	总量（亿元）	增速（%）	总量（亿元）	增速（%）	总量（亿元）	增速（%）
直辖市						
北　京	1603.4	0.8	5008.5	0.3		0.4
上　海	882.3	16.8	10846.2	1.1	39399.6	–0.2
天　津	5072.3	6.8	5359.0	3.6		3.7
重　庆	3365.8	8.4	8333.4	5.8		6.6
省会城市						
兰　州	211.1	–4.9	914.6	2.1		0.2
*西　安	6500.0	9.6			582.3	–0.6
西　宁				45.1		22.9
银　川	520.5	–0.7	1127.2	13.4		15.7
乌鲁木齐	183.6	13.0			868.3	–1.9
*成　都	1423.0	2.3				4.1
贵　阳	716.4	2.2	1091.4	8.4		9.6
昆　明	3145.2	–15.5	1704.1	6.3		6.6
南　宁	499.3	–6.8	698.4	7.3		8.3
呼和浩特		13.1		16.1		23.6
*哈尔滨	264.1	–4.9	1029.8	0.8		–0.4
石家庄						8.5
太　原						1.7
*沈　阳						6.2
*长　春	3854.6	6.7	2172.0	7.7		9.3
合　肥	1833.5	3.6				10.6
福　州	9.0			2.7		3.3
南　昌						
*济　南	4772.9	7.0	2886.1	7.9		12.4
郑　州	5707.4	9.9				12.8
长　沙	1548.8	6.5		5.4		6.8
*武　汉	13654.3	7.1				4.6
海　口	141.9	0.3				13.8
杭　州	686.0		4984.0	2.4	4355.0	2.4
*南　京	5080.6	5.0				3.6
*广　州	1107.6	10.3				1.4
其他城市						
*大　连	853.3	5.1				12.0
苏　州	3709.1	10.5			44343.9	3.6
无　锡	760.9	11.3			6005.3	7.8
*厦　门	738.2	–6.9				0.0
*深　圳	1239.7	10.9	11818.6	6.1		6.2
*青　岛	1361.0	7.4	3937.0	5.0		5.8
*宁　波	784.0	6.5	6770.0	5.7	5288.2	6.6
威　海	203.8	9.8				8.1
烟　台	624.1	8.2	3682.4	7.5		11.7

15-3 固定资产投资

地区	固定资产投资	房地产开发投资		工业投资
	增速（%）	总量（亿元）	增速（%）	增速（%）
直辖市				
北　京	4.9		0.4	
上　海	13.8		18.2	
天　津	-16.4		-42.1	5.4
重　庆	4.3			13.3
省会城市				
兰　州	-7.4	402.93	-17.3	-0.7
*西　安	0.1		-11.3	
西　宁	-6.6		-33.4	10.0
银　川	8.5	266.4	-2.7	
乌鲁木齐	12.6	317.7	1.3	32.6
*成　都	2.0		-23.6	12.0
贵　阳	-10.3			5.1
昆　明	-24.9		-40.2	-2.5
南　宁	-23.7	496.1	-32.6	-10.1
呼和浩特	25.5		-1.3	
*哈尔滨	-24.7		-33.3	-18.5
石家庄	7.6		-23.5	
太　原	-18.3		-5.6	-8.8
*沈　阳	1.5		-34.8	16.7
*长　春	4.2		-16.7	16.0
合　肥	3.0	1524.1	4.6	16.7
福　州	3435.3		35.3	30.2
南　昌				
*济　南	2.1	1399.7	-19.7	25.4
郑　州	6.8		-5.8	31.1
长　沙	-6.8		-13.4	1.7
*武　汉	0.3		2.5	-6.8
海　口	4.7		10.1	
杭　州	2.8		11.6	29.9
*南　京	-1.9	2753.2	-0.2	
*广　州	3.6	3134.4	-8.7	21.4
其他城市				
*大　连	0.6			
苏　州	5.0	2591.9	-3.7	
无　锡	3.8	1263.9	-8.9	
*厦　门	0.5		33.8	7.2
*深　圳	11.0		10.6	
*青　岛	5.0	1441.3	-19.4	
*宁　波	7.5		3.8	9.9
威　海	4.3	205.6		
烟　台	5.8	593.0	-15.5	12.2

15-4 进出口

地区	进出口总额		出口总额		进口总额	
	总量（亿元）	增速（%）	总量（亿元）	增速（%）	总量（亿元）	增速（%）
直辖市						
北　京	36466.3	0.3	6000.1	2.0	30466.3	0.0
上　海	42121.6	0.7	17377.9	1.6	24743.7	0.1
天　津	8004.7	-3.4	3631.7	-2.6	4373.0	-4.1
重　庆	7137.4		4782.2		2355.2	
省会城市						
兰　州	117.4	-22.3	47.3	-18.8	70.2	-24.6
*西　安	3597.6	-17.4	2334.0	-14.7	1263.6	-22.1
西　宁	38.8	27.8	20.0	37.7	18.9	18.8
银　川	130.2	13.9	88.2	1.1	42.0	55.2
乌鲁木齐	700.1	36.5	545.6	40.6	154.6	23.9
*成　都	7489.8	-9.7	4538.6	-8.3	2951.2	-11.7
贵　阳						
昆　明						
南　宁	1259.1	-14.7	623.0	-13.9	636.0	-15.4
呼和浩特	194.4	6.2	118.1	26.6	76.3	-14.9
*哈尔滨	495.3	27.7	212.8	56.0	282.5	12.3
石家庄	1237.1	8.6	774.3	8.6	462.8	8.5
太　原	1349.7	-7.7	826.9	-14.6	522.8	5.6
*沈　阳	1469.3	4.6	524.5	0.8	944.8	6.9
*长　春	1225.9	10.7	331.3	58.9	894.6	-0.5
合　肥	3588.1	-0.6	2327.1	1.2	1261.1	-3.7
福　州	3435.3	-5.7	2558.5	0.2	876.8	-19.6
南　昌						
*济　南	2161.0	0.3	1373.4	-1.1	787.6	2.8
郑　州	5522.3	-9.0	3569.1	0.8	1953.2	-21.0
长　沙	2811.5	-15.0	1896.8	-22.8	914.7	7.5
*武　汉	3606.2	2.9	2167.3	1.9	1438.9	4.3
海　口	790.1	30.5	291.8	71.4	498.3	14.5
杭　州	8030.0	6.1	5339.0	3.7	2691.0	11.3
*南　京	5659.9	-9.3	3333.1	-11.8	2326.8	-5.6
*广　州	10914.3	0.1	6502.6	5.8	4411.6	-7.2
其他城市						
*大　连	4552.8	-5.0	2080.8	-0.3	2472.1	-8.6
苏　州	24514.1	-4.6	15081.6	-2.5	9432.5	-7.9
无　锡	7065.3	-4.1	4658.1	-3.9	2407.2	-4.5
*厦　门	9470.4	2.7				
*深　圳	38710.7	5.9	24552.1	12.5	14158.6	-4.0
*青　岛	18070.1	-1.2	9977.9	-5.1	8092.2	4.0
*宁　波	23984.5	-3.7				
威　海	2006.8		1501.7		505.1	
烟　台	4568.5	1.5	2653.1	-1.9	1915.4	6.6

15-5 社会消费品零售总额与财政收支

地区	社会消费品零售总额		一般公共预算收入		一般公共预算支出	
	总量（亿元）	增速（%）	总量（亿元）	同口径增速（%）	总量（亿元）	增速（%）
直辖市						
北 京	14462.7	4.8	6181.1	8.2	7971.6	6.7
上 海	18515.5	12.6	8312.5	9.3	9638.5	2.6
天 津		7.0	2027.3	9.8	3280.5	20.2
重 庆	15130.3	8.6	2440.8	16.0	5304.6	8.4
省会城市						
兰 州	1796.3	12.4	255.3	15.5	502.9	0.8
*西 安	4811.6	3.7	951.6	14.1	1728.8	10.1
西 宁	624.8	17.5	144.1	9.4	418.8	23.5
银 川	806.5	1.9	197.8	17.1	438.2	22.9
乌鲁木齐	1231.3	19.2	369.8	17.5	504.1	10.6
*成 都	10001.6	10.0	1929.3	12.0	2586.8	6.2
贵 阳	2526.8	5.2	446.2	11.0	778.6	7.0
昆 明	3574.3	5.5	558.0	10.4	837.8	3.0
南 宁	2424.8	2.8	400.9	2.1	816.5	–2.5
呼和浩特	1202.6	13.5	238.1	14.5	593.0	40.9
*哈尔滨	2384.0	8.6	313.1	19.4	1080.7	1.4
石家庄	2751.2	12.9	737.9	6.6	1274.8	2.0
太 原	1912.9	8.6	449.2	2.7	777.3	8.6
*沈 阳	4210.4	9.0	800.9	12.2	1082.1	2.7
*长 春	2109.9	10.6	576.5	25.4	1075.0	10.1
合 肥	5270.8	5.0	929.6	2.2	1411.3	2.3
福 州	4963.8	6.1	754.1	8.0	1007.8	0.2
南 昌						
*济 南	5199.0	6.6	1060.8	6.0	1365.3	
郑 州	5623.1	7.7	1165.8	3.1	1519.6	4.3
长 沙	5561.7	6.2	1846.1	3.2	1626.8	3.9
*武 汉	7531.9	8.6	2961.4	10.1		
海 口	1088.8	8.6	597.6	8.0	378.0	13.6
杭 州	7671.0	5.2	2617.0	6.8	2636.0	3.7
*南 京	8201.1	4.7	1620.0	4.0		
*广 州	11012.6	6.7	1944.2	4.8	2971.7	–1.4
其他城市						
*大 连	2008.6	8.8	750.2	12.0	1013.5	2.3
苏 州	9582.9	6.4	2456.8	5.5	2621.3	1.3
无 锡	3567.6	6.9	1195.4	5.5	1390.5	1.8
*厦 门	2743.3	2.9	1577.1	5.6	1088.3	0.0
*深 圳	10486.2	7..8	4112.8	2.5	5012.1	0.3
*青 岛	6318.9	7.3	1337.8	5.1	1718.9	1.3
*宁 波	5212.6	6.5	1785.9	6.3	2235.1	2.2
威 海	1364.4	6.0	237.4	5.4	430.4	3.1
烟 台	3545.7	9.2	673.9	6.1	952.7	3.2

15-6 金融

地区	金融机构（含外资）本外币存款余额		金融机构（含外资）本外币贷款余额		金融机构（含外资）人民币存款余额		金融机构（含外资）人民币贷款余额	
	总量（亿元）	增速（%）	总量（亿元）	增速（%）	总量（亿元）	增速（%）	总量（亿元）	增速（%）
直辖市								
北　京	246000.0	12.7	111000.0	13.0	240000.0	13.2	109000.0	13.4
上　海	204429.3		111766.7					
天　津	44520.6	9.9	44765.0	5.1				
重　庆	53562.8	8.0	56730.2	9.8	52613.0	9.0	55909.3	9.7
省会城市								
兰　州	10446.1	3.3	15861.7	5.6	10407.2	3.3	15783.6	5.9
*西　安	34129.3	7.4	35528.5	9.6	33790.0	7.5	35391.0	9.8
西　宁					5352.2	1.9	5941.8	5.9
银　川					6049.8	11.7	6973.8	8.2
乌鲁木齐					13036.5	8.9	11663.5	10.0
*成　都	58074.0	9.2	60498.0	13.7	57147.0	10.1	59419.0	14.3
贵　阳	15422.7	6.1	21364.8	9.7	15350.3	6.1	21347.1	9.7
昆　明					19358.4	9.1	25261.5	5.8
南　宁	14361.0	9.2	21753.2	9.4				
呼和浩特					8985.2	15.9	11342.2	7.4
*哈尔滨	18559.2	12.7	15129.8	4.0	18446.7	12.7	15053.8	4.1
石家庄					22264.7	10.8	17647.6	10.1
太　原								
*沈　阳	21842.7		20333.3					
*长　春								
合　肥	25452.8	10.2	27748.0	17.4				
福　州	23547.2	10.8	24490.7	6.3	23124.8	11.0	24273.3	6.4
南　昌								
*济　南	27952.7	7.8	28756.6	10.1				
郑　州					30458.7	4.9	36842.3	6.4
长　沙	30715.6		32970.6					
*武　汉	38483.9	7.6	47517.1	7.1				
海　口	7115.2	11.8						
杭　州	77589.0	11.5	68642.0	9.5				
*南　京	54279.9	9.6	54337.9	11.4				
*广　州	86638.3	7.6	76674.2	10.5	84902.5		73698.2	
其他城市								
*大　连	19886.0		19403.7		14404.9		14192.6	
苏　州	53638.5	13.1	52589.9	12.1				
无　锡	27237.2	11.5	22581.7	13.6				
*厦　门	16724.7	5.3	18575.3	6.9	15732.6	3.4	17877.0	7.7
*深　圳	133350.5	8.1	92140.9	8.3				
*青　岛	27114.0	8.3	30147.0	11.7				
*宁　波	34071.6	8.9	38133.0	15.6	32958.4	9.1	37658.4	16.3
威　海	6594.9	12.0	5345.8	14.8				
烟　台	13345.2	8.1	9121.3	12.6	13048.4	10.3	8956.9	16.2

15-7 城乡居民收入与支出

地区	城镇居民人均可支配收入		城镇居民人均消费性支出		农村居民人均可支配收入	
	总量（元）	增速（%）	总量（元）	增速（%）	总量（元）	增速（%）
直辖市						
北　京	88650	5.5	50897	11.6	37358	7.5
上　海	89477	6.5	54919	14.2	42988	8.2
天　津	55355	4.4			30851	6.3
重　庆	47435	4.2	31531	3.1	20820	7.8
省会城市						
兰　州	48039	6.1	30981	5.1	18604	8.3
*西　安	51178	5.7	31122	13.5	19826	8.4
西　宁	41917	4.3	27240	24.0	17076	8.1
银　川	46893	5.6	30560	6.5	20859	7.8
乌鲁木齐	49034	6.0			28290	8.3
*成　都		4.7		7.4		6.9
贵　阳	48364	4.6			23640	7.8
昆　明	55501	3.1	22144	6.9	42764	9.0
南　宁	44469	4.3	22556	9.4	20369	7.2
呼和浩特	57085	4.5	38123	22.3	25518	6.6
*哈尔滨	45784	4.1	30974	8.8	23647	6.2
石家庄	47564	6.3			21242	7.1
太　原	45835	4.9			24488	7.3
*沈　阳	53650	3.8	40232	10.1	24197	8.3
*长　春	45480	5.2			20443	8.1
合　肥	59609	6.1	34382	4.3	31140	8.4
福　州	58009	4.3	39174	5.4	28636	6.7
南　昌						
*济　南	62506	5.1			25587	7.3
郑　州	48740	5.3	31843	10.0	30383	7.6
长　沙	67276	3.2	45082	5.0	43200	6.2
*武　汉	61693	5.6	40673	8.7	31560	7.7
海　口	46321	6.4			22203	8.9
杭　州	80587	4.6	54103	7.5	48180	6.6
*南　京	79858	4.2	46552	6.7	36789	6.1
*广　州	80501	4.8	49480	5.7	38607	6.4
其他城市						
*大　连	53689	3.4	35684	8.1	26430	6.8
苏　州	82989	4.3	50656	6.8	46385	5.9
无　锡	76644	4.5	48409	6.9	44617	6.4
*厦　门	72880	3.4	47411	5.0	34206	5.8
*深　圳	76910	5.8	49013	9.4	76910	5.8
*青　岛	65751	5.1	39663	5.5	29736	7.3
*宁　波	80144	4.5	50347	5.1	48350	6.3
威　海	58799	5.0	34719	5.9	29013	7.3
烟　台	59126	6.2	35605	6.0	28349	7.8

15-8 居民消费价格与职工工资

地区	居民消费价格		城镇非私营单位在岗职工年平均工资（元）
	累计指数（上年=100）	同比增长（%）	
直辖市			
北　京	100.4	0.4	城镇单位224562
上　海	100.3	0.3	全口径城镇单位就业人员147684
天　津	100.4	0.4	138007
重　庆	99.7	-0.3	117446
省会城市			
兰　州	100.6	0.6	111014
*西　安	100.0	0.0	城镇非私营从业人员123670
西　宁	100.3	0.3	125929
银　川	100.6	0.6	126648
乌鲁木齐	100.2	0.2	127880
*成　都	100.2	0.2	127093
贵　阳	100.1	0.1	104802
昆　明	100.8	0.8	126476
南　宁	99.7	-0.3	112501
呼和浩特	100.5	0.5	119021
*哈尔滨	100.7	0.7	105848
石家庄	100.7	0.7	城镇非私营从业人员102680
太　原	99.7	-0.3	109968
*沈　阳	100.3	0.3	114821
*长　春	99.8	-0.2	城镇非私营从业人员110211
合　肥	100.0	0.0	123864
福　州	100.2	0.2	123169
南　昌			111008
*济　南	100.6	0.6	133232
郑　州	99.4	-0.6	城镇非私营从业人员102921
长　沙	100.4	0.4	125213
*武　汉	100.4	0.4	城镇单位110134
海　口	100.3	0.3	115132
杭　州	100.2	0.2	非私营单位161660
*南　京	100.6	0.6	159659
*广　州	101.0	1.0	158318
其他城市			
*大　连	100.4	0.4	119793
苏　州	100.2	0.2	138732
无　锡	100.6	0.6	139697
*厦　门	100.2	0.2	126571
*深　圳	100.8	0.8	174640
*青　岛	100.5	0.5	城镇非私营从业人员129241
*宁　波	100.4	0.4	非私营单位138033
威　海	100.1	0.1	93745
烟　台	100.5	0.5	110583